말하는 제주어

말하는 제주어

강영봉

책을 벼며

'제주어'에 대한 논의는 "언어도 한(韓)나라와 같지 않다."는 데서 출발해야 한다. '언어도 한나라와 같지 않다.'는 지적은 중국 자료인《삼국지》《위서》〈오환선비동이전〉'한전'의 '주호'에 대한 기사 내용으로 나온다.

> "또 주호는 마한의 서쪽 바다 가운데의 큰 섬에 있다[정겸은 주호는 지금의 제주가 아닌가 하였다.]. 그들은 대체로 키가 작고, 언어도 한나라와 같지 않다. 모두 선비족처럼 머리를 삭발하였으며, 옷은 오직 가죽으로 해 입고 소나 돼지 기르기를 좋아한다. 그들의 옷은 상의만 있고 하의는 없기 때문에 거의 나체와 같다. 배를 타고 왕래하며 한나라에서 물건을 사고판다[범서에는 '승선왕래 화시한중'이라 되어 있다.]."

학자들 사이에 이견이 있지만 '주호'는 대체적으로 제주도임을 상정하고 있다. 인용에서 보듯 정겸(丁謙)은《태평어람》의 내용을 인용하여 교감한 것을 주(注)로 달아 '주호는 제주가 아닌가 한다.' 하였다.

여기서 우리의 관심은 "(주호의) 언어도 한나라와 같지 않다."는 데 있다. 이때 한나라는 마한이 중심이지만 더 확대하면 마한을 비롯한 진한, 변한 등 한족(韓族)이 세운 나라로 볼 수 있으며, 나아가 한반도 남부를 의미하는 것으로 해석할 수 있다. "(주호의) 언어도 한나라와 같지 않다."는 결국 '제주의 언어는 한반도 남부의 언어와 다르다.'는 것으로 이해할 수 있어서다.

또 하나의 관심은 비록 외국 문헌이긴 하지만 '제주'라는 명칭은 10세기부터 사용되었던 것이 아닌가 하는 추론이다. 《중국인명대사전》(상무인서관)에 따르면, 정겸은 "남당 의흥 사람"이다. '남당'은 937년부터 975년까지 존재했던 국가이니, 남당 시대를 살았던 정겸이 교감한 '주호가 지금의 제주가 아닌가 한다.'는 내용이 이를 말해주기 때문이다.

우리나라에서 '제주어'에 대한 언급은 《동국여지승람》에서 비롯된다. 《동국여지승람》(1486) '제주 풍속'에는 "지방 촌백성의 말은 간삽하고, 앞이 높고 뒤가 낮다."라 한 이후, 〈제주풍토록〉(김정, 1521)을 비롯하여 《남명소승》(임제, 1578), 《남사록》(김상헌, 1601), 《탐라지》(이원진, 1653), 《남환박물》(이형상, 1704) 등에서도 '어렵다'거나 '알아들을 수 없다'라 평가하고 있다. 특히 《탐라지》에서는 '서나, 고지, 오름, 콥, 굴레, 녹대, 가달' 등 특이 어휘 7개를 들었다. 이 가운데 '녹대'와 '가달'은 몽골어 차용어다. 이처럼 제주어는 생경하기 때문에 어렵고 그래서 알아들을 수 없다고 평가한 것은 너무나 당연하다.

그럼 왜 '제주어'는 어렵고 알아들을 수 없는 것일까? 이에 대한 대답은 '제주바당'이라 부르는 제주해협에서 찾을 수 있다. '제주바당'은 제주도와 추자도 사이의 해협을 말한다. 이 해협은 물살이 거세다. 육지를 떠난 배는 북풍이 불지 않으면 제주에 닿을 수 없다. 그래서 추자도에 머물면서 북풍이 불기를 기다렸던 것이다. 추자도를 '후풍도'라 칭하는 것도 바로 이런 이유에서다.

여기에다 필리핀 동쪽 해역에서 발원하여 대만을 거쳐 흐르는 쿠로시오해류[黑潮]라는 물길이 가세하면 물살은 더욱 거세진다. 서귀포시 지역 해안가에 절벽이 많은 것도 이 해류의 영향이다. 문주란과 선인장을 비롯하여 '신사라'라는 식물이 제주도에서 자라는 것도 모두 이 쿠로시오해류의 덕이다.

'제주바당'은 자연적 장애물로 작용하여 언어 이동을 가로막는다. 사람이 들어오지 못하니 새로운 말이 들어올 수 없고, 새로운 말이 들어오지 못하니 예전 말을 쓸 수밖에 없다. 예전 말은 새로운 말을 쓰는 사람에게는 낯선 언어가 되고, 낯선 언어인 '제주어'는 어렵고 알아들을 수 없게 되는 것이다. 이러한 점을 감안한다면 '제주어'는 '바람과 물살이 가른 언어'

라 명명해도 무방할 것이매, 바람과 물살이 가른 어휘에 대한 이야기를 풀어나가려고 하는 게 이 책이 뜻하는 바다.

여기 수록한 글들은 2008년 7월부터 2014년 12월까지 6년 반 동안 310회에 걸쳐 인터넷판 〈제주도정뉴스〉에 '제주어 한마디'라는 제목으로 연재했던 원고로, 오자와 탈자, 잘못된 부분을 바로잡아 품사별로 분류하고 가나다순으로 배열한 것이다.

연재의 특성상 언급되는 당시의 시후는 대부분 그대로 두었다. 310개 어휘 가운데 이전의 책들과 겹치는 50여 개 어휘는 제외하였다. 그 결과 동사 116개, 형용사 46개, 명사 57개, 부사 25개 그리고 감탄사와 관용 표현 12개 등 모두 256개 항목이 된다. 한 꼭지로 썼던 '덥·우던'은 '덥'과 '우던'으로 나누어 새롭게 작성하였으며, 이들 어휘와 비슷한 의미를 지닌 '방상'을 추가하였다. '-ㅎ다/-허다'의 혼용은 인터넷 매체라는 특성상 제목은 '-허다'로 쓰고 본문은 '-ㅎ다'인 경우는 '-ㅎ다'로 통일하였다. 제목과 본문이 '-허다'인 경우는 그대로 두었다. 책의 체제를 갖추기 위하여 '참고문헌'과 '찾아보기'를 덧붙였다.

이 책을 내기까지는 고마운 분들이 많다. 발표 공간을 마련해준 제주특별자치도에 고마운 뜻 전한다. 원고 길이를 고려하며 읽기 편하게 편집하고, 다양한 글꼴로 변환하며 수고를 자처한 도서출판 한그루의 김영훈 선생과 김지희 편집장의 노고가 있어 가능한 일이었다. 첫 독자가 되어 원고를 읽어주고, 교정까지 담당해준 김순자 선생의 애씀도 있었다. 이름을 밝혀 이들의 수고로움을 오래오래 기억하고자 한다.

아침마다 연구소로 나서는 길을 배웅하며 건네는 내자의 쟁쟁한 말소리 선하다. 미안함과 함께 건강이 또 하나의 신앙임을 전하고 싶다. 눈이 침침하다. 이제 고개를 들어 푸른 하늘을 올려다봐야겠다.

햇빛 찬란한 8월 중순

강영봉 씀

말하는 제주어

차례

책을 내며 ——————————————————— 004

제1장
동사 ——————————————————————— 008

제2장
형용사 ————————————————————— 244

제3장
명사 ——————————————————————— 336

제4장
부사 ——————————————————————— 454

제5장
감탄사·관용 표현 ————————————— 506

참고문헌 ——————————————————— 534
찾아보기 ——————————————————— 536

제1장

동사 動詞

사물의 동작이나 작용을 나타내는 품사. 형용사, 서술격 조사와 함께 활용을 하며, 그 뜻과 쓰임에 따라 본동사와 보조동사, 성질에 따라 자동사와 타동사, 어미의 변화 여부에 따라 규칙 동사와 불규칙 동사로 나뉜다. 늑움직씨.

가오다	010	목았다	088	어름씰다	166
갈아어프다	012	무르췌다	090	엉탁ᄒ다	168
거끄다	014	무큰ᄒ다	092	우려먹다	170
거념허다	016	문데기다	094	울러두드리다	172
거려먹다	018	문드리다	096	울르다	174
고리다	020	묻다	098	울리다	176
긜ᄒ다	022	물맞다	100	저들다	178
키막다	024	물발다	102	저울이다	180
그늘치다	026	물부끄다	104	제반걸다	182
곱치지다	028	물쎄다	106	제통ᄒ다	184
까먹다	030	민질락허다	108	주웃걸다	186
끄막거리다	032	밋두다	110	줍다	188
끄멍나다	034	므끄다	112	중트다	190
나눅다	036	바끄다	114	지꺼지다	192
나뎅기다	038	바농사다	116	즈그물다	194
나사다	040	반테우다	118	좀서내다	196
내널다	042	발기다	120	좀아지다	198
내치다	044	발루다	122	줍아둥기다	200
내터지다	046	발차다	124	줏다	202
노다스리다	048	벌겨놓다	126	쫄리다	204
눈부찌다	050	보끄다	128	체우치다	206
눈푸끄다	052	복삭ᄒ다	130	체죽ᄒ다	208
는착ᄒ다	054	본에나다	132	추구리다	210
늘루다	056	부끄다	134	출쌱거리다	212
능락거리다	058	비다	136	치대기다	214
다리다	060	비사다	138	코씰다	216
답도리ᄒ다	062	세ᄒ다	140	크다	218
덜에다	064	셀다	142	튼어먹다	220
동고리다	066	손치다	144	파장치다	222
둥그리다	068	수질ᄒ다	146	팡신나다	224
들러가다	070	시기다	148	퍼자다	226
들이삐다	072	시끄다	150	포입다	228
들이씨다	074	시들리다	152	푸끄다	230
떡사먹다	076	시살ᄒ다	154	푸더지다	232
뜨기다	078	신용내돋다	156	할르다	234
맞사다	080	심빡ᄒ다	158	할타먹다	236
멩심ᄒ다	082	수망일다	160	헙데다	238
므다듣다	084	쌈다	162	헤카지다	240
모잡다	086	씰다	164	후장치다	242

가오다

이 '가오다'는 '어느 곳에 갔다가 오다.'는 뜻을 지닌 어휘로, 표준어 '다녀오다'에 해당한다. '가오다'는 '가다[초]'와 '오다[초]' 동사의 어간끼리 직접 연결되어 이루어진 어휘로, 달리 '뎅겨오다'라 한다.

① 우리 저 왜정시대 때 돌음제기 ᄒᆞ레 애월 가오곡, 굴 파레도 가오곡 헤나서.

　(우리 저 왜정시대 때 달리기하러 애월 다녀오고, 굴 파러도 다녀오고 했었어.)

② 두월이 감산 가오듯.

　(두월이 감산 다녀오듯.)

③ 하인이난 닐 어디 가오라 ᄒᆞ믄 가오곡 ᄒᆞ는 사름.

　(하인이니까 내일 어디 다녀오너라 하면 다녀오고 하는 사람.)

예문 ①은 일제강점기 때 일을 회상하면서 하는 말로, '우리 저 왜정시대 달리기하러 애월(涯月) 다녀오고, 굴 파러도 다녀오고 했었어.' 하는 뜻이다. 여기서 '애월(涯月)'은 제주시 서쪽에 위치한 애월읍(涯月邑) 소재지 이름으로, 달리기하러 머나먼 '애월'까지 다녀왔다는 게 말하고자 하는 바다. 또 강제 동원되어 굴 파는 힘든 일도 했다는 것이다.

예문 ②는 말을 듣는 사람이 말귀를 못 알아들어 답답한 경우를 이르는 속담으로, '두월이 감산 다녀오듯.' 하는 뜻이다. 육지의 '장승하고 말하는 것이 낫겠다.'는 속담에 해당한다. 예문에서 '두월이'는 하인의 이름이요, '감산'은 '서귀포시 안덕면 감산리'를 말한다. 전해지는 바에 따르면, 감산리 이웃 마을인 '대평리'에 사는 한 양반이 '두월이'라는 하인을 데리고 있었다. 하루는 심부름을 시킬 요량으로 "두월아! 너 내일은 감산 다녀와야겠다."는 말을 해두었다. 그다음 날 심부름을 보내려고 '두월이'를 찾았으나 찾을 수 없었는데, 한참 후에 땀을 뻘뻘 흘리며 집 안으로 들어서는 '두월이'를 만났다. '두월이'보고 땀 흘리는 이유를 물은즉 "어른께서 내일 감산 다녀오라고 해서 지금 감산 다녀오고 있습니다."라 대답했다는 것이 이 속담의 배경이다. 심부름할 내용도 모르고 다녀왔다는 것이니 결국은 말귀를 잘못 이해한 것으로, 그런 사람이나 상황을 두고 "두월이 감산 가오듯."이라며 조롱하게 된다.

예문 ③은 '하인'의 뜻을 구체적으로 설명하는 내용으로, '하인이니까 내일 어디 다녀오라 하면 다녀오고 하는 사람.'이라는 뜻이다. 주인이 시키는 대로 그 말에만 따르면 된다는 것이다. 예문처럼 '어디 가오라 흐믄 가오곡.(어디 다녀오라 하면 다녀오고.)' 하는 것이 하인이 할 일이라는 것이다.

'가오다(다녀오다)'는 '어느 곳에 갔다가 오다.'는 뜻으로, 보조적 연결어미 없이 어간끼리 결합하여 이루어진 어휘다. 초점은 '가다'와 '오다' 두 동사에 놓이므로 '가는 것'도 중요하고, '(돌아)오는 것' 또한 중요하다.

한편 '오다'가 앞서서 '가다'와 결합될 때는 표준어에서는 '오가다'가 되나 제주어에서는 '오라가다'가 됨도 표준어와는 다르다. '오라가다'는 표준어 '다녀가다' 또는 '오가다'에 해당한다.

갈아어프다

이 '갈아어프다'는 '농사를 짓거나 쓸모없는 농작물을 덮기 위하여 땅을 갈아서 흙을 뒤집어 놓다.'는 뜻으로, 표준어 '갈아엎다'에 해당한다.

① 테역 갈아어평 밧 이기젠 ᄒᆞ믄 보통 심이 드는 게 아니지.

    (떼 갈아엎어 밭 일구려고 하면 보통 힘이 드는 것이 아니지.)

② 놈삐 돈 안주난 밧차 갈아어펌쩬 헴수다.

    (무 돈 아니 주니까 밭째 갈아엎는다고 합니다.)

③ 놈의 쉐 빌엉 밧을 갈아어퍼사 아무 농시라도 홀 거 아니우까?

    (남의 소 빌려서 밭을 갈아엎어야 아무 농사라도 할 것 아닙니까?)

예문 ①은 화전(火田)을 만들기 위하여 땅을 일굴 때 들을 수 있는 말로, '떼 갈아엎어 밭 일구려고 하면 보통 힘이 드는 것이 아니지.' 하는 뜻이다. 화전을 일구려면 몹시 힘이 든다는 의미이다. '테역(떼)'을 갈아엎으려면 보통 삽으로는 불가능하니 따비라는 농기구를 쓴다. 이때 따비도 날이 두 개 달린 '쌍따비'를 이용한다. 끝이 뾰족하다고 하지만 얽히고설킨 잔디 뿌리를 캐려면 보통 힘으로는 어림도 없으니 실한 놉을 빌려 따비질하는 것이다. 여기서 '밧 이기다'는 '밭 일구다'는 뜻이다.

예문 ②는 '무 값이 좋을 것이다.'는 예상으로 너도나도 무를 갈아 과잉생산이 되어 무 값이 똥금이 되었을 때 하는 말 가운데 하나다. '무 돈 아니 주니까 밭째 갈아엎는다고 합니다.' 하는 뜻으로, 무 값이 똥값이라 화난 농민들이 밭에 있는 무를 갈아엎는다는 뜻이다. 타들어가는 농심이 폭발한 것이다. 오죽했으면 애써 지은 농사를 수확하지도 않고 밭에서 통째로 갈아엎을까? 예문 ②에 쓰인 '늠삐'는 원래 땅속에 박히는 무의 뿌리만을 의미하여, 무청과 뿌리를 통틀어 이야기하는 '무수'와는 구별해서 썼던 어휘다. 그러나 지금은 '늠삐'와 '무수' 다 같이 표준어 '무[蘆葍]'에 해당하는 방언형으로 사용하고 있다. 이 가운데 '무수'는 문헌어 '무수'에서 유래한다.

예문 ③은 '남의 소 빌려서 밭을 갈아엎어야 아부 농사라도 할 것 아닙니까?' 하는 말로, 밭갈이를 무엇보다도 우선해야 한다는 뜻이다. 그래서 밭갈이하는 장정에게는 품삯을 더 많이 계산했던 것이다.

땅은 거짓말을 하지 않는다고 한다. 품을 들이면 들인 만큼 수확하고, 땀 흘린 만큼 땀 값을 거두어야 한다. 그러나 과잉생산으로 무 값이 똥값이 되어 수확하는 게 더 많은 값이 든다면 농심은 타들어갈 수밖에 없고, 끝내 '밧차 갈아어퍼' 버리는 것이다. 모두를 위하여 무슨 일이 있어도 애써 지은 농작물을 '밧차 갈아어프는' 일만은 없어야겠다.

거끄다

이 '거끄다'는 달리 '꺼끄다'라 하기도 하는데, '길고 탄력이 있거나 단단한 물체를 구부려 다시 펴지지 않게 하거나 아주 끊어지게 하다.'는 뜻을 기본 의미로 갖는다. 표준어 '꺾다'에 해당한다.

① 이 마뒈엔 고사리 거끄레 가지키어.

　(이 마 뒤에는 고사리 꺾으러 갈 수 있겠어.)

② 차 탕 가멍 보난 고사리 거껀 흔 짐 지엉 오는 사름 봐켜라.

　(차 타서 가다 보니 고사리 꺾어서 한 짐 지어 오는 사람 보이더라.)

③ 경 ᄒᆞ당 풀 거끄려.

　(그렇게 하다 팔 꺾을라.)

④ 똥고리도 꺼꺼당 먹어나서.

　(찔레도 꺾어다 먹었었어.)

예문 ①은 '이 마 뒤에는 고사리 꺾으러 갈 수 있겠어.'라는 뜻으로, 지금 자욱한 안개가 바로 고사리를 키워 땅을 뚫고 솟아오르게 할 '고사리마'라는 것이다. '고사리마'란 '봄철, 고사리가 나올 때 지는 장마'로 달리 '고사리장마, 고아리마('고사리>고아리, 고와리' 변화가 흥미롭다. '고사리 나물'을 '고와리체'라 하기도 한다.)'라 하기도 한다. 이 장마 뒤에는 고사리가 뾰족뾰족 나와 많은 사람들을 들로 불러낸다.

예문 ②도 '차 타서 가다 보니 고사리를 꺾어 한 짐 지어 오는 사람 보이더라.'는 뜻으로, 고사리를 꺾어 한 짐 잔뜩 지고 오는 사람을 부러운 시선으로 바라보며 하는 말이다.

예문 ③은 어린아이를 어깨 위에 올려 목 뒤로 걸터타게 할 때, 곧 '정에고개홀' 때 듣는 말로, '그렇게 하다 팔 꺾을라.' 하는 뜻이다. '정에고개홀' 때는 어린아이를 목 뒤로 해서 두 다리를 벌리어 걸터타게 하고, 두 팔을 잡아서 노는 놀이니까 딱 잘못하면 '폴 거끄는' 일이 가끔 생긴다.

예문 ④는 봄철에 '찔레도 꺾어다가 먹었었다.'는 뜻이다. 이 문장의 '똥고리'는 달리 '동고리, 도꼬리'라 하는데, 찔레나무의 순을 말한다. 곧 표준어 '찔레'다. 이 '똥고리'를 '꺼꺼당(꺾어다가)' 거죽을 벗기어 먹기도 한다.

이 '거끄다, 꺼끄다'에 해당하는 중세 어휘는 '꺾다'와 '꺾다'로 나타난다.

- 비 타 들면 것고리이다.(배 타면 꺾을 것입니다.)《서경별곡》
- 折 것글 절《신증유합》
- 折 써끌 절《왜어유해》

이 비 그치면 고사리가 땅을 뚫고 탐스럽게 고개를 내밀 것이다. 휴일을 이용하여 고사리 '거끄레(꺾으러)' 가 볼 일이다. 고사리를 '거끄는' 일은 운동도 되고, 더불어 믿음이 가는 채소도 얻게 되는 일이니, 이 봄에 해볼 만한 일이 아닌가. 손수 '거끈' 고사리를 조상 상에도 올릴 수 있으니 일석이조가 아닐 수 없다.

거념허다

이 '거념허다'는 '어떤 일이 걱정이 되어 그 일에 관여하며 돌보는 일'을 뜻하는 '거념'에 '허다'가 연결되어 이루어진 말이다. '거념'이 '걱정이 되어 그 일에 관여하며 돌봄'이라는 의미를 고려한다면 한자어 '권념(眷念)'에서 온 말이 아닌가 한다. 이렇게 본다면 '거념'에 해당하는 표준어는 '권념'이며, '거념허다'로 대역되는 표준어는 '권념하다'가 된다.

① 이거저거 다 거념허젠 ㅎ민 머리털 민다.

　(이것저것 다 권념하려고 하면 머리털 민다.)

② 이젠 머리 다 컨 몬 알앙헐 거난 너무 거념허지 맙서.

　(이제는 머리 다 커서 몽땅 알아서 할 것이니 너무 권념하지 마세요.)

③ 사념 거념 가오란 손을 어디 궤왕 밥ㅎ여 주리.

　(살림 권념 갔다온 손을 어디 귀여워 밥해 주리.)

예문 ①은 '이것저것 다 권념하려고 하면 머리털 민다.'는 뜻으로, 머리털이 밀 만큼 하는 일이 많고, 생각이 깊다는 말이다. 하는 일이 많고 생각이 깊다면 당연 스트레스는 곁에 달고 있는 셈이니, 결국 이 스트레스가 머리털을 빠지게 하는 주요 원인으로 작용하는 것이다. 그러니 아무 일이나 '거넘허지' 말라는 경계의 말이 **예문 ①**이다.

　예문 ②는 성장한 자식에게 간섭하는 남편한테 건네는 아내의 말로, '이제는 머리 다 커서 몽땅 알아서 할 것이니 너무 권넘하지 마세요.'라는 뜻이다. 다 성장한 아들한테 이래라저래라 시시콜콜하게 간여한다는 것이다. 곧 잔소리가 심하다는 것이다. 여기서 '머리 크다.'는 표준어에서와 마찬가지로 '성인이 되다.'는 뜻으로 쓰이는 관용 표현이다.

　예문 ③은 민요 사설로, '살림 권넘 갔다온 손을 어디 사랑스러워서 밥해 주리.' 하는 뜻을 지닌 말이다. 이 구절의 앞 사설은 "서월이나 가오라시민 반가운덜 밥 흐여 줄 걸 전 섬 유녜 제 각시 집에(서울이나 다녀왔으면 반가운들 밥해 줄 것을 전 섬 유녀 제 각시 집에)"로, '손'은 딴살림을 하다 들어온 남편임을 알 수 있다. '딴살림을 살다 들어온 남편, 어디가 사랑스러워서 밥해 줄 수 있겠느냐?' 하는 한 맺힌 여인의 말이다.

　'거넘허다'는 '어떤 일이 걱정이 되어 그 일에 관여하며 돌보다.'는 뜻을 지닌 어휘로, 표준어 '권넘하다'에 해당한다. '거넘헐' 일과 '거넘허지' 말아야 할 일을 잘 분별하는 일, 그것이 머리 빠지게 할 수도 있으니 아무 일에나 '거넘헐' 일이 아님을 곰곰 생각해 볼 일이다.

거려먹다

        이 '거려먹다'는 '떠서 먹다'는 의미를 지닌 어휘로, 표준어 '떠먹다'에 해당한다. '떠먹다'가 '뜨다'와 '먹다' 두 단어가 연결되어서 이루어진 것처럼 '거려먹다'도 '거리다'와 '먹다'가 결합하여 형성된 어휘이다.

  ① 이레 들어왕 밥이라도 혼 직 거려먹엉 갑서.
    (이리 들어와서 밥이라도 한 술 떠먹고 가십시오.)
  ② 밧듸 가멍 멧 수까락 거려먹엉 가시믄헐건디 기냥가수다.
    (밭에 가며 몇 숟가락 떠먹고 갔으면 할 것인데 그냥 갔습니다.)
  ③ 그지게부텀은 혼차 거려먹지 못혼덴 골암수다.
    (그저께부터는 혼자 떠먹지 못한다고 말합니다.)

  예문 ①은 여름철 시골에서 흔히 볼 수 있는 광경이다. 밖에서 또는 문을 활짝 열어 놓고 밥을 먹고 있을 때, 지나가는 사람한테 '이리 들어와서 밥이라도 한 술 떠먹고 가십시오.' 하는 인정 넘치는 인사말이다.

  예문 ②는 밭에 가면 힘든 일을 할 텐데 밥을 먹지 않고 갔을 때 걱정스러워 하는 말이다. 곧 '밭에 가면서 (밥) 몇 숟가락 떠먹고 갔으면 할 것인데 그냥 갔습니다.' 하는 뜻의 말이 바로 **예문 ②**이다.

　예문 ③은 '그저께부터는 혼자 음식을 떠먹지 못한다고 이야기하더라.'는 것이다. '혼자 떠먹지 못한다.'는 말은 이제는 수족이 많이 불편하다는 뜻이다. 걱정이 앞서는 상황이다.

　이 '거려먹다(떠먹다)'는 '거리다'와 '먹다'가 결합한 어휘로, '거리다'가 표준어 '뜨다'에 해당함을 짐작할 수 있다.

　④ 게난 이젠 메나 겡은 누게가 거립네까? 삼촌이 거렴수광? 아니믄 메느리가 거렴수광?
　　(그러니까 이제는 갱은 누가 뜹니까? 삼촌이 뜹니까? 아니면 며느리가 뜹니까?)

　예문 ④에서 '거리다'의 의미가 확인된다. **예문 ④**는 제사 때 메나 갱을 누가 뜨느냐고 물어보는 말이다. 여기서 '삼춘'은 시어머니를 말한다. 그러니까 '삼춘이 (메나 갱을) 뜹니까? 아니면 며느리가 뜹니까?' 하는 말이다. '메느리가 거렴서.' 하면 살림의 주도권을 며느리한테 넘겨주었다는 뜻이 된다. '메'와 '겡[羹]'은 제사할 때 신위 앞에 올리는 밥과 국을 말한다.

　아침저녁으로 썰렁한 요즘, 지나가는 사람한테 '이레 들어왕 밥 흔 직 거려먹엉 갑서.' 하는 풍경과 인정이 그립다.

고리다

이 '고리다'는 '눈[眼] 또는 달걀이나 참외 따위가 속이 물크러져 상하다.'는 뜻을 지닌 어휘로, 표준어 '곯다'에 해당한다.

① 것도 구분 못 ᄒ 는 걸 보난 눈 고린 셍이여.

   (그것도 구분 못하는 것을 보니까 눈 곯은 모양이다.)

② 독세기 소곰에 묻어 두민 고리지 아년다.

   (달걀 소금에 묻어 두면 곯지 않는다.)

③ 춤웨 고렷걸랑 씨 빠뒁 먹읍서, 그냥 물웨도 먹는디양.

   (참외 곯았거들랑 씨 빼 두고 먹으십시오, 그냥 물외도 먹는데요.)

예문 ①은 '그것도 구분 못하는 것을 보니까 눈 곯은 모양이다.'는 말로, 눈[眼]이 상해 엇비슷한 것을 잘 구분하지 못한다는 뜻이다. 여기서 '눈 고리다'는 것은 눈동자가 물크러져서 초점이 흐릿하게 되고, 그 결과 물체를 잘 구분하지 못한다는 말이다. '눈 고리다' 대신에 '눈 까지다'를 쓰기도 한다.

예문 ②는 냉장고가 없던 시절 이야기로, '달걀 소금에 묻어 두면 곯지 않는다.'는 말이다. 소금은 방부제 기능을 하니 그 소금에 달걀을 묻어 두면 곯지 않아 오래 보관할 수 있다는 것이다. 문제는 달걀을 꺼내다가 뚜껑을 깨는 일이요, 가끔 '밋두려고' 한 것까지 꺼내어 먹는다는 데 있다. '밋두다'란 '넉넉하게 여유를 두거나 다음을 위하여 남겨 두다.'는 뜻을 지니고 있으니 표준어 '능두다'에 맞먹는 말이다. '밋둔' 것마저 꺼내 먹었으니 요즘 말로 바꾸면 적금 들었던 것마저 다 날렸다는 이야기와 같다. 그다음에는 욕 듣는 일만 남은 셈이다.

예문 ③은 장마철에 흔히 들을 수 있는 말로, '참외 곯았거든 씨 빼 두고 먹으십시오, 그냥 물외도 먹는데요.' 하는 의미이다. 그러니까 곯은 참외이기는 하지만 씨를 빼고 먹으면 물외 맛보다는 낫지 않겠느냐는 말이다. 여기서 '물웨'란 토종 오이로, 허리가 굵은 오이를 말한다. 이 '물웨'는 '물항^(물독)'에 넣어 차게 해서 먹기도 하고, '늘뒌장^(날된장)'에 찍어 먹기도 한다. 물론 냉국을 만들어 먹기도 했다.

결국 '고리다'는 '눈, 달걀, 참외 따위가 속이 물크러져 상하다.'는 뜻을 지닌 어휘로, 표준어 '곯다'에 해당한다. 특히 장마철이 되면 참외 따위가 '고리게' 되는 일이 다반사니 각별 유념해야 할 것이다.

궐ᄒᆞ다

이 '궐ᄒᆞ다'는 '㉠마땅히 해야 할 일을 빠뜨리다. ㉡참여해야 할 모임 따위에 빠지다. ㉢여러 자리 가운데 일부 자리가 비거나 차례가 빠지다.'는 뜻을 지닌 어휘로, 표준어 '궐하다'에 해당한다. '궐ᄒᆞ다'는 한자어 '闕(궐)'과 'ᄒᆞ다'가 결합하여 이루어진 어휘로, 이때 한자어 '闕'은 '궁궐'의 뜻이 아니라 '비다(空缺)'의 뜻이다.

① 궐ᄒᆞ믄 궐ᄒᆞᆫ 깝을 내사 ᄒᆞ는거주.

(궐하면 궐한 값을 내야 하는 거지.)

② 궐ᄒᆞ지 말젠 ᄒᆞ당도 삶이 바쁘민 거 홀 수엇는일.

(궐하지 말려고 하다가도 삶이 바쁘면 거 할 수 없는 일.)

③ 거 사름이 뒈자곤 ᄒᆞ니까 ᄒᆞᆫ 번도 궐(闕) 아니헤 봐가지고 재수가 버짝.

(거 사람이 되려고 하니까 한 번도 궐 아니해 봐서 재수가 바짝.)

예문 ①은 '궐하게 되면 궐한 값을 치러야 한다.'는 말이다. 참여해야 할 모임에 빠지거나 꼭 해야 할 일을 빠뜨리면 그에 상응하는 값을 치러야 한다는 것이다. 궐하면 그냥 지나갈 수가 없다는 말과도 같다.

예문 ②는 '궐하지 않으려고 노력하다 보아도 삶이 바쁘다 보면 궐하게 된다.'는 말이다. 핑계로는 삶이 바쁘다는 게 최고인 셈이다.

예문 ③은 가끔 설화에 나오는 이야기로, '사람이 되려고 하면 한 번도 궐하지 않게 되고, 운도 좋다.'는 뜻을 지닌다. '재수가 버쩍'은 일종의 관용 표현으로, '재수가 좋다, 운이 좋다.'는 뜻이다.

이 제주어 '궐ᄒ다'는 중세 어휘 '궐ᄒ다'가 그대로 쓰인 경우다.

- 朔望祭와 薦新을 궐티 아니ᄒ며

  (朔望必祭 時物必薦, 삭망제와 천신을 궐하지 아니하며. 천신=철 따라 새로 난 과실이나 농산물을 먼저 신위(神位)에 올리는 일.)《속삼강행실도-효》
- 禮롤 闕티 마롤 띠니(예를 궐하지 말 것이니)《영가집언해》
- 해 드러 疑를 闕ᄒ고 그 남으니를 삼가 니르면 허물이 젹으며

  (많이 들어 의심을 궐하고 그 남은 일을 삼가 이르면 허물이 적으며)《논어언해》

무엇을 빠뜨린다거나 무엇에 빠진다는 것은 비어 있다는 것이니 공허함의 대표인 셈이다. 궐해서 마음 졸이지 말고 꼬박꼬박 참석하거나 참여하는 게 좋은 일임을 명심하자.

귀막다

이 '귀막다'는 '귀가 어두워져서 소리가 잘 들리지 아니하게 되다.' 또는 '남의 말을 잘 이해하지 못하다.'는 뜻을 지닌 어휘로, 표준어 '귀먹다'에 해당한다. '귀막다'는 달리 '귀먹다'라 한다. 그러니 '귀머거리(귀가 어두워 소리를 듣지 못하는 사람)'는 '귀마구리, 귀막쉬, 귀막젱이' 등으로 나타난다.

① 키에서 재열 소리 난 키막젠 ᄒ는 셍이여.

(귀에서 매미 소리 나서 귀먹으려 하는 모양이야.)

② 키막앙 삼 년, 말 몰랑 삼 년, 눈어둑엉 삼 년.

(귀막아 삼 년, 말 몰라서 삼 년, 눈 어두워서 삼 년.)

③ 키막은 씨아방에, 눈먼 씨어멍에.

(귀먹은 시아버지에, 눈먼 시어머니에.)

④ 보라. 골아가난 궂덴, 키막은 첵 ᄒ는 거.

(보아라. 말하니까 궂다고, 귀먹은 척하는 것.)

예문 ①은 '귀에서 매미 소리 나서 귀먹으려 하는 모양이야.' 하는 뜻으로, 나이 든 사람에게서 자주 듣는 말이다. 여기서 '재열 소리'란 매미 울음소리처럼 귀에서 들리는 소리를 말하는데, 어른들은 이 '재열 소리'가 들리면 귀먹으려는 징조로 생각한다. 이런 증세가 심해지면 난청으로 귀먹게 되고, 자연 목소리는 커지게 된다.

예문 ②와 **예문 ③**은 시집살이노래에서 자주 듣는 구절이다. **예문 ②**는 새색시는 '귀먹어 삼 년, 말 몰라서 삼 년, 눈 어두워서 삼 년'을 살아야 비로소 정상적인 시집살이를 하게 된다는 말이다. 욕하는 소리를 들어도 귀먹었으니 못 들은 것으로 해야 하고, 할 말이 있어도 말할 수 없으니 잠잠할 수밖에 없고, 좋지 않은 것을 보아도 눈이 어두워서 못 본 척해야만 되는 게 새색시의 처지다. 그다음부터는 이른바 산전수전 다 지냈으니 어떤 고난이 있더라도 이길 수 있다는 것이다.

예문 ③도 시집살이노래에 등장하는 구절로, '귀먹은 시아버지에, 눈먼 시어머니에' 하는 뜻으로, 아주 갑갑한 상황을 나타내는 말이다. 시아버지한테는 말할 수 없으니 보여줘야 하고, 시어머니한테는 보지 못하니 말해야 하니 오죽이나 갑갑하겠는가? 귀도 둘이요, 눈도 둘이니 하나씩 바꿔서 온전했으면 하는 엉뚱한 바람을 가져 보기도 한다.

예문 ④는 큰일로 집안 식구들이 모두 모였을 때 듣는 말이다. 특히 노처녀, 노총각이 있으면 틀림없이 듣게 된다. '(시집가라, 장가가라고) 말하니까 궂다고, 보아라 귀먹은 척하는 것.' 하는 뜻으로, 일부러 귀먹은 척해서 부모나 집안 어른이 하는 말을 듣지 않아 아무런 대꾸가 없다는 말이다. 한두 번이면 어찌어찌 대답하고 넘어가겠지만 해마다 듣는 이야기라면 분위기는 다르다.

결국 '귀막다'는 달리 '귀먹다'라 하는데, '귀가 어두워져서 소리가 잘 들리지 아니하게 되다.' 또는 '남의 말을 잘 이해하지 못하다.'는 의미로 쓰이는 말이다. 나이 먹음에 따라 '귀막으면' 다행이지만 상황이 불리하다고 해서 짐짓 '귀막은 체(귀먹은 척)'하는 것은 삼갈 일이다. 특히 온 가족이 모이는 큰일 때는 더더욱 그렇다.

그늘치다

이 '그늘치다'는 '빛이 가리어 그늘이 생기다.'는 뜻을 지닌 어휘로, 표준어 '그늘지다'에 해당한다. 그 구성으로 볼 때 제주어 '그늘치다'는 '그늘ㅎ+지다', 표준어 '그늘지다'는 '그늘+지다'로 '그늘'의 형태가 다르다. 곧 제주어 '그늘'은 중세 어휘 'ᄀᆞ늘ㅎ'로 소급되어 'ㅎ'음을 유지하고 있는 반면 표준어에서는 'ㅎ'음 없이 '그늘'만 따온 결과이니 그 말맛이 다르다.《그늘의 발달》이라는 시집 제목처럼 그늘은 자라니 '그늘치다'가 '그늘지다'보다는 조금 형인 듯하다.

① 요세 벳은 나도 그늘친 디 가믄 춥나.

　(요새 볕은 나도 그늘진 데 가면 춥다.)

② 그늘치게 말앙 그 낭가지 끄차불라게.

　(그늘지게 말아 그 나뭇가지 끊어 버려라.)

③ 그늘케 ᄒᆞ영 그늘치게 멘들아사 애기 눅질 건디.

　(그늘대 해서 그늘지게 만들어야 아기 눕힐 것인데.)

예문 ①은 이른봄에 듣는 말로, '요새 볕은 나도 그늘진 데 가면 춥다.'는 뜻이다. 볕이 나면 따스한 기운을 받는데, 그늘진 데 가면 따스한 기운은 이내 식어 버려

춥다는 것을 느끼게 된다는 것이다. 윗몸이나 고개를 몇 번 떠는 것으로 춥다는 뜻을 나타낸다. 그러면 양지쪽에 있는 사람은 "경 털지 말앙 이 벳남석더레 들어옵서.(그렇게 떨지 말고 이 양지쪽으로 들어오십시오.)" 하는 말을 건넨다. '벳남석'은 '볕이 나는 자리' 곧 '양지쪽'으로 건너오라는 말이다.

예문 ②는 무성한 나뭇가지가 그늘을 만들어 그 그늘 때문에 푸성귀 따위가 잘 자라지 못할 때 하는 말로, '그늘지게 말아 그 나뭇가지 끊어 버려라.' 하는 뜻이다. '덤방흐게(무번하게)' 뻗어나간 나뭇가지가 그늘을 만든 것이다. 그늘진 곳은 볕이 들지 않아 식물들이 광합성 작용을 할 수 없게 하고, '늘상(늘)' 그늘지는 곳이라면 이끼가 돋아 식물이 자랄 수 없다. 그러니 그늘을 만드는 나뭇가지를 끊어 버려야 볕이 들게 될 것이라는 말이다.

예문 ③은 여름철 아기와 같이 밭일을 하러 갔을 때 듣게 되는 말로, '그늘대 해서 그늘지게 만들어야 아기 눕힐 것인데.' 하는 말이다. 밭은 대개 사방이 시원하게 트여 볕이 잘 드는 곳이다. 밭일하러 데리고 간 아기를 볕이 내리쬐는 곳에 재울 수는 없으니 조금 높은 동산에 '그늘케'를 만들어 그늘지게 하고 거기에 아기를 눕혀야 한다. 여기서 '그늘케'란 '볕을 가리기 위하여 임시로 간편하게 만든 볕가리개'를 뜻하는 어휘로, 표준어 '그늘대'에 해당한다. 임시로 간편하게 만든 시설이니 해가 가는 방향에 따라 아기 잠자리도 이동해야 하는 불편함이 있다.

'그늘치다'는 '빛이 가려 그늘이 생기다.'는 뜻을 지닌 어휘다. 이른봄 '그늘친' 곳은 춥게 느껴지는 장소라 볕이 그리운 자리라면, 여름철 '그늘친' 곳은 땀을 들이는 자리니 시원한 장소다. 이른봄 볕이 그리운 때다.

곱치지다

이 '곱치지다'는 '사리를 분별하여 한계를 짓다.' 또는 '얽히고 섞갈린 일을 분간해 내다.'라는 뜻을 지닌 제주어다. '사리에 대한 분별, 분별하여 구분함'이라는 뜻을 갖고 있는 '곱[命]'과 '찢다'의 방언형 '치지다'가 연결되어 이루어진 어휘이다. 달리 '곱칮다'라 한다.

① ㅁ음바쁜사름신디 범벅진 씰 주멍 곱치지렌 ㅎ믄 ㅎ꼼절잘 건가?
　(마음 바쁜 사람한테 범벅된 실 주며 풀라고 하면 조금 마음 가라앉을 것인가?)
② 눈 어둑완닌 중 돌인 중 곱칮지 못ㅎ키여.
　(눈 어두워 뉘인 줄 돌인 줄 분별하지 못하겠어.)
③ 어떵 잘 곱치지라 보게.(어떻게든 잘 구분해 보아라.)

예문 ①은 '마음이 바쁜 사람에게 뒤엉퀸 실몽당이를 주며 풀어보라고 하면 마음이 가라앉을까?' 하는 걱정을 담고 있는 말이다. 여기서 '범벅지다'는 '일이나 물건이 마구 뒤섞여서 갈피를 잡을 수 없이 되다.'는 뜻을 지닌 말로, 표준어 '범벅되다'에 해당하며, '절자다'는 '들뜬 마음이 가라앉다.'는 의미이다. 한편 '절자다'는 '파도가 잔잔하다.'는 뜻으로 쓰이기도 한다.

예문 ②는 곡식을 장만할 때 '눈 어두워서 뉘인 줄 돌인 줄 분간할 수 없다.'는 말이다. '뉘'는 원래 '쓿은 쌀 속에 등겨가 벗겨지지 않은 채로 섞인 벼 알갱이'를 말하지만 여기서는 곡식에 섞인 불량의 낟알을 말한다. **예문 ③**은 엉망이 된 일 따위를 보며 '어떻게든 잘 구분해 보아라.' 하는 말로, 그 쓰임이 넓은 편이다.

이 '곱치지다'는 달리 '곱가르다, 곱갈르다'로 쓰이기도 하는데, '곱가르다, 곱갈르다'의 '가르다, 갈르다'는 표준어 '가르다^[分]'에 해당한다.

한편 '곱'이 들어간 말로 '곱웃다, 곱엇다(사물에 대한 분별 능력이 모자라다. 금, 경계가 없다.)', '곱웃이, 곱엇이(사물에 대한 분별 능력이 모자란 채로. 분별없이.)' 등도 자주 사용된다.

④ 곱웃이 눕뜨지 말라.(분별없이 냅뜨지 마라.)
⑤ 우알도 몰랑, 곱엇인 사름이주.(위아래도 몰라서 분별없는 사람이지.)

예문 ④는 '함부로 나대지 말라.'는 경계의 말이고, **예문 ⑤** 또한 '위아래도 구분 못하는 분별없는 사람'이라는 뜻이다.

일상생활에서는 일에 대한 적확한 판단과 함께 할 일과 아니할 일을 구분하는 게 중요하다. 일이 이 정도 정리가 되었으니 반쯤은 이루어진 배나 마찬가지다. 일을 하면서 '곱웃이 눕뜨지 말라.', '곱엇인 사름이주.'라는 말을 듣지 않도록 분별력을 갖추는 게 누구에게나 필요한 덕목이다.

까먹다

이 '까먹다'는 '껍데기나 껍질 안에 들어 있는 것을 내어 먹다.'는 뜻을 지닌 어휘로, 표준어 '까먹다'와 같은 형태로 쓰인다. 달리 '깡먹다'라 하기도 하는데, 이는 '까다'와 '먹다'를 별개의 단어로 인식한 결과이다.

① 정월 대보름에 땅콩이영 호두영 까먹으민 일년내낭 허물 나지 아년뎅 흔다.

　　(정월 대보름에 땅콩하고 호두하고 까먹으면 일년내 종기 나지 않는다고 한다.)

② 이 귤이라도 까먹으멍 이시믄 산발라 돌아상 오키여.

　　(이 귤이라도 까먹으며 있으면 선발로 돌아서서 오겠다.)

③ 구제긴 까먹으나 안 까먹으나 흔 구덕인다.

　　(소라는 까먹으나 아니 까먹으나 한 바구니이다.)

④ 보말 숢당 중간의 두껭이 올아불민 까먹지 안좋나.

　　(고둥 삶다가 중간에 뚜껑 열어버리면 까먹기 안 좋다.)

예문 ①은 정월 대보름이면 듣는 말 가운데 하나로, '정월 대보름에 땅콩하고 호두하고 까먹으면 일년내 종기 나지 않는다고 한다.' 하는 뜻이다. 이른바 정월 대보름날의 민속인 '부럼'이다. 제주도에서도 정월 대보름날이면 오곡밥을 해 먹고, 연을 날리어 나쁜 액을 막았다. 땅콩이나 호두를 까먹는 '부럼'은 최근의 일로, 육지 풍속의 영향이다.

예문 ②는 잠시 자리를 비우면서 '이 귤이라도 까먹으며 있으면 선발로 돌아서서 오겠다.' 하는 말이다. 그냥 기다리고 있으면 따분할 터이니 귤을 까먹고 있으라는 배려다. 여기서 '산발라'는 '선 채 그길로'라는 의미다. 결국 예문 ②는 '곧 돌아올 테니 귤을 까먹으면서 기다리고 있어라.' 하는 말이다.

예문 ③과 ④는 바다 동물인 소라와 고둥에 관한 내용이다. 예문 ③은 무슨 일을 했는데도 아무 흔적이 남지 않을 때 하는 속담으로, '소라는 까먹으나 아니 까먹으나 한 바구니이다.' 하는 뜻이다. 육지의 '소라 껍질 까먹어도 한 바구니 안 까먹어도 한 바구니'에 해당한다.

한편 예문 ④는 '보말'을 삶을 때 하는 말로, '고둥 삶다가 중간에 뚜껑 열어버리면 까먹기 안 좋다.'는 뜻이다. 곧 고둥을 삶을 때 익었나 안 익었나를 알아보기 위해서 중간에 뚜껑을 열지 말라는 경고다. '보말'을 삶다가 중간에 뚜껑을 열어버리면 김이 샌다. 김샌 결과는 '보말'을 까먹을 때 나타나는데, '똥'까지 빠져나오지 않고 중간에서 잘라져 살만 나온다. 그러면 '보말'의 제맛을 느낄 수 없다. 예문 ④의 '까먹다'는 '올다'라는 어휘를 대신 사용하기도 하는데, '보말 솖당 중간의 뚜겡이 올아불민 올지 안 좋나.'라 하면 된다.

'까먹다'는 '껍데기나 껍질 안에 들어 있는 것을 내어 먹다.'는 뜻을 지닌 어휘로, 어형은 표준어와 같다. 정월 대보름날을 맞아 땅콩, 호두 따위를 '까먹어서' 일년내 종기가 나지 않기를 기원한다.

끄막거리다

이 '끄막거리다'는 '큰 눈이 잠깐씩 감겼다 뜨였다 하다.'는 뜻을 지닌 어휘로, 표준어 '끔벅거리다'에 해당한다. 달리 '끔막거리다'라한다. '끄막이다' 또는 '끔막이다'는 표준어 '끔벅이다'에, '끄막ㅎ다, 끔막ㅎ다'는 '끔벅하다'에 맞먹는 방언형이며, '끄막이다, 끕막이다'는 '껌벅이다'의 방언형이라 보면 된다. 다 같이 '큰 눈이 감겼다 뜨였다 한다.'는 의미로 쓰인다.

① 말키 못 알아듣는 셍인고라 눈만 끄막거려.

   (말귀 못 알아듣는 모양인지 눈만 끔벅거려.)

② 쉔 다른 사름 이껑 가젠 ㅎ믄 큰큰헌 눈 끄막거리멍 눈물이 그랑그랑ㅎ여.

   (소는 다른 사람 이끌어 가려고 하면 커다란 눈 끔벅거리며 눈물이 그렁그렁해.)

③ 뭐 두어 번 눈 끄막ㅎ연게 ㅎ꼼 시난 ㄱ찌 나가.

   (뭐 두어 번 눈 끔벅이더니 조금 있으니까 같이 나가.)

예문 ①은 말하는 바를 잘 알아듣지 못하여 눈만 말똥말똥하는 상황일 때 쓰이는 말로, '말귀 못 알아듣는 모양인지 눈만 끔벅거려.' 하는 뜻이다. 이는 말의 주제를 잘 파악하지 못하고 눈을 똥그랗게 떴다 감았다 하며 말하는 사람을 물끄러미 쳐다보는 모양이다. 이러면 말하는 사람 입장에서는 더 쉽게 설명하며 이해시키려고 하지만 또한 눈만 끔벅거린다면 참으로 답답하고 피곤한 일이다.

예문 ②는 소가 다른 사람에게 팔리어 새로운 주인이 끌고 가려고 고삐를 잡아 이끌어 갈 때의 장면을 표현한 것으로, '소는 다른 사람 이끌어 가려고 하면 커다란 눈 끔벅거리며 눈물이 그렁그렁해.' 하는 뜻이다. 소가 정든 주인과의 이별을 슬퍼하여 눈물을 글썽거리는 것이리라. "소의 커다란 눈은 무엇을 말하고 있는 듯한데 나에겐 알아들을 수 있는 귀가 없다. 소가 가진 말은 다 눈에 들어 있는 것 같다."는 어느 시인의 표현 그대로이다. 여기서 '그랑그랑'은 '눈에 눈물이 넘칠 듯이 그득 괸 모양'을 말하는 것으로, 표준어 '그렁그렁'에 해당한다.

한편 예문 ③에서 '눈을 끄막ᄒ는' 것은 다른 사람이 눈치 채지 못하게 눈으로 신호를 주고받는 것으로, '뭐 두어 번 눈 끔벅이더니 조금 있으니까 같이 나가.' 하는 뜻이다. 그러니까 눈을 끔벅하는 것으로 '우리 나가자.' 하는 신호를 주고받은 것이다. 미리 약속하기에 따라 한쪽 눈만 끔벅할 수도 있고, 눈 두 쪽 모두를 끔벅할 수도 있다. 한쪽 눈만 감았다 떴다 한다면 이는 '윙크'에 해당할 것이다.

'끄막거리다'는 '끔막거리다, 끄막이다, 끔막이다, 끄막ᄒ다, 끔막ᄒ다, ᄭᅳ막이다, ᄭᅵᆷ막이다' 등 여러 형태로 쓰여, '큰 눈을 감았다 떴다 하다.'는 뜻을 지닌다. 나른한 오후 차 한 잔 생각나면 앞 사람에게 눈을 '끄막거리멍' 입속말로 '우리 나가서 차 한 잔 할까?' 하는 것으로 지리함을 탈출해 볼 일이다.

끄멍나다

          이 '끄멍나다'는 '겨를이 생기다.' 또는 '사이가 벌어지다.'는 뜻을 지닌 어휘로, 표준어 '틈나다'에 해당한다. '끄멍나다'는 달리 '트멍나다'라 하는데, '끄멍[隙]+나다', '트멍[隙]+나다' 구성으로 이루어진 어휘들이다. 이들 어휘의 '끄멍'과 '트멍'은 문헌 어휘 '쁨'에서 유래하는데, 'ㅆ>ㅅ>ㄲ'나 'ㅆ>ㅅ>ㅌ'의 변화 과정을 거친 결과다.

   ① 오지 말믄 끄멍나는 거 보멍 나가 촞아갑주게.

     (오지 말면 틈나는 거 보면서 내가 찾아가지요..)

   ② 시리 앚질 때 트멍나지 말게 시릿마개로 막아사 ᄒ여.

     (시루 안칠 때 틈나지 말게 시룻번으로 막아야 해.)

   ③ 끄멍난듸로 브름이 칼칼 들어왐쪄.

     (틈난 데로 바람이 쌩쌩 들어온다.)

  예문 ①의 '끄멍나다'는 '겨를이 생기다.', 예문 ②와 예문 ③은 '사이가 벌어지다.'는 뜻으로 사용된 경우이다. 예문 ①은 찾아오겠다는 사람을 만류하는 말로, '오지 말면 틈나는 거 보면서 내가 찾아가지요.' 하는 뜻이다. 이런 경우는 대개 찾아오겠다는 사람이 유리한 입장에 있고, 만류의 뜻으로 예문 ①을 말하는 사람은 불리한 입장에 선 사람이다. 어떤 부탁을 했다고 하자. 부탁한 사람은 부탁의 진행 과정을 초조하게 기다리나 아무 연락이 없다. 안달이 나서 저간의 사정을 알아볼 겸 찾아가겠다고 하면 부탁 받은 사람의 입장에서는 일의 진척이 없으니 대면해야 대책이 없다. 그래서 지금은 바쁘니 찾아오지 말라고 만류하게 되는데, 이때 "오지 말믄 *끄멍나는 거 보멍 나가 춫아갑주게*."라는 예문 ①을 말함으로써 난처함을 피하는 것이다.

한편 예문 ②는 떡을 찔 때 들을 수 있는 말로, '시루 안칠 때 틈나지 말게 시룻번으로 막아야 해.' 하는 말이다. 만일 '시룻마개(시룻번)'로 막지 않으면 이른바 김이 새어 떡이 제대로 익지 않는다. 여기서 '시룻마개'는 시루를 솥에 안칠 때 그 틈에서 김이 새어 나오지 않게 바르는 반죽을 말한다. 이 '시룻마개'가 잘못된다면 정말 김새는 것이 된다. 이 '시룻마개'는 먹을거리가 귀했던 시절, 간식 대용으로 쓰이기도 했다.

예문 ③은 겨울철 벌어진 문틈으로 황소바람이 들어올 때에 들을 수 있는 말로, '틈난 데로 바람이 쌩쌩 들어온다.'는 뜻이다. 황소바람이란 작은 구멍이나 좁은 틈으로 아주 세차게 들어오는 찬바람을 말한다. 창문에 구멍이 생기면 구멍에 맞게 창호지를 오리어 바르고, 문틈으로 바람이 새어 들어오지 못하게 문풍지를 바른다. 여기서 '칼칼'이란 바람이 잇따라 세차게 스쳐 지나가는 소리나 모양을 뜻하는 말로, 표준어 '쌩쌩'에 해당한다.

'끄멍나다'와 '트멍나다'는 '겨를이 생기다.', '사이가 벌어지다.'는 뜻으로, 표준어 '틈나다'에 해당한다. 겨울철 찬바람이 들어오지 못하게 문 닫는 일도 중요하지만 탁한 공기를 바꿔주기 위하여 가끔 문을 여는 일도 중요하다.

나눅다

이 '나눅다'는 '방 밖으로 나가 눕다.' 또는 '방바닥 아랫목 쪽에서 윗목 쪽으로 옮아 눕다.'는 뜻을 지닌 어휘로, 표준어로 '나가눕다'에 해당한다. '나눅다'는 '나다[出]'와 '눅다[臥]'가 연결되어 이루어진 어휘로, 두 어간 사이에 보조적 연결어미 없이 바로 어간끼리 이어진다는 특징을 지닌다. 달리 '나눕다'라 한다.

① 경 덥걸랑 밧자리레 나누우라.

  (그리 덥걸랑 윗목으로 나가누워라.)

② 여름엔 펭상에 나누웡 벨 보는 것도 막 좋아마씸.

  (여름에는 평상에 나가누워 별 보는 것도 아주 좋습니다.)

③ 풍년 들겐 ᄒ민 베염이 올레에 나눕곡 숭년 들겐 ᄒ민 안튀에 나눕곡 ᄒ뎅 홉네다.

  (풍년 들려고 하면 뱀이 골목에 나가눕고 흉년 들려고 하면 안뒤꼍에 나가눕고 한다고 합니다.)

예문 ①은 아랫목이 덥다는 아이한테 하는 말로, '그리 덥걸랑 윗목으로 나가누워라.' 하는 뜻이다. 아이들은 조금만 해도 더위나 추위를 잘 탄다. 어른들은 아랫목에서 몸을 녹여야 시원하다고 하지만 아이들 입장에서는 무척이나 더운 것이다. 그래서 더워 못 자겠다고 하면 **예문** ①을 말함으로써 '밧자리'로 나가 자도록 하는 것이다. 여기서 '밧자리'는 온돌방에서 아궁이와 먼 곳으로, 표준어 윗목에 해당한다.

예문 ②는 여름철 광경을 이야기하는 것으로, 추억을 불러오게 하는 말이다. 곧 **예문** ②는 '여름에는 평상에 나가누워 별 보는 것도 아주 좋습니다.' 하는 뜻이다. 평상은 여름철 야외 방 노릇을 톡톡히 하는 물건이다. 잠자는 것은 물론 밥도 먹고 그랬다. 저녁상을 물리고 난 뒤 옛날 이야기도 듣고, 수박도 깨뜨려 먹고 했던 곳이다. 이제는 드러누워 밤하늘을 올려다볼 차례다. 별이 또렷하다. 별자리를 확인하고, 별 하나하나에 이름을 붙이기도 한다. '별 헤는 밤'이 따로 없는 것이다. 이제는 평상에 나가누울 기회도 없지만 어쩌다 밤하늘을 올려다보아도 별빛은 흐릿할 뿐이다.

예문 ③은 뱀과 관련한 속설 가운데 하나로, '풍년 들려고 하면 뱀이 골목에 나가눕고 흉년 들려고 하면 안뒤꼍에 나가눕고 한다고 합니다.' 하는 말이다. 뱀은 부를 불러오는 신으로 믿어서 모시기도 한다. 집안 '고팡(고방)'에 모시면 '안칠성', 안뒤꼍에 모시면 '밧칠성'이라 했다. 부를 불러오는 뱀이 골목에 나가누워 있으면 풍년이 들고, 안뒤꼍에 나가누우면 흉년이 든다는 것이 **예문** ③이 뜻하는 바다.

'나눅다'는 달리 '나눕다'라 하는데, '방 밖으로 나가 눕다.' 또는 '방바닥 아랫목 쪽에서 윗목 쪽으로 옮아 눕다.'는 뜻을 지닌다. 날로 더워지는 여름, 잠자리를 방 밖으로 옮기며 더위를 슬기롭게 넘길 일이다.

나뎅기다

이 '나뎅기다'는 '밖으로 나가 여기저기 다니다.'는 뜻을 지닌 어휘로, 표준어 '나다니다'에 해당한다. 달리 '나드니다'라 한다.

① 이 초싱의란 늦이 나뎅기지 말라.

(이 초승에는 늦게 나다니지 마라.)

② 나뎅기는 개 꽝 물엉 온덴 ᄒ지 아녀?

(나다니는 개 뼈 물어온다고 하지 않느냐?)

③ 남즈가 나뎅기당 보믄 술도 좀 ᄒ여저. 노인 어른덜 만낭 술도 좀 권ᄒ곡.

(남자가 나다니다 보면 술도 좀 하게 돼. 노인 어른들 만나서 술도 좀 권하고.)

④ 나뎅기멍 놈의 입에 거느리왕상나게 ᄒ지 말라.

(나다니면서 남의 입에 좋지 않은 소문나게 하지 마라.)

예문 ①은 정월 명절이 지나면 들을 수 있는 말로, '이 초승에는 늦게 나다니지 마라.'는 뜻이다. 밤늦게 돌아다니다 보면 '방쉬(비밀스러운 방식이나 수단으로 사악함을 물리치는 일)'한 것이나 액막이한 것을 보게 되고, 그 사악이 범접하게 되면 좋지 않은 일을 당할지 모르기 때문에 '너무 늦게 나다니지 마라.'는 것이다. 그러면 곁에 있던 사람은 **예문** ②의 속담을 말함으로써 늦게 다녀도 괜찮다는 의견을 제시하기도 한다. 곧 '나다니는 개 뼈 물어온다고 하지 않느냐?' 하는 것이다. 밖으로 나다녀야 필요한 것을 얻을 수 있다면서 나다니는 사람을 거드는 것이다. 사실이지 가만있으면서 익은 감이 저절로 떨어지기를 기다릴 수만은 없다. 감을 쉬 따기 위해서는 장대나 사다리를 찾아야 한다. 나무에 오르는 재주가 있다면 직접 감나무에 올라야 한다. **예문** ②의 '나뎅기는 개 꽝 물어온다.'는 속담은 '돌아뎅기는 개 꽝 물어온다.'라 하기도 한다.

예문 ③은 "왜 술 마시느냐?"는 핀잔에 대한 변명으로, '남자가 나다니다 보면 술도 좀 마시게 돼. 노인 어른들한테 술도 좀 권하고.' 하면서 술 마시는 이유를 그럴싸하게 둘러대는 것이다. 남자이어서 술 마시게 된다는 것이다.

예문 ④는 '나다니면서 남의 입에 좋지 않은 소문나게 하지 마라.'는 뜻으로, 밖에 나가서는 행동거지를 바르게 하라는 경계의 말이다. 여기서 '거느리왕상'이란 '좋지 않은 일로 해서 이러니저러니 떠도는 소문'을 말한다. 그러니까 '나다니면서 좋지 못한 행동거지로 소문나게 하지 마라.'는 것이다.

이 '나뎅기다'는 문헌 어휘 '나딩기다(연고 업시셔 나딩기디 말고-연고 없이는 나다니지 말고)'에서 유래한다. 연초에는 '나뎅길' 일이 많겠지만, 가급적 '나뎅기지' 않겠다는 마음을 다잡아 보는 것도 필요할 것 같다.

나사다

      이 '나사다'는 '앞이나 밖으로 나와 서다.' 또는 '어떠한 일을 가로맡거나 간섭하다.'는 뜻을 지닌 어휘로, 표준어 '나서다'에 해당한다. 이 어휘는 '나[뻐]-'와 '사다[ㅍ]'가 결합된 구성으로, '사다'는 표준어 '서다'의 방언형이다.

  ① 난 놈 앞의 나상 놀래 불러본 도레 웃어.

    (나는 남 앞에 나서서 노래 불러본 적 없어.)

  ② 아무 일에나 놈보담 먼저 나상 눕뜨길 잘ᄒᆞ는 사름이주.

    (아무 일에나 남보다 먼저 나서서 냅뜨기를 잘하는 사람이지.)

  ③ 나산지멍에 밧도 혼 바쿠 휘 ᄒᆞ게 돌아봔 왓주.

    (내친김에 밭도 한 바퀴 휘 하게 돌아보아서 왔지.)

  예문 ①은 수줍음을 잘 타는 사람한테 노래 부르기를 권유했을 때 거절하며 하는 말로, '나는 남 앞에 나서서 노래 불러본 적 없어.' 하는 뜻이다. 그러나 요사이는 노래방이 있어 노래 부르기를 사양하는 사람은 거의 없다. 지적을 받으면 그냥 '나상(나서서)' 마이크를 잡고 노래를 부른다. 상황이 이렇게 되고 보니 '놈 앞의 나상 놀래 불러본 도레 웃어.'라는 말은 옛말이 된 듯하고, 수줍음을 타는 사람도 적어진 듯하다.

예문 ②는 사날(비위 좋게 남의 일에 참견하는 일) 또는 넉살이 좋은 사람을 두고 하는 말로, '아무 일에나 남보다 먼저 나서서 냅뜨기를 잘하는 사람이지.' 하는 뜻이다. 여기서 '늡뜨다'는 '무슨 일에 앞질러 잘 참견하다.' 또는 '깝신거리며 나대다.'는 뜻을 지닌 어휘로, 표준어 '냅뜨다'에 해당한다. 가만있어도 될 일에 '말참예(말참례)'를 한다거나, 된 일 안 된 일에 '나상(나서서)' 잔소리를 늘어놓거나, 말결(남이 말하는 옆에서 덩달아 참견하는 일) 달기를 좋아하는 사람도 있으니, 이런 유의 사람을 두고 "나상 늡뜨길 잘ᄒᆞ는 사름이주."라 표현하면 된다.

예문 ③은 뜻하지도 않게 밭을 돌아보게 되었을 때 하는 말로, '내친김에 밭도 한 바퀴 휘 하게 돌아보아서 왔지.' 하는 뜻이다. 여기서 '나산지멩'은 표준어 '내친김'이 지니고 있는 '이왕 길을 나선 김'이란 뜻을 온전하게 반영하고 있는 표현이다. '나산지멩'은 표준어로 대역하면 '나선 김'이 되기 때문이다. '이미 나선 걸음'이라고 한다면 "나산걸음에 밧도 ᄒᆞᆫ번 돌아봐서.(내친걸음에 밭도 한번 돌아봤어.)"처럼 '나산걸음(내친걸음)'을 쓰면 된다.

'나사다'는 '앞이나 밖으로 나와 서다.', '어떠한 일을 가로맡거나 간섭하다.'는 뜻을 지닌 어휘로, 표준어 '나서다'에 해당한다. 진퇴를 확실하게 구분하는 일은 어려운 일이지만 꼭 해야 할 일이라면 '나사는' 게 좋고, 참견하거나 간섭하지 말아야 할 일이라면 '나사지' 말아야 한다.

내널다

이 '내널다'는 '빨래나 곡식 따위를 볕에 말리기 위하여 집 안에서 내어 빨랫줄이나 멍석에 널다.'라는 의미를 지닌 어휘다. 이 어휘는 '내다[出]'와 '널다' 합성으로 이루어질 때 표준어처럼 '내-+-어 널다'로 구성되지 않고 바로 어간끼리 결합되어서 '내널다'가 된 것이다. '내널다'는 중간에 보조적 연결어미 '-어'가 들어간 형태보다는 더 오래된 연결 방식으로 형성된 어휘이다.

① 볏 남시메 이불 내널라.

　　(볕 나니까 이불 내어 널어라.)

② 빗살헴저, 보리 내널지 말라.

　　(빗방울 떨어진다, 보리 내어 널지 마라.)

③ 고사린 숢아신디 빗살ᄒ염직ᄒ연 내널지 못ᄒ쿠다.

　　(고사리는 삶았는데 빗방울 떨어질 것 같아서 내어 널지 못하겠습니다.)

예문 ①은 '볕이 나니까 이불 내어 널어라.' 하는 뜻으로, 볕 좋은 일기를 알 수 있다. 반면 예문 ②는 '빗방울 떨어지고 있으니 보리 내어 널지 마라.' 하는 말이다. 보편적으로 보리를 내어 널 때는 일손이 바쁜 때이다. 그러니 일손을 하나라도 덜려고 하면 불필요한 일에 일손을 낭비할 수 없는 일이다. 여기서 '빗살ᄒ다'는 '비가 내리기 시작하다.'는 뜻이며, '빗살'은 표준어 '빗방울'에 해당한다.

예문 ③은 고사리를 꺾는 철이면 한두 번은 들어보는 말이다. '고사리를 삶아 놓기는 했는데 빗방울이 떨어질 것 같아서 내어 널지 못하겠다.'는 뜻이다. 꺾어온 고사리는 삶아서 볕에 말리어 보관해 두었다가 먹기도 하고, 삶아서 날것으로 보관했다가 먹기도 한다. 오래 보관하려면 말려야 한다. 그런데 고사리는 참으로 이상해서 말리는 도중에 빗방울이 떨어지기라도 하면 이내 썩어버리고, 다 마르기 전에 비를 맞아 뒤집더라도 또 썩어버리기도 한다. 그래서 고사리를 바싹 말리기 위해서는 따스한 볕살이 중요하다.

이불이나 곡식을 볕에 쬐려면 볕이 날 때 해야 한다. 비 오는 날 할 수 없는 일이다. 이처럼 모든 일에는 기회가 있게 마련이니 주어진 기회를 잘 이용해야겠다.

내치다

이 '내치다'는 '강제로 밖으로 내쫓다.'는 뜻과 '먹은 것이 삭지 않아 도로 입 밖으로 내어보내다.'는 뜻으로 쓰이는 말이다. 전자의 뜻이라면 표준어 '내치다'와 같고, 후자의 뜻이라면 표준어 '게우다'에 해당한다. 사실 '내치는' 것이나 '게우는' 것은 '강제로 내보내다.'는 의미를 내포하고 있어 동일한 의미 영역에 속한다.

① 소곱으로만 기어들젠 ᄒ연 ᄂ시 내치지 못ᄒ연 홀 수 엇이 배로 걸련 내쳣주.

　(속으로만 기어들려고 해서 끝내 내치지 못해서 할 수 없이 참바로 걸리어서 내쳤지.)

② 내쳥 놔두민 따시 들어가곡 따시 들어가곡 ᄒ연 막 애먹엇수다.

　(내쳐 놔두면 다시 들어가고 다시 들어가고 해서 아주 애먹었습니다.)

③ 내친 거 보난 술 하영 먹어난 셍이여.

　(게운 것 보니 술 많이 마셨던 모양이야.)

④ 얼마나 꿰롭고 심들어시믄 손가락 집어낭 내칩네까?

　(얼마나 괴롭고 힘들었으면 손가락 집어넣어 게우겠습니까?)

예문 ①은 돼지를 변소 밖으로 내몰려고 하니 돼지우리 '속으로만 기어들려고 해서 끝내 내치지 못해서 할 수 없이 배로 걸려서 내쳤지.' 하는 말이다. 날쌘 돼지라 맨손이나 막대기 하나만으로는 우리 밖으로 내칠 수 없어서 참바로 걸려서 우리 밖으로 내쳤다는 것이다. 참바로 돼지 모가지를 걸었지만 힘이 세니 한창 승강이가 벌어지고 난 뒤에야 우리 밖으로 내칠 수가 있다. 돼지 입장에서 보면 뭇매를 맞기도 하고, 소리를 질러 목이 아프기도 했을 것이다.

예문 ②는 어찌어찌 해서 돼지를 우리 밖으로 '내쳐 두었더니 다시 우리 안으로 들어가고 들어가고 해서 아주 애를 먹었습니다.' 하는 말이다.

한편 예문 ③은 '토한 것으로 보니 술 많이 마셨던 것 같다.'는 걱정의 말이다. 오죽 많이 먹었으면 토했겠느냐는 말이다. 예문 ④도 앞의 예문처럼 술을 많이 마셔서 '얼마나 괴롭고 힘이 들었으면 손가락을 입안으로 집어넣어 게우겠습니까?' 하는 말이다.

가만있는 것을 '강제로 밖으로 내쫓는 것'이나 '먹은 것을 밖으로 내보내는 일'은 힘이 들고 괴로움이 뒤따르는 법. 제자리에 그냥 놓아두는 것, 상관하지 않는 것도 모두를 위해 좋은 일임을 한번쯤 생각해 볼 일이다.

내터지다

　　　　　　　　　이 '내터지다'는 '비가 많이 내린 뒤 냇물이 불어 세차게
흐르다.'라는 뜻을 지닌 어휘로, 표준어 '시위하다'에 가깝다. 달리 '내창터지다·
내치다·시위ᄒ다' 등으로 나타나기도 한다.

　① 비 하영 오랑 내터지믄 넘어가지 못홀 거난 참예 못ᄒ는거주.

　　　(비 많이 와서 내 터지면 건너가지 못할 것이니까 참여 못하는 거지.)

　② 이번 비에 춤말 오래만의 내창터진 거 봤저.

　　　(이번 비에 참말 오랜만에 내 터진 것 봤어.)

　③ 오당 보난 다리에 상 그 알로 내치는 거 구경ᄒ는 사름덜 하서라.

　　　(오다가 보니까 다리에 서서 그 아래로 내 흐르는 것 구경하는 사람들 많더라.)

　④ 비 엄창 크게 오랑 큰물 난 걸 이듸선 '시위ᄒ다' 경 골아.

　　　(비 엄청 크게 와서 큰물 난 것을 여기서는 '시위한다' 그렇게 말해.)

　예문 ①은 '비 많이 와서 내 터지면 건너가지 못할 것이니까 참여 못하는 거지.'
하는 뜻으로, 냇물이 불어 건너갈 수 없으니 부득이 모임에 참여할 수 없다는 말
이다. 이 '내터지다'는 '내[川]'와 '봇물 따위가 갑자기 쏟아지다.'는 뜻을 지닌 '터지

다'가 결합하여 이루어진 어휘이다. 예문 ②는 '이번 비에 참말 오랜만에 내 터진 것 봤어.'라는 뜻으로, 지금까지 내렸던 비는 냇물이 흐를 정도는 아니었는데, 이번 비는 많이 내렸고, 냇물이 불어서 세차게 흐른다는 말이다. 그래서 예문 ③과 같은 구경거리가 생기는 것이다. 곧 예문 ③은 '오다가 보니까 다리에 서서 그 아래로 내 흐르는 것 구경하는 사람들 많더라.' 하는 뜻으로, 오랜만에 냇물이 불어 세차게 흐르니 구경거리가 되는 것이다. 여기서 '내치다'는 '내^[川]'와 '물결이나 파도 따위가 일어 움직이다.'는 뜻을 지닌 '치다'가 합쳐서 이루어진 어휘이다.

한편 예문 ④는 '시위'라는 말에 대하여 제보자가 설명해 주는 내용으로, '비 엄청 크게 와서 큰물 난 것을 여기서는 '시위한다' 그렇게 말해.' 하는 말이다. 이 '시위'는 '비가 많이 와서 강물이 넘쳐흘러 육지 위로 침범하는 일 또는 그 물'을 말한다. '시위'는 엄밀하게 말하면 홍수의 뜻을 지닌 어휘이며, 한편으로 '큰물'의 의미를 지니기도 한다. 《동문유해》, 《역어유해》, 《한청문감》 등에서는 '水漲^(수창)'이란 한자어를 '시위 나다'로 풀이하고 있어, '시위'는 '불은 물' 곧 '큰물'임을 알 수 있다.

'내터지다'는 달리 '내창터지다·내치다·시위ᄒ다' 등으로 말하기도 하는데, '비가 많이 내린 뒤 냇물이 불어 세차게 흐르다.'라는 뜻을 지닌 말이다. 냇물이 흐르지 않는 대부분의 건천^(乾川)인 제주도에서 '내터지믄' 이 또한 구경거리가 되기도 한다. 그러나 많은 비가 내릴 때는 바람을 동반하는 경우가 대부분이어서 비설거지하는 번거로움도 있게 마련이다. 자연은 자연인가 보다.

노다스리다

이 '노다스리다'는 '지나간 일이나 한번 한 말을 작은 소리로 거듭 말하다.' 하는 뜻을 지닌 어휘로, 표준어 '뇌다'에 해당한다. 달리 '노애다, 노다식리다'라 한다.

① 속솜ᄒ라게, 노다스리당 보믄 본인 키에 들어간다.

  (잠잠해라, 뇌다 보면 본인 귀에 들어간다.)

② 그만썩 골은 말에 노다시령 문을 잡앙 눕데가?

  (그만씩 한 말에 뇌며 문을 잡아 누웠습니까?)

③ 이져불지 아년 이제꼬장 노다시력 노다시력 헴시냐?

  (잊어버리지 않고 이제까지 뇌고 뇌고 하느냐?)

예문 ①은 불평을 늘어놓지 말고 잠잠하라고 타이를 때 하는 말로, '잠잠해라, 뇌다 보면 본인 귀에 들어간다.' 하는 뜻이다. 아무리 작은 소리로 불평을 뇐다고 하지만 자주 늘어놓다 보면 크게 말하게도 되고, 여러 사람이 알게 되면 정작 불평의 대상이 된 본인 귀에도 들어가게 마련이니 잠잠하라는 경계의 말이다. 낮말은 새가 듣고, 밤말은 쥐가 듣는다고 하지 않는가.

예문 ②는 〈차사본풀이〉에 나오는 한 구절이다. 강님이 본부인을 찾아가니 본부인은 맷돌을 돌리면서, "메정ᄒ고 메정ᄒ 설운 낭군님아, 오늘은 저 올레예 먼문도 올아십데가? 가시낭도 걸어십데가? 정쌀도 앗아십데가? 어떤 일로 오옵네까?(매정하고 매정한 서러운 낭군님아, 오늘은 저 골목에 대문도 열렸습디까? 가시나무도 걷었습디까? 정살도 가졌습디까? 어떤 일로 오옵니까?)" 하고 말을 건넨다. 이 말에 화가 난 강님은 방 안으로 들어가 방문을 잠가버리니 본부인이 하는 말이 **예문 ②**이다. 곧 '그만씩 한 말에 뇌며 문을 잡아 누웠습니까?' 하는 뜻이다. 화가 나 문을 걸어 잠근 것은 다름 아니라 "어떤 일로 오옵네까?" 하는 말 때문이다. 집에 왔는데 "어떤 일로 오옵네까?", "어떤 일로 오옵네까?" 하고 작은 소리로 뇌고 뇌고 하며 문을 잠가 버린 것이다. 그러자 부인은 **예문 ②** 곧, '그만씩 한 말에 뇌며 문을 잡아 누웠습니까?' 하고 대꾸하는 것이다. 그다음이 궁금하면 〈차사본풀이(시왕맞이)〉를 찾아 읽어보기 바란다.

　　예문 ③은 '노다스리다'의 뜻을 확인할 수 있는 이야기로, '잊어버리지 않고 이제까지 뇌고 뇌고 하느냐?' 하는 뜻이다. 물론 이런 경우는 잊어버리지 못할 정도로 마음 깊숙하게 박힌 이야기로, 가슴에 맺혀 한이 된 경우이다. 말하는 사람은 어떤 경우든 가슴에 맺힐 정도로 심한 말을 하지 말아야 하며, 말 듣는 사람은 그런 말을 들을 만큼 정도에 어그러지는 행동을 삼가야 할 것이다.

　　'노다스리다'는 '노애다, 노다쉬리다'라 하는데, '지나간 일이나 한번 한 말을 작은 소리로 거듭 말하다.' 하는 뜻을 지닌 어휘로, 표준어 '뇌다'에 해당한다. 상대방이 '노다스리게' 하는 언행을 하지 말아야 할 것이며, 설령 그런 경우가 있더라도 빨리 잊어버리는 것이 마음 건강에 좋다.

눈부찌다

이 '눈부찌다'는 '잠깐 잠을 자다.'는 뜻을 지닌 어휘로, 이에 해당하는 마뜩한 표준어는 없다. 어휘 구성으로 볼 때 '눈[眼]＋부찌다'로, 본래의 뜻과는 조금 멀어진 셈이다. 달리 '눈부치다' 또는 '눈' 대신에 '줌[眠]'을 연결하여, '줌부찌다, 줌부치다'로 쓰이기도 한다.

① 눈에 줌이 드랑드랑ᄒ엿저. 저레 강 눈부쩟당 오라.

　　(눈에 잠이 드랑드랑했다. 저리 가서 눈 붙였다가 오너라.)

② 이제 눈부치믄 깨어나지 못ᄒ음직ᄒ우다. 게난 강 자렌 굳지 맙서.

　　(이제 눈 붙이면 깨어나지 못할 것 같습니다. 그러니 가서 자라고 하지 마십시오.)

③ ᄒ끔 줌부찌믄 낫일 거여. 게난 미안ᄒ게 셍각 말앙 강 자당 오라.

　　(조금 잠 붙이면 나을 거야. 그러니 미안하게 생각 말고 가서 자다 오너라.)

④ 냉중에 일려도 일어나지 아녀라 ᄒ는 말랑 맙서예.

　　(나중에 일으켜도 일어나지 않더라 하는 말랑 마십시오.)

예문 ①에서 예문 ④까지는 대화의 한 대목이다. 예문 ①은 할 일이 많아 밤샘을 했다거나 밤늦게까지 잠을 자지 않고 일을 할 때 듣는 이야기로, '눈에 잠이 드랑드랑했다. 저리 가서 눈 붙였다가 오너라.' 하는 말이다. 자주 눈이 붙고 저도 모르게 고개를 젖히는 것으로 봐서는 무척 졸린 모양이니 잠깐 자다가 오라는 배려이다. 여기서 '눈에 좀이 드랑드랑하다.'는 너무 졸리어 자꾸 눈꺼풀이 맞붙거나 자기도 모르게 고개를 순간적으로 끄떡거리게 되는 상태를 말한다. '드랑드랑하다'는 원래 '열매 따위가 많이 달려 아래로 늘어져 있다.'는 뜻이지만 여기서는 눈꺼풀에 납덩이라도 달려 있는 것처럼 자주 눈을 감게 된다는 의미로 쓰인 경우다. 이런 상태가 되면 일의 능률이 오를 리 없고, 열심히 일하는 사람에게도 방해가 되니 차라리 남의 눈에 띄지 않는 곳에 가서 잠깐 잠자다가 오는 게 좋다는 애정 어린 말이 **예문 ①**이다.

　예문 ②는 **예문 ①**에 대한 대답으로, '이제 눈 붙이면 깨어나지 못할 것 같습니다. 그러니 가서 자라고 하지 마십시오.' 하는 말이다. 내친김에 일을 다 마치고 난 다음에 잠을 자는 게 낫다는 것이 **예문 ②**가 뜻하는 바다. 그러면 다시 **예문 ①**을 말한 사람은 **예문 ③**의 '조금 잠 붙이면 나을 거야. 그러니 미안하게 생각 말고 가서 자다 오너라.'라고 말함으로써 잠깐 잠자다 올 것을 다시 권유하는 것이다. 그러면 **예문 ③**을 들은 상대방은 **예문 ④**를 말하는 것으로, 강력한 거절의 뜻을 전하는 것이다. 곧 '나중에 일으켜도 일어나지 않더라 하는 말랑 마십시오.' 하는 것이다.

　이 '눈부찌다'는 '눈+부찌다' 구성으로, '잠깐 잠을 자다.'는 뜻을 지닌다. 달리, '눈부치다, 좀부찌다, 좀부치다'라 쓰기도 한다. 밤늦게까지 잠을 설치면서 일을 처리하는 것도 중요하지만 조금씩, 조금씩 일을 처리해 잠을 설치는 일이 없었으면 좋겠다.

눈푸끄다

이 '눈푸끄다'는 '눈이 앞을 분간하지 못할 정도로 어지럽게 내리다.'라는 뜻을 지닌 어휘다. 굳이 표준어로 바꾸자면 '난분분하다'가 될 것이다. 이는 '눈이나 꽃잎 따위가 흩날리어 어지럽다.'라는 뜻으로 '난분분하다'가 쓰이고 있기 때문이다.

① 오널은 눈푸껑 차 탕 가긴 글럿저.

  (오늘은 눈 난분분해서 차 타서 가기는 틀렸어.)

② 3월인디도 눈푸껌수다, 정월은 정월이우다.

  (3월인데도 눈 난분분합니다, 정월은 정월입니다.)

예문 ①은 '오늘 눈이 어지럽게 내리니 차 타서 가기는 틀렸다.'라는 말로, 길이 미끄러운 데다 눈까지 어지럽게 내리니 승용차를 타서 가기는 틀렸다는 것이다. 여기서 '글르다'는 '어떤 상태나 조건이 좋지 아니하다.'는 뜻으로, 표준어 '그르다'에 해당하나 '틀렸어'라고 대역하였다.

예문 ②의 '3월'은 이른바 양력 3월이고, '정월'은 음력 정월의 뜻이다. 그러니까 '시기로 볼 때는 꽃피는 3월인데도 눈이 어지럽게 내리는 것으로 봐서는 아직도 음력으로는 정월은 정월입니다.' 하는 말이다. 춘래불사춘^(春來不似春), 아직 봄인데도 봄이 온 것 같지 않다는 것이다. 생각이 여기까지 미치면 시조 한 수가 떠오른다.

매화 옛 등걸에 봄절이 돌아오니
옛 피던 가지에 핌직도 하다마는
춘설이 난분분하니 필 둥 말 둥 하여라

한편 '푸끄다'는 '까부르다(키를 위아래로 흔들어 곡식의 티나 검불 따위를 날려 버리다.)', '들끓다(한곳에 여럿이 많이 모여 수선스럽게 움직이다.)', '부치다(부채 따위를 흔들어서 바람을 일으키다. 번철에 기름을 바르고 빈대떡, 저냐, 전병(煎餅) 따위의 음식을 익혀서 만들다.)'에 해당하는 제주어로 쓰이기도 한다.

갑자기 '눈푸끄는' 날, 승용차를 이용하기는 틀렸으니 조금 일찍 나서서 대중교통을 이용하는 게 상책임을 깨닫게 되니, 자연은 영원한 스승이매 틀림없는 것 같다.

는착ᄒᆞ다

이 '는착ᄒᆞ다'는 두 가지 뜻을 지닌 어휘이다. 그 첫째는 '진 곳을 잘못 디디어 미끌하다.'라는 뜻이고, 그 둘째는 '어떤 일에 실망하여 마음이 허전하다.'는 뜻이다. 이는 '는착'이라는 말이, 곧 ㉠ '땅이 질고 반드러워 밟으면 밀려 나가는 모양.' 또는 ㉡ '갑작스레 놀라거나 겁에 질려 가슴이 철렁하여 내려앉는 듯한 마음 상태.'를 나타내는 말이기 때문이다.

① 늣돈은디 잘못 디디믄거 는착 는착ᄒᆞ는거주.

  (이끼 돋은 데 잘못 디디면 거 미끌 미끌하는 거지.)

② 옛날사 속곳 입곡 무신 신을 신어? 기냥 망아리 졍 푸레 는착ᄒᆞᆫ디 걸어가당 자륵탁ᄒᆞ곡.

  (옛날이야 속곳 입고 무슨 신을 신어? 그냥 망사리 지어 파래 미끌한 데 걸어가다 덜러덩하고.)

③ 그자 ᄌᆞ손 ᄒᆞ나 타켜부난 그게 억울ᄒᆞᆫ 거, 거 생각ᄒᆞ믄 가심이 는착ᄒᆞ연 어딜로 말 곧고 입 들렁 웃곡 ᄒᆞ리 셍각헤저.

  (그저 자손 하나 죽어버리니 그게 억울한 거, 거 생각하면 가슴이 철렁해 어디로 말하고 입 들어 웃고 할까 생각하게 돼.)

④ 어떵 요번 일은 선떡 먹은간 흐연 ᄆ음이 는착흐다.

(어쩐지 요번 일은 선떡 먹은 듯해서 마음이 허전하다.)

예문 ①과 예문 ②는 '미끌하다'의 뜻으로, 예문 ③과 예문 ④는 '허전하다'의 뜻으로 쓰인 경우이다.

예문 ①은 장마 뒤 '이끼 돋아 미끄러운 데를 잘못 해서 디디면 미끌 미끌하는 것이지.'라는 뜻으로, 미끄러운 결과 덜러덩 하고 나자빠지기도 하는 것이다. 예문 ②는 잠녀들의 이야기이다. '옛날에야 속곳 입고 무슨 신을 신어. 그냥 망사리 져서 파래 미끌한 데를 걸어가다 덜러덩 하고 자빠지지.' 하는 뜻이다. 잠녀가 무거운 망사리를 지고 뭍으로 올라오다 파래를 잘못 밟아 덜러덩 하고 나자빠지는 광경이 선하다.

한편 예문 ③은 자손을 앞세운 어른의 입장이다. '그냥 자손 하나 앞세우게 되니 그게 억울한 거지. 그것 생각하면 가슴이 허전해서 어디로 말하고 입 들어 웃고 할까 생각하게 돼.'라는 장탄식이다. 요즘처럼 자식을 하나씩만 낳는 경우는 '웨 바농 잘 타진다.(외바늘 잘 부러진다.)'는 말처럼 기가 막힌 일이다. 예문 ④는 '어쩐지 요번 일은 선떡을 먹은 듯해서 마음이 허전하다.'는 말이다. 여기서 '선떡 먹은 간'은 '마음이 선뜻 내키지 않아 꺼림칙하고 싫다.'는 뜻으로, 요번 일이 마치 '선떡을 먹은 듯하다.' 해서 마음이 편치 않다는 말이다.

더불어 사는 세상, 모두에게 '는착흐는' 일이 생기지 않았으면 좋겠다.

늘루다

이 '늘루다'는 '수량이나 분량 따위를 본디보다 더 불어나게 하다.'는 뜻을 지닌 어휘로, 표준어 '늘리다'에 해당한다. 표준어와 같은 '늘리다'가 쓰이기도 한다.

① 이 궤깃국은 하영 늘루지 아녀난, 지난번보담은 맛이 좋을 거우다.

(이 고깃국은 많이 늘리지 않았으니 지난번보다는 맛이 좋을 겁니다.)

② 야의 옷은 늘롸사 입어지키여.

(얘 옷은 늘려야 입을 수 있겠다.)

③ 입 수정 늘리젱 말앙 일홀 사름을 늘려사 ᄒ는디.

(입 숫자 늘리려 말고 일할 사람을 늘려야 하는데.)

예문 ①은 집안에 큰일이 있을 때 들을 수 있는 말로, '이 고깃국은 많이 늘리지 않았으니 지난번보다는 맛이 좋을 겁니다.'라는 뜻이다. 국을 끓일 때 국거리에 맞게 물을 부어야 되는데, 손님이 많다고 해서 물을 정량보다 더 붓게 되면 국맛이 심심해 지고 결국 맛이 없게 된다. 지난번 좀 심심한 국을 먹었던 손님에게 이번 국은 물을 많이 부어 '늘루지' 않았으니 맛이 좋을 것이라는 말이 곧 **예문** ①이다. 이때 '궤깃국'의 국거리는 돼지고기, 소고기, 바닷고기 등이 되는데, 바닷고기가 국거리가 될 때 이 '늘루다'라는 어휘가 더 잘 쓰인다.

예문 ②는 한창 크는 아이들이 있는 집안에서 볼 수 있는 광경으로, '애 옷은 늘려야 입을 수 있겠다.'는 말이다. 대개 아이들 옷은 몸에 맞는 옷을 구입하는 게 아니라 앞으로 클 것을 대비해서 몸피보다는 좀더 큰 치수의 옷을 구입해서 입힌다. 바지 같으면 '알단(아랫단)'을 접어 두었다가 키가 자람에 따라 '알단'을 내키어 입히고, 윗옷 또한 소매를 접었다가 내키어 입힌다. 이렇게 접었던 단을 내키려고 하면 결국 치수가 본래보다는 불어나는 것이 되니, 옷을 몸에 맞게 '늘롸야' 되는 것이고, 이때 듣는 말이 곧 예문 ②인 셈이다.

예문 ③은 바쁜 농사철 식구는 많으나 일손이 없을 때 하는 말로, '입 숫자 늘리려 말고 일할 사람 늘려야 하는데.' 하고 걱정하는 말이다. 일손에 보탬이 아니 되는 아이들 수가 문제가 아니라 실제 일할 사람이 필요하다는 것이다. 아이가 많으면 아이 보아야 할 사람이 필요하니 이 또한 일손을 줄어들게 하는 것이다. 그래서 예문 ③을 말하게 되는 것이다. 여기서 '입 수정'이란 '입 숫자'를 말하는데, 식구를 뜻한다. '식구 늘리려 하지 말고 일손을 늘려야 한다.'는 애정 어린 설복이다.

결국 '늘루다'는 '수량이나 분량 따위를 본디보다 더 불어나게 하다.'는 뜻을 지닌 어휘로, 표준어 '늘리다'와 같다. 춘곤증을 이기려면 운동량을 '늘롸사' 하고, 잠자는 시간을 '늘루믄' 된다. 많은 운동량은 수면제 역할을 할 것이니 말이다. 한 번 그렇게 해 볼 일이다.

능락거리다

        이 '능락거리다'는 '잘난 체하며 상대방을 업신여기다.' 라는 뜻을 지닌 어휘이다. '능락거리다'는 '능락+-거리다' 구성으로 이루어진 말이다. '능락'은 '남을 교묘한 꾀로 휘잡아서 제 마음대로 놀리거나 이용함'을 뜻하는 한자어 '농락(籠絡)'에 해당하며, '-거리다'는 '그런 상태가 잇따라 계속됨'의 뜻을 더하며 동사를 만드는 접미사이다. '능락거리다'는 표준어 '농락하다'에 해당하는 셈이다.

  ① 어떵 능락거리멍 눕따뎅기는게 꼭 큰코다침직 ᄒ다.

    (어쩐지 농락하며 냅떠 다니는 게 꼭 큰코다침 직하다.)

  ② 거, 사름은 능락거리믄 능락거린 깝이 싯나.

    (거, 사람은 농락하면 농락한 값이 있다.)

    예문 ①은 잘난 체하며 남을 업신여기고 나대며 냅뜨는 걸 보니 꼭 큰코다칠 것 같다는 걱정의 말이다. 이는 예전에는 그러지 않았는데, 요즘 들어 부쩍 깝죽거리고 아무 일에나 나대며 냅뜨는 것을 보니 어쩐지 불길한 예감이 든다는 것이다. 여기서 '눕뜨다'는 '아무 관계도 없는 일에 불쑥 참견하여 나서다.'는 뜻으로 표준어 '냅뜨다'에 해당하며, '큰코다치다'는 '크게 봉변을 당하거나 무안을 당하다.'는 뜻의 어휘이다.

예문 ②는 예문 ①처럼 '능락거리다'가 봉변당한 것을 두고 하는 말이다. '농락하면 농락한 값이 있다.' 곧 '농락하면 그 농락이 다시 본인에게로 돌아온다.'는 말이다. '~ 하면 ~ 값이 있다.' 구성은 일종의 관용 표현이다. 곧 '재민 잰 깝이 싯나.(재면 잰 값이 있다.)', '암쉐광 밧은 놀리믄 놀린 깝이 싯나.(암소와 밭은 놀리면 놀린 값이 있다.)' 등이 그런 경우이다. 전자는 '무슨 일이든 재빠르게 하면 재빠른 값이 있다.'는 것이며, 후자는 '암소와 밭은 놀리며 기운을 돋우면 기운 돋운 값을 한다.'는 말이다.

이 '능락거리다'는 한자어 '농락'에서 온 말로, '잘난 체하며 남을 업신여기다.'라는 뜻을 지닌다. 남을 업신여기면 결국 자기도 업신여김을 당하게 된다. 정말이지 '능락거리믄 능락거린 깝(값)'이 되돌아오는 것이니 매사에 신중할 일이다.

다리다

이 '다리다'는 '누르거나 밟거나 내려쳐서 단단하게 하다.'는 뜻을 지닌 어휘로, 표준어 '다지다'에 해당한다. 누르거나 밟거나 내려쳐서 단단하게 되는 것을 '다려지다'라 표현한다. '다려지다'는 '다리다'의 어간 '다리-'와 '-어지다'가 연결되어 이루어진 어휘로, '-하게 되다'는 뜻을 지니는 것이다.

① 거 쉐시랑으로 닥닥 두드리멍 잘 다리라게.
  (거 쇠스랑으로 뚝뚝 두드리며 잘 다져라.)
② 동산질 아이덜이 놀멍 막 다려 놓으믄 물질엉 오당 허벅 벌러 먹곡, 어멍신듸 욕 듣곡.
  (고갯길 아이들이 놀면서 마구 다져 놓으면 물길어 오다가 물동이 깨뜨리고, 어머니한테 욕 듣고.)
③ 눈 묻은질 차덜 막 뎅기멍 다려지믄 사름덜은 뎅기기 어려와.
  (눈 쌓인 길 차들 마구 다니면서 다져지면 사람들은 다니기 어려워.)

예문 ①은 '돗통(돼지우리)'에서 '걸름(거름)'을 쳐내고 '걸름눌(거름을 쌓아 올린 가리)'을 쌓을 때 듣는 말로, '거 쇠스랑으로 뚝뚝 두드리며 잘 다져라.' 하는 뜻이다. 이런 경우는 대개 그 높이가 낮을 때는 가능하지만 가리가 사람 키보다 더 높게 올라가면 그때는 그 위에 올라가 밟으며 단단하게 '다리는' 것이다.

예문 ②와 예문 ③은 눈이 내려 쌓인 고갯길이나 큰길을 오갈 때 듣는 이야기들이다. 예문 ②는 '고갯길 아이들이 마구 다져 놓으면 물길어 오다가 물동이 깨뜨리고, 어머니한테 욕 듣고.' 하는 뜻으로, '허벅' 깨뜨리어 속상한 데다 어머니한테는 허벅을 깨뜨렸다고 욕까지 들어야 했으니 속상했었다는 말이다. 아이들에게 눈 쌓인 '동산질'은 최고의 놀이터다. 너 나 할 것 없이 고갯길에 모여들어 썰매를 타며 웃음판을 벌인다. 그러나 문제는 그다음에 있다. '허벅'을 지고 물길러 다닐 때는 '동산질'을 이용해야 하는데, 눈 쌓인 길이 썰매를 타다 보면 그야말로 잘 '다려진' 빙판이다. 이런 길은 아차 발을 잘못 디디면 넘어지기 일쑤이고, 허벅 깨뜨려지는 것 또한 여상이다. 넘어지고, '허벅 벌러지고', 어머니한테 욕까지 들었으니 말이 아닌 것이다.

한편 예문 ③은 '눈 쌓인 길 차들 마구 다니면서 다져지면 사람들 다니기 어려워.' 하는 뜻이다. 눈 쌓인 길을 차들이 다니면서 아주 미끄럽게 다져 놓았기 때문에 사람들이 걷기에는 불편하다는 게 예문 ③이 뜻하는 바다. 여기서 '눈 묻다'는 '눈이 내려 쌓이다.'는 뜻이다. 차가 다니면서 길이 '다려진' 경우는 눈이 소복하게 쌓인 곳만 골라 아주 조심스럽게 디디며 걷는 것이 상책이다. 이때 주의할 것은 손을 주머니에 집어넣지 않아야 된다는 점이다.

'다리다'는 '누르거나 밟거나 내려쳐서 단단하게 하다.'는 뜻을 지닌 어휘로, 눈 쌓인 길이 '다려졌다'면 미끄러져 넘어지지 않게 조심조심 걸을 일이다.

답도리ᄒ다

이 '답도리ᄒ다'는 '잘못되지 않도록 준비하여 대책을 세우거나 엄하게 단속하다.' 또는 '아주 요란스럽게 닦달하거나 족치다.'는 뜻을 지닌 어휘로, 표준어 '잡도리하다'에 해당한다. 이 '답도리ᄒ다'는 '잘못되지 않도록 준비하여 대책을 세우거나 엄하게 단속하는 일' 또는 '아주 요란스럽게 닦달하거나 족치는 일'의 의미로 쓰이는 '답도리'와 'ᄒ다'가 결합하여 이루어진 어휘임은 물론이다.

① 뭐 답도리ᄒ당 버치믄 태작ᄒ는 겁주.

　　(뭐 잡도리하다가 부치면 때리는 거지요.)

② 경헤도 답도리ᄒ믄 메틀은 오도낫ᄒ여.

　　(그래도 잡도리하면 며칠은 얌전해.)

③ 답도리 심ᄒ게 ᄒ당 아의 버린다.

　　(잡도리 심하게 하다가 아이 버린다.)

예문 ①은 매 맞을 짓을 한 아이에게 말로만 닦달하는 것이 못마땅해서 '말로 해서 되겠느냐?'는 옆 사람의 핀잔에 대한 대답으로, '뭐 잡도리하다가 부치면 타

작하는 거지요.' 하는 뜻이다. 곧 말로 해서 안 되면 때리기도 하겠다는 것이다. 여기서 '태작ᄒ다'는 한자어 '타작^{打作}'에서 온 말로, 익은 곡식을 마당질해서 낟알을 거두는 일을 말한다. 마당질할 때는 '도께(도리깨)'로 뚜드리거나 '덩드렁마께(방망이)'로 두들겨야 하기 때문에 '태작ᄒ다'에는 '마구 때리거나 두드리다.'는 의미를 내포하고 있다. **예문 ①**의 '태작ᄒ다'가 바로 '때리다' 또는 '두드리다'의 뜻으로 쓰인 경우이다. 그러니 이 예문은 말 다음에는 매가 동원될 수밖에 없지 않겠느냐는 뜻이다. 만일 그렇게 되면 '반찬 먹은 고양이 잡도리하듯' 하게 되는 것이다. 반찬 훔쳐 먹은 고양이 족치듯 잘못을 저지른 사람을 붙잡고 야단치고 혼내는 것이다. 그렇지 않고 매 맞을 짓을 한 아이가 '답도리ᄒ' 결과, 며칠 효과를 볼 수 있다면, 매 드는 것 대신에 **예문 ②**를 말하는 것으로 갈음한다. '그래도 잡도리하면 며칠은 얌전해.' 하는 뜻이다. 여기서 '오도낫ᄒ다'는 '몸가짐을 침착하고 단정하게 하다.'는 뜻으로, 일본어 '오도낫(おとなっ)'과 접미사 '-ᄒ다'가 연결되어 이루어진 어휘다. 그러니 **예문 ②**는 '답도리ᄒ' 약발이 며칠은 간다는 뜻을 담고 있다.

한편 **예문 ③**은 심한 '답도리(잡도리)'가 아이 행실을 그르치게 되기도 한다는 것을 경계하는 말로, '잡도리 심하게 하다가 아이 버린다.'는 뜻이다. '답도리'도 어느 정도이지 너무 심하면 역효과를 볼 수 있다는 것이다. 지나친 '답도리'가 아이로 하여금 거스르고 반항하게 하는 원인을 제공하기도 하니 명심할 일이라는 것이다. 무엇이든 지나치면 좋지 않은 법이니 과도한 '답도리'를 삼가라는 게 **예문 ③**이 뜻하는 바다.

'답도리ᄒ다'는 '잘못되지 않게 단속하다.' 또는 '닦달하거나 족치다.'는 뜻을 지닌 어휘로, 표준어 '잡도리하다'에 해당한다. '답도리ᄒ는' 것은 필요한 일이나 지나친 '답도리'는 역효과를 볼 수도 있으니 강약을 조절하는 지혜가 필요하다.

덜어다

이 '덜어다'는 '있는 상태에서 줄어들게 하거나 또는 작게 하다.'는 뜻을 지닌 어휘다. '덜어다'는 달리 '덜레다'라고도 하는데, '일정한 수량이나 정도에서 얼마를 떼어 줄이거나 적게 하다.'는 뜻을 지닌 '덜다'의 어간 '덜-'에 접미사 '-에다'가 연결되어 이루어진 어휘다.

① 늘낭은 벤벤ㅎ주. 게난 경ㅎ 낭짐은 ㅎ꼼썩 덜에영 지어사 ㅎ여.

  (날나무는 무겁디무겁지. 그러니 그런 나뭇짐은 조금씩 덜어내어 지어야 해.)

② 아무거나 덜레당 보믄 몬 엇어쪄불던지 개붑던지 ㅎ는 거난에.

  (아무것이나 덜어내다 보면 몽땅 없어져 버리든지 가볍든지 하는 것이니까.)

③ 두지에 보관해 낫당 오일장의 훈 멧 말썩 덜에영 강 풀앙 용돈 씨주.

  (뒤주에 보관해 놓았다가 오일장에 한 몇 말씩 덜어내어 가서 팔아 용돈 쓰지.)

④ 어치냑 줌 덜레연 하우염만 나왐서.

  (어제저녁 잠 덜 자서 하품만 나와.)

예문 ①은 날나무는 무거우니 그런 나뭇짐은 조금씩 나눠서 져야 된다는 말이다. 여기에 쓰인 '벤벤ㅎ다'는 '무겁디무겁다'에 해당하는 어휘로, '무겁다'의 방언형 '베다'가 겹쳐서 이뤄진 어휘이다. "늘낭은 벤벤ᄒ다."는 '날나무는 무겁디 무겁다.'는 말이다. **예문 ②**는 '무엇이든지 덜어내어 쓰다 보면 그것이 몽땅 없어 지든지 아니면 가볍게 되든지 한다.'는 말로, '아끼지 않으면 끝판에는 결국 없어 지게 마련'이라는 뜻을 담고 있다. '엇어지다'는 '없어지다', '개붑다'는 '가볍다'는 말로 달리 '가볍다, 개볍다, 개볍다'라 말하기도 한다.

　예문 ③도 '용돈이 떨어져서 뒤주에 보관해 두었던 쌀을 오일장에 내다 팔면서 용돈을 마련해 썼다.'는 말이다. 용돈이 떨어질 때마다 뒤주 안의 쌀을 퍼냈으니 끝내는 '굽보게' 될 수밖에는 없다. 곧 '굽보다'는 '바닥보다'는 것으로, '다 없애 어 끝장을 보다.'는 뜻이다. **예문 ④**는 '어제저녁 잠을 덜 자서 하품만 나온다.'는 말이다.

　접미사 '-에다(애다)'는 표준어에서는 '없다 → 없애다' 정도인 데 반하여 제주어 에서는 '덜다 → 덜에다, 돕다 → 도왜다, 볶다 → 보께다' 등에서 나타나는 것을 보면 그 연결 관계는 제주어가 좀 활발한 편이다.

동고리다

이 '동고리다'는 '칼이나 가위 따위로 동그랗게 베어 내다.'는 뜻을 지닌 어휘다. 달리 '동그리다'라 하는데, '칼이나 가위 따위로 일정한 모양으로 베어 내다.'는 표준어 '오리다'와 그 의미가 겹치기도 한다.

① 촛대에 맞게 종이 동고령 앗앙오라.

　　(촛대에 맞게 종이 동그랗게 오려서 가지고 오너라.)

② 그믓대로 동고리당 보믄 동글락ᄒ게 뒌다.

　　(금대로 오리다 보면 동그랗게 된다.)

③ 웬손으로도 동글락ᄒ게 잘도 동그럼쩌.

　　(왼손으로도 동그랗게 잘도 오리네.)

예문 ①은 촛농이 흘러 촛대가 지저분하게 되었던 경험이 있는 사람이 하는 말로, '촛대에 맞게 종이 동그랗게 오려서 가지고 오너라.' 하는 뜻이다. 촛불은 바람이 조금만 불어도 불꽃이 한쪽으로 나부끼고, 그 결과 불길이 닿는 쪽으로 촛농이 흘러내리기 마련이다. 그러면 촛대가 더러워지고 촛대를 손질하는 데 불편하니 받침대로 쓸 종이를 촛대에 맞게 동그랗게 오리어 가져오라는 것이다.

예문 ②는 '금대로 오리다 보면 동그랗게 된다.'는 말로, 밑그림을 따라 오리다 보면 그렇게 베어 낼 수 있다는 말이다. 여기서 '그믓'은 '접거나 긋거나 한 자국'을 뜻하는 말이다. 이 예문은 밑그림 없이는 제대로 그 모습을 형상화할 수 없다는 경계의 뜻도 들어 있는 말이다.

예문 ③은 '왼손으로도 동그랗게 잘도 오리네.' 하는 뜻으로, 왼손잡이가 아니면서도 왼손으로 칼이나 가위질을 잘한다는 말이다. 사실 왼손잡이가 왼손으로 칼질이나 가위질하는 것을 보면 어쩐지 좀 불안하기도 하다. 왼손잡이는 아무렇지도 않은데 말이다.

이 '동고리다'는 원래 '동그라미를 그리다.'라는 뜻의 '동고리다'에서 온 어휘로 보인다. "글ᄌᆞ 겻히 동고리다.(글자 곁에 동그라미를 그리다.)"에서 이를 확인할 수 있다. 밑그림을 그리고 그 선대로 오리게 되면 당초 원하는 대로의 결과를 얻을 수 있다. 밑그림 없이는 불가능한 일이니 '동고리다, 동그리다'의 의미를 음미했으면 한다.

둥그리다

이 '둥그리다'는 달리 '둥으리다, 둥글리다'라 하는데, '물건을 잘 간수하지 아니하고 그냥 내버려 둬 잘 거들떠보지 아니하다.'는 뜻으로 쓰이며, 표준어 '굴리다'에 해당한다.

① 경 둥그리당 춫젠 흐믄 못 춫일 건 당연지사.

　　(그렇게 굴리다가 찾으려고 하면 못 찾을 건 당연한 일.)

② 요세 아이덜, 싀상 좋아지난 아무 비싼 것도 막 둥으려.

　　(요사이 아이들, 세상 좋아지니까 아무 비싼 것도 막 굴려.)

③ 거 마리 구석의서 둥그럼서라.

　　(그것 마루 구석에서 굴리고 있더라.)

예문 ①은 '물건을 거들떠보지도 않고 굴리다가 찾으려고 하면 찾지 못할 건 당연한 일.'이라는 뜻으로, 물건을 얼른 찾지 못한다고 하는 핀잔의 말이다. 이런 상황은 무엇을 급히 찾을 때 종종 일어나는데, 그만큼 관심을 두고 있지 않았기 때문에 찾는 물건이 어데 있는지 몰라 빨리 찾을 수 없는 것이다.

예문 ②는 '요사이 아이들, 세상이 좋아서 비싼 것도 막 굴려.' 하는 말이다. 곧 물건이 흔해서 잘 간수하지 않을뿐더러 비싼 것도 잘 거들떠보지 않는다는 것이다. 없거나 적어야 귀하게 여기고 잘 간수하게 마련인데, 흔하고 아무 데서나 구할 수 있는 물건이라면 굴리게 마련. 그래서 **예문 ③**과 같은 말을 하게 되는 것이다. 곧 '그것 마루 구석에서 굴리고 있더라.'는 말이다. 여기서 조심할 일은 '마리(마루)'가 쓰일 때 형태 변화가 뒤따른다는 데 있다. '(물건을) 마루에 놓아두어라.'는 '마리레 놔두라.'처럼 '-레'가 쓰인다는 점이다.

한편 '바퀴처럼 돌면서 이리저리 옮겨가게 하다.'는 뜻도 표준어로는 '굴리다'라 하는데 이때의 제주어는 '궁굴리다, 궁글리다, 둥굴리다'가 된다. 아래 예문에서 이를 확인할 수 있다.

- 이레 둥굴려 오라.(이리 굴려 오너라.)
- 저레 궁굴려 가라.(저리 굴려 가거라.)

적은 것 또는 보이지 않는 것도 귀하고 중요한 법이다. 적은 것, 보이지 않는 것도 '둥그렁(굴려서)' 내버려서는 안 될 때가 있으니 작은 것에도 관심을 둘 필요가 있다.

들러가다

        이 '들러가다'는 '물건 따위를 임자 모르게 가져가거나 훔치다.'라는 뜻을 지닌 어휘로, 표준어 '들어가다'에 해당한다. '들어가다'를 북한에서는 '들어서 다른 곳에 옮기다.'라는 뜻으로 풀이하고 있는 것으로 봐, '들러가다'는 (물건 따위를 손으로) 들고서 가져가다.'는 뜻이 된다.

  ① 고사리철엔 집의 사름 어싱 중 알믄 고사리 들러가기도 헙니께.

    (고사리철에는 집에 사름 없는 줄 알면 고사리 들어가기도 합니다.)

  ② 족은구들에 놔둔 쬐 다라채 들러가부러수다.

    (작은방에 놓아둔 깨 대야째 들어가 버렸습니다.)

  ③ 들러간 사름은 쉐가 ᄒ나 잃어분 사름은 쉐가 열.

    (들어간 사람은 죄가 하나, 잃어버린 사람은 죄가 열.)

  예문 ①은 '고사리를 꺾는 철인 봄엔 집에 사람 없는 줄 알면 고사리 들어가기도 한다.'는 뜻으로, 간혹 마른 고사리를 훔쳐 가는 사람이 있다는 말이다. 이런 경우는 주인인 입장에서는 기분도 나쁘지만 고사리를 꺾을 때마다 허리를 구부린 생각을 하면 부아가 치밀기도 하고, 섭섭하기도 한다.

예문 ②도 **예문 ①**과 마찬가지로, '작은방에 놓아둔 참깨 대야째 들어가 버렸다.'는 말이다. 물론 '다라채 들러가다.'란 참깨를 따로 가지고 갈 시간적 겨를이 없을 정도로 다급하니 참깨를 담은 그릇째 들어갔다는 말이다. **예문 ②**에서 '족은구들'은 '집 안채의 부엌에 딸린 방'으로 쓰이기도 하고, '집 안의 큰방과 나란히 딸려 있는 안방'의 뜻으로 쓰이기도 하는데, 여기서는 후자의 뜻으로 사용된 경우이다. 또 이 예문에 쓰인 '다라'는 일본말 '다라이(盥)'에서 온 어휘로, 조금 큰 대야를 말한다.

예문 ③은 '들어간 사람은 죄가 하나, 잃어버린 사람은 죄가 열'이란 뜻으로, '들러간' 사람은 들어간 죄 하나뿐이지만, 잃은 사람은 '간수를 잘 못 한 죄'를 비롯하여 '이 사람이 가져갔을까, 아니면 저 사람이 가져갔을까.' 하고 애먼 사람까지도 의심하게 되는 죄를 짓게 된다는 말이다. '도둑놈은 한 죄, 잃은 놈은 열 죄'라는 속담을 비롯하여, '내 것 잃고 죄 짓는다.' 또는 '잃은 사람이 죄가 더 많다'.는 말을 연상하게 한다.

고사를 꺾는 것은 대단한 수고가 뒤따른다. 고사리 하나를 꺾을 때마다 '꾸박' 하고 허리를 굽혀야 하기 때문이다. 그런 수고로움이 따른 고사리를 단 한 번의 기회로 '들러가는' 것은 주인을 섭섭하게 할 뿐만 아니라 죄인을 만드는 일이니 제발 삼갈 일이다.

들이뻬다

이 '들이뻬다'는 '비나 눈 따위가 안쪽으로 뿌리다.'는 뜻을 지닌 어휘로, 표준어 '들이치다'에 해당한다. '들이뻬다'는 '들이+뻬다'로 분석할 수 있는데, 이때 '들이'는 '들다[入]'의 의미를 지니고 있어, '몹시, 마구, 갑자기'의 뜻을 더하는 접두사 '들이-'와는 다르다. 결국 '들이치다'에는 '마구 치다'는 뜻과 '비나 눈 따위가 안쪽으로 뿌리다.'는 의미로 구분된다. '마구 치다'에 해당하는 제주어는 '드러치다'로, '들이뻬다'와 구분된다.

① 요번 브름에 비 들이뻬언 구들 볼침엇이 뒈어 부러수다.

   (요번 바람에 비 들이치어 구들 볼품없게 되어 버렸습니다.)

② 비 들이뻬난 바각바각 물부껀 그물 치우느렌 흔 줌도 못 잣수다.

   (비 들이치니까 바각바각 물이 솟아서 그물 치우느라고 한잠도 못 잤습니다.)

③ 이딘 브름의지난 눈 들이뻬진 아녓구나게.

   (여기는 바람의지니까 눈 들이치지는 않았구나.)

예문 ①은 '요번 바람에 비 들이치어서 구들 볼품없게 되어 버렸습니다.' 하는 뜻으로, 태풍 피해로 구들이 엉망이 되었다는 말이다. 비가 내릴 때는 대개 바람을 동반하기 때문에 비가 옆으로 내린다는 말처럼 '들이뻬기(들이치기)' 마련이다. 이럴 경우는 대개 문틈이나 창틀로 빗물이 스미어 안쪽으로 번진 것이다. 빗물 먹은 벽지는 들뜨고, 구들바닥도 들뜨고, 이부자리 또한 어지럽게 널려 있으니 엉망진창일 수밖에 없다. 그러나 바람이 좀더 거세어지면 빗물은 스미어 드는 게 아니라, 틈으로 솟아올라 넘치어 안쪽으로 흘러 들어온다. 그러면 빗물이 들어오지 못하게 수건이나 걸레로 문틈이나 창틀을 막는다. 수건이나 걸레에 물이 흥건하게 배면 양동이나 세숫대야에 빗물을 짜내고, 다시 틈을 막는다. 양동이나 세숫대야에 물이 가득하면 갖다 버려야 한다. 밤새 막고, 짜고, 버리고 하는 행동이 반복되다 보면 잠을 설치게 되는데, 이때 하는 말이 바로 **예문 ②**이다. 곧 '비 들이치니까 '바각바각' 물이 솟아서 그 물 치우느라고 한 잠도 못 잤습니다.' 하고 푸념하는 것이다. 여기서 '바각바각'이란 낮은 문턱이나 창틀로 빗물이 솟아 넘치는 모양이나 소리를 나타내는 말로, 표준어 '바글바글'에 가깝지만 그 말맛은 사뭇 다르다. 창틀로 빗물이 '바각바각' 넘칠 때는 속상하기 짝이 없다. 창 가까이 있는 물건을 다른 데로 옮겨야 하고, 빗물이 들어오지 못하게 수건이나 걸레로 막아야 하고, 벽지가 들뜨지 않을까, 방바닥이 들뜨지 않을까 걱정해야 하니까 말이다.

　예문 ③은 '여기는 바람의지니까 눈 들이치지 않았구나.' 하는 뜻으로, 다른 데는 눈이 수북하게 쌓였는데, 여기만은 눈이 쌓이지 않아 포근하다는 말이다. '브름의지'란 '바람이 맞받지 아니하여 눈비 따위를 피할 수 있는 곳'을 말하는데, 바람을 몹시 받는 곳인 '브름코지(바람받이)'와는 반대가 되는 의미를 지닌 말이다. '브름의지'에 들어가면 눈이나 비를 피할 수 있다.

　'들이뻬다'는 '비나 눈 따위가 안쪽으로 뿌리다.'는 뜻을 지닌 어휘로, 표준어 '들이치다'에 해당한다. 태풍 예보가 발령되더라도 집 안이나 사무실 안으로 비가 '들이뻬어도(들이치어도)' 안심할 수 있게 미리미리 대비하는 자세가 필요하다.

들이씨다

이 '들이씨다'는 '물, 술 따위를 들이마시다.'라는 뜻을 지닌 어휘로, 표준어 '들이켜다'에 해당한다. '들이씨다'는 달리 '딜이쓰다, 들이쓰다, 들이싸다' 등으로 말하기도 하는데, '몹시, 마구, 갑자기'의 뜻을 더하는 접두사 '들이-'에 '켜다'가 결합한 어휘다. 이때 '켜다'는 '물이나 술 따위를 단숨에 들이마시다.'라는 의미를 지닌다.

① 거 확 들이씨라게, 뒤엣 사름 지드럼시녜.

(그것 확 들이켜라, 뒤에 사람 기다린다.)

② 미지근헤시매 호록 들이싸 붑서.

(미지근했으니 호록 들이켜 버리십시오.)

③ ᄀ웃ᄀ웃ᄒ건테 물 ᄒ 대접 주난 확 마탄 괄락괄락 ᄒ번에 들이싸부러.

(목말라 헐떡헐떡 하기에 물 한 대접을 주니까 확 받아 꿀꺽꿀꺽 한번에 들이켜버려.)

예문 ①은 가끔 물가에서 벌어지는 광경으로, '확 들이켜라, 뒤에 사람 기다리고 있다.'는 뜻이다. 물바가지를 들고 마시기 싫어서 미적미적하거나 바가지로 장난칠 때 '뒤에 사람들이 목말라 하고 있으니 얼른 물을 마셔라.' 하는 핀잔의 말이다. 예문 ②는 잘 알려진 말로, 마시기에 적당한 온도를 유지하고 있으니 '호록 들이켜 버려라.' 하는 뜻이다. '멘도롱 듯듯 홀 때 호록 들이싸 붑서.(매지근 따듯할 때 호록 들이켜 버리십시오.)'가 더 잘 알려진 문장이다. '멘도롱 듯듯 ᄒᆞ니' 곧 더운 기운이 조금 있고, 덥지 않을 정도로 온도가 적당하니 들이켜기에 그만이다.

예문 ③에서는 '들이싸다'의 뜻을 사실적으로 보여주는 경우이다. 목말라 '헐떡헐떡 하기에 물 한 대접 주니까 확 받아서 꿀꺽꿀꺽 한번에 들이켜버리더라.'는 것이다. 여기서 'ᄀᆞ웃ᄀᆞ웃'은 '목이 몹시 말라 헐떡거리는 모양', '숨이 막힐 정도로 더워 못 견디어 하는 모양', '숨이 넘어갈 만큼 힘들어 하는 모양'을 뜻하는 말로, 예문 ③에서는 첫 번째 의미로 사용된 경우이다. '숨이 넘어갈 정도로 목말라 헐떡거리기에 물 한 대접을 주니 확 받아서 꿀꺽꿀꺽 단번에 들이켜더라.'는 것이다. 상상이 허락한다면 이와 같은 동작은 두어 번 더 이어졌을 것이다.

그런데 '들이싸다' 등에서의 '싸다, 쓰다, 씨다'는 중세 어휘 '혀다'에서 유래하는 것으로, '여' 모음 앞에 있는 'ㅎㅎ'이 표준어에서 'ㅋ' 또는 'ㅆ'으로 변하지만 제주어에서는 대부분 'ㅆ'으로 바뀐다. '등피불 싸지 말앙 시라.(남포등 켜지 말고 있어라.)', '그 낭 톱으로 잘 싸라.(그 나무 톱으로 잘 켜라.)', '물쌋져.(물썰었다.)' 등에서 확인된다.

'들이씨다'는 '물, 술 따위를 들이마시다.'는 뜻으로, 일을 열심히 한 사람에게 뒤따르는 행동이다. 목마를 정도로 일을 마친 뒤 물이 목 아래로 내려가는 것이 느껴질 정도로 물을 들이켠 다음 기분, 이 기분은 최선을 다해 일한 사람만이 느끼게 될 것이다.

떡사먹다

이 '떡사먹다'는 '손해를 보다.'라는 뜻으로 쓰이는 어휘로, 이에 마뜩하게 대응하는 표준어는 없다. 어휘 구성으로 보면 '떡[餅]+사[買]+먹다[食]'이니, 그 문면(文面)에 맞게 '떡을 사서 먹다.'는 뜻으로 쓰려면 띄어쓰기를 해서 "나 오널 징심으로 떡 산 먹언.(나 오늘 점심으로 떡 사서 먹었어.)"처럼 말하면 된다. 그러나 '손해를 보다.'는 의미로 쓰일 경우는 한 단어로 인식하여 붙여서 써야 한다.

① 자파리ㅎ당 밧 ㅎ나 신 거 떡사먹엇젠마씸.

  (노름하다가 밭 하나 있는 것 손해를 보았다고 해요.)

② 이젠 어떵 홀 수가 읏이난 뭐 떡사먹은 걸로 셍각헙주게.

  (이제는 어찌할 수가 없으니 뭐 손해 본 것으로 생각하지요.)

③ 어떵 말이우꽈? 떡사먹은 폭 헴수다.

  (어찌할 말입니까? 손해를 본 폭 하고 있지요.)

예문 ①은 농한기에 가끔 들을 수 있는 말로, '노름하다가 밭 하나 있는 것 손해를 보았다고 해요.' 하는 뜻이다. 여기서 '자파리'는 손으로 하는 여러 가지 놀이 곧 윷놀이, 화투놀이, 마작 따위를 말하는 것으로, 돈 놓고 돈 먹는 노름을 말한다. 그러니까 농번기에는 열심히 일해서 돈을 벌고, 농한기에는 번 돈은 물론, 하나 있는 밭마저 날렸다는 게 **예문 ①**이 뜻하는 바다.

　예문 ②는 어떤 일이 잘 되지 않고 끝내 어찌할 도리가 없을 때 곁에 있는 사람에게 하는 말로, '이제는 어찌할 수가 없으니 뭐 손해 본 것으로 생각하지요.' 하는 뜻이다. 하다 하다 어떻게 안 되니 이제는 포기하자는 결정을 내리고 하는 말이다. 비싼 떡을 사서 먹었다고 생각하면 덜 '을큰허고(서운하고)', 좀 위안이 되지 않겠느냐는 스스로의 심사를 달래는 말인 것이다. 그러면 곁에 있던 사람은 **예문 ③**으로 답함으로써 맞장구를 치는 것이다. '어찌할 말입니까? 손해를 본 폭 하고 있지요.' 하고 한 걸음 더 일찍 포기했다는 의사를 밝혀 상대방을 위로하는 것이다. 여기서 '폭'이란 '먹은 폭, 받은 폭, 입은 폭'처럼, '미루어 가정하는 뜻'을 나타내는 말로, 자주 쓰이는 '셈'으로 바꾸어도 된다. 곧 '어찌할 말입니까? 손해를 본 셈 하고 있지요.'라 해도 된다.

　'떡사먹다'는 한 단어로 보면 '손해를 보다.'라는 뜻으로 쓰이는 어휘이며, 띄어쓰기를 하면 '떡 사서 먹다.'는 뜻으로 각각 그 의미가 다르다. 어떤 일이든 야무지게 처리하고, '떡사먹는(손해 보는)' 일 없었으면 한다.

뜨기다

이 '뜨기다'는 '어떤 의사나 의견에 대하여 반대의 뜻을 나타내다.'는 의미를 지닌 어휘로, 표준어로 대역할 적당한 어휘가 없다. 달리 '띠기다·띄기다'라 한다.

① 어느 혼 사름이라도 뜨기믄 건 못 ᄒ는 겁주.

(어느 한 사람이라도 반대하면 그것은 못 하는 거지요.)

② 어멍 아방 뜨기는 일 아니 ᄒ는 게 거 효도여.

(어머니 아버지 반대하는 일 아니하는 것 그것이 효도다.)

③ 그 사름 띠길 일이 시믄 말론 아년 마니 털주. 것도 혼 방법이라.

(그 사람 반대할 일이 있으면 말로는 않고 도리머리하지. 그것도 한 방법이지.)

예문 ①은 어떤 일을 추진하면서 의견을 모으는 과정에서 듣는 말로, '어느 한 사람이라도 반대한다면 그것은 못 하는 거지요.' 하는 뜻이다. 어느 한 사람만이라도 반대하면 추진하는 일을 그만두겠다는 것이다. 세상일이 이렇게만 된다면 참으로 좋은 일인데, 사실은 그렇지 않다. 다수결의 원칙은 다수 의견이 채택되기는 하지만 어느 한 사람만이 아닌, 많은 사람들의 뜻이 묻히는 결과가 되기도 한다. '뜨기는' 이유가 타당하다면 한 사람의 의견이라고 하지만 귀넘어들을 수는 없는 일이다.

예문 ②는 '어머니 아버지 반대하는 일 아니하는 것 그것이 효도다.' 하는 뜻이다. 부모님이 반대하는 이유는 여러 가지가 있겠지만 그 첫째는 경험에서 오는 판단 때문이다. 아무리 못 배웠어도 많은 경험과 들은 내용들이 많이 있으니 '뜨기는' 것이다. 어느 부모인들 자식 안 되기를 바라는 부모가 있을까. '어멍 아방 뜨기는 일'은 돈을 필요로 하고, 돈을 마련하기 위해서는 재산을 처분해야 하는 경우도 생긴다. 돈을 마련해 주지 못하는 부모의 속마음, 그게 병의 원인이 될 테니, 부모 반대하는 일 않는 것이 바로 효도인 셈이다.

예문 ③은 '그 사람 반대할 일이 있으면 말로는 않고 도리머리하지. 그것도 (반대하는) 한 방법이지.' 하는 뜻이다. 반대한다면 그 의견을 제시해야 한다. 그러나 의견 제시가 오해를 불러올 수도 있으니 제 의견은 제시하지 않고, 도리머리하는 것으로 반대의 뜻을 표시하는 것이다. 여기서 '마니털다'는 '머리를 좌우로 흔들어 싫다거나 아니라는 뜻을 표시하는 것'으로, 표준어 '도리머리하다'에 해당한다.

'뜨기다'는 '어떤 의사나 의견에 대하여 반대의 뜻을 나타내다.'는 뜻으로 쓰이는 어휘이다. 어떤 일을 추진할 때 의견이 있으면 제시해야 하고, 제 의견과 반대가 된다고 해서 청군 백군으로 나눌 일은 아니다. 만일 그렇게 된다면 '뜨기다'는 사전에서 삭제되어야 할 일이다.

맞사다

이 '맞사다'는 '서로 마주 서다.' 또는 '어떤 상황에 부닥치거나 직면하다.'는 뜻을 지닌 어휘로, 표준어 '맞서다'에 해당한다. '맞사다'는 '마주' 또는 '서로 엇비슷하게'의 뜻을 더하는 접두사 '맞-'과, '서다[立]'의 방언형 '사다'가 연결되어 이루어진 어휘이다.

① 삶광 죽음이 맞삽네까?

　(삶과 죽음이 맞섭니까?)

② 벤소광 조왕이 맞사민 좋지 못ᄒ는 법이라.

　(변소와 부엌이 맞서면 좋지 못하는 법이라.)

③ 어렵뎅 ᄒ영 일 맞삼 피ᄒ지 말라이.

　(어렵다고 해서 일 맞섬 피하지 마라.)

예문 ①은 쉽게 삶을 포기하려는 사람에게 하는 말로, '삶과 죽음이 맞섭니까?' 하는 말이다. 곧 '삶'과 '죽음'은 맞설 수 없는 것이니 '죽음'을 택하지 말고, '삶'을 선택하라는 간곡한 말이다. 산전수전을 모두 겪은 지혜로운 늙으신네가 아니면 할 수 없는 말이니 벌떼와 같은 세상을 살면서는 두고두고 새겨두어야 할 말이다.

예문 ②는 '문전본풀이'에 나오는 이야기로, '변소와 부엌이 맞서면 좋지 못하는 법이라.' 하는 뜻이다. 여기서 조왕(竈王)은 부엌을 맡아서 관리하는 신을 말하는데, 그냥 '부엌'이라고 대역하였다. '문전본풀이'에 따르면 부엌을 맡아 관리하는 '조왕(여산 부인)'과 변소를 맡은 '칙도부인(노일제대귀일의 딸)'은 처첩(妻妾)으로 서로 앙숙 사이이다. 저간의 모든 사정을 알게 된 일곱 형제가 고향으로 찾아온 노일제대귀일의 딸에게 달려드니 그 여인은 "벡ᄇᆞ름 허우튼언 벡ᄇᆞ름 궁기 뚤롸네 통시예 들어가 쉰대자 머릿고비 드딜팡에 목을 메여 죽고", "일곱성제 둘려들어 죽은 우의 포시ᄒᆞ저 양각을 튿언 드딜팡을 서련ᄒᆞ고, 데가린 그찬 돗도고리 서련ᄒᆞ고 머리터럭은 그찬 데껴 부난 저 바당의 페가 뒈고 입은 그찬 데껴 부난 솔치가 뒈고 손콥 발콥 그찬 데껴 부난 쒜굼벗 돌굼벗 뒈고 베똥은 그찬 데껴 부난 굼벵이 뒈고 하문은 그찬 데껴 부난 대점복 소점복이 뒈고 몸천은 독독 빳안 허풍ᄇᆞ름에 불려 부난 ᄀᆞ다귀 모기 몸에 환생시"키고 난 뒤에 도환생꽃 따다 주천강 연못 속의 어머님을 살려낸다. "어머님은 춘화추동(春夏秋冬) ᄉᆞ시절 물에만 살젠 ᄒᆞ난 몸인덜사 아니 실립네까? 어머님이랑 ᄒᆞ를 앚앙 삼싀번 더운 불을 초명삼덕조왕으로 앚앙 얻어먹기 서련흡서." 해서 부엌을 맡게 되었다는 것이다. 일곱 형제가 세상을 만드는 과정이 참 재미있다.

예문 ③은 '어렵다고 해서 일 맞섬 피하지 마라.' 하는 뜻으로, 아무리 어려운 일이라도 하다 보면 이루어지게 된다는 뜻을 포함하고 있다. 일 피하는 게 상책이 아니라 끈질긴 노력만이 필요하다는 것이다.

일은 어렵다고 피할 게 아니라 맞서서 끝내 성취해야 한다. 나아가 제주어 또한 어렵다 생각하지 말고 '문전본풀이' 등을 읽으며 제주어도 써볼 일이다.

멩심ᄒ다

이 '멩심ᄒ다'는 '잊지 않도록 마음에 깊이 새겨 두다.' 는 뜻을 지닌 어휘로, 표준어 '명심하다'에 해당한다. 한자어 '명심(銘心)'에 'ᄒ다'가 연결되어 이루어진 어휘이다. 이 '멩심ᄒ다'는 정기적인 모임에 오랜만에 참석했을 때 건네는 인사말로 쓰이기도 한다.

① 올래에 진거 어지려뎅겸서라, 멩심ᄒ라.

  (골목에 뱀 얼씬거리고 있더라, 명심해라.)

② 멩심ᄒ믄 멩심 깝이 싯나.

  (명심하면 명심 값이 있다.)

③ 춫아가난 멩심ᄒ연 쑬밥도 해 놓고 반찬도 고급으로 ᄒ연 내놔.

  (찾아가니까 명심해서 쌀밥도 해 놓고 반찬도 고급으로 해 내놓아.)

④ 멩심헤수다.

  (명심했습니다.)

예문 ①은 '골목에 뱀이 얼씬거리고 있더라, 명심해라.' 하는 경계의 말이다. 여기서 '진거'는 '기다란 것'이란 뜻으로 '뱀'을 에둘러 표현하는 말이다. 뱀에 대한 터부를 갖고 있어서 그런 것이다. 오죽했으면 손가락으로 뱀을 가리키면 손가락이 썩는다고 했을까. 그래서 골목에 뱀이 '어지려뎅기고' 있으니 명심하라는 것이다. '어지려뎅기다'는 달리 '얼러뎅기다'라 한다.

예문 ②도 경계의 말로, '명심하면 명심한 값이 있다.'는 뜻이다. 어떤 일에나 적용이 되는 말이다. 신중을 기하여 명심하고 명심하다 보면 그 값은 돌아오기 마련이다.

예문 ③은 '찾아가니까 명심해서 쌀밥도 해 놓고 반찬도 고급으로 해서 내놓아.'하는 뜻으로, 오랜만에 찾아가니까 후한 대접을 받았다는 것이다. 여기서 '멩심ᄒ다'는 정성을 다하여 식사를 준비했다는 뜻으로 이해하면 될 것이다.

예문 ③의 '멩심ᄒ다'는 관용 표현으로, 정기적인 모임이나 먼 데서 찾아온 손님에게 건네는 인사말로 쓰인다. 이는 이야기 상황에 따른 뜻이다. 친족들이 모여서 하는 '모듬벌초'를 생각해보자. '모듬벌초'에 참석하면 정말이지 1년에 한 번 만나는 친족이 많다. '멩심혜수다' 하는 인사말과 함께 서로 손을 잡고 반갑게들 인사한다. 이때 건네는 '멩심혜수다'는 일년에 한 번 하는 '모듬벌초'인데 잊어버리지 않고 마음에 깊이 새겨 두었다가 참석했다는, 칭찬으로 건네는 인사말이지 '예초기 명심해라.' 또는 '낫 명심해라.' 하는 말은 아니다. 말하는 상황에 따른 인사말이다.

명심. '명심하면 명심한 값이 있으니' 매사에 명심할 일이다.

모다들다

　　　이 '모다들다'는 '여럿이 한곳으로 많이 모여들다.'라는 뜻을 지닌 어휘로, 표준어 '모아들다'에 해당한다. 이 '모다들다'는 '몯다[集]'와 '들다[入]'가 결합된 어형이다. 곧 '몯-+-아 들다' 구성으로 이루어진 말이다.

① 이 일은 모다들엉 ᄒᆞ믄 재기 끗날 건디.
　　(이 일은 모아들어 하면 재우 끝날 것인데.)
② 말짜인 모다들엉 어떵 주먹국시나 ᄒᆞ염직ᄒᆞ여.
　　(말째는 모아들어서 어떻게 주먹질이나 함직해.)
③ 기운 쎄다 ᄒᆞ지마는 수십 명 모다들믄 그거 문제가 읏다.
　　(기운 세다 하지마는 수십 명 모아들면 그것 문제가 없다.)
④ 옛날 모다들엉 사름 멍석에 몰앙 때리는 걸 보고 '쓰개질ᄒᆞ다' ᄒᆞ여.
　　(옛날 모아들어 사람 멍석에 말아서 때리는 것을 보고 '쓰개질하다' 해.)

　　예문 ①은 '이 일은 많은 사람들이 모아들어 하면 재우 끝날 것인데.' 하는 말로, 많은 사람들이 모아들면 무슨 일이든 빨리 끝낼 수 있다는 것이다. 곧 다다익선(多多益善)이라는 말과 통한다. **예문** ②는 '말째는 모아들어서 어떻게 주먹질이나 할 것 같아.' 하는 말이다. 일이 풀리기는커녕 점점 험악해 지고 있다는 말이다. 여기서 '주먹국시'는 '주먹곡시, 주먹곡지'라 하는데, '주먹국시'는 '주먹'의 낮춤말이다.

예문 ③은 '아무리 기운 세다 하지마는 많은 사람들이 모아들면 그것 문제가 없다.'는 말이다. 예문 ①과 같이 다다익선을 말하고 있는 문장이다.

한편 예문 ④는 '쓰개질ᄒ다'를 설명하는 문장으로, '옛날 여러 사람이 모아들어 사람을 멍석에 말아서 때리는 것을 '쓰개질ᄒ다'라 한다.'는 것이다. 이 '쓰개질ᄒ다'는 표준어 '싸개질하다' 또는 '싸개하다'에 해당하는 어휘로, 멍석말이 따위를 하기 위하여 여러 사람이 모아들어 벌 받을 사람을 멍석으로 싼다(말다)는 뜻이다.

이 '모다들다'는 '몯[集]-+-아 들다' 구성이니, 중세 어휘 '몯다'가 그냥 쓰이고 있는 셈이다.

- 우리 모다 ᄒᆞᆷᄭᅴ 가새이다.

  (우리 모여 함께 가사이다. 咱會同着一時行)(《번역박통사》)
- ᄂᆞᆷ 위ᄒᆞᆫ ᄆᆞᅀᆞᆷ은 먼복(萬福)이 몯ᄂᆞ니

  (남 위한 마음은 만복이 모이나니)(《월인천강지곡》)

'모다들다'는 '여러 사람이 한곳으로 많이 모여들다.'는 뜻을 지닌 어휘로, 무슨 일이든 모아들면 큰 힘이 된다는 의미를 함의하고 있다. 어찌 보면 많으면 많을 수록 더욱 좋다는 다다익선이 그 맛이기도 하다.

모잡다

이 '모잡다'는 '모든 것을 한데 끌어모아 처리하다.'는 뜻을 지닌 어휘로, 대역할 마뜩한 표준어는 없다. 《월인석보》의 "攝은 모도자불씨라"처럼 옛 문헌에 나오는 '모도잡다(한데 모아 잡다.)'와 관련이 있어 보인다. '모잡다'가 모든 것을 한데 끌어모아 처리하는 것이기 때문에 주로 집안에 큰일이 있을 때 자주 쓰인다.

① 입 들렁 먹을 사름은 하도 모잡앙 일 처리홀 사름은 읏덴 골암수다.
  (입 들어 먹을 사람은 많아도 모아 잡아 일 처리할 사람은 없다고 합니다.)
② 요번 일은 어머님 일이난 웨삼춘이 모잡앙 다 알앙 처리 ᄒᆞ여 줍서.
  (요번 일은 어머님 일이니까 외삼촌이 한데 모아 잡아서 다 알아서 처리해 주십시오.)
③ 큰아덜이 큰아덜이난 큰아덜이 모잡아사주 누게가 모잡을 거라게.
  (큰아들이 큰아들이니까 큰아들이 한데 모아 잡아야지 누가 한데 모아 잡을 거야.)

예문 ①은 어떤 큰일이 일사불란하게 이루어지지 않을 때 하는 '입 들어 먹을 사람은 많아도 모아 잡아 일 처리할 사람은 없다고 합니다.' 하는 뜻이다. 곧 제 이익을 챙기기에 급급할 뿐이지, 누가 나서서 총괄하거나 중심을 잡아서 일을 처리하는 사람이 없다는 것이다. 이런 경우는 대개 "베가 산더레 가키여.(배가 산으로 가겠다.)" 하며 나무라기도 한다. 사공은 많은데 '치잡이(키잡이)'가 없다는 것이다.

예문 ②는 아주 가까운 일가붙이가 없는 집에서 어머니 일을 당했을 때 들을 수 있는 말로, '요번 일은 어머님 일이니까 외삼촌이 한데 모아 잡아서 다 알아서 처리해 주십시오.' 하는 뜻이다. 우리 집안에는 가까운 친족이 없으니 외삼촌이 알아서 모든 일을 처리해 주십사고 부탁하는 말이다. 이런 상황이라면 '비 오는 날 웨상제 울 듯(비 오는 날 외상제 울 듯)' 하는 속담이 떠오른다. '웨상제'란 다른 상제 없이 한 명뿐인 상제를 말하는 것으로, 외아들인 경우가 많다. 외아들이기 때문에 외삼촌한테 모든 일을 부탁하게 되는 것이다.

예문 ③은 아들 형제가 여럿이나 서로 '모잡지' 않겠다고 할 때 집안 어른이 하는 말로, '큰아들이 큰아들이니까 큰아들이 한데 모아 잡아야지 누가 한데 모아 잡을 거야.' 하는 뜻이다. 대를 이을 사람이 큰아들이니 큰아들이 중심이 되어 일을 처리해야지 큰아들이 있는데 누가 주축이 되어 일을 처리하겠느냐는 핀잔의 말인 셈이다. 물론 곁에서 이런 말이 나오기 전에 큰아들이 나서서 중심을 잡고 처리해야 함은 당연하다. 그래서 맏아들 아닌가?

'모잡다'는 '모든 것을 한데 끌어모아 처리하다.'는 뜻을 지닌 어휘로, '중심이 되어 일을 처리하다.', '주축이 되어 일을 처리하다.'는 의미가 내포되어 있다. 배가 산으로 오르지 않게 방향을 바로잡을 키잡이 역할을 하는 게 바로 '모잡다'의 뜻이라 보면 좋을 것이다.

목앉다

이 '목앉다'는 '사람이나 짐승을 붙잡기 위하여 잘 다니는 목에 앉다.'는 뜻으로, 대역할 마뜩한 표준어는 없다. '목앉다'는 '목+앉다[坐]' 구성으로, '목'은 머리와 몸통을 잇는 잘록한 부분[頸]을 기본뜻으로 한다. 그러나 여기서는 '통로 가운데 다른 곳으로는 빠져나갈 수 없는 중요하고 좁은 곳'이란 의미로 쓰인 경우다. 달리 '목앚다'라 한다.

① 꿩이나 노리 잡젠 종일 목앉일 순 엇이난 꿩코 놓곡, 노리코 놓는 거.

(꿩이나 노루 잡으려고 종일 목을 지키어 앉을 수는 없으니까 꿩 올가미 놓고, 노루 올가미 놓는 거.)

② 난 절로 강 다울리크메 자네랑 이듸 목앚앙 잇어.

(나는 저리로 가서 쫓을 테니 자네랑 여기 목 지키고 앉아 있어.)

③ 목앉앙 신 거난 넘어가는 사름, 넘어오는 사름 다 알아져마씀.

(목 지키어 앉아 있는 것이니까 지나가는 사람, 건너오는 사람 다 알 수 있어요.)

예문 ①은 원시 사냥 방법을 이야기할 때 들을 수 있는 말로, '꿩이나 노루 잡으려고 종일 목을 지키어 앉을 수는 없으니까 꿩 올가미 놓고, 노루 올가미 놓는 거.' 하는 뜻이다. 예전에는 꿩을 잡기 위해서는 꿩을 날려 잡았다. 여럿이 여기 저기 자리해 있다가 꿩이 날아와 앉으면 꿩을 찾아 날리고, 또 다른 곳으로 날아가 앉으면 이번에는 그쪽 사람이 꿩을 날린다. 이렇게 몇 번 하다 보면 이내 꿩은 지치고, 머리만 숨긴다. 이때 데리고 간 사냥개가 꿩을 무는 것이다. 그다음 방법은 꿩이 잘 다니는 목에 올가미를 설치해 두고 꿩이 걸리기를 기다리는 것이다. 이때 꿩이 잘 다니는 목에 설치하는 올가미를 '꿩코'라 한다. 노루를 잡기 위하여 노루가 잘 다니는 목에 설치하는 올가미는 '노리코'가 된다.

예문 ②도 위 예문과 같이 원시 사냥에서 들을 수 있는 말로, '나는 저리로 가서 쫓을 테니 자네랑 여기 목 지키고 앉아 있어.' 하는 뜻이다. 사냥에서 맡을 역할을 분담하는 것이다. 여기서 '다울리다'는 '다둘리다, 다불리다, 따울리다'라 말하기도 하는데, '급히 몰아서 쫓다.'는 뜻이다. "눈더레 들어가는 똠도 아니 다끄멍 일흥는디 경 다울리지 맙서.(눈으로 들어가는 땀도 아니 닦으면서 일하는데 그렇게 죄어치지 마십시오.)"의 '다울리다'는 '하는 일을 빨리 하도록 죄어치다.'는 의미로 사용된 경우이다.

예문 ③은 가끔 산불 감시 초소에 근무하는 사람에게서 들을 수 있는 말로, '목 지키어 앉아 있는 것이니까 지나가는 사람, 건너오는 사람 다 알 수 있어요.'라는 뜻이다. 그러니까 한쪽으로 지나가는 사람만 볼 수 있는 것이 아니라 그 반대편에서 올라오는 사람도 다 볼 수 있다는 말과 같다.

'목앉다'는 달리 '목앚다'라 하는데, '사람이나 짐승을 붙잡기 위하여 잘 다니는 목에 앉다.'는 뜻을 지닌 어휘다. 목을 잘 지키어 앉아 있으면 간혹 소득도 있을 터이니 무슨 일이든 목을 찾는 일이 중요하다.

무르줴다

이 '무르줴다'는 '무르게 쥐다.'는 뜻으로, '반죽 따위를 마구 쥐며 주물럭거리다.'는 말이다. 표준어 '짓주무르다'에 해당한다. 나아가 '다른 사람이나 일 따위를 제 마음대로 다루거나 놀리다.'는 의미로 쓰이기도 하는데 이때는 표준어 '주무르다'에 해당한다.

① 심이사 들주마는 무르줴어사 송펜 줍기 좋나.

　　(힘이야 들지마는 짓주물러야 송편 빚기 좋다.)

② 밥에 누룩 서꺼근에 무르줴영 장탱이에 놔두민 부각ᄒ게 케주.

　　(밥에 누룩 섞어서 짓주물럭거려 장태에 놓아두면 부걱부걱하게 궤지.)

③ 아기 낳을 때 무르줴듯 요 네착을 심어보라.

　　(아기 낳을 때 틀어쥐듯 요 노손을 잡아보자.)

④ 그 사름 어디 가나 말장시라노난 문 무르줴엉은 산더레 갓닥 바당더레 갓닥 ᄒ여.

　　(그 사람 어디 가나 말쟁이여서 몽땅 주물러서는 산으로 갔다가 바다로 갔다가 해.)

예문 ①은 '힘이야 들지마는 (반죽을) 짓주물러야 송편 빚기 좋다.'는 말로, 반죽을 잘 주물러야 된다는 말이다. 송편을 빚기 위한 반죽은 너무 물러서도 안 되지만 너무 단단해서도 안 되니 적당하게 주물럭거려야 된다는 말이다. 여기서 '송펜 줍다'는 둥그런 송편 모양이 드러나면 가장자리 일부분을 엄지와 검지로 눌러 송편을 멋들어지게 만드는 것을 말한다. **예문 ②**는 '밥에 누룩 섞어서 짓주물럭거려 장태에 놓아두면 부걱부걱하게 궤지.' 하는 뜻으로, 술밥을 만들 때 들을 수 있는 말이다. '부걱ᄒ다'는 술 따위가 발효하여 거품이 생기면서 위로 솟아오르는 것을 말한다. **예문 ③**은 '노 젓는 노래'의 가사로 등장하기도 하는데, '아기 낳을 때 짓주무르듯 요 노손을 잡아보자.'는 말이다. '아기 낳을 때 짓주무르듯'이라는 말은 산모가 힘을 내기 위하여 아무것이나 힘껏 쥐어 주물럭거리는 것을 말한다. 노 저을 때도 힘을 내기 위하여 노손을 온 힘을 다해 잡아서 노를 젓자는 뜻이다. 노 젓는 일이 아기 낳는 것만큼 힘들다는 것과 같다.

한편 **예문 ④**는 '다른 사람이나 일 따위를 제 마음대로 다루거나 놀리다.'는 의미로 쓰인 경우이다. '그 사람 어디 가나 말쟁이여서 몽땅 주물러서는 산으로 갔다가 바다로 갔다가 해.' 하는 말로, 좌중의 모든 사람을 제 마음대로 좌지우지한다는 말이다. 사공이 많으면 배가 산으로 오르듯, '재미있는 말을 가지고 모인 사람들을 산으로 끌고 가기도 하고, 바다로 끌고 가기도 한다.'는 것이다. 보통 말쟁이가 아니라는 말이다.

결국 '무르줴다'는 '무르게 쥐다.'는 뜻으로 쓰이는 말이니 부드러워서 좋은 점도 있지만 한편으로는 사람이나 일을 제 마음대로 다루거나 놀리기도 한다는 뜻이 있으니 가려 쓸 일이다.

무큰ᄒ다

이 '무큰ᄒ다'는 '날씨가 푹푹 찌는 듯이 더워지다.'는 뜻을 지닌 어휘로, 표준어 '물쿠다'에 해당한다. 이 '무큰ᄒ다'는 '덥다'와 연결되어 쓰인다.

① 오널은 아척부터 무큰ᄒ게 덥다.

    (오늘은 아침부터 물쿠게 덥다.)

② 산담 안터레 들어오난 무큰 덥다.

    (산담 안으로 들어오니까 물쿠게 덥다.)

③ ᄌ작벳듸서 조 검질멜 땐 땅으로 더운 짐이 무큰무큰 올라와.

    (땡볕에서 조 김맬 때는 땅으로 더운 기운이 물쿠게 물쿠게 올라와.)

예문 ①은 장마철인데도 볕이 눈부신 아침에 들을 수 있는 말로, '오늘은 아침부터 물쿠게 덥다.'는 뜻이다. 집 밖으로 나서니 더운 기운이 혹 하고 밀려든다. 한꺼번에 체온이 올라가는 느낌이다. 땀이 솟고, 조금 지나면 피부가 '치닥치닥(치덕치덕)'하여 샤워라도 하고 싶을 정도다. 예문 ②는 벌초할 때 듣는 말로, '산담 안으로 들어오니까 물쿠게 덥다.'는 뜻이다. 곧 '산담' 밖에는 바람이 불어 시원하지만 안으로 들어오니까 바람 한 점 없어 훅 하게 덥다는 말이다. 여기서 '산담'이란 묘소 주위를 장방형으로 쌓은 돌담을 말한다. 이 '산담'은 마소의 출입이나 불이 번지는 것을 막기 위한 시설이기 때문에 어느 정도 높이를 유지해야 하는데, 이 높이가 바람길을 막아 '무큰' 덥게 하는 것이다.

예문 ③은 여름철 밭에서 김맬 때 듣는 말로, '땡볕에서 김맬 때는 땅으로 더운 기운이 물쿠게 물쿠게 올라와.' 하는 뜻이다. 이런 경우는 숨이 'ᄀᆞ웃ᄀᆞ웃(숨이 막힐 정도로 더워 못 견디어 하는 모양)' 하고, 찬물 속에 몸을 담그고 있는 모습만 연상하게 된다.

한편 이 '무큰ᄒᆞ다'의 어근인 '무큰'은 단독으로 쓰이거나 첩어가 되어 '무큰무큰'으로 쓰이면 '푹푹 찌는 듯이 무더운 모양, 주로 좋지 않은 냄새가 번지는 모양, 연기 따위가 솟는 모양'을 나타내기도 한다. "무큰 덥다.", "시동 내움살이 무큰 나라.(똥거름 냄새가 물큰 나더라)", "네가 무큰 올라와라.(연기가 물큰 올라오더라.)" 등이 그런 경우다.

'무큰ᄒᆞ게' 더운 장마철, 시원하게 보내는 방법은 마음의 여유와 함께 욕심을 내지 않는 것이다. 여유와 무욕, 한번 실천해 보자. 그러면 한결 시원해질 것이다.

문데기다

이 '문데기다'는 '여기저기 마구 문지르다.'라는 뜻을 지닌 어휘로, 표준어 '문대다'에 해당한다. 달리 '문데다, 문테다'라 한다.

① 술술 문데기당 보믄 츠츠 테어질 거난 그때랑 술흐게 줍아둥기라.

  (살살 문대다 보면 차차 떼어질 것이니 그때랑 살며시 잡아당겨라.)

② 그 창곰이 밥방울로 문데경 부찌믄 잘 부틀 거여.

  (그 창문 구멍 이 밥알로 문대어 붙이면 잘 붙을 거야.)

③ 손으로라도 박박 문테당 보믄 벗어진다.

  (손으로라도 박박 문대다 보면 벗겨진다.)

예문 ①은 봉투에 딱 붙은 우표 따위를 곱게 떼려고 할 때 하는 말로, '살살 문대다 보면 차차 떼어질 것이니 그때랑 살며시 잡아당겨라.' 하는 뜻이다. 접착력이 강한 풀로 붙인 봉투나 우표를 곱게 떼어낸다는 것은 어려운 일이다. 그래서 성질 급한 사람은 봉투 속 내용물이 어데 있는가 확인하고 봉투를 손으로 찢는다. 성의나 여유가 있다면 풀로 붙인 가장자리를 손톱으로 살살 '문데기다' 보면 가장자리가 조금 들리는데, 이때 '슬흐게 줍아둥기믄(살며시 잡아당기면)' 뗄 수 있다는 게 **예문** ①이 내포하고 있는 뜻이다. 만일 **예문** ①처럼 하는 사람이 있다면 성질이 '뜨그릉헤서(느릿해서)' 모든 일을 신중하게 처리해 실수가 없을 것이다. **예문** ②는 찢어진 창문을 붙이려고 할 때 듣는 말로, '그 창문 구멍 이 밥알로 문대어 붙이면 잘 붙을 거야.' 하는 의미이다. 물론 이때 '밥방울'은 '곤밥(흰밥)'이나 '흐린조팝(차조밥)'의 밥알로, 그 밥알의 찰기를 이용하는 것이다. 이 '곤밥'과 '흐린조팝'은 연줄에 '굴리(개미)'를 먹일 때도 곧잘 이용하곤 했다. 한 친구가 밥을 헝겊에 싸고 그 가운데에 연줄을 묻어 앞으로 나아가면 '굴리'를 종이에 싸든 다른 친구는 그 뒤를 따르는 것으로 연줄은 무기를 갖추는 것이다. **예문** ②의 '창곰'은 '창문 구멍' 곧 창문에 붙인 창호지가 찢어져 생긴 구멍을 말하는 것으로, '창을 설치하기 위하여 낸 구멍'이나 '부엌이나 고방 따위를 밝게 하려고 바람벽에 뚫은 구멍'과는 다르다. 그러니까 '창곰'은 '창호지가 찢어진 창문 구멍, 창을 설치하기 위하여 낸 구멍, 부엌이나 고방을 밝게 하려고 바람벽에 뚫은 구멍' 등의 뜻을 지닌 어휘가 된다.

한편 **예문** ③은 방바닥 따위에 묻은 때를 '손으로라도 박박 문대다 보면 벗겨진다.'는 뜻이다. 걸레로 음식이 들러붙은 방바닥을 닦을 때를 연상하면 쉽게 이해될 것이다. 여기서 '벗어지다'는 '덮이거나 씌워진 물건이 외부의 힘에 의하여 떼어지거나 떨어지다.'는 뜻을 지닌 어휘로, 표준어 '벗겨지다'에 해당한다.

'문데기다'는 달리 '문데다, 문테다'라 하는데, '여기저기 마구 문지르다.'는 뜻을 지닌 어휘로, 편지 봉투를 열 때 한번 시험해 보는 것도 좋을 듯하다.

문드리다

이 '문드리다'는 '가지고 있던 물건을 저도 모르는 사이에 떨어뜨리거나 잊어버리다.'는 뜻을 지닌 어휘로, 표준어로 대역한 마뜩할 어휘가 없다.

① 콩 태작흔 후제 마당의 문드린 콩방울 ᄒ나ᄒ나 줏어.

　(콩 타작한 후에 마당에 떨어뜨린 콩알 하나하나 주워.)

② 펜지 손에 볼끈줴언 가단 어듸서 문드려분지사 몰란.

　(편지 손에 볼끈 쥐고 가다가 어데서 잊어버렸는지 몰라.)

③ 앗앙 오멍 문 문드려뒁 오랏구나게.

　(갖고 오다가 모두 떨어뜨려 두고 왔구나.)

④ 질에 문드린 걸 줏어단 잘 간수ᄒ여서.

　(길에 떨어뜨린 걸 주워다가 잘 간수했어.)

예문 ①은 가을에 콩 타작을 하고 난 뒤 광경을 말하는 것으로, '콩 타작한 후에 마당에 떨어뜨린 콩알 하나하나 주워.' 하는 뜻이다. 마당에서 콩 타작을 하려면 콩알이 멀리 튀지 못하게 사방으로 발을 세운다. 바닥은 마당의 맨땅 그대로이다. '도께(도리깨)'로 힘차게 내리치다 보면 콩알이 멀리 튀어 도망가기도 하고, 오랜 시간 타작하다 보면 바닥에 떨어진 콩알은 마당의 맨땅에 반쯤은 몸을 숨기기도 한다. 타작을 마치고 난 다음 튀어나간 콩알은 물론 마당에 박힌 콩알을 하나씩 정성스레 주워 모은다. 이때 광경이 바로 **예문** ①이다.

예문 ②는 '편지 손에 볼끈 쥐어 가다가 어디에서 잊어버렸는지 몰라.' 하는 뜻이다. 편지를 사람편에 전한다는 고풍스런 상황도 상황이지만 편지를 볼끈 쥐고 가다가 잊어버렸다는 게 재미있기도 하다. 상상이 허락한다면 편지 전달자는 꼬마이다. 손에 '볼끈 줴다', 편지를 어데서 '문드려분지'를 알 수 없다는 데서 이를 읽을 수 있기 때문이다. 그 뒤 광경도 또한 상상에 맡기기로 한다.

예문 ③과 **예문** ④는 이어지는 이야기로 보면 좋을 것이다. 곧 **예문** ③은 '가지고 오며 모두 떨어뜨려 두고 왔구나.' 하는 뜻이라고 한다면, **예문** ④는 그래서 '길에 떨어뜨린 것을 주워다가 잘 간수했어.' 하는 뜻으로 이해되기 때문이다. **예문** ③에서 '가지고 오면서 떨어뜨린다.'는 것은 가지고 오는 것이 너무 많아서 '문드릴' 수 있고, 단단하게 가지지 않았기 때문에 '문드릴' 수 있기도 한 것이다. 어느 쪽이 되었든 이때는 '흘불ᄒ다'는 말을 듣는다. '흘불ᄒ다'는 '무슨 일에 정신을 가다듬어 명심하지 아니하다.'는 뜻으로 쓰이는 제주어임은 물론이다. **예문** ④는 길에 '문드려 분' 것을 주워다가 잘 간수했다는 말로, 크게 걱정할 것은 아니라는 뜻을 담고 있다.

'문드리다'는 '가지고 있던 물건을 저도 모르는 사이에 떨어뜨리거나 잊어버리다.'는 뜻을 지닌 어휘로, 날씨가 점점 더워지면서 떨어뜨리거나 잊어버리는 일이 없도록 각별 유념할 일이다.

묻다

이 '묻다'는 '눈[雪]'과 함께 쓰여서, '눈이 내려 쌓이다.'라는 뜻을 지닌다. 표준어로 대역한다면 '눈 쌓이다' 정도가 될 것이다. 이렇게 본다면 이때 '묻다'는 '埋'보다는 '積'의 뜻을 지닌다.

① 눈영 하영 묻어신디 식전의 어디 가젠 헴시니게?

(눈 이렇게 많이 쌓였는데 식전에 어디 가려고 하니?)

② 눈 묻은 동산질 막 다려겨서라, 멩심허영 뎅기라이.

(눈 쌓인 고갯길, 아주 다져졌더라, 명심해서 다녀라.)

③ 보메 닮지 아년 올란 보난 눈 하영 묻어서라.

(보매 같지 않게 올라서 보니 눈 많이 쌓였더라.)

예문 ①은 눈이 엄청 내린 아침 풍경이다. 일어나 문 열고 보니 쌓인 눈이 얼굴과 마주한다. 아이들이야 신나는 놀이판이 펼쳐졌는데 조반이 어디 있겠는가. 밖으로 내빼기 일쑤니 이때 어머니가 하는 말이 바로 **예문** ①이다. '눈 이렇게 많이 쌓였는데 식전에 어디 가려고 하니?' 하는 뜻이다. 마당에 쌓인 눈은 잠잘 때 밤새 내린 눈이다. 이런 눈이 내리면 농사가 잘 된다고 하는데, 이런 눈을 '아이몰른눈(도둑눈)'이라고 한다. '아이몰른눈'은 '아이 모르는 눈'이란 뜻으로, 눈이 밤새 내려 눈밭을 만들었으니 넘어져도 다칠 염려 없고, 옷 더러워질 걱정 없다. 발이 시리고, 손이 곱을 뿐이다. 오랜 시간 밥을 먹지 않아도 배고프지 않다. 이런 좋은 놀이판을 두고 방 안에 처박혀 있을 아이는 없다.

예문 ②는 어느 정도 시간이 흐른 뒤 이야기로, '눈 쌓인 고갯길, 아주 다져졌더라, 명심해서 다녀라.' 하는 뜻이다. '동산질(고갯길)'에도 눈이 쌓였으니, 썰매놀이하기에는 그만이다. '물구덕'의 받침대 두 개를 빼어서 스키(?)를 만드는 건 큰형들의 몫이고, 조무래기들은 '보릿낭(보릿대)' 뭇이나 비닐로 만든 비료 포대를 깔개로 해서 썰매를 탔다. 그 결과는 '동산질'이 반들반들하게 '다려지는(다져지는)' 것이다. 고갯길을 지나다 잘못하면 엉덩방아를 찧게 마련이고, '물허벅'이라도 지고 있다면 '허벅'이 깨지는 것은 당연한 일이다.

한편 예문 ③은 한라산이나 오름을 오르고 난 뒤 소감을 말하는 것으로, '보매 같지 않게 올라서 보니 눈 많이 쌓였더라.'는 말이다. 그러니까 오르기 전에는 '눈이 많이 쌓인 것 같지 않은데 막상 오르고 보니 눈이 많이 쌓였더라.'는 것이다. 이런 경우 등산 장비가 허술하면 낭패를 보기 십상이니 겨울 산행은 철저한 준비가 필수이다.

이 '묻다'는 '눈[雪]'과 함께 쓰여 '눈이 내려 쌓이다.'는 뜻을 지니는 말이다. 눈이 내려 '하영 묻게' 되면 걸어 다니는 일, 운전하는 일, 오름이나 산을 오르내리는 일 등에는 위험이 뒤따르게 마련이니 항상 명심할 일이다.

물맞다

        이 '물맞다'는 그 구조가 '물이 맞다'로, 밥을 짓거나 흙을 이길 때, 또는 밭갈이할 때 등 물이 적당하여 밥을 짓기에 알맞다, 흙 이기기에 적당하다, 밭갈이하기에 알맞다는 뜻을 지닌다. 곧 '물의 분량이 알맞거나 적당하다.'는 의미로 쓰인다. 나아가 '때가 적당하다.'는 뜻으로 쓰이기도 한다.

① 물맞안 밧갈기 막 좋아라.

    (물이 맞아 밭갈기에 아주 좋더라.)

② 물 맞이기 비와사 물맞안 혹 잘 이겨진다.

    (물 적당하게 부어야 물 적당해서 흙 잘 이길 수 있다.)

③ 게난 보리밥도 헤낫구나, 물맞인 거 보난.

    (그러니까 보리밥도 했었구나, 물맞은 것 보니까.)

④ 우리 하르방 이제 파헤시믄 막 물맞안 좋은 땐디.

    (우리 남편 이제 돌아갔으면 아주 적당해서 좋은 때인데.)

예문 ①은 비가 적당하게 내려 '물이 맞아 밭갈이하기에 아주 좋더라.'는 말이다. 그러니까 땅이 너무 세지도 않고 너무 질지도 않아 밭갈이에 적당하더라는 말이다. 이런 경우 '슬 지픈 밧(토질이 자갈이나 돌무지가 섞이지 않고 깊어 좋은 밭)'이면 쟁기는 설렁설렁 아주 가볍게 미끄러지듯 밭갈이할 수 있다. '물맞아'야 가능한 일이다. 예문 ②도 '물을 적당하게 부어야 물이 맞아 흙을 잘 이길 수 있다.'는 말이다. 만일 물이 많으면 흙을 더 넣어야 하고, 'ㄱ시락(까끄라기)'이나 '보릿낭(보릿짚)'을 더 썰어서 넣어야 하는 번거로움이 뒤따라야 한다. 예문 ③은 '그러니까 보리밥도 했었구나, 물맞은 것 보니까.' 하는 뜻으로, 예전에 '보리밥'도 지었던 경험이 있음을 이야기하고 있는 것이다. '보리밥'은 우선 보리쌀을 한번 적당하게 익히고 난 다음에 다시 물을 붓고 밥을 지어야 한다. 그래서 물이 적당하게 맞아야 보리밥이 먹기 좋게 만들어진다. 그러지 않으면 '갈갈' 한다든가 아니면 너무 익어 이 없는 어르신들이나 먹기 좋게 되기도 한다.

예문 ④의 '물맞다'는 '때가 적당하다.'는 뜻으로 쓰인 경우로, '우리 남편 이제 돌아갔으면 아주 적당해서 좋은 때인데.' 하는 말이다. 어느 정도 살아야 돌아가기에 적당한 나이인지 알 수는 없지만 '노실(노망)' 않고, 자식 입장에서는 조금 아쉽다는 느낌이 들 때가 '물맞은' 때이지 않은가 한다. 장병(長病)에 효자 없는 법이고, 너무 오래 살다 보면 '못 볼 것'을 보게 되기도 하니, '물맞인' 때 돌아가는 것도 적선(積善)해야 가능한 일 아닐까. 여기서 '우리 하르방'은 할머니들이 남편을 지칭할 때 쓰는 말이며, '파허다'는 '돌아가시다'는 뜻을 지닌 어휘이다. '파허다'의 '파'는 한자어 '罷'이다.

'물맞다'는 '물이 맞다'는 구조로, '적당하다, 알맞다'는 의미로 쓰이는 말이니, 매사에 '적당하게', '알맞게' 하는 일이 중요하다. 나아가 무엇을 할 때도 '때가 있는' 법이니 시기를 잘 선택하는 것도 세상을 살아가는 지혜 가운데 하나가 아닐까 한다.

물발다

이 '물발다'는 두 개의 어휘가 있다. 그 하나는 '빗물 따위가 차양과 같은 시설물을 곁따라 흘러내리다.'라는 뜻을 지닌 어휘이고, 다른 하나는 '어떤 색깔이 오래되거나 볕에 바래어 그 빛깔이 연하게 변하다.'의 뜻을 지닌 어휘가 그것이다. 전자는 '물[水]'과 '곁을 따르다, 같이하다'는 의미를 지닌 중세 어휘 '발다'가 연결되어 이루어진 말이고, 후자는 '물[染]'과 '볕이나 습기를 받아 색이 연하게 변하다.'는 뜻을 지닌 '바래다'의 방언형 '발다'가 연결되어 이루어진 말이다.

① 물 닥닥 털어지언 아이 뒈키여, 이거 물발게 물바테 ᄒ여살로구나게.

　(물 똑똑 떨어져서 아니 되겠어, 이것 물 흘러내리게 물받이 해야겠구나.)

② 물발게 집가지 잘 헤사키여.

　(물 흘러내리게 처마 잘 해야겠어.)

③ 옷 흔나게 입으난게 거 물발건 ᄉ실이주.

　(옷 흔하게 입었으니 거 물 바랠 것은 사실이지.)

④ 갈옷은 물발아도 막 곱나.

　(갈옷은 물 바래도 막 곱다.)

예문 ①은 물이 뚝뚝 떨어져서 안 되겠으니 물이 잘 흘러내리게 물받이를 만들어 달아야겠다는 뜻이고, 예문 ②는 빗물이 잘 흘러내리게 처마를 잘 손질해야겠다는 뜻이다.

한편 예문 ③과 예문 ④의 '물발다'는 '색깔이 연하게 변하다.'는 뜻으로 쓰인 경우다. 예문 ③은 '옷을 흔하게 입고 다녔으니 색깔이 바래어 희미하게 될 것은 사실이다.'는 말이고, 예문 ④는 '감물을 들인 옷은 색깔이 바래도 곱다.'는 뜻을 지닌 문장이다.

'물이 시설물을 따라 흘러내리다.'는 뜻을 지닌 '물발다'의 '발다'는 다음과 같은 예문에서 그 뜻이 확인된다.

- 鬼物은 어스르메 바라 둔니ᄂ다

  (귀물 곧 귀신은 어스름에 따라 다닌다, 鬼物傍黃昏)《두시언해》
- 몰애 우흿 올힛 삿기는 어미롤 바라셔 조오ᄂ다

  (모래 위 오리 새끼는 어미를 따라 졸고 있다, 沙上鳧雛傍母眠)《두시언해》

나아가 '좁고 높게 쌓은 담 위를 걸어가다.'는 것을 '담발다'라 하는 데서도 '발다'의 의미가 확인되기도 한다.

결국 '물발다'는 다음과 같이 요약된다.

구분	뜻	구성	어원
물발다 1	빗물 따위가 차양과 같은 시설물을 곁따라 흘러내리다.	물[水]+발다	←발다
물발다 2	어떤 색깔이 오래되거나 볕에 바래어 그 빛깔이 연하게 변하다.	물[染]+발다	←바래다의 방언형 '발다'

물부끄다

이 '물부끄다'는 '물이 부글부글 끓어올라 넘치다.' 또는 '물이 밑에서 솟아올라 넘치다.'라는 뜻을 지닌 어휘다. '물부끄다'는 '물이 부끄다' 구성으로, '부끄다'는 '끓어오르다, 솟아오르다'는 의미로 쓰이는 제주어이다.

① 밥홀 때 물부꺼 불민 밥맛 읏나.

　　(밥할 때 물 넘치어 흘러버리면 밥맛 없다.)

② 문 올안 들어강 보난 창트멍으로 물부껑 알로 닥닥 털어졈서마씀.

　　(문 열어 들어가서 보니까 창틈으로 물 솟아 넘치어 아래로 뚝뚝 떨어지고 있었습니다.)

③ 물부끄는 끄멍, 수건으로라도 막으라게.

　　(물 솟아 넘치는 틈, 수건으로라도 막아라.)

④ 창틀 홈베기 야프게 ᄒ난 물부끄게 마련입주.

　　(창틀 홈 얕게 했으니 물 솟아올라 넘치게 마련이지요.)

예문 ①은 '밥할 때 물이 끓어넘치어 버리면 밥맛 없다.'는 뜻으로, 밥할 때 물이 끓어넘치지 말게 해야 한다는 경계의 말이다. 물이 끓어넘치는 것은 이른바 김이 새는 것이고, 김이 새었으니 '맥이 빠져 싱겁게 되기' 마련이다. 김새지 말게 해야 한다는 게 **예문 ①**이 지닌 속뜻이다.

예문 ②는 세찬 비가 들이칠 때 닫힌 창틈으로 빗물이 넘치어 집 안으로 떨어질 때 하는 말이다. 곧 '문 열어 들어가서 보니까 창틈으로 빗물이 솟아 넘치어 아래로 뚝뚝 떨어지고 있었습니다.'는 뜻으로, 빗물이 창틈으로 솟아올라 넘치어 집 안으로 떨어지고 있다는 것이다. 그러면 창틈에 수건을 길게 펴 막아 빗물이 넘치지 못하게 한다. 시간이 흐르면 늘어놓았던 수건도 빗물을 흠씬 먹어 이내 짜내야 한다. 이런 행동은 비 내리는 시간과 비례한다. 이런 때는 수건이 참으로 요긴하게 쓰인다. **예문 ③**은 앞에서 본 **예문 ②** 다음에 하는 말로, '물 솟아 넘치는 틈, 수건으로라도 막아라.' 하는 뜻으로, 빗물이 집 안으로 떨어지지 못하게 수건으로 막으라는 말이다. 여기서 주의할 것은 'ㄲ멍'이라는 어휘에 있는데, 이는 문헌 어휘 '뜸'의 어두자음군(ㅳ)이 된소리로 변한 경우이다. 그러니까 제주어 '트멍' 과 'ㄲ멍'은 다 같이 표준어 '틈'에 해당하는데, '트멍'은 문헌 어휘 '틈'에 접미사 '-엉'이 연결되어 이루어진 어휘이며, 'ㄲ멍'은 문헌 어휘 '뜸'에 접미사 '-엉'이 결합되어 이루어진 어휘가 되는 셈이다.

예문 ④는 '창틀 홈 얕게 했으니 물 솟아올라 넘치게 마련이지요.'라는 뜻으로, 창틀의 구조를 이야기하고 있다. 제주도 비는 옆으로 온다는 말이 있듯 제주의 집에 쓰이는 창호의 틀은 홈이 깊어야 한다. 그러지 않으면 옆으로 들이치는 빗물을 감당할 수가 없다. 새시로 해서 창문을 달았지만 틀의 폭이 두꺼워야 홈이 깊게 패고 그래야만 '물부꺼' 집 안으로 들어오는 빗물을 막을 수 있다.

비 올 때 빗물이 창틈을 타서 넘치어 집 안으로 떨어질 때는 참으로 속상한 일이다. 수건 따위가 동원되고, 세숫대야도 집 안으로 이동해야 하는 번거로움이 따른다. 세찬 비가 들이칠 때 창틈을 단단하게 하는 일을 미리미리 해 두어야겠다.

물쎄다

이 '물쎄다'는 '목이 몹시 말라서 물을 많이 마시다.'라는 뜻을 지닌 어휘로, 표준어 '물켜다'에 해당한다. '물쎄다'는 '물[水]+쎄다' 구성으로, '쎄다'는 중세 어휘 '혀다'에서 온 것인데 표준어에서는 '켜다'로 변했으나 제주어에서는 '쎄다'로 변하였다. 이는 마치 중세 어휘 '드리혀다'가 표준어에서는 '들이켜다'로, 제주어에서는 '디리쓰다, 들이쓰다, 들이씨다, 들이싸다' 등으로 변한 것과 같다.

① 차게 먹언 물쎄키여.

　(짜게 먹어서 물켜겠다.)

② 물쎄믄 밤의 줌자당 이불에 오좀 싸진다.

　(물켜면 밤에 잠자다가 이불에 오줌 싸게 된다.)

③ ᄌᆞ작벳듸서 일ᄒᆞ여 나난거 물쎌 겁주.

　(땡볕에서 일했으니까 거 물켤 것이지요.)

예문 ①은 '음식을 짜게 먹어서 물을 많이 마시겠다.'는 염려가 섞인 말이다. 요즘 말로 하면 당뇨가 있어서 심심하게 먹어야 되는데, 너무 짜게 먹는다는 것이다. 여기서 '차다[鹹]'는 중세 어휘 '뿟다'의 '뼛'이 된소리인 'ㅉ'으로 변하지 않고(뿟다〉짜다), 거센소리 'ㅊ'으로 변한 경우(뿟다〉차다, 츠다)이다.

예문 ②는 '물을 많이 들이켜면 밤에 잠자다가 이불에 오줌을 싸게 된다.'는 말이다. 물을 많이 마시면 오줌이 잦아 자주 변소에 다녀야 하는데, 지치게 뛰놀다 보면 잠에 취해 깨어날 수가 없다. 담벼락에 다가서서 시원스레 오줌을 갈기는, 그것도 몸을 좌우로 움직이며 깔기는 것이다. '소금 빌리러 갔다 와야 한다.'는 어머니의 불호령이 떨어져서야 꿈속에서 오줌을 누었다는 걸 깨닫는다.

예문 ③은 '땡볕에서 열심히 일했으니까 거 물켜게 될 것은 당연하지요.'라는 뜻이다. 땡볕에서 일하게 되면 땀을 많이 흘리게 되고, 그 결과 목도 몹시 말라 물이 당기게 된다. 한두 병의 물로는 부족하다. 시원한 물병이 손에서 떠나지 않으니 '땡볕에서 일했으니까 물켤 게 당연하지요.' 하는 것이다.

무더운 여름철이라 '물쎄게' 마련이고, 그게 몸의 균형을 깨뜨리게 한다. 몸의 균형이 맞지 않으면 탈이 날 게 뻔하니 '물쎌' 일을 삼가는 것도 지혜롭게 여름을 나는 하나의 방법일 것이다.

민질락허다

이 '민질락허다'는 '몹시 미끄러워서 손이나 발이 붙지 않고 미끄러지거나 밀려 나가다.'는 뜻을 지닌 어휘로, 표준어 '미끈하다' 또는 '미끌하다'에 해당한다. 특히 표준어 '미끈하다'는 그 품사가 동사임을 명심해야 한다. 만일 형용사라 한다면 그 뜻은 '흠결이나 거친 데가 없이 부드럽고 번드럽다.', '생김새가 멀쑥하고 훤칠하다.' 등이 된다.

① 장어 심젠 ᄒ민 모살이라도 줴영 심어사주 경 아녀믄 민질락허영 털리곡허메.

(장어 잡으려고 하면 모래라도 쥐어 잡아야지 그렇지 않으면 미끌해서 놓치고 하지.)

② 자의 손은 춤지름 불른 셍이여, ᄒ끔만 ᄒ믄 민질락ᄒ연 그릇 내불곡.

(쟤 손은 참기름 바른 모양이야, 조금만 하면 미끌해서 그릇 내버리고.)

③ 설거지ᄒ당 민질락ᄒ믄 그릇 벌르는 겁주.

(설거지하다 미끌하면 그릇 깨뜨리는 거지요.)

④ 희영ᄒ듸 잘못 불랏당 민질락ᄒ믄 지룩탁 자빠지난 멩심ᄒ여사.

(하얀 데 잘못 밟았다가 미끌하면 덜러덩 자빠지니 명심해야.)

예문 ①은 장어를 맨손으로 잡으려고 할 때 하는 말로, '장어 잡으려고 하면 모래라도 쥐어서 잡아야지 그렇지 않으면 미끌해서 놓치고 하지.' 하는 뜻이다. 장어는 그 표면에 점액질이 있어서 미끌거려 잘 빠져나간다. 그래서 장어를 잡으려고 하면 장갑을 끼거나 아니면 예문처럼 모래를 쥐고 잡아야 장어가 빠져나가지 못하고 잡힌다. 여기서 '심다'는 표준어 '잡다', '모살'은 표준어 '모래', '털리다'는 표준어 '놓치다'에 해당한다.

예문 ②는 설거지할 때 자주 그릇을 깨는 아이를 탓하는 말로, '재 손은 참기름 바른 모양이야, 조금만 하면 미끌해서 그릇 내버리고.' 하는 뜻이다. 손에 참기름을 발랐으니 매끌매끌하게 마련이고, 그런 손으로 설거지를 하고 있으니 그릇을 잡으면 이내 미끌해서 손에서 빠져나가게 된다. 누가 보면 일부러 그릇을 내버리는 것처럼 말이다. 부엌 바닥으로라도 떨어지게 되면 그릇을 깨뜨리게 되는 것이다. 그러면 곁에 있는 사람이 예문 ③ '설거지하다 미끌하면 그릇 깨뜨리는 거지요.' 하며 말장구를 치는 것이다. 설거지하면서 손에 참기름을 바를 까닭도 없지만 이는 '서툰바치(생둥이-어떤 일에 경험이 없어 솜씨가 서툰 사람)'가 설거지를 하다 보니 그릇 깨뜨리는 일이 자주 벌어진다는 의미다.

한편 예문 ④는 밤길을 갈 때 명심하라며 일러 주는 말이다. 곧 '하얀 데 잘못 밟았다가 미끌하면 덜러덩 자빠지니 명심해야.' 한다는 뜻이다. 여기서 '하얀 데'란 물이 고여 있는 데를 말한다. 여기를 잘못 밟기라도 한다면 '지륵탁(덜러덩)' 하며 나자빠지게 되니 명심해야 한다는 것이다.

'민질락허다'는 '몹시 미끌미끌해서 손이나 발이 붙지 않고 미끄러지거나 밀려나가다.'는 뜻을 지닌 어휘로, 무슨 일을 하든지 손과 발이 미끌하지 않도록 명심할 일이다.

밋두다

이 '밋두다'는 '밑에 두다.'는 뜻으로, '넉넉하게 여유를 두거나 나중을 위하여 남겨 두다.'라는 의미로 쓰이는 어휘다. '밋두다'는 표준어 '능두다'에 해당하는데, '능두다'의 '능'은 빠듯하지 아니하고 넉넉하게 잡은 여유를 말한다.

제주어 '밋두다'는 원래 '밑에 두다.'는 뜻인데, 그냥 아래에 둔다는 표현이 아니라, 밑에 조금이라도 남겨 둔다는 의미를 내포하고 있다. 내일을 위하여 모두 소비하지 않는 것이다. 암탉이 알 낳을 자리를 바로 찾아들도록 둥지에 넣어 두는 밑알이 있어야 하는 것처럼 말이다.

① 쏠이나 감저라도 밋두와 두지 아녀믄 먹기가 어려왓주.

(쌀이나 고구마라도 능두어 두지 않으면 먹기가 어려웠지.)

② 조금이라도 밋두와 두민 내중이 편ᄒ다.

(조금이라도 능두어 두면 나중이 편하다.)

③ 옛날사 밋두니 공, 브뜨니 공으로 살앗주.

(옛날이야 능두니 공, 밭으니 공으로 살았지.)

④ 안 씨멍 요 알에 밋두와 둔 돈 누게가 들러가불엇덴 ᄒᆞ여라.

(안 쓰며 요 아래에 능두어 둔 돈 누가 훔쳐가 버렸다고 하더라.)

예문 ①은 '쌀이나 고구마라도 여유 있게 남겨 두지 않으면 나중에 먹는 것이 힘들었다.'는 말이다. 곧 쌀과 고구마를 능두지 않으면 먹고 지내기가 어려웠다는 것이다. 그래서 한꺼번에 다 먹어 치우는 게 아니라, '밋두고, 밋두고' 하면서 아끼고 아끼는 것이다. 예문 ②도 바로 그런 뜻인데, '조금이라도 능두어 두고 있으면 나중이 편하다.'는 말이다. 음식을 능두고 있으면 먹을거리가 장만된 것이고, 결국은 먹을거리에 대해서 마음 쓸 일이 없으니 마음이 편한 것이다. 음식거리가 없어서 뗏거리를 꾸러 가는 게 얼마나 성가신 일인지는 짐작하고도 남는다.

예문 ③은 예전 우리네 삶을 그대로 전해주는 말로, '옛날에는 능두는 공으로, 밭는 공으로 살았다.'는 뜻이다. '밋두는 공'은 다 소비하지 않고 아끼며 조금이라도 남겨두는 여유이고, '브뜨니 공'은 지나치리만치 아끼고 아낀 공이다.

한편 예문 ④는 자식 등 여러 사람이 준 돈을 '안 쓰며 요 아래에 능두어 두었더니 누군가가 훔쳐가 버렸다고 하더라.'는 말이다. 여기서 '들러가다'는 '들고 가다' 곧 '남의 물건을 몰래 들고 가서 자기 것으로 만들다.'는 말이다. 정말이지 '브뜨니 공'은 허사가 되고 만다.

마음을 '밋두고', 먹을거리를 '밋두고', 시간을 '밋두고' 하면 한껏 여유가 생길 것이매, '남을 위하여 넉넉하게 여유를 두거나 나중을 위하여 무엇을 남겨 두는 일'이야말로 무더운 여름철을 시원하게 보낼 수 있게 할 것이다.

ᄆ끄다

이 'ᄆ끄다'는 '어떤 일이나 과정, 절차 따위가 끝나다.'
라는 뜻을 지닌 어휘로, 표준어 '마치다'에 해당한다. 달리 'ᄆ치다, 마치다'라
한다.

① 이 일 오널 다 ᄆ까시믄 좋키여.

(이 일 오늘 다 마쳤으면 좋겠다.)

② 일 다 ᄆ끄기 전의 집의 들어오지 못ᄒ게 ᄒ라.

(일 다 마치기 전에 집에 들어오지 못하게 해라.)

③ 그 하르방 시작ᄒ는 날로부터 ᄆ치는 날꼬장 ᄒ루도 궐ᄒ지 아녇.

(그 할아버지 시작하는 날로부터 마치는 날까지 하루도 궐하지 않았어.)

④ 어떤 일이든 시작ᄒ면 ᄆ차얍주.

(어떤 일이든 시작하면 마쳐야지요..)

예문 ①은 '이 일 오늘 다 마쳤으면 좋겠다.'는 희망 사항을 담고 있는 말이다. 일
을 시키면 부지런히 하는 사람이 있는가 하면 뭉그적거리며 게으름을 피우는 사
람도 있다. 게으름을 피우는 사람이 하루 품삯은 꼬박꼬박 받아간다. 주인의 입

장에서는 밉지만 일은 완성해야 하고 자신은 기술이 없으니 어쩔 수 없지 않느냐는 푸념과 함께 얼른 일을 마치기만을 바라는 것이다. **예문 ①**은 그런 간절한 바람이 들어 있는 말이다. **예문 ②**는 완고한 집안 어른의 말로, '일 다 마치기 전에 집에 들어오지 못하게 하라.'는 맺고 끊기를 분명히 하라는 불호령이다. 집안에 이런 어른이 있어야 기강이 잡히게 마련이니 집안에는 엄하고 완고한 어른이 있어야 한다. 그래서 엄조(嚴祖), 엄부(嚴父)라는 어휘가 있는지도 모른다.

예문 ③은 나이는 들었지만 끈질긴 할아버지를 연상할 수 있는 말로, '그 할아버지는 시작하는 날로부터 마치는 날까지 하루도 궐(闕)하지 않았어.'라는 말이다. 물론 궐하면 '궐(闕)'을 내야 하는 모임이었는지 몰라도 끈질김을 보여주는 말임에 틀림없다. 여기서 '궐(闕)ᄒ다'는 반드시 참여해야 할 모임 등에 빠지다는 것을 말하는데, 대개 궐하면 '궐(궐하면 얼마를 내기로 미리 약속한 금액의 돈)'을 내야 한다.

예문 ④도 끈질김을 나타내는 예문으로, '어떤 일이든 시작하면 마쳐야지요.' 하는 뜻으로 'ᄆᆞ치다'가 쓰였다. 이 'ᄆᆞ치다'는 문헌 어휘 'ᄆᆞᆾ다'가 'ᄆᆞᆾ다〉ᄆᆞ치다〉마치다'의 변화 과정을 거친 것으로 보면 제주어 'ᄆᆞ치다', '마치다'는 변화 과정에서 찾을 수 있는 어휘지만 'ᄆᆞᆩ다'는 그렇지 않다.

모든 일이 다 그러하지만 **예문 ④**처럼 시작한 일이 있다면 도중에 그만둘 일이 아니라 마쳐야만 한다. 주위를 돌아보며 혹 그런 일은 없는지 살펴볼 일이다.

바끄다

이 '바끄다'는 '입속에 있는 것을 입 밖으로 내보내다.'
는 뜻을 지닌 어휘로, 표준어 '뱉다'에 해당한다. 달리 '바트다'라 한다.

① 구실을 멧 번 물엇다 바깟다 ᄒ당 슴겨 불라.

   (구슬을 몇 번 물었다 뱉었다 하다가 삼켜 버려라.)

② 입을 딱 즈그물엉 바트질 아녀.

   (입을 떡 윽물어서 뱉질를 아니해.)

③ 게춤을 퉤 바깐 발로 삭삭 부비어.

   (가래침을 퉤 뱉어서 발로 삭삭 비비어.)

④ 잘못 먹은 건 바까놔사 뒈어.

   (잘못 먹은 것은 뱉어 놓아야 돼.)

예문 ①은 명의로 소문난 진좌수에 대한 이야기로, '구슬을 몇 번 물었다 뱉었다
하다가 삼켜 버려라.' 하는 말이다. 설화 내용에 따르면 이 구슬은 '여의주'이며,
진좌수가 여우에게 홀리어 여의주를 가지고 장난하는 것을 안 훈장이 진좌수에
게 하는 말이다. 처음 하늘을 보고, 그다음 땅을 보고, 마지막으로 사람을 보라고

했지만, 여의주를 삼키면서 맨 처음 사람을 보았기 때문에 사람에 대해서만은 잘 아는 명의가 되었다는 것이다. **예문** ②는 가끔 어린아이 행동에서 볼 수 있는 장면이다. 어린아이가 큰 알사탕을 입안에 집어넣었다 혹 목 밑으로 내릴까 걱정한 아기 엄마는 아이 입안의 알사탕을 꺼내려고 한다. 그러면 아이는 이를 으물어서 좀처럼 입을 벌리려고 하지 않는다. 고개도 좌우로 돌리면서 몸부림을 친다. 이때 하는 말이 바로 **예문** ②이다. 여기서 '즈그물다'는 무엇을 단단히 결심하거나 힘든 것을 참아 견딜 때에 힘주어 이를 꾹 마주 무는 것을 말한다. 한참 '싱겡이(승강이)'가 있고 난 다음에 어린아이는 알사탕을 억지로 '바트고' 울음보를 터트리게 된다.

예문 ③은 목에 걸린 '가래침을 퉤 뱉어서 발로 삭삭 비비어.' 하는 뜻으로, 길거리에 가래침을 뱉고 발로 삭삭 비비는 모습이 연상된다. 몸을 지탱한 왼쪽 다리가 축이 되어 약간씩 엉덩이도 움직일 것이고, 혹 보는 사람은 없는지 고개를 이리저리 돌리며 두리번거리기도 했을 것이다. 물론 목에서 갈그랑거리는 가래침을 뱉었으니 그 대신 시원함도 맛보았을 테지만. 한편 **예문** ④는 '잘못 먹은 것은 뱉어 놓아야 돼.' 하는 뜻으로, '잘못 먹은 것' 곧 뇌물 따위는 원래대로 해 놓아야 된다는 말이다. 곧 원상복귀인 셈이다. '바까야' 될 거라면 처음부터 먹지 않는 게 상책이다.

표준어 '뱉다'는 중세 어휘 '밭다〉뱉다'의 과정을 거친 것이라고 한다면 '바트다'는 중세 어휘 '밭다'와 관련이 있음을 알 수 있다. '바트다〉밭다〉뱉다'의 변화 과정을 상정할 수 있기 때문이다.

'바끄다' 또는 '바트다'는 '입속에 있는 것을 입 밖으로 내보내다.'는 뜻을 지니며, 표준어 '뱉다'에 해당한다. 삼키어 소화될 것이라며 '바끌' 필요가 없지만, 그 반대의 것이라면 힘차게 입 밖으로 '바까야' 한다.

바농사다

이 '바농사다'는 '언짢은 일로 얼굴을 찡그리게 되어 두 눈썹 사이에 수침이 생기다.'라는 뜻을 지닌 어휘다. '바농사다'는 달리 '바농짓다' 라 하는데, 표준어로 바꾸어 표현한다면 '수침 서다'가 될 것이다. 결국 '바농사다' 의 '바농'은 '두 눈썹 사이에 생기는 주름'인 눈살을 말하며, 이를 한자어로 '수침(垂針)'이라 하니 '수침'이 곧 '바농'인 셈이다. '사다'는 표준어 '서다[立]'에 해당한다.

① 놈 임뎅이에 바농사게 말라.

   (남 이마에 수침 서게 마라.)

② 아척부텀 바농사믄 ᄒ루 일진이 안 좋나.

   (아침부터 수침 서면 하루 일진이 안 좋다.)

③ 가의 ᄒ끔만 ᄒ믄 바농짓나.

   (개 조금만 하면 눈살 찌푸린다.)

④ 바농짓엉 좋은 일 읏나.

   (눈살 찌푸려서 좋은 일 없다.)

예문 ①은 '남 이마에 수침 서게 마라.'는 말로, 다른 사람으로 하여금 눈살 찌푸리게 하지 마라.'는 것이다. 남을 언짢게 하면 스스로도 기분이 좋지 않을 것이며, 상대방 또한 기분이 나빠질 것이니 언짢게 하는 행동이나 말을 삼가라는 것이다. 여기서 '임뎅이'는 이마를 말한다.

예문 ②는 '아침부터 (이마에) 수침 서면 하루 일진이 안 좋다.'는 말이다. 시작이 좋아야 끝도 좋게 됨은 당연하다. 일진(日辰)이란 그날의 운세를 뜻한다.

예문 ③은 '개는 조금만 하면 눈살 찌푸린다.'는 뜻으로, 그 아이 성깔이 보통 아님을 행간의 의미로 파악할 수 있다. 조그마한 일에도 화를 잘 내는, 괴팍한 성격임을 짐작하게 한다.

예문 ④는 '눈살 찌푸려서 좋은 일 없다.'는 말이다. 눈살 찌푸리게 되면 스스로도 기분이 좋지 않을 것이며, 이런 모습은 다른 사람으로 하여금 언짢게 하게 될 것이다. 이런 상황이 하루 종일 이어지다 보면 끝내는 하루 일과가 엉망일 수밖에 없다. 그러니 아침은 기분 좋게 시작할 일이다. 아침의 기분 좋은 생각이 저녁까지 이어질 수 있으니 어떻든 기분 좋은 아침을 맞이할 일이다.

더불어 사는 사회에서 언짢은 일로 해서 서로에게 '바농사는' 일, 조금이라도 '바농짓게' 하는 일이 없었으면 한다. 웃으면서 시작한 아침이야말로 하루하루를 즐거움과 기쁨으로 가득하게 할 것이다.

반테우다

이 '반테우다'는 '잔치나 제사 때에 모인 사람들에게 반기를 나누어 주다.'라는 뜻을 지닌 어휘다. '반테우다'는 달리 '반페우다, 반느누다'라 하기도 하는데, '반+테우다, 반+페우다, 반+느누다' 구성이다. 이때 '반'은 표준어 '반기'를 말하고, '테우다, 페우다'는 '잔치나 제사 때에 모인 사람들에게 나누어 주는 반기를 받게 하다.'는 뜻의 '태우다'에 해당한다. 한편 '느누다'는 '나누다'이니, 모두 '반기 도르다'는 것을 말한다.

① 반테울 때랑 떨어진 사름 엇이 잘 테우라.

(반기할 때는 빠진 사람 없이 잘 도르라.)

② 반놓아시메 이제랑 웃어른부텀 반느누라.

(반기 놓았으니 이제랑 웃어른부터 반기해라.)

③ 우리 무을선 반테우렌 곧기도 ᄒᆞ고, 반페우라렌도 골아.

(우리 마을에서는 '반테우다'라 말하기도 하고, '반페우다'라고도 말해.)

예문 ①은 '반기를 도를 때는 빠뜨린 사람 없어 잘 도르라.'는 말이다. 여기서 '떨어지다'는 표준어 '빠뜨리다'에 해당하는 어휘로, 반기를 도를 때 한 사람이라도 빠뜨리지 말라는 뜻을 담고 있다.

예문 ②는 '반기를 준비했으니 웃어른부터 나눠라.'는 말이고, **예문 ③**은 우리 마을에서는 '반테우다'라 말하기도 하지만 '반페우다'라 말하기도 한다는 것이다.

한편 '잔치나 제사 후에 음식을 여러 군데에 나누어 담다.'는 뜻의 '반기하다'에 해당하는 제주어는 '반놓다, 반ᄒ다'라 한다.

④ 앗앙 갈 반놓젠 보난 바당지숙이 떨어젼저.

(갖고 갈 반기 놓으려 보니 바다 제육이 떨어졌어.)

예문 ④의 '바당지숙'은 제육으로 쓰는 '우럭, 옥돔' 등의 바닷고기를 말하는 것으로, '가지고 갈 반기를 놓으려고 보니 바닷고기가 떨어졌다.'는 것이다.

'반'은 한자어 '반(盤)'에서 온 말이다. 이는 '반기'가 '잔치나 제사 후에 여러 군데에 나누어 주려고 목판이나 그릇에 몫몫이 담아 놓은 음식'이기 때문이다.

- 이 큰 반(是大盤子, 이 큰 반)《번역노걸대》
- ᄒᆞᆫ 큰 盤을 卓ᄌᆞ 우희 設ᄒᆞ고(한 큰 반을 탁자 위에 진설하고)《가례언해》
- 盤 반 반《유합》

'반테울' 때 곧 반기를 도를 때는 빠뜨리는 사람 없이 골고루 나누어 줘야 한다. 한 사람이라도 빠뜨리게 되면 반기를 도르지 않음만 하지 못하니 명심할 일이다.

발기다

이 '발기다'는 '속에 있는 것이 드러나도록 헤쳐 벌리다.'는 뜻을 지닌 어휘로, 표준어 또한 '발기다'이다. 이 어휘는 '헤쳐 벌리다'는 의미를 지니고 있기 때문에 '문(門)' 따위와 연결되어 쓰인다.

① 게난 고팡문 발겨 뒁 어디 가서게.

　　(그래 광문 발겨 두고 어디 갔어.)

② 부름 들어왐쩌, 문 발겨진 셍이여.

　　(바람 들어온다, 문 발겨 있는 모양이야.)

③ 부에 난혼 착 문 쾅 더끄믄 다른 착 문 발겨지곡, 발겨진 문 또시 쾅 더끄믄 다른 문 발겨지곡 ᄒ난 부에가 더 나.

　　(부아 나서 한쪽 문 쾅 닫으면 다른 쪽 문 발겨지고, 발겨진 문 다시 쾅 닫으면 다른 문 발겨지고 하니 부아가 더 나.)

예문 ①은 집 안에 들어섰을 때 인기척은 없고, 광문(門)이 열려 있는 것을 보고서 하는 말로, '그래, 광문 발겨 두고 어디 갔어.' 하는 뜻이다. '고팡'은 세간을 비롯하여 곡물 등 중요한 물건을 보관해 두는 곳으로, '고팡문'이 발겨 있다는 것은

'고팡' 속에 있는 것이 훤히 다 들여다보이고, 훤히 들여다보이니 견물생심이 작동하여 마음먹기에 따라 물건을 집어갈 수도 있는 상황이다. 그러니 이 예문에는 문 발긴 사람에 대한 원망의 뜻이 담겨 있는 것이다. 여기서 '고팡문'은 표준어 '광문'에 해당하지만, '바지 앞부분에 있는 지퍼가 닫히지 않거나 단추가 풀린 것을 비유적으로 이르는 말'로 쓰이기도 한다. "고팡문 올아젓져." 하면 '광문 열렸네.' 하는 뜻도 되지만 '바지 지퍼가 내려졌어.' 하는 의미로 쓰이기도 한다.

예문 ②는 문틈으로 바람이 들어올 때 하는 말로, '바람 들어온다, 문 발겨 있는 모양이야.' 하는 뜻이다. 이는 문이 조금 열려 틈이 생긴 것이니, 이 문 사이로 들어오는 바람은 너무나 세차다. 이렇게 좁은 틈으로 들어오는 바람이니 황소바람일 수밖에 없다. 겨울철이라고 한다면 찬 공기가 집 안을 한꺼번에 점령하고 말 것이다. 발겨진 문을 바로 닫는 게 상책이다.

예문 ③은 가끔 화가 치밀어서 여닫이문을 힘껏 닫았을 때 벌어지는 상황이다. 곧 '부아 나서 한쪽 문 쾅 닫으면 다른 쪽 문 발겨지고, 발겨진 문 다시 쾅 닫으면 다른 문 발겨지고 하니 부아가 더 나.' 하는 뜻이다. 문을 힘껏 닫았으니 그 바람에 다른 문이 발겨지고, 또 발겨진 문을 힘껏 닫으니 다른 문이 세찬 바람에 발겨지고 한다는 것이다. 이렇게 몇 번 하고 나면 문까지 부아를 돋우는 결과가 되어 화가 더 나게 마련이다. 바람이 사람의 화를 돋운 것이다.

'발기다'는 '속에 있는 것이 드러나도록 헤쳐 벌리다.'는 뜻을 지닌 어휘로, 표준어와 같다. '헤쳐 벌리다'는 뜻이니 '문'이나 '서랍' 등과 함께 연결되어 쓰인다. 아무리 바쁘다고 해서 문을 발겨두거나 서랍을 발겨두고 자리를 비우는 일이 없어야겠다. 속이 보이게 해서는 안 되기 때문이다.

발루다

이 '발루다'는 '비뚤어지거나 구부러지지 않도록 바르게 하다.' 또는 '잘못된 것을 바르게 하다.'라는 뜻을 지닌 어휘로, 표준어 '바루다'나 '바로잡다'에 해당한다. 달리 '발우다, 발리우다'라 하는데, 다 같이 '바르다[正]'에서 온 말이다.

① 아이덜 뎅기는 질이난 앞 발루곡 뒤 발롸 주곡 헙서.

    (아이들 다니는 길이니 앞 바루고 뒤 바뤄 주고 하십시오.)

② 그 쒜줄 이레 도라, 잘 발롸 주마.

    (그 쇠줄 이리 다오, 잘 바루어 주마.)

③ 애쓰게 발롼 놔두난 모다들언 믄 어지려 부러수다.

    (애쓰게 바로잡아 놔두니까 모아들어서 몽땅 어질러 버렸습니다.)

④ 요번 참에 잘 발루완 놔두어사 주 경 아녀믄 나 거 안 됩니다.

    (요번 참에 아주 바로잡아 놔두어야지 그렇지 않으면 내 것 안 됩니다.)

예문 ①, 예문 ②는 '비뚤어지거나 구부러지지 않도록 바르게 하다.'는 뜻으로, 예문 ③, 예문 ④는 '잘못된 것을 바르게 하다.'는 의미로 쓰이고 있다.

예문 ①은 '아이들이 다니는 길이니까 앞도 바루고 뒤도 바뤄 주십시오.' 하는 말이다. 곧 아이들은 바른 길로 다녀야 행동거지는 물론 심성 또한 바르게 될 것이라는 바람이 들어 있는 말이다. 굽은 길로 다니다 보면 행동, 나아가 마음까지도 비뚤어지게 되리라는 심리가 작용한 결과다.

예문 ②는 굽은 '쇠줄을 이리 다오, 잘 바루어 주마.' 하는 말로, 구부러진 철사를 바르게 펴 주겠다는 것이다.

한편 예문 ③은 '애써서 바르게 바로잡아 놔두었더니 여럿이 모아들어서 몽땅 어질러 버렸습니다.' 하는 아쉬움의 표현이다. 애써 바로잡으려면 신경을 써야 하고, 땀도 흘려야 하고 시간도 버려야 한다. 그러나 여럿이 모아들어서 아무렇지도 않게 어질러 버렸으니 약이 오르고 부아가 치민다. 또 바로잡을 생각을 하니 멍멍해지는 것이다. 예문 ④는 '바로잡다'의 뜻으로, '요번 참에 아주 바로잡아 놔두어야지 그렇지 않으면 내 것 안 된다.'는 걱정의 말이다. 이 말은 문서 따위가 잘못되어 있으니 이번 기회에 바로잡아 두어야 '내 것'이 된다는 것이다. 말로 하는 약속 따위는 믿을 수 없고, 문서로 단단하게 남겨 두어야 분쟁의 여지가 없고 결국은 '내 것'이라고 주장할 수 있다. 문서 따위를 바르고 깔끔하게 정리해 두는 일은 나중에 편하고 마음 쓸 일이 없어서 좋다.

비뚤어진 것보다는 바른 게 좋고, 구부러진 것보다는 펴진 게 좋다. 잘못된 것보다는 올바르게 된 게 우리 모두를 편안하게 한다. 그러니 모든 걸 잘 '발뤄' 두어야 나중이 좋은 법이다.

발차다

이 '발차다'는 '걸을 때 길바닥의 돌부리 따위에 발이 걸리다.' 또는 '허겁지겁 걷거나 닫다.'는 뜻을 지닌 어휘로, 이에 해당하는 표준어는 없다. '발차다'는 '발+차다' 구성으로, '발로 무엇을 차다.'의 뜻이지만 '발이 걸리다.'는 의미를 지닌다. 특히 '허겁지겁 걷거나 닫다.'의 뜻으로 쓰일 때는 대개 '발차멍'의 형태로 나타난다.

① 어떵 발찬 따시 이디 와사 뒈키여.

(어찌 발이 걸리어서 다시 여기 와야 되겠어.)

② 발찬게 발콥에 피 골랏구나게.

(발이 걸리더니 발톱에 피 고였구나.)

③ 게난 발차멍 어디레 감수강?

(그래 허겁지겁 달으며 어디로 가십니까?)

④ 나 셍각헙서, 발차멍 돌아사 그 사름 미치지 못헙네다.

(나이 생각하십시오, 허겁지겁 달아야 그 사람 미치지 못합니다.)

예문 ①은 길을 걸을 때 가끔 듣는 말 가운데 하나로, '어찌 발이 걸리어서 다시 여기 와야 되겠다.' 하는 뜻을 지닌 말이다. '발이 걸리는 것으로 보니까 다시 와야겠다.'는 것이다. '발차면' 아픔을 달래기 위한 위로인지는 몰라도 다시 와야 한다는 생각을 가지고 있다. 그래서 **예문** ①처럼 '발찬 따시 와사 뒈키여.'라 말하는 것이다. **예문** ②는 '발이 걸리더니 발톱에 피 고였구나.' 하는 뜻으로, 발톱에 피가 고일 정도로 길바닥의 돌부리를 되게 찼다는 것이다. 피가 고이는 정도에 따라 나중에는 발톱이 빠지기도 하지만 이런 경우는 대개는 넘어지게 마련. 넘어진 사람이 아이라고 한다면 현장에서 "어마 넉들라." 하며 꼬마를 진정시키기도 한다.

한편 **예문** ③과 **예문** ④는 '허겁지겁 걷거나 닫다.'는 의미로 쓰인 경우이다. **예문** ③은 '그래 허겁지겁 닫으며 어디로 가십니까?' 하는 뜻으로, 급해서 '홰걸음'을 치는 사람에게 건네는 인사말이다. '홰걸음'이란 달리 '훼걸음'이라 하는데, '활개 치며 바삐 걷는 걸음'을 말하니, **예문** ③은 '활개 치며 바삐 어디 가십니까?' 하는 말이 된다.

예문 ④는 '나이 생각하십시오, 허겁지겁 닫아야 그 사람 미치지 못합니다.' 하는 뜻이다. 나이가 들었으니 아무리 내달아야 젊은 사람에게 미칠 수 없다는 것이니, '의욕은 좋으나 나이를 생각합시오.' 하는 경계의 말이다.

이 '발차다'는 '길바닥의 돌부리 따위에 발이 걸리다.'는 뜻과 함께 '허겁지겁 걷거나 닫다.'는 뜻을 지닌 어휘로, 길을 걸을 때 '발차게' 되면 '푸더지기(넘어지기)' 십상이니 '발차는' 일 없었으면 좋겠다. 그리고 '발차멍 홰걸음' 하는 일 또한 없었으면 좋겠다. '발차멍 홰걸음' 하다 보면 실수하게 마련이니까 말이다.

벌겨놓다

이 '벌겨놓다'는 '여러 가지 물건을 여기저기 어지럽게 벌려 놓다.'는 뜻을 지닌 어휘로, 표준어 '늘어놓다(여러 가지 물건을 여기저기에 어수선하게 두다.)' 또는 '벌이다(여러 가지 물건을 늘어놓다.)'에 해당한다. 이 '벌겨놓다'는 '벌기-+-어 놓다' 구성으로 이루어진 말로, '벌이어 놓다'는 의미를 지닌다.

① 벌겨놓지 말렌 ᄒ난 또 허뎈엿구나게.

(늘어놓지 말라고 하니까 또 허적였구나.)

② 잘 살암시카부뎅 ᄎ아간 보난 절산갈산 벌겨놓안 춤말로 볼침이 읏어.

(잘 살고 있는가 해서 찾아가서 보니 가리산지리산 늘어놓아서 참말로 볼품이 없어.)

③ 경 벌겨놓은 디서 바농을 ᄎ이렌 ᄒᄆ ᄎ아져.

(그렇게 늘어놓은 데서 바늘을 찾으라고 하면 찾겠어.)

예문 ①은 밖에 나갔다가 들어와 어지럽혀진 집 안을 보고 내뱉는 말로, '늘어놓지 말라고 하니까 또 허적였다.'는 것이다. 어른이 없는 집 안에서 노는 아이들은 장난감을 늘어놓기 마련인데 이를 나무라는 것이다. 이 **예문** ①에 쓰인 '허뎈이다'는 '쌓인 물건을 조금씩 들추어서 마구 헤치다.'는 뜻을 지닌 어휘로, 표준어 '허적이다'에 해당하는 말이다.

예문 ②는 '벌겨놓다'의 말맛을 진수로 느낄 수 있는 문장이다. '잘 살고 있는가 해서 찾아가서 보니 살림살이를 가리산지리산 늘어놓아서 참말로 볼품이 없었다.'는 실망의 말이다. 옷가지를 비롯한 살림살이들이 '절산갈산' 흩어져 있으니 정신을 차릴 수 없고, 정신을 차릴 수 없으니 바른 살림이 될 수가 없다. '절산갈산'이란 '물건들이 너무 어지럽게 놓여 있어서 갈피를 잡지 못하는 상태를 이르는 말'이다. 표준어 '가리산지리산'에 해당한다. '가리산지리산'은 '이야기나 일이 질서가 없어 갈피를 잡지 못하는 것을 이르는 말'이다. '가리산지리산'의 '가리산'은 '가리사니'의 준말로, '사물을 분간하여 판단할 수 있는 실마리'를 말하며, '지리산'은 '가리산'에 짝을 이루고 있으나 구체적인 의미를 지니고 있지는 않다. '미주알고주알'에서 '미주알'이 '항문을 이루는 창자의 끝부분'이라는 뜻을 지니고 있으나 '고주알'은 그 뜻이 없음과 같다.

예문 ③은 많은 물건을 '늘어놓은 데서 바늘을 찾으라고 하면 찾을 수 있겠어.'라는 뜻이다. 물론 비유적으로 쓰인 문장이긴 하지만 '벌겨놓다'는 의미를 음미해 볼 수 있는 말이다. "몰 한 디서 몰 못 골린다.(말[馬] 많은 데서 말 못 고른다.)"는 속담이 연상된다.

요즘 말의 성찬이다. 그냥 좋은 말만 '벌겨놓고' 있으니 진정으로 좋은 말[言]이 어느 것인지 구분하는 것은 오로지 독자의 몫이다.

보끄다

이 '보끄다'는 '음식이나 음식의 재료를 물기가 거의 없거나 적은 상태로 열을 가하여 이리저리 자주 저으면서 익히다.'는 뜻을 지닌 어휘로, 표준어 '볶다'에 해당한다.

① 비 오람시메 보리 보깡 개역 맨들앙 먹게.

　(비 오고 있으니 보리 볶아서 미숫가루 만들어 먹자.)

② 어머님아, 콩이나 흔 뒈 보까줍서.

　(어머님아, 콩이나 한 되 볶아 주십시오.)

③ 너믜 카게 보끄지 말라.

　(너무 타게 볶지 마라.)

예문 ①은 보리 수확이 끝나고 비 내리는 날에 벌어지는 광경이다. 비 오는 날이라 할 일도 없을뿐더러 출출하니 소댕을 뒤집어 놓고 '보리를 볶아 미숫가루를 만들어 먹자.'는 말이다. 이럴 때는 보리 볶는 소리도 소리지만 성깔이 급한 놈은 볶은 뜨거운 보리를 한 주먹 쥐고 얼른 입안으로 집어넣었다가 '웃하늘(입천장)'의 여린 살갗이 벗겨지기도 한다. 볶은 보리로 미숫가루를 만들면 종이를 원뿔 모양으로 접어서 그 속에 '개역(미숫가루)'을 넣고 좁은 구멍으로 '개역'을 빨아먹다가 목이 막히고, 막힌 목을 뚫으려고 힘차게 날숨을 쉬는 바람에 가루가 날려 흩어져 난장판을 이루기도 한다. 이 '개역'은 보리밥과 함께 비벼 먹기도 하고, 물에 타 마시기도 하는 여름철 별식이다.

예문 ②는 주술을 부리는 꽃이 자라는 서천 꽃밭 주인인 '이공'의 내력을 담은 '이공본풀이'에 나오는 이야기다. 곧 이 예문은 '이공'인 '할락궁이'가 아버지의 행방을 알기 위하여 어머니더러 '어머님아, 콩이나 한 되만 볶아 주십시오.' 하고 간청하는 말이다. '할락궁이'는 볶는 콩을 젓는 어머니의 손을 눌러 아버지 행방을 실토하게 하고, 어머니가 일러 준 곳으로 찾아가 나중에는 주술 꽃이 자라는 서천 꽃밭을 관장하게 된다는 이야기다. 한편 예문 ③은 '너무 타게 볶지 마라.'는 경계의 말이다. 무엇이든지 과하면 좋지 않은 법이니 너무 태우지 말라는 것이다.

빗방울이 미끄러져 내리는 유리창을 바라보면서 문득 보리 '보깡' '개역' 만들어 먹었던 기억이 아련하게 떠오르는 한낮이다.

복삭ᄒ다

이 '복삭ᄒ다'는 '물건이 보드랍게 가라앉거나 쉽게 부서지다.', '물건이 심하게 삭거나 썩다.', '기력이 쇠하고 늙다.', '기운이 아주 꺼져 들어가다.' 등 여러 가지 뜻을 지닌 어휘로, 표준어 '폭삭하다'에 해당한다. '복삭ᄒ다'는 '복삭+ᄒ다' 구성으로, '복삭(폭삭)'의 여러 가지 의미가 반영되어 있다.

① 낭지펭이 둑둑 지펑 뎅길 때 어떵 아넛당 ᄀ만이 세왕 놔두민 복삭ᄒ여불어.

   (나무 지팡이 닥닥 짚고 다닐 때는 어찌 않다가 가만히 세워서 놓아두면 폭삭해버려.)

② 꽝이 복삭ᄒ연 어떵 비 올 셍이여.

   (뼈가 폭삭해서 어찌 비 올 모양이야.)

③ 말 맙서, 빚에 복삭ᄒ게 늙어불어수다게.

   (말 마세요, 빚에 폭삭하게 늙어버렸습니다.)

④ 이 자리젓 복삭ᄒ게 잘 익엇저.

   (이 자리젓 폭삭하게 잘 익었다.)

예문 ①은 용불용설^(用不用說)을 연상하게 하는 말로, '나무 지팡이 닥닥 짚고 다닐 때는 어찌 않다가 가만히 세워서 놓아두면 폭삭해 버려.' 하는 뜻이다. 나무로 만든 지팡이는 항상 짚고 다니면서 충격을 주어야 내구성이 생기고 단단하게 된다는 말이다. 그러나 좋은 지팡이, 귀한 지팡이라 하여 짚고 다니지 않아 가만히 세워 두기만 하면 쉬 부서진다는 것이 **예문 ①**이 하고자 하는 말뜻이다. 쓸 것은 써야지 보관만 하고 있으면 결국 못쓰게 된다는 경계(警戒)인 셈이다. '애끼는 거 똥 더레 간다.(아끼는 것 똥으로 간다.)'고 하지 않는가?

　예문 ②는 가끔 몸 상태로 일기예보를 하는 경우에 쓰는 말로, '뼈가 폭삭해서 어찌 비 올 모양이야.' 하는 뜻이다. 몸이 욱신거리는 것이다. 특히 수술한 뒤라면 수술 자리가 근질거리며 삭신이 노곤하게 마련. 그러면 **예문 ②**를 말하는 것으로, 비 올 것을 예측하는 것이다. 여기서 '셍'은 '짐작이나 추측을 나타내는 말'로, 한자어 '相(상)'에서 연유한다. 표준어 '모양'에 해당하는데, 일상생활에서 빈번하게 쓰이는 말 가운데 하나다. "간 셍이여, 갈 셍이여, 먹은 셍이여, 먹을 셍이여." 처럼 '-ㄴ 셍' 또는 '-ㄹ 셍' 형으로 쓰인다.

　예문 ③은 늙게 보인다는 말을 들은 사람이 대답하는 말로, '말 마세요, 빚에 폭삭하게 늙어버렸습니다.' 하는 뜻이다. 이 경우는 '복삭ᄒ게' 대신에 '복삭'만 써서 "말 맙서, 빗에 복삭 늙어불어수다게."라 말하기도 한다. 한편 **예문 ④**는 잘 익은 자리젓을 맛보고 나서 하는 말로, '이 자리젓 폭삭하게 잘 익었다.' 하는 뜻이다. 곧 자리젓이 가시가 세지 않아서 먹기 좋게 잘 삭았다는 말이다.

　'복삭ᄒ다'는 '물건이 보드랍게 가라앉거나 쉽게 부서지다.', '물건이 심하게 삭거나 썩다.', '기력이 쇠하고 늙다.', '기운이 아주 꺼져 들어가다.' 등 여러 가지 뜻으로 쓰이는 말이다. 몸 상태가 일기예보 하는 정도가 되었다면 "꽝이 복삭ᄒ연 비 올 셍이여."라고 말하는 것으로 '복삭ᄒ다'의 뜻을 음미해 볼 일이다.

본에나다

　　　　　이 '본에나다'는 '어떤 표적이 겉으로 드러나다.' 또는 '일을 한 뒤에 좋은 결과나 만족감이 생기다.'라는 뜻을 지닌 어휘로, 마뜩하게 대역할 표준어는 없다. 달리 '보람나다'라 한다.

　　① 손지가 준 돈이난 본에나게 써사 홀 걸디.

　　　　(손자가 준 돈이니까 보람 있게 써야 할 텐데.)

　　② 큰사름덜사 줘도 줫뎅 ᄒᆞ멍 경 본에나게 ᄒᆞ진 아녑주게.

　　　　(큰사람들이야 주어도 주었다고 하면서 그렇게 표적 나게 하지는 않지요.)

　　③ 경ᄒᆞ여도 본에나게 쓰는 사름 하서, 걱정 마라.

　　　　(그래도 보람 있게 쓰는 사람 많아. 걱정 마라.)

　　예문 ①은 손자한테서 돈을 받은 할아버지나 할머니한테서 들을 수 있는 이야기로, '손자가 준 돈이니까 보람 있게 써야 할 텐데.' 하는 말이다. 이 말에는 손자가 어렵게 마련해서 맛있는 것 사서 먹으라고 준 돈이니 아무렇게 쓸 수야 없지 않느냐는 뜻이 담겨 있다. 그래서 차곡차곡 모아두었다가 손자가 결혼할 때, 집을 마련하려고 할 때, 용돈을 준 손자가 애를 보았을 때 등 큰일이 있을 적에 어떤 표적이 나타나게 쓰려고 한다. 아끼고 절약하는 게 몸에 배인 어른들이라 손자가 주는 돈을 받을 때마다 액수가 많아지는 재미를 찾기도 한다. 그래서 **예문** ① "손지가 준 돈이난 본에나게 써사 홀 건디."를 되뇌는 것이다.

　예문 ②는 선행을 베풀지만 그 사실이 알려지는 게 쑥스러워 드러내려 하지 않는 사람에게 하는 말이다. '큰사름들이야 주어도 주었다고 하면서 그렇게 표적 나게 하지는 않지요.' 하는 뜻이다. 여기서 '큰사름'이란 도량이 넓은 사람이라는 뜻으로, 선심을 써도 생색을 내지 않는다는 것이다. 연말연시가 되면 이 말이 뇌리를 스치기도 하지만 그렇지도 않아 '본에나기'를 바라는 사람이 더 많으니 씁쓸할 때가 많다.

　예문 ③은 헤프게 쓰는 사람이 많다는 이야기에 그렇지 않다고 대거리할 때 하는 말로, '그래도 보람 있게 쓰는 사람 많아. 걱정 마라.' 하는 말이다. 여기서 '보람'이라는 어휘는 기억해 둘 필요가 있다. 원래 '보람'은 '겉으로 드러나 보이는 표적'이라는 뜻의 말이다. 이 말뜻이 차차 '어떤 일을 한 뒤에 얻어지는 좋은 결과나 만족감. 또는 자랑스러움이나 자부심을 갖게 해 주는 일의 가치'를 나타내게 된 것이다. 그러니까 '보람'에는 '표적, 표시'라는 뜻과 함께 '좋은 결과나 만족감, 가치'의 의미를 담고 있다.

　'본에나다'는 '어떤 표적이 겉으로 드러나다.', '일을 한 뒤에 좋은 결과나 만족감이 생기다.'는 뜻을 내포하고 있는 어휘로, 오늘 '본에나는' 일이 어떤 일이 있을 것인지 생각해 보고 그게 좋다면 실천해 볼 일이다.

부끄다

이 '부끄다'는 '번철에 기름을 바르고 빈대떡, 저냐, 전병(煎餅) 따위의 음식 재료를 펴서 익히다.' 또는 '불에 달군 판에 기름을 바르고 전 따위를 부쳐 익히다.'는 뜻을 지닌 어휘로, 표준어 '부치다', '지지다'에 해당한다.

① 빙떡 지경 제수 때 ᄒ곡 소상홀 땐 빙떡 부껑 그부주로 ᄀ경 가곡게.

　　(빙떡 지져 제사 때 하고 소상할 때는 빙떡 지져 그 부조로 가지어 가고.)

② 비 오람시메 지짐이 부껑 먹게.

　　(비 오고 있으니 지짐이 부쳐 먹자.)

③ 전지 부끄멍 내움살 마트곡, 이거저거 봉가먹당 보난 베불러부런마씸.

　　(전 부치며 냄새 맡고 이것저것 주워먹다 보니 배불러버렸습니다.)

예문①은 '빙떡'의 용도를 말할 때 하는 말로, '빙떡 지져 제사 때 하고 소상할 때는 빙떡 지져 그 부조로 가지어 가고.' 하는 뜻이다. 여기서 '빙떡'은 '기름을 친 번철에서 메밀가루 반죽으로 전을 둥글넓적하고 얇게 지지고, 거기에 무채나 팥소를 넣어 길쭉하게 둘둘 말아 만든 떡'을 말한다. 지역에 따라 '멍석떡, 빈, 빈떡, 빙, 영빈, 전기, 전기떡, 정기, 정기떡'이라 한다. 메밀 농사가 잘되거나 정성이 있어야 만드는 떡이니 제사나 소상 때 하는 떡이다. 여기서 소상(小祥)은 사람이 죽은 지 1년 만에 지내는 제사를 말하는데, 달리 소기(小暮)라 한다. 2년 만에 지내는 제사를 '대상'이라 하는데, 지금은 사라진 풍속이다. '빙떡'의 '빙'은 떡을 뜻하는 한자어 '병(餠)'에서 온 말이기 때문에 '빙떡'은 결국 '떡＋떡' 구성으로 이루어진 어휘인 셈이다.

예문 ②는 비 오는 날 들을 수 있는 말로, '비 오고 있으니 지짐이 부쳐 먹자.' 하는 뜻이다. 일하는 사람에게 비 오는 날은 쉬는 날이다. 비가 내리는 날은 이상하리만치 출출한 기분도 생긴다. 비가 식욕을 돋우는 것이다. 잠자다 일어나 출출한 나머지 예문 ②를 말함으로써 지짐이를 부치어 먹자고 주위 사람을 꼬드기는 것이다.

예문 ③은 명절 음식을 마련할 때 이제 식사를 해야 되지 않겠느냐는 말에 대한 대답으로, '전 부치며 냄새 맡고 이것저것 주워먹다 보니 배불러버렸습니다.' 하며 식사하기를 거절하는 것이다. 여기서 '전지'는 '밀가루나 메밀가루 따위를 반죽하여 동그랗고 자그마하게 해서 기름에 지져낸 전(煎)'을 말한다. 또 '봉가먹다'는 달리 '줏어먹다'라 하는데, '떨어진 것이나 흩어진 것을 주워서 먹다.'는 뜻으로, 표준어(이희승, 《국어대사전》) '주워먹다'에 해당한다. 그러니까 명절 음식을 차리면서 기름 냄새를 맡고, 잘못된 것을 골라서 먹다 보니 배불러서 따로 식사할 수 없다는 뜻이다.

'부끄다'는 '번철에 기름을 바르고 빈대떡 따위의 음식 재료를 펴서 익히다.' 또는 '불에 달군 판에 기름을 바르고 전 따위를 부쳐 익히다.'는 뜻을 지닌 어휘로, '부치다, 지지다'에 해당한다. 추석 등 큰일 때 모두 '부끄곡 지지멍' 차례 음식을 차리고, 음복도 하면서 보름달만큼 풍성하게 보냈으면 좋겠다.

비다

이 '비다'는 낫과 같이 '날이 있는 연장으로 무엇을 끊거나 자르거나 가르다.'는 뜻을 지닌 어휘로, 표준어 '베다'에 해당한다. 표준어 '베다'가 '버히다〉버이다〉베다'로 변화 과정을 거친 어휘라고 한다면 방언형 '비다'는 '븨다〉비다'의 변화로 '븨다'에서 유래한다는 점에서 차이가 있다. '비다'는 '버이다, 베다'로 나타나기도 한다.

① 산듸 흔두 섬쯤은 비언 놔두난에 누게 오란 오끗 지어 가 불언마씨.
  (밭벼 한 두 섬쯤은 베어 놔두니까 누가 와서 고스란히 지어 가 버렸습니다.)
② 오월 뒈민 보리 비곡다 홀 땝주.
  (오월 되면 보리 베고 다 할 때지요.)
③ 산담 에염 졸바로 비어사 기계 쓰기 좋나.
  (산담 옆 똑바로 베어야 기계 쓰기 좋다.)
④ 추석 넘으민 촐 비어사 홀 거.
  (추석 지나면 꼴 베어야 할 거.)

예문 ①은 밭벼 농사를 지었던 옛날이야기로, '밭벼 한 두 섬쯤은 베어 놔두니까 누가 와서 그만 지어 가 버렸습니다.' 하는 말이다. 물론 이는 인정이 박하다는 게 아니고, 그만큼 쌀이 귀했다는 내용을 함의하고 있다. 여기서 '오끗'은 '선뜻 일어서는 모양(벌떡)', '일을 선뜻하게 해버리는 모양(후딱)', '자신도 모르는 사이에(그만)', '조금도 축나거나 변하지 아니하고 그대로 온전하게(고스란히)' 등 여러 가지 뜻으로 쓰이는데, 이 예문에서는 '고스란히'라는 의미로 사용된 경우이다. **예문②**는 보리를 장만할 때를 언급한 것으로, '오월 되면 보리 베고 다 할 때지요.' 하는 뜻이다. 보리 벨 때는 어느 집에서는 놉이 없어서 야단이다. 부지깽이도 없어서 못 쓸 판으로 바쁘다. 보리철이 바쁘고 고된 것은 더운 날씨도 날씨지만 까끄라기가 한몫한다. 여기에다 보릿짚은 꽐아서 잘 바스러지고, 그렇게 되면 어른들한테 욕 듣기 때문에 일이 싫증이 날 수밖에. **예문②**는 그런 모든 뉘앙스를 담고 있다.

예문③은 벌초 때만 되면 듣는 이야기다. '산담 옆 똑바로 베어야 기계 쓰기 좋다.'는 뜻으로, 예초기(刈草機)를 쓰려면 '산담' 옆을 잘 베어야 벌초가 곱게 되고 깨끗하게 된다는 것이다. 예초기는 쉽게 벌초할 수 있다는 장점을 지닌다. 땅을 파거나, 날이 돌에 부딪치면 부러져 다치기 십상이라는 단점도 있다. 그러니 예초기를 '산담'에 바싹 붙여 사용하기를 꺼린다. 그러니 사람이 '호미(낫)'로 어느 정도 '산담'과 거리를 두고 풀을 '비어야(베어야)'만 예초기를 쓰는 데 편하다는 게 예문③이 지닌 뜻이다.

한편 **예문④**는 '추석이 지나면 꼴 베어야 할 거.'라는 뜻으로, 추석 이후 농촌에서 해야 할 일을 말하고 있다. 대개 꼴 베기는 '하늬ㅂ름'이 올라와야 한다고 한다. 추석이 끝나면 '촐 비고, 무끄곡, 눌곡(꼴 베고, 묶고, 가리고)' 해야 마소의 식량이 마련되는 것이다.

이제 추석이 얼마 남지 않았으니 조상 묘소를 찾아 깨끗하게 벌초해야 한다. 자손 된 도리를 다하고, 정성껏 산소의 풀을 '비믄(베면)' 올 추석은 물론 가을도 즐겁게 맞이할 수 있을 것이다.

비사다

이 '비사다'는 '어떤 고비를 넘기기 위하여 일부러 자리를 피하다.' 또는 '다른 자리로 비켜서 서다.'는 뜻을 지닌 어휘로, 표준어 '빗서다'에 해당한다. 달리 '곳사다'라 하는데, 이 '곳사다'는 '가[邊]로 서다' 또는 '가[邊]에 서다'에서 온 말이다.

① 아방 술 먹언 왕 욕홀 때랑 비사불라.

　(아버지 술 마시고 와서 욕할 때랑 빗서 버려라.)

② 범범싸움홀 땐 비사는 게 좋나.

　(패싸움할 때는 빗서는 게 좋다.)

③ 다른 어른이 오랑 곳사라 ᄒᆞ믄 일어사야 ᄒᆞ여.

　(다른 어른이 와서 빗서라 하면 일어서야 해.)

④ 좁작훈 질 가당 큰 차 오걸랑 확 질에염으로 곳사불라.

　(좁다란 길 가다가 큰 차 오걸랑 얼른 길섶으로 빗서 버려라.)

예문 ①은 어른이 술 마셨을 때 대처하는 방법의 하나로, '아버지 술 마시고 와서 욕할 때랑 빗서 버려라.' 하는 뜻이다. 자리를 피해 취한 사람의 눈에서 벗어

나면 욕 들을 일이 없다는 것이다. 물론 술버릇에 따라 주머니에 있는 돈을 꺼내어 용돈으로 주는 경우도 있다. 이런 때는 '비사믄' 용돈 받을 기회를 놓치는 것이니 상황에 따라 '비사기도' 하고, '튿다사기도(지켜 서기도)' 해야 한다.

예문 ②는 잘못된 일에 버물지 말도록 경계할 때 쓰는 말로, '패싸움할 때는 빗서는 게 좋다.'는 뜻이다. 여기서 '범벅싸움'은 달리 '두룽싸움'이라 하는데, '패를 지어 들러붙어서 하는 싸움'으로, 표준어 '패싸움'에 해당한다. '범벅싸움'이기 때문에 누가 때리고 누가 맞고 한 것이 확실하지 않다. 싸움에 가담했다는 이유만으로 큰 죗값을 받을 수도 있으니 명심하라는 것이 예문 ②가 뜻하는 바다.

예문 ③은 어른들이 놀고 있는 사이에 앉아 있는 젊은 사람에게 하는 말로, '다른 어른이 와서 빗서라 하면 일어서야 해.' 하는 뜻이다. 나이가 어리기 때문에 끼어들 차례는 아니지만 자리가 비어 있어서 참여시킨 것이니 다른 어른이 와서 "ㄱㅅ사라(빗서라)" 하면 일어나서 자리를 양보하라는 것이다.

예문 ④는 길을 나서는 아이한테 당부하는 말로, '좁다란 길 가다가 큰 차 오걸랑 얼른 길섶으로 빗서 버려라.' 하는 뜻이다. 여기서 '좁작ᄒ다'는 '너비나 공간이 매우 좁다, 상당히 좁다.'는 뜻을 지닌 어휘로, 표준어 '좁다랗다'나 '좁직하다'에, '질에염'은 '길의 가장자리'로 표준어 '길섶'에 해당한다. 그러니 예문 ④는 '상당히 좁은 길을 가다가 큰 차 곧 버스나 화물차가 오걸랑 얼른 길섶으로 비켜서 서라.' 하는 뜻이 분명하게 드러난다.

'비사다'는 달리 'ㄱㅅ사다'라 하는데, '어떤 고비를 넘기기 위하여 일부러 자리를 피하다.' 또는 '다른 자리로 비켜서 서다.'는 의미를 지닌 어휘로, 표준어 '빗서다'에 해당한다. 자신에게 불리하다고 해서, 힘에 부치다고 해서 '비살' 게 아니라 돈키호테처럼 풍차를 향해 돌진하는 용기도 필요한 것이매 아무 일에나 '비살' 일만은 아니다.

세ᄒ다

이 '세ᄒ다'는 '물건을 사는 사람과 파는 사람 사이에 들어서 흥정을 붙이다.' 또는 '혼인을 중매하다.'는 뜻을 지닌 어휘로, 표준어 '새들다'에 해당하다. '세ᄒ다'는 '세[間]＋ᄒ다' 구성으로, 둘 사이에 들어서 무엇인가를 한다는 의미를 파악할 수 있다. 가끔 '세와ᄒ다'가 쓰이기도 하는데, '세와'는 일본어 せわ[世話]이다.

① 중간의 세ᄒ는 사름이 잘ᄒ여사 흥성을 ᄒ든 말든 홀 거 아니우꽈?
   (중간에 새드는 사람이 잘해야 흥정을 하든 말든 할 것 아닙니까?)
② 흥성은 세홈에 ᄯᅡ라 술이 나오든 욕이 나오든 ᄒ메.
   (흥정은 새들기에 따라 술이 나오든 욕이 나오든 하네.)
③ 저 사름, 나가 세ᄒ연 장게갓주.
   (저 사람 내가 새들어서 장가갔지.)

예문 ①은 물건을 파는 사람 또는 사는 사람에게서 들을 수 있는 말로, '중간에 새드는 사람이 잘해야 흥정을 하든 말든 할 것 아닙니까?' 하는 뜻이다. '세ᄒ다'의 기본 의미를 파악할 수 있는 예문으로, 흥정은 '흥성바치(거간꾼 또는 흥정꾼)' 하기에 달렸다는 말과도 같다. 물건을 파는 사람에게는 많은 돈을 받아주겠노라고 하고, 그 물건을 사는 사람에게는 싸게 살 수 있도록 하겠다며 둘 사이를 오가며 '흥성(흥정)'을 붙인다. 그러니 '흥성바치'는 말도 좋아야 하고(이런 사람을 '말장시'라 한다.), 사람을 꾀어 후리는 '후림대(후림)' 또한 좋아야 한다. 이렇게 팔 사람과 살 사람 둘 사이를 오가며 흥정이 이루어진 다음에는 그 결과에 따라 술이 나오기도 하고 욕이 나오기도 한다는 것이 **예문 ②**가 뜻하는 바다. 곧 '흥정은 새들기에 따라 술이 나오든 욕이 나오든 한다.'는 말이다. 생각보다 많은 돈을 받은 사람은 '흥성바치'에게 고맙다며 술을 살 것이고, 적게 받은 사람은 그 따위로 '흥성'을 하느냐며 핀잔을 하게 마련이다. 그 반대의 경우도 있을 수 있다.

　　예문 ③은 '세흐다'가', '혼인을 중매하다.'는 뜻으로 쓰인 경우로, '저 사람 내가 새들어서 장가갔지.' 하는 말이다. "저 사름 나가 중매흐연 장게갓주." 또는 "저 사름 나가 중신흐연 장게갓주."라 하여도 의미상 차이는 없다. 중매, 사람과 사람을 맺는 일에 관여한다는 것은 중요한 일이다. 그래서 '중매는 잘하면 술이 석 잔이고, 못하면 뺨이 석 대라.' 하는 속담이 생긴 것이다. 이 속담은 혼인은 억지로 권할 일이 못 되며, 중매를 하려면 신중히 잘해야 한다는 뜻을 담고 있다.

　　'세흐다'는 '물건을 사는 사람과 파는 사람 사이에 들어서 흥정을 붙이다.' 또는 '혼인을 중매하다.'는 뜻을 지닌 어휘로, 표준어 '새들다'에 해당한다. '싸움은 말리고, 흥정은 붙이라.'고 했으니 나쁜 일은 말리고, 좋은 일은 권하는 하루하루가 되었으면 한다.

셀다

이 '셀다'는 '액체 따위가 틈이나 구멍으로 조금씩 빠져 나가거나 나오다.' 하는 뜻을 지닌 어휘로, 표준어 '새다'에 해당한다. 달리 '세다' 라 한다.

① 거 춤지름 셀게 말앙 펭두껭이 잘 막으라.

   (그것 참기름 새게 말아서 병뚜껑 잘 막아라.)

② 물 잘잘 셀암시네게.

   (물 잘잘 새고 있네.)

③ 대바지에 물 질엉 오는 아이덜사 거 물 셀 거 당연ᄒ주, 물 흘쳠덴 욕헹은 안 뒈어.

   (대바지에 물 길어 오는 아이들이야 물 셀 것 당연하지, 물 흘린다고 욕해서는 안 돼.)

예문 ①은 병에 담은 참기름이 줄줄 새는 것을 보고 경계하는 말로, '참기름 새 게 말아서 병뚜껑 잘 막아라.' 하는 뜻이다. 참기름은 진짜 기름이기 때문에 귀하 게 여기고 아끼는 기름이다. 병뚜껑을 잘 닫지 않음으로써 귀한 기름이 흘러내 린다면 정말 아까운 일이니, 이를 경계하는 말로 예문 ①을 말하게 되는 것이다. 예문 ②는 '물 줄줄 새고 있네.' 하는 말로, 흘러내리는 물을 흘러내리지 못하게 하라는 말이다. 여기서 '잘잘'은 '오줌이나 물 따위가 조금씩 흘리는 모양'을 나타내는 말이다.

예문 ③은 '대바지에 물길어 오는 아이들이야 물 셀 것 당연하니, 물 흘린다고 욕해서는 안 돼.' 하는 뜻으로, 물긷는 연습을 하는 어린아이를 욕해서는 안 된다는 뜻이다. 어린아이들은 물긷는 연습을 할 때 '대바지'를 이용한다. '대바지'란 달리 '대배기'라 하는데, '아이들이 물을 길어 나르는 데 쓰는 자그마한 물동이로, 그 모양은 둥그스름하고 가운데 배는 불룩하고 위와 아래는 졸아지되 아가리는 아주 좁은 동이'를 말한다. 어른들이 '허벅'을 쓴다면 어린아이들은 이 '대바지'를 이용하는 것이다. 이 '대바지'에 물을 길어 담으면 무겁고 걸음걸이가 서툴러 물이 '꽁당꽁당' 하고 '대바지' 속에서 출렁인다. 그러면 자연 물은 넘치게 되고 그 물은 '물구덕'을 타고 밑으로 흘러내리게 마련이다. 이런 모습을 두고 물을 새게 한다고 욕을 하게 되면 그 다음부터는 물긷는 연습을 하지 않게 되고 물을 길어 나르지 않을 거라는 경계의 말이다.

기름이든 물이든 틈이나 구멍으로 조금씩 빠져나가거나 나오는 것은 정말 김빠지는 것이다. 새지 않게 신중하게 취급하고 잘 보관하는 일은 비단 액체 따위와 같은 사물에만 한정할 일은 아니다.

손치다

이 '손치다'는 '㉠부정의 표현으로 손을 내저으며 손사래를 치다. ㉡손을 흔들다.'는 뜻으로 쓰이는 제주어다. '손(手)'에 '팔이나 다리를 힘 있게 저어서 움직이다.'는 뜻의 '치다'가 연결되어 이루어진 어휘이다.

① 다 가불안 이상혼 물웨라도 앗앙 가렌 주난 손치멍 뒤컬음으로 무너산 돌아나 부러.

　　(다 이울어 이상한 물외라도 갖고 가라고 주니까 손사래 치며 뒷걸음으로 물러서서 달아나 버려.)

② 어느새 커네 이젠 다글다글 걸으멍 손도 치곡.

　　(어느새 커서는 이제는 다글다글 걸으면서 손도 흔들고.)

③ 흔들흔들 ᄒᆞ는 것 보난 서월 선비 손치는 법이라.

　　(흔들흔들 하는 것 보니까 서울 선비 손 흔드는 법이다.)

예문 ①은 부정의 뜻으로 손을 내젓는 것이며, 예문 ②와 예문 ③은 그냥 손을 흔드는 뜻으로 쓰였다. 곧 예문 ①은 주려는 사람과 받지 않으려는 사람의 마음을 읽을 수 있는 말이다. 주는 사람의 입장에서는 '가불아' 가는 오이지만 갖고 가라고 주고 싶은 것이고, 받는 입장에서는 받아야 할 명분도 없는데 그냥 받아서야 되겠느냐는 것이 바로 **예문 ①**이다. 곧 '다 이울어 모양이 이상한 오이지만 가지고 가라고 주니까 손사래를 치며 뒷걸음으로 물러서서 달아나 버리더라.'는 말이다. 여기서 '가불다'는 '채소나 과일 따위가 한물이 지나 다해 가다.'는 뜻의 제주어다.

예문 ②는 어린아이가 '어느새 커서 이제는 아장아장 걸으며 손도 흔들고.'라는 걷는 아기 모습이 대견스럽다는 말이다. '다글다글'은 곧 걷기 시작한 어린아이가 서툴고 재게 걸어가는 모양을 나타내는 말로, 어린아이가 서툰 걸음으로 뒤뚱거리며 걷는 모양을 말한다. 한편 **예문 ③**은 손을 '흔들흔들 흔드는 것을 보니 서울 선비가 손을 흔드는 것처럼 격식에 맞아 아름답다.'는 말이다. "하얀 손을 흔들며 입가에는 예쁜 미소 짓지만……"이라는 유행가 가사처럼 손을 흔드는 게 자연스럽다는 말이다.

사양의 미덕이나 이별의 뜻으로 자연스럽게 '손치는' 것은 좋은 일이다. 그러나 무작정 반대의 뜻으로 손사래를 치는 건 같은 에너지를 소비하고도 돌아오는 결과는 좋지 않은 법이니 '손치는' 것은 삼갈 일이다.

수질ᄒ다

이 '수질ᄒ다'는 '차, 배, 비행기 따위의 흔들림으로 해서 속이 메스껍고 어지러워지는 증세가 일어나다.'는 뜻을 지닌 어휘로, 표준어 '멀미하다'에 해당한다. 원래 '수질ᄒ다'의 '수질'은 한자어 '水疾'로, '배를 탔을 때' 배가 흔들림으로 해서 속이 메스껍고 어지러운 증세가 일어나는 것을 말한다. 이 '수질'이 그 의미가 확대되어 '배'만이 아니라 차나 비행기, 심지어는 놀이 기구인 '바이킹' 따위를 탔을 때에도 흔들림으로 해서 속이 메스껍고 어지러워지는 증세가 일어난다면 '수질ᄒ다'라 한다. 이 '수질ᄒ다'는 달리 '멀미ᄒ다, 멀미나다'라 한다.

① 버스 오래 타난 수질ᄒ여라.

　(버스 오래 타니까 멀미하더라.)

② 수질ᄒ는 셍이여, 얼굴 퍼렁ᄒ게.

　(멀미하는 모양이야, 얼굴 파리한 것이.)

③ 뒤펜의 타난 수질ᄒ연 속이 늬울늬울ᄒ곡 토ᄒ염직 ᄒ연 고셍ᄒ엿저.

　(뒤편에 타니까 멀미해서 속이 뉘엇뉘엇하고 토할 것 같아 고생했지.)

④ 엿날 제주 바당 넘어올 때 보통 사름은 몬 멀미ᄒ여.

　(옛날 제주해협 지나올 때는 보통 사람은 몽땅 멀미해.)

예문 ①은 '버스 오래 타니까 멀미하더라.' 하는 뜻으로, 제주시에서 서귀포 또는 서귀포에서 제주시로 올 때 버스를 이용하는 경우에 듣는 말이다. 특히 구불구불한 5·16도로를 이용하여 한라산을 넘을 때 **예문** ① '버스 오래 타난 수질ᄒ여라.' 하는 말을 자주 듣게 된다.

예문 ②는 멀미할 때 얼굴에 나타나는 현상 곧 얼굴빛을 이야기하는 것으로, '얼굴이 파리한 것으로 보니 멀미하는 모양이다.'는 뜻을 지닌 문장이 된다. 특히 버스 뒤쪽 좌석에 앉았을 때는 멀미가 더 심한데, 이때는 **예문** ③을 말함으로써 심하게 멀미한 것을 표현하기도 한다. 즉 '(버스) 뒤편에 타니까 멀미해서 속이 뉘엿뉘엿하고 토할 것 같아 고생했지.' 하는 뜻이다. 만일 버스 안에서 토했다면 역겨운 냄새가 차 안 가득 번질 것이고, 이 냄새를 맡은 승객은 누가 토했는지 수군거리며 눈총을 쏠 것이고 하는 생각이 꼬리를 문다. 생각이 여기까지 미치면 구역질을 참을 수밖에 없는데, 이 구역질을 참는다고 고생했다는 게 바로 **예문** ③이다. 여기서 '늬울늬울'은 '속이 메스꺼워 토할 듯한 상태'를 나타내는 말로, 표준어 '뉘엿뉘엿'에 해당한다.

예문 ④는 예전 작은 나무배를 타고 제주로 올 때 들을 수 있는 말로, '옛날 제주해협 지나올 때는 보통 사람은 몽땅 멀미해.' 하는 뜻이다. 여기서 '제주바당'은 제주해협을 말하는 것으로, 제주도와 추자도 사이 해협을 말한다. 이 해협은 다도해에 비해 파도가 거칠기 때문에 대개 멀미하게 마련인데, 이를 두고 하는 말이 **예문** ④이다.

'수질ᄒ다'는 한자어 '수질(水疾)'에서 온 말로, '흔들림으로 해서 속이 메스껍고 어지러워지는 증세가 일어나다.'는 뜻을 지닌다. 뱃멀미만 뜻하던 어휘가 그 뜻이 확대되어 차멀미, 항공멀미, 사람멀미, 심지어 놀이 기구를 탔을 때도 '수질ᄒ다'는 말이 쓰인다.

시기다

이 '시기다'는 '무엇을 하게 하다.'는 뜻을 지닌 어휘로, 표준어 '시키다'에 해당한다. 달리 표준어와 같은 '시키다' 어형이 쓰이기도 한다. 이 '시기다'는 "제 ᄒᆞ거나 ᄂᆞᆷ을 시겨 ᄒᆞ야도(제가 하거나 남을 시켜 하여도)" 등에 쓰인 문헌 어휘 '시기다'가 그대로 쓰는 경우다.

① 시기는 일만 잘ᄒᆞ여도 거 중간에 가는 사름.

   (시키는 일만 잘해도 거 중간에 가는 사람.)

② 오널은 ᄀ만이 시크메 말 시기지 말아시믄 좋키여.

   (오늘은 가만히 있겠으니 말 시키지 말았으면 좋겠어.)

③ 명령은 놈 시기는 말이난 건 안 좋은 거.

   (명령은 남 시키는 말이니까 그건 안 좋은 것.)

예문①은 시킨 일을 하지 않고 있을 때 하는 말로, '시키는 일만 잘해도 거 중간에 가는 사람.'이라는 뜻이다. 다른 사람이 시키는 일을 잘한다는 건 어려운 일이다. 일을 시킨 사람의 의도가 문제가 될 것이고, 어느 정도까지 해야 잘하는 것인지 짐작하기 또한 어렵기 때문이다. 일을 하려고 한다면 끝이 없다는 뜻의 속담인 '시키는 일 다하고 죽은 무덤 없다.'도 사실은 시킨 일은 완벽하게 해낼 수 없다는 것을 내포하고 있다. 그러니 일을 찾아서 하면 그만이지만 그렇지 못하더라도 '시키는 일만 잘해도 중간에 가는 사람'이라는 건 칭찬의 말이기도 하다.

예문 ②는 침묵하고 싶을 때 하는 말로, '오늘은 가만히 있겠으니 말 시키지 말았으면 좋겠어.' 하는 뜻이다. '말을 시키다'는 말을 하게끔 꼬드기는 것을 말한다. 말을 시키려고 하면 직접 말하게 하는 방법도 있지만 말하지 않고는 못 배기게 분위기를 조장하는 것이다. 눈에 거슬리는 행동을 한다거나 부아를 건드리는 것이다. '오널은 ᄀ만이 시크메(오늘은 가만히 있겠으니)' 한 '말장시(말쟁이)'는 입이 간질간질하고 끝내는 말을 술술 풀어놓게 마련이다.

예문 ③은 명령에 대한 설명으로, '명령은 남 시키는 말이니까 그건 안 좋은 것.'이란 뜻이다. 명령(命令)의 '명(命)'이라는 한자어에는 '시기는 말'이라는 뜻이 있고 보면 남이 시켜서가 아니라 자발적인 일 처리가 이루어진다면 '명'은 없어질 것이다.

'시기다'는 달리 '시키다'라 하는데, '무엇을 하게 하다.'는 뜻을 지닌 어휘로, 표준어 '시키다'에 해당한다. 누가 '시겨서' 하는 일도 좋지만 더 좋은 건 남이 '시기기' 전에 일을 찾아서 하는 일이다. 하루하루 그렇게만 한다면 분명 일 잘하는 사람이라는 평가를 받을 것이매 그렇게 실천해 볼 일이다.

시끄다

이 '시끄다'는 '옷의 해지기 쉬운 부분이 쉽게 해어지지 아니하도록 다른 천을 대고 듬성듬성 꿰매다.' 또는 '큰 옷을 줄이기 위하여 접어 넣고 듬성듬성 호다.'는 뜻을 지닌 어휘로, 표준어 '징그다'에 해당한다. '시끄다'는 달리 '실르다'라 한다.

① 옛날사 양말 시끄멍 신어신디 요세 주운 양말 신은 사름 엇어.

   (옛날에야 양말 징그며 신었는데 요사이 기운 양말 신은 사람 없어.)

② 시간 엇이난 통두건이라도 시껑 씌우라게.

   (시간 없으니 통두건이라도 징거서 씌워라.)

③ 독물리랑 험벅 대어근에 실렁 주우믄 막 질길 거여.

   (무릎일랑 헝겊 대어서 징거서 기우면 아주 질길 거야.)

예문 ①은 세상 참으로 많이 변했다는 걸 실감할 수 있는 말로, '옛날에야 양말 징그며 신었는데 요사이 기운 양말 신은 사람 없어.' 하는 뜻이다. '양말'은 그 어휘에서 알 수 있듯, 서양에서 들어온 버선[洋襪]이니 귀한 것이었다. 양말은 귀한 것이니 구멍이 나도 기워서 신고 그랬다. 가끔 터진 구멍 사이로 발가락이 비집고 나와 민망하게 만들기도 하지만 쉬 버리지 못했다. 해진 양말을 전구에 끼워 깁거나 양말 색과 비슷한 색깔의 천을 대고 징그며 신었다. 그 귀하던 양말은 이제는 매일 하나씩 바꿔 신고 있는 실정이니 조그만 타져도 이내 버리고 만다. 여기서 '줍다'는 '바늘로 떨어지거나 해어진 곳에 다른 조각을 대거나 그냥 꿰매다.'는 뜻을 지니니, 표준어 '깁다'에 해당한다.

예문 ②는 주검을 입관할 시간적 여유가 없을 때 어른들로부터 들을 수 있는 말로, '시간 없으니 '통두건'이라도 징거서 씌워라.' 하는 뜻이다. 곧 '통두건'이라도 얼른 만들어 씌우라는 말이다. 여기서 '통두건'이란 '통으로 된 두건'이란 뜻으로, 상제가 성복제를 지내기 전에 쓰는 두건을 말한다. 두건을 정식으로 만들 시간적 여유가 없으니 머리에만 맞게 옆만 대강 징거서 만든 두건이다. 위쪽을 집어 깁지 못했으니 통으로 된 것이다.

예문 ③은 '무릎일랑 헝겊 대어 징거서 기우면 아주 질길 거야.' 하는 말이다. 바지 가운데 가장 잘 해어지는 곳이 무릎이다. 며칠 입다 보면 무릎 부분이 앞으로 불룩 튀어나오고, 튀어나오다 보니 이내 해어진다. 해어지기 전에 다른 천을 대어 호고 난 다음에 기우면 아주 질기게 입게 된다는 의미가 예문 ③이 뜻하는 바다. 여기서 '독물리'는 표준어 '무릎'에 해당하는 어휘로, 달리 '도갓물리, 독, 독머리, 독무럽, 독무리, 독ㅁ릅, 독ㅁ리, 독ㅁ립, 독ㅁ룹, 무럽'이라 한다.

이 '시끄다'는 달리 '실르다'라 하는데, '듬성듬성 꿰매다, 호다.'는 뜻을 지닌 어휘로, 표준어 '징그다'에 해당한다. '물건을 운반하기 위하여 마차, 수레, 차, 배 따위에 올려놓다.'는 뜻을 지닌 '싣다'의 방언형도 '시끄다, 실르다'임도 주의할 일이다.

시들리다

이 '시들리다'는 '시들게 하다.'는 뜻을 지닌 어휘이다.
《표준국어대사전》 등에서는 '생생한 것을 시들게 하다.'는 뜻의 단어로 '시들어뜨
리다, 시들어트리다'를 표제어로 삼고 있는 반면에, 《조선말대사전》에는 '시들리
다'를 표제어로 올리고, '시들다'의 시킴형으로 설명하고 있다. '시들리다'는 달리
'소들리다'라 한다.

① 준준흔 감저 시들렷당청 먹으민 막 맛 좋아.

　　(자잘한 고구마 시들렸다가 찌어 먹으면 아주 맛 좋아.)

② 시들령 친 감저난 더 흐랑흐다게.

　　(시들려서 찐 고구마니까 더 늘큰하다.)

③ 벳남석서 몰리지 말앙 그늘친 듸서 소들소들 소들령 먹읍서.

　　(양지받이에서 말리지 말고, 그늘진 데서 시들시들 시들려서 먹으십시오.)

예문 ①은 고구마를 쪄 먹을 때 종종 들을 수 있는 말로, '자잘한 고구마는 시들
렸다가 찌어 먹으면 아주 맛 좋아.' 하는 뜻이다. 여기서 '준준흔 감저'란 가늘고
긴 고구마를 말하는 것으로, '감저눌(고구마 가리)'에 보관할 정도가 못 되는 그야

말로 파치에 해당하는 고구마를 말한다. 대개 이러한 고구마는 '집가지(처마)' 아래에 아무렇게나 늘어놓아 둔다거나 아니면 마당 구석에 늘어놓는다. 그러면 고구마는 지나는 바람에 시들게 마련이다. 이렇게 시든 고구마를 깨끗하게 씻고, 또 고구마에 붙은 기다란 잔뿌리도 떼어내어 찌면 맛있는 간식이 만들어진다. 예문 ②도 찐 고구마를 먹을 때 듣는 말로, '시들려서 찐 고구마니까 더 늘큰하다.'는 뜻이다. 쪄 낸 고구마는 시든 고구마이기 때문에 날고구마 껍질보다 질긴 편이라 잘 벗겨지지 않고, 손가락으로 누르면 맥없이 눌릴 정도로 '흐랑흐다(늘큰하다)'. 이런 고구마를 두 동강 내고, 잘린 부분을 입에 대고 그 반대쪽을 치약 짜듯 누르면서 빨아먹으면 쉽게 먹을 수 있다. '시들려서' 그런지 단맛이 그냥 고구마보다도 더 있다. 고구마 맛 하면, 메주를 삶을 때 콩과 같이 집어넣어 삶은, 콩의 단맛이 더해진 큰 고구마 맛도 그만이었다.

한편 **예문 ③**은 무엇을 말릴 때 양건(陽乾)하지 말고, 음건(陰乾)해야 한다는 말을 하려고 할 때 하는 말로, '양지받이에서 말리지 말고, 그늘진 데서 시들시들 시들려서 먹으십시오.' 하는 뜻이다. 곧 응달건조해야 한다는 것이다. 여기서 '벳남석'이란 '햇볕이 잘 드는 곳이나 방향'을 말하는 것으로, 표준어 '양지받이'에 해당하며, '그늘친 듸'는 '그늘진 곳'으로 '응달'의 뜻으로 쓰인 말이다.

'시들리다'는 '시들게 하다.'는 뜻으로, 가을을 떠올리게 하는 어휘이다. 이 가을에 '시들린' 고구마를 쪄 간식으로 먹으며, 문학 작품을 읽는다면 금상첨화일 것이다.

시알ᄒᆞ다

이 '시알ᄒᆞ다'는 '자기보다 잘되거나 나은 사람을 공연히 미워하고 싫어하다.'는 뜻을 지닌 어휘로, 표준어 '시새우다' 또는 '시새움하다·시샘하다'에 해당한다. 이로 보면 '시새움하다'나 '시샘하다'의 '시새움·시샘'은 그 방언형이 '시알'임이 저절로 드러난다.

① ᄉᆞ춘 밧 삿뗀 ᄒᆞ영 베 아프민 거 시알ᄒᆞ는거.

 (사촌 밭 샀다고 해서 배 아프면 그것 시새우는 것.)

② 시알ᄒᆞ는 사름 보민 대개 베설이 굿어.

 (시새우는 사람 보면 대개 성깔이 궂어.)

③ 자의 혼차라도 시알이 보통은 넘어.

 (쟤 혼자라도 시새움이 보통은 넘어.)

예문 ①은 남이 잘되는 것을 기뻐해 주지는 않고 오히려 질투하고 시기하는 경우를 비유적으로 이르는 속담인 '사촌이 땅을 사면 배가 아프다.'에 해당하는 내용으로, '사촌 밭 샀다고 해서 배 아프면 그것 시새우는 것.'이라는 말이다. 어찌 보면 이 예문은 '시알ᄒᆞ다'라는 말의 뜻을 에둘러 표현한 것이라 보아도 좋다. 사촌이 밭을 샀다고 하면 당연 축하해 주어야 할 일이나 그렇지 않고 배 아파한다는 것이니 '시알흐는 일'의 전형을 보여준다. 예문 ②도 예문 ①과 상관이 있다. '사촌이 밭 샀다고 해서 배 아파하는 사람이라면 대개 성깔이 궂어.'라는 뜻이 담겨 있기 때문이다. 그러니까 다른 사람이 자기보다 잘되거나 나은 것을 보면 공연히 미워하고 싫어하게 되는 것은 '베설이 궂기' 때문이라는 것이다. 여기서 '베설이 궂다.'는 '성깔머리가 궂다.' 또는 '성깔이 고약하다.'는 의미로 쓰이는 관용 표현이다. '베설'은 배설의 기능을 담당하고 있는 대장과 소장 곧 굵은밸과 작은밸을 말하는데, 이들이 뒤틀리게라도 되면 아픔을 이기지 못한 나머지 그 고통을 에끼려고 성깔을 부릴 수밖에 없다. 그래서 창자가 뒤틀렸을 때 아파서 성깔을 부리는 것처럼 성깔이 고약한 것을 '베설 궂다'라 하는 것이다.

예문 ③은 '혼자라도 시새움이 보통은 넘어.'라는 뜻으로, 시샘이 보통이 아니라는 말이다. 시샘이 남과 비교할 때 생기는 마음보라고 한다면 혼자이면 시샘은 생각할 수 없는 말이 된다. 그러나 예문 ③은 비교 대상이 없는 '혼차(혼자)'인데도 시샘하는 것으로 보면 '시알'이 보통이 아니라는 것이니, 시기하고 질투하는 심보가 크고 고약하다는 말이다.

결국 '시알흐다'는 '자기보다 잘되거나 나은 사람을 공연히 미워하고 싫어하다.'는 뜻을 지닌 어휘다. 어쩌다가 이 말을 듣게라도 되면 마음보를 한번 뒤집어 볼 일이다. 그렇게 하면 '시알흐다'라는 말을 듣게 된 까닭이 드러날 테니 말이다.

신용내돋다

이 '신용내돋다'는 '하고자 하는 마음이 저절로 우러나오다.'는 뜻을 지닌 어휘로, 대역할 마뜩한 표준어는 없다. '마음 내키다' 정도의 뜻이다. '신용내돋다'는 신용+내돋다' 구성으로, '신용'은 한자어 '신용^(神勇)'이며, '내돋다'는 '어떤 일을 하려고 덤벼들다.'는 의미로 쓰이는 표준어 '내닫다'의 방언형이다.

① 신용내돋 때 아녀믄 실평 못ㅎ카부덴 늦게ㄲ장 믄 ㅎ여수다.
    (마음 내킨 때 아니하면 싫어서 못할까 봐 늦게까지 몽땅 했습니다.)
② 놀당도 신용내돌앙 손부치믄 두 놈의역은 ㅎ는 사름이여.
    (놀다가도 마음 내키어 손붙이면 두 놈의 역은 하는 사람이야.)
③ 이녁 냥으로 신용내돌앙 ㅎ는 일이 잘뒌다.
    (이녁 냥으로 마음 내키어서 하는 일이 잘 된다.)

예문 ①은 '시작이 반'이라는 말을 떠올리게 하는 문장으로, '마음 내킨 때 아니하면 싫어서 못할까 봐 늦게까지 몽땅 했습니다.' 하는 뜻이다. 곧 마음 내킨 김에 몽땅 처리해 버렸다는 말이다. 사실 무슨 일이든 시작하기가 어렵지 일단 시작만 하면 끝마치는 것은 그리 어렵지 않다는 의미를 내포하고 있다.

예문 ②는 어떤 사람에 대한 평가가 부정적일 때 그렇지 않다고 변호하는 말로, '놀다가도 마음 내키어 손붙이면 두 놈의 역은 하는 사람이야.' 하는 뜻이다. 놀기도 잘하지만 일단 일을 했다면 다른 사람보다 더 잘한다는 말이다. 여기서 '두 놈의역'은 '두 사람이 하루 동안에 할 수 있는 품'이라는 뜻이니, '손붙이면 두 사람 몫은 거뜬하게 해치우는 사람이야.' 하는 말이다. 그러니까 손붙여 일을 하기만 하면 두 사람 몫을 한다는 것이다.

예문 ③은 '이녁 냥으로 마음 내키어서 하는 일이 잘 된다.'는 말로, 누가 시켜서 하는 일보다는 제 스스로 찾아서 하는 일이 더 잘 된다는 의미를 담고 있다. 시켜서 하는 일은 대충 처리하기 쉽지만 제 스스로 찾아서 하는 일은 더 나은 결과를 맺기 위하여 최선을 다하기 때문에 좋은 결실을 볼 수밖에 없다.

'신용내돋다'는 '무엇을 하고자 하는 마음이 저절로 우러나오다.'라는 뜻을 지닌 어휘로, '저절로 우러나오다'에 방점이 있다. 주어진 일을 깔끔하게 처리하는 것도 좋은 일이지만 일을 스스로 찾아 신명 나게 처리하는 것은 더 좋은 일이다. 맡겨진 일이든 찾아 처리하는 일이든 '신용내돋아' 처리한다면 좋은 결과가 있으니 그렇게 해볼 일이다.

심빡ᄒ다

이 '심빡ᄒ다'는 '팔, 다리 허리 등의 뼈마디가 꼭 들어 맞지 않아 어긋나다.'는 뜻을 지닌 말로, 표준어 '삐끗하다'에 해당한다. 이 어휘는 '심빡(삐끗)'이라는 부사어에 'ᄒ다'가 연결되어 이루어진 말이다.

① 벤 거 들르당 허리가 심빡ᄒ연게 침 맞아도 느시 낫지 아념수다.

(무거운 것 들다가 허리가 삐끗하더니 침 맞아도 영 낫지 않습니다.)

② 일어사단 키마리가 심빡ᄒ연 침 맞이레 뎅겸수다.

(일어서다 발목이 삐끗해서 침 맞으러 다니고 있습니다.)

③ 심빡혼 딘 침 웃수엇어.

(삐끗한 데는 침 윗수 없어.)

④ 발 심빡혼 거 내미릴 일 아니우다.

(발 삐끗한 것 나무랄 일 아닙니다.)

예문 ①은 나이 많은 어른들한테 가끔 듣는 말로, '무거운 것을 들다가 허리가 삐끗하더니 침 맞아도 영 낫지 않습니다.'는 뜻이다. 나이가 들어서 그런지, 아니면 요령이 부족해서 그런지 몰라도 제 힘에 겨운 무거운 것을 들 때 허리가 삐끗한다. 그러면 일어서는 것은 물론 잠자리에서 돌아눕는 것도 자유롭지 않다. 겉으로 보기엔 멀쩡하니 다른 사람 보기에는 꼭 꾀병하는 것처럼 보이기도 한다. 여기서 '베다'는 표준어 '무겁다'에 해당하는 제주어이다.

예문 ②도 '일어서다가 발목이 삐끗해서 침 맞으러 다니고 있습니다.' 하는 뜻이다. 발목은 그 어느 신체 부위보다도 삐끗하기를 잘한다. 그냥 앉아서만 지낼 수 없으니 도지기를 잘해서 잘 낫지 않기도 한다. 그래서 계속해서 침 맞으러 다니고 있다는 말이다.

예문 ③은 '삐끗한 데는 침 윗수가 없다.' 곧 침이 최고라는 말이다. 침으로 효과를 보았다는 사람이 많은 것으로 보면 침 맞는 게 윗수는 윗수인 것 같기도 하다.

예문 ④는 '발 삐끗한 것 나무랄 일 아닙니다.' 하는 뜻이다. 여기서 '내미리다'는 달리 '낭그레다, 낭그리다, 나무레다, 나무리다, 냉기리다, 내무리다' 등으로 말하기도 하는데 표준어 '나무라다'에 해당한다. 그러나 이 예문에서는, '우습게 여기다, 대수롭지 않게 생각하다.' 정도의 뜻으로 쓰였다.

발이 조금 '심빡ᄒ엿다'고 해서 그냥 지나칠 일이 아니다. 나이가 많을수록 '심빡ᄒ지' 않도록 세심한 주의가 필요하다. 계단을 오르내릴 때는 더욱 그렇다.

스망일다

이 '스망'은 '장사에서 많은 이익을 남기는 재수'를 뜻하는 어휘로, 표준어 '사망'에 해당한다. 이 '스망'에 '일이 생기다'는 뜻의 '일다'가 연결되어 '스망일다'로 쓰여, '재수나 운 좋은 일이 생기다.'는 의미로 쓰인다.

① 어떵어떵 ᄒ당도 그 당의만 뎅겨오민 스망이 일어.

　　(어찌어찌하다가도 그 당에만 다녀오면 사망이 일어.)

② 종이돈 봉가켠 오널 어떵 스망 싯겐 ᄒ는 셍이여.

　　(종이돈 줍는 게 오늘 어찌 사망 있으려는 모양이야.)

③ 오는게 반 테울 때 완 스망시리 와켯구나게.

　　(오는 게 반기 도를 때 와서 사망스레 왔구나.)

예문 ①은 '어찌어찌하다가도 그 당에만 다녀오면 사망이 일어.'라는 뜻으로, 가끔 다녀오는 당(堂)이기는 하지만 효험이 있다는 말이다. '어떵어떵 ᄒ당도'는 '어려운 고비고비를 넘기다가도'라는 뜻이다.

예문 ②는 길을 가다가 '종이돈을 줍게 되는 것으로 봐, 오늘 사망 있으려는가 보다.'는 말이다. 참말이지 길을 걷다가 지폐를 줍게 되면 뜻밖에 재물을 얻게 되었으니 '재수가 좋겠다.'라 생각하게 된다.

한편 **예문 ③**은 마침 '반기 도를 때 도착했으니 사망 있게 오게 되었구나.'라는 것이다. 기회에 탁 맞게 당도했다는 말이다.

이 '亽망'은 중세 어휘 '亽망'에서 연유한다.

- 造化 亽망 大造化 亽망 잇다 又 多幸ᄒᆞ다《동문유해》
- 大造化 亽망 만타 造化底 亽망 업다《역어유해》
- 便宜 亽망《한청문감》
- 利市 亽망《물보》

이들 예에서 중세 어휘 '亽망'의 쓰임을 보면, '조화, 다행, 편의, 이시' 등의 뜻을 확인할 수 있다. 그러니까 중세 어휘 '亽망'은 '조화'라는 뜻과 '다행'이라는 뜻으로 쓰이고 있음은 《동문유해》를 보면 알 수 있는데, 후기로 올수록 '편의'라든가 '이시(利市: 물건을 팔아 이익을 봄)'의 의미로 변화하고 있다. 이 어휘가 제주어에 그대로 남아 있는 것이다.

아침 상황이나 기분으로 그날그날의 운수를 점칠 수 있는 법. 기분 좋은 아침을 맞는 일이 곧 '亽망' 있는 날이고, '亽망일게' 마련이니 날마다 좋은 아침을 맞이하자.

쌉다

이 '쌉다'는 '말(언어)이나 힘, 무기 따위를 가지고 서로 이기려고 다투다.'라는 뜻을 지닌 어휘로, 표준어 '싸우다'에 해당한다.

① 쌉지 말렌 ᄒ난게난 또 싸와시냐?

　(싸우지 말라고 하니까 또 싸웠니?)

② 눈에 ᄌ음은 안 들고 곰곰 셍각ᄒ여보난, 큰아덜은 범벅싸움에 들언 쌉당 죽언 나 가심 벌르곡.

　(눈에 잠은 아니 들고 곰곰 생각해 보니 큰아들은 패싸움에 들어서 싸우다 죽어 내 가슴 찢고.)

③ 쌉단 버치곡 ᄒ난먼 올래로 막 돌아나.

　(싸우다가 부치고 하니 먼 골목으로 막 달아나.)

예문 ①은 싸우고 들어온 아이에게 '싸우지 말라고 했는데 또 싸웠느냐?'는 핀잔의 말이다. **예문** ②는 큰아들은 앞세운 부모가 '깊은 밤, 잠은 들지 않고 곰곰 생각하면, 맏이는 패싸움에 끼어 싸우다 죽어서 내 가슴 찢고.' 하며 긴 한숨을 내쉬는 모습이다. 여기서 '범벅싸움'은 여럿이 패를 지어 싸우는 일로, 달리 '두룽싸움'이라 하기도 한다. '가심 벌르다.'는 '가슴 찢어지다.'는 뜻으로 쓰이는 관용 표현으로, '가슴 깨어지다.'가 원래 의미이다. **예문 ③**은 '싸우다 힘에 부치니 먼 골목으로 달아나더라.'는 말이다. 싸우다 질 것 같으면 줄달음질이 최고임을 몸소 보여주는 말이다.

이 '쌉다'의 중세 어휘는 '사호다, 싸호다'로 나타난다.

• 白骨은 사화 주근 사르미 쎠라

   (백골은 싸워 죽은 사람의 뼈라.)《두시언해》

• 길헤 사화 주구니 잇거눌

   (길에 싸워 죽은 사람이 있거늘)《내훈》

• 싸호는 한쇼롤 두 소내 자브시며

   (方鬪巨牛 兩手執之, 싸우는 황소를 두 손에 잡으시며)《용비어천가》

• 血戰 죽도록 싸호다

   (血戰― 죽도록 싸우다)《한청문감》

이제 세밑이다. 한 해를 지내며 싸우거나 다툰 일이 있다면 서로 오해를 풀고 새로운 마음, 새 각오로 새해를 맞을 일이다.

씰다

이 '씰다'는 '비로 쓰레기 따위를 밀어내거나 한데 모아서 치우다.' 또는 '가볍게 쓰다듬거나 문지르다.'라는 뜻을 지닌 어휘로, 표준어 '쓸다'에 해당한다. '씰다'는 달리 '쓸다'라 한다.

① 집 앞의 눈은 이녁만썩 씰어사주 놈 씰어주지 아년다.

　　(집 앞의 눈은 이녁만씩 쓸어야지 남이 쓸어주지 않는다.)

② 경 흔이나게 씰어간다 씰어온다 ᄒ난 좋은 거 시어냐?

　　(그렇게 빛이 나게 쓸어간다 쓸어온다 하니까 좋은 것 있더냐?)

③ 마당비치락으로 정지 씰지 말라.

　　(마당비로 부엌 쓸지 마라.)

④ 베 술술술 씰어가난 ᄂ려가신ᄀ라 울단 아이 울지 아녀라.

　　(배 살살 쓸어가니까 내려갔는지 울던 아이 울지 않더라.)

예문 ①은 '아이모른눈(도둑눈-밤사이에 사람들이 모르게 내린 눈)'이 내렸을 때 하는 말로, '집 앞의 눈은 이녁만씩 쓸어야지 남 쓸어주지 않는다.'는 뜻이다. 집 앞 눈은 집주인이 쓸어야 한다는 법이 만들어졌다. 어떤 사람은 법을 잘 지킨다고 해서 정말 제 집 앞만 쓸기도 하지만 또 어떤 사람들은 제 집 앞의 눈도 치우지 않는다. 이런 때 **예문** ①을 말함으로써 제 집 앞 눈 치우기를 독려하는 것이다.

예문 ②는 '그렇게 빛이 나게 쓸어간다 쓸어온다 하니까 좋은 것 있더냐?'는 빈정거림이 들어있는 말이다. 여기서 '흔이나게'는 '빛이 나게'라는 의미로, '흔'은 한자어 '炘'이다. 또 '쓸어간다 쓸어온다'는 쓸고 쓸고 또 쓸고 하는, 곧 쓰는 행위가 계속해서 이루어지는 것을 말한다. 다른 일은 않고 오직 쓰는 일만 한다는 것이다.

예문 ③은 금기어(禁忌語)로, '마당비로 부엌 쓸지 마라.'는 뜻이다. '마당비치락(마당비)'은 마당을 쓸어야 하고, '정지비치락(부엌비)'은 부엌을 쓸어야 한다는 것이다. 제 역할이 각각 정해져 있다는 것이다. 그 역할이 바뀌었을 때는 동티가 날 수도 있다는 것이다. 이밖에 '쓸다'가 들어간 금기어로, '밤의 구들 쓸지 마라.(밤에 구들 쓸지 마라.)', '정월 초흐를날 비치락으로 구들 쓸리 말라.(정월 초하룻날 비로 방 쓸지 마라.)' 등이 있다. 옛 어른들의 예지가 들어간 말들이니 곰곰 새겨볼 일이다.

한편 **예문** ④의 '쓸다'는 '가볍게 쓰다듬거나 문지르다.'는 뜻으로 쓰인 경우다. '배 살살살 쓸어가니까 내려갔는지 울던 아이 울지 않더라.'는 뜻으로, 배 아프다고 울던 아이 배를 살살 문질러 주니 울지 않더라는 것이다. '어머니 손은 약손'이 증명되는 예문이다.

'쓸다'는 '비로 쓰레기 따위를 밀어내거나 한데 모아서 치우다.' 또는 '가볍게 쓰다듬거나 문지르다.'라는 뜻을 지닌 어휘다. 많은 눈이 내려 쌓인 날은 제 집 앞만이라도 바닥이 드러나 미끄러지지 않게 '쓸어' 골절상을 당하는 사람이 생기지 않았으면 좋겠다.

어름씰다

이 '어름씰다'는 '어루만지며 쓰다듬다.' 또는 '어루만지며 더듬다.'는 뜻을 지닌 어휘로, 각각의 뜻에 따른 표준어는 '어루쓰다듬다'와 '어루더듬다'이다. '어름씰다'는 달리 '어름쓸다, 어릅쓸다, 어릅씰다'라 한다.

① 낭을 싱그믄 이녁 새끼 키우듯 어름쓸멍 헤사. 게도 수확을 보젠 ᄒᆞ믄 ᄒᆞᆫ 오 년은 지나사.

　(나무를 심으면 이녁 새끼 키우듯 어루쓰다듬으며 키워야. 그래도 수확을 보려고 하면 한 오 년은 지나야.)

② 강셍이 윤진 걸로 ᄒᆞᆫ 머리 사당 주난 어름씰어 간다 씰어 온다 ᄒᆞ멍 키와.

　(강아지 좀 큰 것으로 한 마리 사다가 주니까 어루쓰다듬어 간다 쓰다듬어 온다 하며 키워.)

③ 손으로 어름쓸멍 ᄎᆞᆽ당 보믄 왁왁ᄒᆞ게 ᄒᆞᆷ 시믄 ᄉᆞ방이 베롱ᄒᆞ영 잘 베레여진다게.

　(손으로 어루더듬으며 찾다 보면 캄캄한 것이 조금 있으면 사방이 반해서 잘 보이게 된다.)

④ 점복은 돌에 부트곡. ᄒᆞ는 사름은 막 돌 어름씰엉 ᄒᆞ메.

　(전복은 돌에 붙고. 따는 사람은 막 돌 어루더듬어서 따지.)

예문 ①은 귤나무 등 유실수를 심어 수확을 빨리 보려고 하면 정성을 다해야 한다는 말을 할 때 쓰는 말로, '나무를 심으면 이녁 새끼 키우듯 어루쓰다듬으며 키

위야. 그래도 수확을 보려고 하면 한 오 년 지나야.' 하는 뜻이다. 나무를 자식 키우듯 해야 하며, 그렇게 하더라도 한 오 년 정도는 기다려야 한다는 것이다. 많은 정성이 나무를 키운다는 것이다.

예문 ②도 강아지를 정성으로 키우는 모습을 보며 하는 말로, '강아지 좀 큰 것으로 한 마리 사다가 주니까 어루쓰다듬어 간다 쓰다듬어 온다 하며 키워.' 하는 말이다. 여기서 '윤지다'는 '길짐승의 새끼 따위가 보통보다는 크다.' 또는 '곡식이나 채소 따위의 모종이 굵다랗다.'는 뜻을 지닌 어휘로, 대역할 마뜩한 표준어는 없다. 또 '어름씰어 간다 씰어 온다.'는 강아지를 정성을 다하여 키우는 모습을 말한다. 강아지를 무릎에 올려놓고 머리의 털을 '씰어ᄂ리곡, 씰어ᄂ리곡(쓸어내리고 쓸어내리고)' 하며 정성껏 보살피는 것이다.

한편 예문 ③과 예문 ④는 '어루더듬다'의 뜻으로 쓰인 경우이다. 예문 ③은 앞이 캄캄해서 물건을 찾지 못하겠다고 하는 말에 대한 대꾸로, '손으로 어루더듬으며 찾다 보면 캄캄한 곳이 조금 있으면 사방이 반해서 잘 보이게 된다.'는 뜻이다. 여기서 '베롱ᄒ다'는 '어두운 가운데 밝은 빛이 비치어 조금 환하다.' 하는 뜻으로, 표준어 '반하다'에 해당한다.

예문 ④는 전복을 따는 방법을 이야기하는 것으로, '전복은 돌에 붙고. 따는 사람은 막 돌 어루더듬어서 따지.' 하는 뜻이다. 물속에서 전복을 찾기 위해서 손으로 바위를 더듬어서 전복을 찾는다는 것이다.

'어름씰다'는 달리 '어름쓸다, 어릅쓸다, 어릅씰다'라 하는데, '어루만지며 쓰다듬다.' 또는 '어루만지며 더듬다.'는 뜻을 지닌 어휘다. 열과 성을 다해서 '어름씰다' 보면 좋은 결과가 있을 것이니 무슨 일을 하든 '어름씰멍' 정성을 다하는 자세가 필요하다.

엉탁ᄒ다

이 '엉탁ᄒ다'는 '무엇을 차지하려고 지나치게 욕심내다.'는 뜻을 지닌 어휘로, 대역할 마뜩한 표준어는 없다. '엉탁ᄒ다'는 '엉탁+-ᄒ다' 구성으로, '엉탁'은 '무엇을 차지하려고 하는 지나친 욕심'을 뜻한다.

① 엉탁ᄒ멍 먹은 물에 목 걸리는 법이여.

　(욕심내며 먹은 물에 목 걸리는 법이야.)

② 낭푼에 밥 거령 먹을 땐 내남엇이 다 엉탁ᄒ여낫저.

　(양푼에 밥 떠서 먹을 때는 내남없이 다 욕심내었지.)

③ 양손에 줴어뒁 또 줴젠 ᄒ믄건 춤말 엉탁.

　(양손에 쥐었으면서 또 쥐려고 하면 그것은 정말 지나친 욕심.)

예문 ①은 너무 욕심을 부리다 보면 낭패를 본다는 것을 빗댄 말로, '욕심내며 먹은 물에 목 걸리는 법이야.' 하는 뜻이다. 물에는 목에 걸릴 만한 게 없으니 물을 마시면 그냥 목 아래로 술술 넘어가기 마련. 그러나 욕심내서 한꺼번에 많이 마시게 되면 그게 탈이 되어 목에 걸리고야 만다. 욕심이 결국은 가시가 되어 목에 걸렸다는 것이다. 예문 ②는 '양푼에 밥 떠서 먹을 때는 내남없이 다 욕심내었지.' 하는 뜻으로, 옛날을 생각나게 하는 말이다. 개인으로 쓰는 사발이 없으니 때가 되면 모개로 양푼에 밥을 퍼 식구 수만큼 숟가락만 얹으면 되었다. 내 몫을 표시하기 위하여 숟가락으로 금을 긋거나 많이 먹기 위해 내 앞의 밥은 놔두고 남의 앞에 있는 밥부터 떠먹기도 했지만 이 또한 못할 일이다. 배불리 먹는 길은 재우 먹는 수밖에는. 그러니 '내남엇이 엉탁ᄒᆞ는(내남없이 욕심내는)' 것이다. 물론 부모님은 아이들과는 경쟁의 대상이 아니니 몇 번 뜨고는 자식들에게 양보한다. 이래서 '어멍은 베고팡 죽곡, 아읜 베 터졍 죽곡.(어머니는 배고파서 죽고, 아이는 배 터져서 죽고.)' 하는 속담이 만들어졌는지 모를 일이다.

예문 ③은 '엉탁'의 뜻을 잘 이해할 수 있는 말로, '양손에 쥐었으면서 또 쥐려고 하는 것은 정말 지나친 욕심.' 하는 뜻을 담고 있다. 쥔 것이 무엇인지 모르지만 양손에 쥐고 있으니 이제 더 쥘 수는 없다. 다시 쥐려고 하면 손에 쥔 것을 내버려야 한다. 그렇지 않고 다시 무엇을 쥐려고 하는 것은 정말이지 지나친 욕심이라고 할 수밖에는 달리 표현할 말이 없다는 뜻이다. 욕심이 너무 과하다는 표현이 곧 예문 ③이다. '양손에 쥐었으면서 또 쥐려고 하면 그것은 정말 지나친 욕심.' 한번 새겨 보아야 할 것 같다.

'엉탁ᄒᆞ다'는 '무엇을 차지하려고 지나치게 욕심내다.'는 뜻을 지닌 어휘다. 지나친 욕심은 화를 낳는 법이니, 하루하루를 너무 '엉탁ᄒᆞ지' 않고 생활하는 자세도 필요하지 않을까.

우려먹다

이 '우려먹다'는 '우려내어서 먹다.' 또는 '이미 썼던 내용을 다시 써먹다.'는 뜻을 지닌 어휘로, 이에 대한 표준어도 '우려먹다'이다.

① 너믜 초라완 더 우려먹어사키여.

　　(너무 떫어서 더 우려먹어야겠다.)

② 싀 불끼진 우려먹어도 돼어.

　　(세 번까지는 우려먹어도 돼.)

③ 노리 뜨려난 막뎅이 삼 년 우려먹렌 ᄒ는 말이 셔.

　　(노루 때렸던 막대기 삼 년 우려먹는다고 하는 말이 있어.)

　예문 ①은 가을운동회를 생각나게 하는 말로, '(감) 너무 떫어서 더 우려먹어야겠다.'는 뜻이다. 운동회 아침이면 교문 진입로에는 여러 가지 물건을 늘어놓은 좌판이 벌어진다. 그 가운데 빠지지 않았던 게 푸른 빛깔의 감이었다. 빛깔이 푸른 것으로 보면 덜 익은 감으로 소금물에 오래 담갔다가 꺼내 먹으면 떫은맛이 가시어 먹기에 거북하지가 않았다. 또 쌌으니 많이들 사먹기도 했다. 이처럼 덜 익은 '초라운(떫은)' 감을 소금물에 담가 떫은맛을 어느 정도 빼내어야 먹을 수 있다. 이 감을 '우린감'이라 하여 조무래기들을 상대로 팔았던 것이다. 한 모금 베어 문 아이는 떫은맛으로 입안이 조여드니 싫은 표정을 짓고, 그 표정을 본 어른은 **예문 ①**을 말함으로써 덜 우려졌으니 더 우려야겠다는 뜻을 상인에게 전하는 것이다. **예문 ②**는 두 번까지 달여 먹은 약을 "세 번까지 우려먹어도 되느냐?"는 물음에 대한 대답으로, '세 번까지는 우려먹어도 돼.' 하는 뜻이다. 물론 세 번까지 우려내다 보니 그 맛은 조금 싱거워지고 약효도 떨어지기는 하겠지만 우려먹을 수는 있다는 말이다.

　예문 ③은 설화에 나오는 이야기로, '우려먹다'의 다른 의미 곧 '이미 썼던 내용을 다시 써먹다.'는 뜻으로 쓰인 경우다. 곧 **예문 ③**은 '노루 때렸던 막대기 삼 년 우려먹는다고 하는 말이 있어.' 하는 뜻이다. 설화에 따르면, 어떤 상제가 상중인데도 마당에 들어온 노루를 '방장대(상장)'로 때려잡고 말았다. 곁에 있던 사람이 이 광경을 목격했다가 '상제가 상장으로 노루를 때려 죽였다.'고 고발하겠다고 하니 상제는 입막음으로 술과 안주를 대접했다. 그 다음부터도 술을 마시고 싶으면 상제였던 사람을 찾아가 고발하겠다고 으르면 술대접을 받고 또 으르면 술대접을 받고 했다는 게 그 내용으로, 이후부터 '노루 때린 막대기 삼 년 우려먹는다.'는 말이 생겼다는 것이다.

　'우려먹다'는 '맛이나 진액을 우려내어서 먹다.', '이미 썼던 내용을 다시 써먹다.'는 뜻을 지닌 어휘로, 표준어와 같다. 문제는 맛이든 진액이든 '우려먹으면' 좋은 일이요, 이미 썼던 방법이나 내용을 다시 써먹는 건 한번 생각해 볼 일이다.

울러두드리다

이 '울러두드리다'는 '매우 떠들썩하게 일을 벌이거나 부산하게 법석거리다.'라는 뜻을 지닌 어휘로, 표준어 '야단(惹端)하다'에 해당한다. '울러두드리다'는 '울르-+두드리다' 구성으로, '울르다'는 표준어 '외치다'에 해당하고, '두드리다'는 그 형태와 의미가 표준어와 같다. 그러니까 '울러두드리다'는 '큰 소리 치고, 소리나게 두드리다.'를 그 본뜻으로 하고 있으니, 결국은 '야단'이고 '법석'이다.

① 경 와달부리멍 울러두드리난 속이 씨원호우꽈?

　　(그렇게 날뛰며 야단하니 속이 시원합니까?)

② 울러두드린 잔치 먹어 볼거 읏나.

　　(야단한 잔치 먹어 볼 것 없다.)

예문 ①은 '울러두드리다'의 기본 의미 곧 '큰 소리 치고 시끄러울 정도로 소리나게 두드리다.'라는 뜻을 지닌다. 여기서 '와달'이란 '너무 흥분한 나머지 미친 듯이 날뛰는 것'을 말한다. 그러니 '와달부리다'는 '너무 흥분한 나머지 미친 듯이 날뛰다.'라는 뜻이다. 상상이 허락한다면, 만취한 주정꾼이 실컷 주정을 부린

172

다음 날 그 주정을 지켜봤던 사람이 그 주정꾼더러 하는 말이 바로 **예문** ①이다.

　예문 ②는 이른바 '소문난 잔치 먹을 것 없다.'와 같은 뜻으로 쓰이는 말이다. '소문난 잔치에 먹을 것 없다.' 곧 '떠들썩한 소문이나 큰 기대에 비하여 실속이 없거나 소문이 실제와 일치하지 아니하다.'는 것이다. '돼지 몇 마리 잡고, 쌀 몇 가마 들이고' 하는 소문이 자자하지만 막상 잔칫날 가보니 먹을 게 없는 경우 "울러두드린 잔치 먹어 볼 거 웃나."라 한다.

　살다 보면 '큰 기대에 비하여 실속이 없거나, 소문이 실제와 일치하지 않을 경우'를 종종 본다. '울러두드린 잔치 먹어 볼 거 웃나.'가 아니라, '울러두드린 잔치 먹을 거 싯나(있다).'나 '울러두드린 잔치 먹을 거 한다(많다).'로 바꿔 말할 수 있는 그런 신나는 세상이었으면 좋겠다.

울르다

이 '울르다'는 '크게 소리를 지르다.'라는 뜻을 지닌 어휘로, 표준어 '외치다'에 해당한다. '울르는' 주된 이유는 주의를 끌기 위하거나 다른 사람에게 어떤 행동을 하게 하기 위하여 소리를 크게 지르는 것이다.

① 큰일ᄒᆞ당 보믄 울르는 사름도 잇입네다게.
   (큰일하다가 보면 외치는 사람도 있습니다.)
② 울르지 못ᄒᆞ게 저레 돌앙 가불라.
   (외치지 못하게 저리 데리고 가버려라.)
③ 그 사름 돈 싯덴 땅땅 울르멍 살앗단 말이우다.
   (그 사람 돈 있다고 떵떵거리며 살았다는 말입니다.)

예문 ①은 '큰일하다가 보면 외치는 사람도 있습니다.' 하는 말로, 큰일을 치르다 보면 의견이 맞지 않다거나 하여 크게 소리 지르는 사람이 있게 마련이라는 뜻이다. 일종의 위안의 말인 셈이다. 사실이지 큰일을 치르다 보면 서로 의견이 다를 때가 있다. 그러면 제 의견을 관철하기 위하여 소리 지르게 마련이다. 어느 한 쪽이 물러서거나 의견을 철회함으로써 마무리되기도 한다. 보기 좋은 결말이다. 서로 제시한 의견이 팽팽하고 고성이 오가다 보면 다툼으로까지 번지기도 하는데 이때 하는 말이 **예문 ②**이다. '외치지 못하게 저리 데리고 가버려라.' 하는 뜻으로, 자리를 피하면 '울르는' 소리가 잦아들기 마련이다. 분이나 감정을 삭이려고 멀리 떨어져 담배를 피우기도 하고, 술자리에 끼어들기도 한다. 잠잠해 지면 **예문 ①**인 '큰일ᄒᆞᆼ당 보믄 울르는 사름도 잇입네다게.' 하고 위안을 삼는다.

예문 ③의 '울르다'는 앞의 예문과는 조금 다른 의미로 쓴 경우이다. '그 사람 돈 있다고 떵떵 소리치며 살았다는 말입니다.'로 대역되는 것처럼 입찬소리를 하거나 흰소리 또는 바른 소리를 하며 살았다는 말이다. 바른 소리면 좋은데 그렇지 못해서 생긴 문제로, 돈이 말을 한 셈이 되어버린 것이다.

가끔 '울르다'보다 의미가 센 '쒜울르다, 웨울르다'가 쓰이기도 한다.

④ 벋디듸엉 앙작ᄒᆞ멍 쒜울르는디 이길 수가 셔.

　(벋디디어 엄살하며 소리 지르는데 이길 수가 있어.)

⑤ 저디 삼촌안티 강 웨울르지 맙센 ᄀᆞ르라.

　(저기 삼촌한테 가서 소리치지 마시라고 말해라.)

예문 ④는 어린아이가 '벋디디어 앙작하며 소리치는데 이길 수가 있어.' 하는 뜻으로, 어린아이가 벋디디어 앉아 우는데 질 수밖에 없다는 것이다. 여기서 '쒜울르다'는 '새된 소리로 목청껏 소리 지르다.'는 뜻을 지닌 말이다.

예문 ⑤는 '저기 삼촌한테 가서 소리치지 마시라고 말해라.' 하는 말로, '소리 치는' 삼촌한테 가서 소리치지 못하게 하라는 것이다. 여기서 '웨울르다'는 '먼 데까지 들리게끔 목청껏 소리를 크게 지르다.'는 의미를 지닌다.

큰일을 치르다 보면 큰 소리 나게 마련이니 얼굴 붉히는 일이 너무 길지 않았으면 한다.

울리다

이 '울리다'는 '돼지고기나 잡채 따위 등 한번 익혔던 음식을 먹기 전에 다시 불기운을 약하게 가하다.'는 뜻을 지닌 어휘로, 대역할 마뜩한 표준어는 없다. '식었거나 찬 것에 열을 가하여 덥게 하다.'는 뜻의 '데우다'하고는 그 의미 영역이 다른 것으로 보인다. 곧 "국 데우라.", "찌개 데우라." 등은 가능하지만 "*국 울리라.", "*찌개 울리라." 등은 어색하게 느껴지기 때문이다. 식은 음식을 먹기 좋게 약한 불기운을 가하여 따뜻하게 하는 것이라 보면 좋을 듯하다.

① 이 잡채 트랑지언 먹지 궂이키여, ᄒ꼼 울려시믄 좋암직ᄒ다.

(이 잡채 조금 탱탱해서 먹기 궂겠어, 조금 따뜻하게 했으면 좋겠다.)

② 울리는지멍에 이 돗궤기도 울령 오라.

(따뜻하게 하는 김에 이 돼지고기도 따뜻하게 해서 오너라.)

③ 요번은 너믜 울련 막 지접다게.

(요번은 너무 '울려서' 아주 뜨겁다.)

예문 ①과 **예문** ②는 제사를 지낸 다음날 곧잘 듣는 말이다. **예문** ①은 밥상 위에 놓인 식은 잡채를 보며 하는 말로, '이 잡채 조금 탱탱해서 먹기 궂겠어, 조금 따뜻하게 했으면 좋겠다.' 하는 뜻이다. 잡채가 식었다는 것은 당면 가락이 서로 엉키어 젓가락질하기 불편할 뿐만 아니라 젓가락에 집히는 분량은 한 입에 먹기에도 많은 양이 되기 십상이다. 이렇게 되면 먹기 거북하다. 그래서 먹기 좋게 식은 잡채에 약한 불기운을 가하여 따뜻하게 했으면 좋겠다는 게 **예문 ①**이 뜻하는 바다. 여기서 '트랑지언'은 '조금 되알지고 단단하다.'는 뜻을 지닌 어휘로, 메밀묵이나 우무 따위가 식어 조금 단단하게 굳은 모양을 나타내는 것으로 보면 좋을 것이다.

예문 ②는 돼지고기 '적갈(적, 산적)'도 식어서 먹기 안 좋으니, 잡채를 '따뜻하게 하는 김에 이 돼지고기도 따뜻하게 해서 오너라.' 하는 뜻이다. 특히 돼지고기는 '적고지(적꼬치)'에 꿰었던 것이기에 '적고지'를 빼도 그대로 붙어 있게 마련이다. 살코기와 기름기가 함께 섞여 있는 부위인 경우는 그 정도가 심하여 서툰 젓가락질로는 쉽게 떨어지지도 않는다. 이때도 약한 불기운을 쪼이면 돼지고기 '적갈'은 누지게 되고, 젓가락을 대기만 해도 쉽게 떨어진다. 적당하게 따스하니 먹기에도 좋다.

한편 **예문 ③**은 '돼지고기도 따뜻하게 해서 오너라.' 하는 **예문 ②**의 결과로, '요번은 너무 '울려서' 아주 뜨겁다.'는 말이다. 대개 이런 경우는 '웃하늘(입천장)'을 데게 마련이고, 심하면 겉이 벗겨지기도 한다. 이는 '지접다'라는 어휘에서 유추 가능하다. 곧 '지접다'는 '지지다[煎](지지+-업다)'에서 온 어휘이기 때문이다.

'울리다'는 '한번 익혔던 음식을 먹기 전에 다시 불기운을 약하게 가하다.'는 뜻을 지닌 어휘로, 눈이 내려 추운 날이면 식은 음식은 '울려서' 먹어야 제맛을 느낄 수 있다. 그렇다고 너무 '지접게' 한다면 입천장을 델 수 있으니 조심할 일이다.

저들다

이 '저들다'는 달리 '즈들다'라 하는데, '걱정되는 일이 있어서 매우 근심하다.'는 뜻을 지닌다. 표준어 '걱정하다' 또는 '근심하다'에 가깝다.

① 즈들일 엇이민 누운 개 발 밟나.
　(걱정할 일 없으면 누운 개 발 밟는다.)

② 처가칩의 간 보난 가시어멍이 즈들아 간다 즈들아 온다 헴서.
　(처가에 가서 보니 장모가 걱정해 간다 걱정해 온다 하고 있어.)

③ 즈드는 사람은 산짓물에 강도 궁글팡에 앚나.
　(걱정하는 사람은 산짓물에 가서도 흔들거리는 팡에 앉는다.)

예문 ①은 '걱정할 일 없으면 누운 개 발 밟는다.'는 것으로, 일부러 걱정거리를 불러들인다는 말이다. 누워 있는 개의 발을 밟았으니 개가 가만있을 리 없다. 덤비고 끝내는 발 밟은 사람을 물게 되니 그 뒤부터는 걱정거리가 생긴다. 개 주인집 된장을 바르면 낫는다고 해서 개 주인집 된장을 찾고, 병원에 가서 주사를 맞아야 한다고 해서 병원을 찾는다 하며 야단법석을 피우는 것이다. 편안함이 걱정거리를 만든 것이다.

예문 ②는 '처가에 가서 보니 장모가 걱정해 간다 걱정해 온다 하면서 걱정하고 있더라.'는 말이다. 여기서 '주들아 간다 주들아 온다'는 걱정하면서 안절부절못 하는 모양을 말한다. 걱정거리는 사위에 대한 걱정, 시집간 딸에 대한 걱정이다.

예문 ③은 '걱정하는 사람은 산지천 빨래터에 가도 흔들거리는 빨랫돌에 앉는 다.'는 말로, 걱정하는 사람은 걱정거리에서 헤어날 수 없다는 뜻이다. 여기서 '산 짓물'이란 제주시 건입동 산지천의 빨래터를 말하며, '궁글팡'은 '안정되지 못하 고 흔들리는 빨랫돌'을 말한다. '흔들거리는 빨랫돌'이니 빨래가 잘 될 리 없다. 그래서 걱정거리가 하나 더 느는 것이다.

한편 이 '저들다'는 비유적인 표현으로, '웃어른 앞에서 참았던 방귀를 뀌다.'는 뜻으로 쓰이기도 한다. 대개는 '저들지 말라.' 또는 '또 저들암쩌, 저들암꾸나.' 등 으로 나타나며, 이런 말을 하게 되는 상황이 '웃어른 앞에서 참았던 방귀를 뀌다.' 라는 의미 도출에 결정적인 역할을 한다.

④ 아이고 또 저들암구나, 이제랑 저들지 말라.

　　(아이고 또 방귀 뀌고 있구나, 이제랑 방귀 뀌지 말아라.)

걱정거리가 없다고 해서 누운 개 발을 밟아서도 안 되고, 걱정거리가 있는데도 또 산지천 빨래터에 가서 흔들거리는 빨랫돌에 앉아서도 안 된다. 그러나 살면 서 적당한 걱정거리가 있으면 긴장하게 되고, 살맛 또한 느끼게 되니 걱정거리 가 없는 것보다는 조그마한 걱정거리라도 만들었으면 한다.

저울이다

이 '저울이다'는 '저울로 무게를 달아 헤아리다.'는 뜻을 지닌 어휘로, 표준어 '저울질하다'에 해당한다. 이밖에 '저울로 무게를 헤아리다.'는 뜻을 지닌 어휘 '둘다'와 '뜨다'도 있는데 이들은 각각 표준어 '달다'와 '뜨다'에 해당한다.

① 눌걸로 저울이믄 무기사 하영 나갈 테주.

  (날것으로 저울질하면 무게야 많이 나갈 테지.)

② 거 풀당 남은 거매 저울이지 말앙 손짐작으로 줍서게.

  (그것 팔다가 남은 것이니 저울질하지 말고 손어림으로 주십시오.)

③ 무사 거 보믄 모르크라, 돌아보나 마나 흔 칭은 넘은켜.

  (왜 그것 보면 모르겠어, 달아보나 마나 한 칭은 넘겠다.)

④ 두 사름이 목두로 들르곡 ㅎ영 떠사 홀 거여.

  (두 사람이 목도로 들고 해서 떠야 할 거야.)

예문 ①은 '날것으로 저울질하면 무게야 많이 나갈 테지.' 하는 뜻으로, 날것이 마른 것보다 무게가 더 나간다는 당연한 이야기를 왜 모르느냐 하는 핀잔이 섞인 말이다. 여기서 '늘것'은 말리거나 익히거나 가공하지 아니한 고기, 채소 따위를 뜻하는 어휘로, 마른 것과 날것을 비교할 때 '늘것'이 말리지 않았으니 당연 근수는 많이 나갈 수밖에 없다. **예문 ②**은 '그것 팔다가 남은 것이니 저울질하지 말고 손어림으로 주십시오.' 하는 말로, 떨이니 근수를 헤아릴 필요 없이 대강 손으로 들어보고 손어림으로 팔라는 뜻이다. 손짐작이기 때문에 헤아리는 근수는 짐작에 불과하니 파는 사람이 이익인지 사는 사람이 이익인지를 알 수가 없다. 그러나 파는 사람이나 사는 사람이나 모두에게는 떨이라는 홀가분함이 있을 것이다.

예문 ③과 **예문 ④**는 '저울로 무게를 헤아리다.'는 뜻을 지닌 어휘로, '들다'와 '뜨다'가 쓰이고 있음을 알 수 있는 말들이다.

예문 ③은 돼지가 한 칭은 넘겠다, 넘지 않겠다 하고 서로 옥신각신할 때, 옆에 있던 사람이 하는 이야기로, '왜 그것 보면 모르겠어, 달아보나 마나 한 칭은 넘겠다.' 하는 뜻이다. 이 예문은 경험이 많아야 할 수 있는 말로, 시원하고 명쾌함을 느끼게 한다. 여기서 '흔 칭'은 재래식 무게 단위로, 100근을 말한다. 이런 돼지는 큰일 때 가장 많이 쓰인다.

예문 ④는 '두 사람이 목도로 들고 해서 떠야 할 거야.' 하는 뜻으로, 무게가 나가는 무거운 물건을 저울질할 때 쓰는 말이다. 두 사람이 목도를 해야 할 정도이니 그 무게를 짐작할 수 있다.

'저울이다'는 '저울로 무게를 헤아리다.'는 뜻을 지닌 어휘이지만, '속내를 알아보려고 서로 비교하여 이리저리 헤아려 보는 일' 또한 '저울이다'라 한다. 어느 경우든 헤아리는 것을 본령으로 하는 것이매, 헤아려 보는 지혜가 필요하다.

제반걷다

이 '제반걷다'는 '제사나 차례 등 제를 지낸 후 조상이나 신을 대접하기 위해 올렸던 제물에서 조금씩 떼어내다.'라는 뜻을 지닌 어휘로, 달리 '잡식ᄒ다'라 말하기도 한다. '제반걷다, 잡식ᄒ다'는 표준어 '제반하다'에 해당한다.

① 제 끗나시메 지방 술곡 제반걷으라.

  (제 끝났으니 지방 사르고 제반해라.)

② 우린 잡식ᄒ덴 골읍네다.

  (우리는 '잡식한다'고 말합니다.)

③ 밧듸 강 밥 먹기 전의 싀 번 동더레, 서러레 데끼는 것 ᄀ라 '케우리다' 경 곧주.

  (밭에 가서 밥 먹기 전에 세 번 동으로, 서로 던지는 것 보고 '케우리다' 그렇게 말하지.)

예문 ①은 "제를 마쳤으니 곧 파제(罷祭)했으니 지방(紙榜)을 불사르고 제반하라."는 웃어른의 분부이다. 그러면 집사를 담당했던 사람은 보시기에 제물을 조금씩 떠 어놓은 다음 약간의 술을 붓는 것으로 '제반걷기'를 마친다. 예전에는 지붕 위에 던졌지만 지금은 적당한 곳에 놓는 것으로 대신한다. 예문 ②는 "우리 집안에서는

'제반걷다'라 하지 않고 '잡식한다'고 말합니다."는 뜻이다.

한편 **예문 ③**은 '밭에 가서 밥 먹기 전에 먼저 밥을 떠 세 번 동으로, 서로 던지는 것을 '케우리다'라 말한다.'는 뜻으로, 표준어 '고수레하다'에 해당하는 말이다.

여기서 표준어와 제주어의 '제반', '제반걷다', '고수레하다', '케우리다'를 구분해 둘 필요가 있다.

- (표준어) 제반/제반하다: 끼니때마다 밥 먹기 전에 밥을 조금 떼어서 신(神)에게 감사의 뜻을 표하는 일./끼니때마다 밥 먹기 전에 밥을 조금 떼어서 신(神)에게 감사의 뜻을 표하다.

- (제주어) 제반(=잡식)/제반걷다(=잡식ᄒ다): 제를 지낸 후 조상이나 신을 대접하기 위해 올렸던 제물에서 조금씩 떼어내는 일./제를 지낸 후 조상이나 신을 대접하기 위해 올렸던 제물에서 조금씩 떼어내다.

- (표준어) 고수레/고수레하다: 산이나 들에서 음식을 먹을 때나 무당이 굿을 할 때, 귀신에게 먼저 바친다는 뜻으로 음식을 조금 떼어 던지는 일./산이나 들에서 음식을 먹을 때나 무당이 굿을 할 때, 귀신에게 먼저 바친다는 뜻으로 음식을 조금 떼어 던지다.

- (제주어) 케우리다: 산이나 들에서 음식을 먹을 때나, 무당이 푸닥거리를 할 때, 남의 집에서 가져온 음식을 먹기 전에 먼저 귀신에게 대접한다는 뜻으로 조금 뜯어 던지다.

제통ᄒ다

이 '제통ᄒ다'는 '나았던 병이 다시 도져서 앓게 되다.' 는 뜻을 지닌 어휘로, 표준어 '재통(再痛)하다'에 해당한다. 여기서 주의할 것은 한자어 '재통(再痛)'을 '제통'이라고 표기하는 데에 있다. 이는 한자어 '재(再)'의 옛 발음이 'ᄌᆡ'로, 이른바 아래아가 있기 때문에 '재'로 표기하지 않고 '제'로 표기하는 것이다. 이 '제통ᄒ다'는 어휘 '감기'와 호응하며 쓰인다.

① 지침 소리가 달란 어떵 감기 제통ᄒ 셍이여.

(기침 소리가 달라서 어찌 감기 재통한 모양이야.)

② ᄒ끔 낫앗뎅 ᄒ연 집밧긔 나가지 말라, 제통ᄒᆫ다.

(조금 나았다고 해서 집 밖에 나가지 마라, 재통한다.)

③ 제통ᄒᆫ 감기가 더 오래 간다.

(재통한 감기가 더 오래 간다.)

예문 ①은 '기침 소리'로 감기의 정도를 느껴서 하는 말로, '기침 소리가 달라서 어찌 감기 재통한 모양이다.'는 뜻이다. 이럴 때 기침 소리는 카랑카랑하여 '쒜소리'가 난다고 한다. 감기가 아주 깊었다는 말이다. '쒜소리'는 '쇳소리'로, 감기가 깊어 폐 깊숙한 데서 나오는 기침 소리를 말한다. 이렇게 되면 병원에 가 주사를 맞고, 약을 먹고 한다. 몸 간수도 보통 때와는 다르다. 바깥출입을 할 때 모자를 쓰고, 목도리를 두르고, 입마개를 하며 야단을 떤다. 입맛이 없다며 파 넣은 '곤죽(쌀죽)'이나 좁쌀죽으로 끼니를 해결한다. 땀을 흘리고 나면 몸이 좀 '허끈ᄒ다(가뿐하다)'. 몸이 가뿐해졌으니 집 안에만 있지 못하고, 집 밖으로 나가려고 한다. 그러면 **예문 ②**를 말함으로써 바깥으로 나가는 것을 경계한다. 곧 '조금 나았다고 해서 집 밖에 나가지 마라, 재통한다.'는 것이다. '제통'의 뜻을 알만한 나이 같으면 어른들의 말을 알아듣고 밖으로 나가지 않지만, 집 안에 조금만 있어도 좀이 쑤시는 나이니 밖으로만 나가려고 한다. 끝내 머리끝에서 발끝까지 꾸리고 나가지만 놀다 보면 꾸린 것이 흩어지고 만다. 장갑이 젖고, 양말이 젖어 형편이 아니다. 나아가던 감기가 다시 도진다. '감기 제통헷구나게.' 하는 말과 함께 또 병원 신세를 져야 한다.

   예문 ③은 나아가던 감기가 다시 도지고, 또다시 도지고 했으니 하는 말로, '재통한 감기가 더 오래 간다.'는 뜻이다. 감기도 이제는 내성이 생겼으니 더 오래 버티게 되는 것이고, 그러면 감기 걸린 사람은 더 오래 고생하게 되는 것이다.

   이 '제통ᄒ다'는 '나았던 병이 다시 도져서 앓게 되다.'는 뜻을 지닌 어휘로, '감기'라는 어휘와 호응하여 나타난다. 겨울철에 걸리기 쉬운 게 감기다. 감기는 나아가다 조금만 방심하면 '제통ᄒ기' 쉬운 병이니 몸 간수 잘하며 '제통ᄒ지' 않게 할 일이다.

주웃걸다

이 '주웃걸다'는 '남의 것을 탐내는 마음으로 자꾸 슬금슬금 넘겨다보다.'라는 뜻을 지닌 어휘로, 표준어 '기웃거리다'에 해당한다. 이 '주웃걸다'은 달리 '지웃거리다'라 말하기도 한다.

① 냉중에 강 보아도 뒷손헨 주웃걸엄서.

(나중에 가서 보아도 뒷짐해 기웃거리고 있어.)

② 감장돌멍 주웃걸어도 느시 얻어먹지 못혼 셍이여.

(맴돌며 기웃거려도 끝내 얻어먹지 못한 모양이야.)

③ 돗 숢는디 강 지웃거리당 보믄 작시레기라도 혼 점 얻어먹어질 거여.

(돼지 삶는 데 가서 기웃거리다 보면 고기 부스러기라도 한 점 얻어먹게 될 거야.)

예문 ①은 '기웃거리는 게 보기 싫어 돌아왔다가 나중에 다시 가보아도 뒷짐해서 기웃거리고 있더라.'는 것이다. '주우룻헤서' 그 자리를 못 떠났으니, "게난 주우룻ᄒ연 아적ᄭᆞ장 잇어구나."라고 말을 건네는 것이다. "그러니까 '주우룻해서' 아직까지 있었구나." 하는 말로, 여기서 '주우룻ᄒᆞ다'는 '무엇인가 하고 싶어하는 마음이 간절하다.'는 뜻이다.

예문 ②은 "맴돌며 기웃거리도 끝내 얻어먹지 못한 모양이야."라는 안타까운 마음을 표현한 것이고, 예문 ③은 "돼지 삶는 데 가서 기웃거리다 보면 고기 부스러기라도 얻어먹을 수 있을 거다."라는 말이다. 이 문장의 '작시레기'는 달리 '작살, 닥살, 작스레기'라고도 하는데. '소, 돼지 따위의 고기를 썰 때 생기는 아주 자질구레한 고깃점'을 말한다. 곧 고기 부스러기인 셈이다.

이렇게 '주웃거는' 것은 벌써 마음이 탐내는 쪽으로 기울어져 있으니, '기울다'와 밀접한 관계를 지닌다. 제주어 '주웃걸다, 지웃거리다'는 '기웃거리다'의 어두음 '기'가 '지' 또는 '주'로 변한 결과이다. '한길'이 '한질'로 변하는 경우와 같다.

이 '지웃걸다'는 '기웃거리다, 기웃기웃, 기웃ᄒ다'라는 옛말에서 온 말이다.

- 窺探 기웃거리다《동문유해》
- 探頭舒腦 기웃기웃 엿보다《역어유해》
- 賊眉鼠眼 기웃기웃《한청문감》
- 幽深ᄒᆫ 고즌 기웃ᄒ야 남긔 ᄀ득ᄒ얏고.
  (유심한 꽃은 기웃하여 나무에 가득하였고.)《두시언해》

줄 사람은 생각지도 않는데, '주웃걸거나' '지웃거리믄' 사람들이 좋아할 리 없다. 심하면 배돌이로 따돌림을 당하게 되니, 아무 일에나 '지웃걸거나' '지웃거리지' 않을 일이다.

줍다

이 '줍다'는 '떨어지거나 해어진 곳에 다른 조각을 대거나 또는 그대로 꿰매다.'라는 뜻을 지닌 어휘로, 표준어 '깁다'에 해당한다.

① 요세 주운 양말 신는 아이 시카마씀?

  (요사이 기운 양말 신는 아이 있을까요?)

② 터진 창문으로 브름은 칼칼 들어오곡 ᄒ난어떵 말이우까, 씰로 대걸룽 주위십주.

  (터진 창문으로 바람은 쌩쌩 들어오고 하니까 어떻게 말입니까, 실로 대충 기웠지요.)

③ 험벅 몰르레기라도 아상 오라, 터진 고망 주위불게.

  (헝겊 나부랭이라도 가지고 오너라, 터진 구멍 기워버리게.)

예문 ①은 '요사이 구멍 난 양말을 기워서 신는 아이가 있을까?' 하는 뜻으로, 예전에는 해진 양말은 기워서 많이 신었지만 요즘은 그렇지 않다는 뜻이 담긴 말이다. 사실이지 요즘 기운 양말을 신은 사람 보기가 어렵다. 해진 양말을 전구에 끼워 바느질하던 할머니 모습이 이내 떠오른다. 예문 ②는 창문의 창호지가 찢어져서 바람이 들어오니 임시방편으로 실로 꿰매어 대충 지낸다는 말이다. 이는 창호지도 귀할 뿐더러 날을 잡아 창문을 바르기 때문이기도 하다. 바람 들어오는 방에서 생활해도 좀처럼 해서는 감기도 걸리지 않았는데 요즘은 찬바람만 쐬도 감기 기운이 도니 나이를 탓해야 할까 아니면 환경을 탓해야 할까.

예문 ③도 헝겊 나부랭이 가지고 오면 터진 구멍을 깁겠다는 말이다. 여기서 '물르레기'는 달리 '물흐레기, 물흐라기, 물그레기, 무르레기, 무으레기'라 말하기도 하는데, 표준어 '나부랭이'에 해당한다.

요즘 경제가 어렵다고 한다. 스스로 해어진 양말 기워서 신고, 아이들에게 구멍 난 양말 기워서 신길 수도 없지만 불필요한 낭비는 삼가고 매사에 근검, 절약하는 자세를 가져보자.

중트다

이 '중트다'는 '버끌레기트다, 버글레기트다, 벙글레기트다, 부글레기트다, 함불레기트다' 등으로 말하기도 하는데, '주로 장마철에 비가 오랫동안 이어져 내릴 때, 빗방울이 고인 빗물 가운데로 떨어지면서 큰 물거품이 일어나다.'는 뜻을 지닌 어휘이다. 곧 세찬 빗줄기가 고인 빗물에 떨어지면서 큰 물거품을 만드는 것을 말한다. 이렇게 물거품이 일면서 비가 내릴 경우는 대체적으로 큰비가 온다는 속설이 있다.

이 어휘들에 공통으로 들어 있는 '트다'는 '물속이나 지면에서 가라앉거나 내려앉지 않고 물 위나 공중에 있거나 위쪽으로 솟아오르다.'는 의미를 지니고 있으니 표준어 '뜨다'에 해당하며, '버끌레기, 버글레기, 벙글레기, 부글레기, 함불레기'는 '거품' 또는 '물거품'에 해당한다. '중트다'의 '중'은 중[僧]이 아닌가 한다.

① 마당더레 보라, 중트멍 비 오람시녜.

(마당에 보아라, 물거품 일어나면서 비 오고 있다.)

② 영 함불레기트멍 비 오는 날은 줌을 자나 개역 ᄒ영 먹는게 제일이여.

(이렇게 물거품 생기며 비 오는 날은 잠을 자거나 미숫가루 만들어 먹는 게 제일이야.)

③ 부글레기트멍 비 오란게, 보라 늣 돋아시녜.

　(물거품 생기면서 비 오더니만, 보아라 이끼 돋았네.)

　예문 ①은 '마당에 보아라, 물거품이 일어나면서 비 오고 있다.'는 뜻으로, 앞으로도 비가 줄곧 올 테니 밖으로 나가지 말라는 의미가 내포되어 있는 말이다. 이럴때 밖에 나가면 옷 젖는 것은 물론이고 잘못하면 미끄러져 다치거나 옷이 더러워지기 때문에 밖에 나가는 것을 만류하는 것이다. 그러나 아이들은 비를 맞으면서도 밖으로만 나가려 한다. **예문 ②**는 농사가 끝난 뒤 비 오는 날의 풍경을 연상할수 있는 말이다. '이렇게 물거품이 생기면서 비 내리는 날은 잠을 자거나 아니면 미숫가루를 만들어 먹는 게 제일'이라는 말이다. 대체적으로 비 오는 날은 '꽝이복삭흐고(뼈가 쑤시고)' 그래서 잠이 잘 온다. 자도 또 자고 싶은 게 비 오는 날이다. 아니면 '개역'을 만들어 먹어도 좋은 날이 비 오는 날이다. 할 일이 없으니 말이다. 여기서 '개역'이란 표준어 미숫가루로 대역했지만 미숫가루와는 조금 차이가 난다. 곧 '개역'은 보리나 콩 따위를 볶아서 갈거나 빻아서 만든 가루음식이라면 미숫가루는 찹쌀이나 멥쌀 따위를 볶거나 쪄서 만든 가루음식이다. 재료가 다르다. 이 '개역'은 식은밥에 비벼 먹거나 물에 타서 먹는다. 가끔 꼬마들은 종이를 원뿔형으로 말아 그 속에 '개역'을 넣고 마른 가루를 빨아 먹기도 한다. 잘못 빨면 사레들어 '개역'을 친구 얼굴에 분사하기도 한다.

　예문 ③은 '물거품이 생기면서 오래도록 비가 오더니만, 마당에 파랗게 이끼 돋았다.'는 말이다. 장마가 그친 다음의 마당 풍경이다. 곱게 보이지만 이런 데를 잘못 밟으면 그냥 미끄러져 다치거나 옷이 더러워진다. 다른 사람들이 보았다면 얼굴 빨개지기도 한다. 장마철, '중트멍' 비 오는 날은 따분하기도 하고, 나른해 졸리기도 하는 날이다. 그러나 몇 번 기지개를 켠다면 기분이 새로워질 것이고 일의 능률 또한 오를 것이다.

지꺼지다

이 '지꺼지다'는 '마음속으로 은근히 기뻐하다.'는 뜻을 지닌 어휘로, 표준어 '기꺼워하다' 또는 '기꺼하다'에 해당한다. 달리 '지꺼ᄒ다'라 한다.

① 가근에 놀당덜 오랜 ᄒ난 지꺼졌덜 터졍 믄 뻥뻥 돌아나.

　(가서 놀다들 오라고 하니까 기꺼워서들 터지어 몽땅 뻥뻥 내달아.)

② 하르방이 아무거나 들렁 가믄 할망은 지꺼졍 홀 텝주.

　(할아버지가 아무것이나 들고 가면 할머니는 기꺼워할 테지요.)

③ 소곱으론 지꺼졍 오란 아덜신디 골으난 아덜은 난 마우댄 ᄒ여.

　(속으로 기꺼워서 와서 아들한테 이야기하니 아들은 나는 싫습니다고 해.)

④ 굴우기 나난 어멍도 지꺼ᄒ지마는 키울 셍각ᄒ믄 답답ᄒ여.

　(쌍둥이 나으니까 어머니도 기꺼워하지마는 키울 생각하면 답답해.)

예문 ①은 수업 끝을 알리는 종소리를 듣고 담임 선생님이 "나가 놀다 오너라." 하는 한마디에 밀물 빠져나가듯 교실을 빠져나가는 학생을 연상하면 이해가 쉽다. 곧 '가서 놀다들 오라고 하니까 기꺼워서 터지어 몽땅 뻥뻥 내달아.' 하는 뜻이다. 여기서 '삥삥 돌아나'는 기꺼워하는 모습의 표현으로, 활개 치며 내닫는 어린아이들을 떠올리게 한다. "가근에 놀당덜 오라."는 말이 아이들을 새처럼 만든 것이다.

예문 ②에서는 '하르방(할아버지), 할망(할머니)'이라고 했지만 실제 상황에서는 중년의 남편과 아내의 뜻으로 쓰였다. 이 예문은 '남편이 아무것이나 들고 가면 아내는 기꺼워할 테지요.' 하는 말로, 무엇인가 들고 오면 좋아한다는 뜻이다. 좋아하는 표현을 밖으로 드러내도 되지만 속으로 '지꺼져' 하는 모습이 더 좋아 보일 때가 많다.

예문 ③은 '소곱으론'이라는 구절이 있긴 하지만 '지꺼지다'의 뜻을 잘 살린 경우다. '지꺼지다'가 속으로 은근히 기뻐하는 것이기 때문이다. 예문은 '속으로 기꺼워서 와서 아들한테 이야기하니 아들은 나는 싫습니다고 해.' 하는 뜻을 담고 있다. 아버지가 어떤 이야기를 들었는지 모르지만 기쁜 일이매 틀림없다. 속으로는 좋아 죽겠는데도 겉으로는 내색하지 않고 집으로 돌아와 아들한테 이야기했더니 "난 싫습니다."는 아들의 대답을 들은 것이다. 여기서 주의할 것은 '말다'는 어휘에 있다. 예문의 '말다'는 표준어 '싫다'로 대역되는 경우이니, "거 거시지 말라, 잘못 ᄒᆞ믄 문다.(그것 건드리지 말라, 잘못 하면 문다.)"처럼 금지의 뜻을 지닌 '말다'와는 다른 어휘이다.

예문 ④는 '쌍둥이 나으니까 어머니도 기꺼워하지마는 키울 생각하면 답답해.' 하는 뜻으로, 쌍둥이를 낳으니까 기쁜 일이긴 하지만 앞으로 키울 생각하면 답답해서 기쁜 내색을 할 수 없다는 것이다. '글우기'는 쌍둥이의 방언형으로, 달리 '글오기, 글에기' 또는 '쌍동이, 쌍둥이'라 하기도 한다.

'지꺼지다'는 달리 '지꺼ᄒᆞ다'라 하는데, '내색하지 않고 마음속으로만 은근히 기뻐하다.'는 뜻을 지닌 어휘로, 표준어 '기꺼워하다, 기꺼하다'에 해당한다. 모두의 하루하루가 '지꺼지는' 일로 가득했으면 좋겠다.

즈그물다

이 '즈그물다'는 '단단히 결심하거나 무엇을 참아 견딜 때에 힘주어 이를 꼭 마주 물다.'라는 뜻으로, 표준어 '악물다' 또는 '으물다'에 해당한다. '악-물다'의 '악'은 '있는 힘을 다하여 모질게 마구 쓰는 기운'을 말하며, '으-물다'의 '으'은 '으박다(을러대어 몹시 억누르다.), 으벼르다(을러대며 잔뜩 벼르다.), 으살리다(남을 마구 놀려 주거나 집적거리다.), 으죄다(아주 세게 죄다.)'에서 확인되는 것처럼, '아주 세게, 을러대어 몹시, 울러대며 잔뜩'이라는 뜻을 지니고 있다. 한편 '즈그물다'의 '즈그'는 '슬며시 힘을 주는 모양, 조용히 참고 견디는 모양'을 뜻하는 '지그시(자그시, 재그시)'와 관련이 깊다.

① 입 즈그물언 욿이랑마랑.
　(입 악물어 울기는커녕.)
② 이 즈그물언 바득바득늬 골아 가난 몸서리쳐져라.
　(이 악물어서 아드득아드득 이 가니 몸서리쳐지더라.)

194

③ 주사 맞힐 때 울어가난 어멍이 뚝 허난 입 ᄌᆞ그물언게, 걸로 봥은 막 독허게 키운 셍이 라라.

(주사 맞힐 때 우니까 어머니가 뚝 하니까 입 악물던데, 그것으로 봐서는 막 독하게 키운 모양이더라.)

예문 ①은 '입을 악물어 울기는커녕.'이라는 뜻으로, 대단한 결심이나 인내심을 표현한 문장이다. '옰이랑마랑'의 '이랑마랑'은 '어떤 사실을 부정하는 것은 물론 그보다 덜하거나 못한 것까지 부정하는 뜻'을 나타내는 말로, 표준어 '커녕'에 해당한다. 예문 ②는 이를 악물어 아드득아드득 이를 가니 그 이 가는 소리 때문에 몸서리치게 되더라는 말이다. 예문 ③은 아이한테 주사를 맞힐 때 흔히 볼 수 있는 광경으로, 간호사가 주사를 놓으려고 하면 울어버리거나, 주사를 맞고 나서 울기도 한다. 이때 곁에 있던 어머니가 울음을 그쳐라 하는 뜻으로 "뚝" 하니 울음을 참으려고 입 악무는 것으로 보아서는 아주 독하게 키운 것 같더라는 말이다.

한편 '입이나 이를 악무는 모양'을 'ᄌᆞ그뭇ᄒᆞ게, ᄌᆞ그뭇지'라 한다.

④ 이 ᄌᆞ그뭇지 물언 아무 말도 아니 골아.

(이 지그시 물어서 아무 말도 아니 말하더라.)

살다 보면 결심을 새롭게 하거나 단단하게 마음을 다잡아야 할 때가 있다. 이런 때는 남이 보든 말든 상관없이 이를 'ᄌᆞ그물어' 마음가짐이나 정신을 가다듬을 필요가 있을 것이다. 내일을 위해서 말이다.

좀서내다

이 '좀서내다'는 '한번 들었던 잠이 깨어 좀처럼 잠을 이루지 못하다.'라는 뜻을 지닌 제주어다. 무슨 이유에서 잠이 깨었는지 모르지만 들었던 잠이 중간에 깨어 한참 뒤척이며 잠을 이루지 못하는 것을 '좀서내다'라 하는 것이니, 잠을 푹 자지 못하여 잠이 필요한 정도에 미치지 못한 채로 그만두는 '잠 설치다'와는 그 뜻에 차이가 있다. 그러나 이 두 말은 잠을 만족하게 자지 못했다는 점에서는 마찬가지 결과가 된다.

'좀서내다'는 '좀[眠]+서-+내다[出]' 구성으로, '서-'는 '잠이 모자라거나 깊게 들지 아니하다.'의 뜻을 지닌 '설다'의 어간에 해당한다.

① 혼번 좀서내난 잠직 잠직 ᄒ멍 ᄂ시 잘 말이우꽝?

　　(한번 잠 깨니 잘 듯 잘 듯 하며 끝내 잘 말입니까?)

② 물애기 혼번 좀서내믄 막 울엉 달래지 못한다.

　　(갓난아기 한번 잠 설면 막 울어서 달래지 못한다.)

③ 요세 올림픽 재방송 본덴 좀서낸, 뒤 출근ᄒ믄 조는 겁주.

　　(요사이 올림픽 재방송 본다고 잠 설어서 출근하면 조는 거지요.)

예문 ①은 한밤중인데도 눈망울 말똥거리며 잠을 자지 않는 갓난아기를 두고 하는 말이다. 갓난아기는 하루의 3분의 2 이상을 잠으로 보낸다. 낮잠을 실컷 잔 갓난아기는 잠이 부족한 어머님 심사를 알 리 없다. 맑은 눈망울을 말똥대고, 가끔 옹알이도 하면서 잠을 자지 않으니 '애기구덕'을 흔드는 어머니는 잠을 자는 둥 마는 둥 깊은 잠을 자지 못하고 끝내 선잠을 자고 마는 것이다. 갓난아기는 '줌 서낸' 것이 되고, 어머니는 '잠 설친' 것이 된다.

예문 ②도 갓난아기에 대한 이야기로, '갓난아기는 한번 잠 설면 마구 울어대서 달래지 못한다.'는 말이다. 특히 열대야가 계속 이어질 때는 **예문 ②**와 같은 상황이 벌어짐은 흔한 일이다. 부채질을 하고, 목욕을 시키고 하며 야단을 떨어야 한다.

예문 ③은 올림픽 경기 기간 동안 출근한 동료들 사이에서 주고받는 이야기 가운데 하나다. 엊저녁 생중계를 보지 못하고 중간에 깨어 재방송을 본다고 잠이 설어서 출근하면 졸게 된다는 말이 바로 **예문 ③**이다. 물론 점심 식사 후 잠깐 조는 것이니, 이런 부하 직원을 나무라는 상사는 없지 않을까 싶다. 그렇다고 업무 중에 졸라는 말은 결코 아니다.

줌아지다

이 '줌아지다'는 '우연하게 참여한 일에 오히려 더 열중하게 되다.'는 뜻을 지닌 어휘다. 표준어 '잠기다(어떤 한 가지 일이나 생각에 열중하다.)', '빠지다(무엇에 정신이 아주 쏠리어 헤어나지 못하다.)' 또는 '열중하다(한 가지 일에 정신을 쏟다.)'에 해당한다. 이 '줌아지다'는 '줌[沈]-+-아지다' 구성으로, '잠기게 되다'는 의미를 지닌다. '줌다'의 뜻은 "沈香은 므레 줌논 香이라.(침향은 물에 잠기는 향이라.)"라는 《월인석보》(2:29)의 구절에서 확인된다.

① 마작을 어떵사 좋아ㅎ는지, 훈번 줌아지믄 집의 들어옴이랑마랑.

    (마작을 어떻게야 좋아하는지 한번 열중하면 집에 들어오기는커녕.)

② 그 사름마씀, 아무 일에나 훈번 줌아지믄 집안일은 ㅎ나토 아녀마씀.

    (그 사람요, 아무 일에나 한번 빠지면 집안일은 하나도 않습니다.)

③ 물 죽은 밧듸 들민 거 줌아지는 겁주.

    (말 죽은 곳에 들면 그것 잠기는 거지요.)

예문 ①은 '마작을 어떻게야 좋아하는지, 한번 열중하면 집에 들어오기는커녕.'이라는 뜻으로, 마작을 하게 되면 집에 들어오지 않는다는 말이다. 마작(麻雀)은 중국의 실내 오락으로, 네 사람이 글씨나 숫자가 새겨진 136개의 패를 가지고 짝을 맞추며 즐기는 놀이다. 너무나 재미있어서, "집에 불이 났다."고 하면 "119에 신고하라." 할 정도로 그 놀이에 빠지고 만다고 한다. 그야말로 마작에 '줌아진' 것이다. 예문 ②도 '그 사람은 아무 일에나 한번 빠지면 집안일은 하나도 않는다.'는 뜻으로, 그 일에만 몰두한다는 것이다.

예문 ③은 '줌아지다'의 대표적인 경우이다. '말 죽은 곳에 들면 그것 잠기는 거지요.' 하는 뜻으로, 그곳에 빠지어 헤어나지 못한다는 것이다. 여기서 '물 죽은 밧'은 '말을 잡는 곳'을 말한다. 말 간(肝)과 '검은지름'이라는 말의 창자를 먹기 위하여 말을 훔친다는 말이 있을 정도이고 보면, 말 잡는 곳이 있다면 그곳에 빠질 만도 한 일이다. 이런 경우를 두고 '줌아지다'라 하는 것이다.

결국 '줌아지다'는 '어떤 한 일에 빠지면 헤어나지 못할 정도로 열중하다.'는 말이다. 《미쳐야 미친다》는 책 이름이 떠오른다. '미쳐야(狂)' '미친다(到)'는 것은 당연하니, 정말 미칠 일에 한번 '줌아져' 볼 일이다.

줍아둥기다

이 '줍아둥기다'는 '물건을 잡고 자기 쪽으로 당기다.'라
는 뜻을 지닌 어휘로, 표준어 '잡아당기다'에 해당한다. 이 '줍아둥기다'는 '줍다
[執]'와 '둥기다[引]'가 결합하여 이루어진 말로, 달리 '잡아둥기다, 잡아드니다'라
한다.

① 요센 아척의 이불 줍아둥겨겨마씸.

　(요새는 아침에 이불 잡아당기게 되지요.)

② 끄서당놔두민 이녁 거렌 이녁 펜더레 줍아둥격 ᄒ는거라.

　(끌어다 놓아두면 이녁 것이라고 이녁 편으로 잡아당기고 하는 거야.)

③ 거 집줄은 잘 줍아둥경 무꺼사 줌자도 무끄기가쉬와.

　(거 집줄은 잘 잡아당겨서 묶어야 잠자도 묶기가 쉬워.)

예문 ①은 날씨가 아침저녁으로 쌀쌀한 경우 하는 말로, '요새는 아침에 이불을
잡아당기게 되지요.' 하는 뜻이다. 한밤중에는 덥게 느껴져 이불을 걷어찼다가도
새벽녘이 되어 조금 한기를 느끼게 되면 이불을 당겨 덮게 된다는 것이다. 대개
초가을 때 하게 되는 말이다.

예문 ②는 한 사람은 물건을 내주지 않으려고 하고, 다른 사람은 내 것으로 하려고 서로 욕심을 낼 때 하는 말이다. 곧 안 주려고 '끌어다 놓아두면 이녁 것이라고 자기 쪽으로 잡아당기고 하는 거야.' 하는 뜻으로, 밀리고 당기고 하며 '씽앵이(승강이)'가 벌어지는 광경이 느껴진다. 이른바 '밀력 둥격' 곧 밀리고 당기고 하는 행동이 반복되는 것이다.

예문 ③은 초가를 새로 일 때 하는 말로, '거 '집줄'은 잘 잡아당겨 묶어야 잠자도 묶기가 쉬워.' 하는 뜻으로, 처음부터 '집줄'을 팽팽하게 당겨서 묶어야 한다는 말이다. 여기서 '집줄'은 '초가지붕이 거센 바람에 날리지 않게 각단으로 만들어 지붕을 얽어매는 줄'을 말한다. 이런 줄로 지붕을 단단하게 묶고 며칠 지난 다음, 곧 지붕이 잠잔 다음에 '집줄'을 바짝 잡아당기며 '거왕'에 잡아 묶어야 세찬 바람이 불어도 지붕이 날리지 않는다.

지금처럼 철이 바뀌는 시기에는 두꺼운 솜이불을 덮기에는 너무 덥고, 그렇다고 홑이불을 덮기에는 한기를 느낄 때 새벽녘이 되면 이불을 자기 쪽으로 잡아당기게 마련이다. 이때는 감기에 걸리지 않게 조심하고 또 조심해야 한다.

줓다

이 '줓다'는 '액체가 속으로 스며들거나 점점 졸아들어 없어지다.'는 뜻을 지닌 어휘로, 표준어 '잦다'에 해당한다.

① 낮원 만민 백성 줓아 죽고 밤원 만민 벡성 곳아 실려 죽을 때.

(낮에는 만민 백성 잦아 죽고 밤에는 만민 백성 곱아 시리어 죽을 때.)

② 그 아덜로 줓안 죽어지쿠다.

(그 아들로 잦아 죽겠습니다.)

③ 물 붓뜨게 놔신 그라 너믜 줏구와쪈 탄내 남저.

(물 밭게 넣었는지 너무 잦추어 탄내 난다.)

④ 이 엿 너믜 줓관 맛이 좋다.

(이 엿 너무 잦추어 맛이 좋다.)

예문 ①은 무가(巫歌) '초감제'에 나오는 구절로, 처음 지구의 모습이 '낮에는 만민 백성들이 잦아 죽고, 밤에는 만민 백성들이 곱아 시리어 죽을 때'라는 것이다. 낮에는 강렬한 태양열로 백성들이 잦아 죽고, 밤에는 기온의 급강하로 시리어 죽고 했다는 것이다. 곧 낮에는 강렬한 태양열로 해서 몸 안의 수분이 잦아들어 죽었다는 말이다. 여기서 '곳다'는 '손가락이나 발가락이 얼어서 감각이 없고 놀리기가 어렵다.'는 뜻으로 표준어 '곱다'에 해당한다.

예문 ②는 '그 아들 때문에 잦아 죽겠습니다.' 하는 뜻으로, 그 아들로 해서 애가 타들어 간다는 것이다. 여기서 '줏다'는 애가 타는 의미로 쓰인 경우다.

한편, 예문 ③은 엿 따위를 고거나 찌개를 끓일 때 자주 듣는 말로, '물을 밭게 넣었는지 너무 잦추어 탄내가 난다.'는 것이다. 여기서 '줏구다'는 '잦게 하다.', '잦아들게 하다.'는 뜻으로, '줏+-구-+-다'의 구성으로 이루어진 말이다. '줏구다' 대신 '줏고다'라 하기도 한다. '줏구다'나 '줏고다'는 북한 사전에 올라 있는 '잦추다(잦아들게 하다.)'에 해당한다. 예문 ④는 돼지고기나 호박 또는 꿩고기로 엿을 만들 때 들었던 말로, 엿을 너무 잦아들게 하여 맛이 좋다는 것이다.

이 '줏다'는 문헌 어휘 '줏다'에서 유래한다. "백설이 줏아진 골에 구루미 머흐레라 / 반가온 매화는 어늬 곳에 피엿는고 / 석양에 홀로 서 이셔 갈곳 몰라 ㅎ노라"는 시조 초장의 '줏아진'에서 이를 확인할 수 있다. 《역어유해》(보:4)의 한자어 '水涸地(수학지)'에 대한 '물 쉬이 줏ᄂ 짜(물 쉽게 잦아드는 땅)'라는 풀이에서는 'ㅅ' 받침인 '줏ᄂ'으로 나타난다. 그래서인지 《이조어사전》(유창돈)에서는 '줏다'를 표제어 '줏다' 항에서 다루고 있다.

추워지는 겨울철, 몸을 녹일 양으로 전골을 먹다가 육수가 부족하여 '줏아' 결국 짜게 먹어 물을 찾는 일이 없었으면 한다.

쫄리다

이 '쫄리다'는 '어떤 일이나 사람에 시달리거나 부대끼어 괴롭게 지내다.'라는 뜻을 지닌 어휘로, 표준어 '쪼들리다'에 해당한다.

① 빗에 쫄련 나 보아지믄 돈 돈 돈 흔다.

  (빚에 쪼들리어 나 보이면 돈 돈 돈 한다.)

② 사름에 쫄리믄 거 오장 뒈싸지는 거.

  (사람에 쪼들리면 거 오장 뒤집히는 것.)

③ 쫄련 산다고 오장가난은 말아사주.

  (쪼들리며 산다고 오장가난은 말아야지.)

예문 ①은 '빚에 쪼들리어 나 보이면 돈 돈 돈 한다.'는 말로, 내가 보이면 그때마다 '돈 돈 돈' 하면서 돈을 빌려 달라고 한다는 뜻이다. 빚쟁이에게 시달리다 보면 조금이라도 아는 사람만 만나도 돈을 빌려 달라는 부탁을 하기 십상이다. 물론 이런 경우는 그 금액이 그리 많지 않아야 한다. 큰돈을 준비하고 있어서 선뜻 빌려줄 수 있는 사람이 그리 많지 않기 때문이다. 여기서 하나 주의할 것은 무의식중에는 'ㅈ'받침 '빚[債]'을 'ㅅ'받침[빗]으로 발음한다는 것이다. "빚이 다랑다랑헷저."라 하지 않고 "빗이 다랑다랑헷저."라 한다.

예문 ②는 '사람에 쪼들리게 되면 오장 뒤집힌다는 것'으로, 사람에 치이면 천불이 난다는 것이다. 천불이란 하늘이 내린 불이란 뜻으로, 몹시 마음이 거슬리어 속이 상한 것을 두고 하는 말이다. 간장·심장·비장·폐장·신장, 이 다섯 가지가 오장인데 모든 장기가 뒤집혔으니 말이 아니다. 얼마나 쪼들리었으면 하는 동정심이 절로 생길 지경이다. 한편 예문 ③은 무엇에 '쪼들리며 산다고 해서 오장까지 가난해서야 되겠느냐.' 하는 말이다. 여기서 '오장가난'이란 '마음 씀씀이나 생각이 잘고 부족하여 답답하게 처리하는 일. 또는 그런 사람'을 말한다. 비록 쪼들리며 산다고 하지만 마음까지 가난해서야 될 말이냐는 것이다. 그런데 이 '쫄리다'는 표준어 '지다(내기나 시합, 싸움 따위에서 재주나 힘을 겨루어 상대에게 꺾이다.)'에 해당하는 제주어로 쓰이기도 한다.

④ 벵에 쫄리믄 아니 뒈는디. 재기 일어나사헐 건디.

　　(병에 지면 아니 되는데. 재우 일어나야 할 것인데.)

⑤ 보난 심이영 기술에 쫄련 안뒈크라라.

　　(보니까 힘이랑 기술에 지어서 안 되겠더라.)

예문 ④는 '병에 쪼들리면 아니 되는데, 재우 일어나야 할 것인데.' 하는 뜻으로, '쫄리다'는 표준어 '쪼들리다'에 해당한다. 그러나 조금만 더 생각해 보면 '병에 쪼들리다.'는 곧 '병에 지다.'는 말과도 같다. 반면 예문 ⑤는 '보니까 힘이랑 기술이랑에 져서 안 되겠다.'는 말이다. 여기서 '쫄리다'는 곧 표준어 '지다'에 해당하는 제주어가 된다.

무엇에 '쫄리는' 것은 사람의 마음을 상하게 만든다. 마음만이라도 풍성하면 쫄리는 일은 없지 않을까 한다.

체우치다

이 '체우치다'는 '빨리 몰아치거나 재촉하다.'는 뜻을 지닌 어휘로, 표준어 '재우치다'에 해당한다.

① 일ᄒᆞ는디 경 체우치멍 따몰믄 우리 일 못ᄒᆞᆸ니다예.

　　(일하는데 그렇게 재우치면서 다몰면 우리 일 못 합니다.)

② 식은 사름 체우치지 아녀믄 출려 놓은 밥도 아니 먹나.

　　(헤식은 사람 재우치지 않으면 차려 놓은 밥도 아니 먹는다.)

예문 ①은 '체우치다'의 뜻이 잘 드러나는 문장으로, '일하는데 그렇게 재우치면서 다몰면 우리 일 못 합니다.' 하는 뜻으로, 일을 열심히 하고 있는데 그렇게 다몰면 일을 못 한다는 말이다. 일을 열심히 하고 있는데도 이런 말을 들은 사람의 입장에서는 '우리를 기계로 보는 거야.' 하는 마음이 생기고, 아무리 돈을 주고 부리는 일이지만 '너무하는 거 아냐?' 하는 생각에까지 이르면 정말 일할 기분이 아니다. 적당하게 '체우쳐야' 일한 성금이 나는 법이다.

예문 ②는 '헤식은 사람 재우치지 않으면 차려 놓은 밥도 아니 먹는다.'는 말로, 정말이지 맺고 끊는 데가 없이 너무 싱거운 사람을 타박할 때 하는 말이다. 얼마나 혜식었으면 차려 놓은 밥도 아니 먹겠느냐는 것이다. 아마 숟가락에 떠 입에 물려야만 받아먹을 것이냐는 핀잔이다. 만일 이런 말을 듣는다면 겨자라도 듬뿍 먹어 정신을 차려야 한다.

한편 '체우치다'는 '멍석 끝을 들어 그 안에 있는 곡식 따위를 걷어 모으다.'는 뜻으로 쓰이기도 하며, 나아가 '말로 상대방을 올렸다가 내렸다가 하다.'는 뜻을 지니기도 한다.

③ 체우청 보리 담아텅 멍석 몰아불라.

(걷어 모아 보리 담고서 멍석 말아라.)

④ 말로 체우지멍 막 숭털엄서.

(말로 재우치면서 막 흉내질하고 있어.)

예문 ③의 '체우치다'는 '멍석 끝을 들어 그 안에 있는 곡식 따위를 걷어 모으다.'는 뜻으로 쓰인 경우이고, 예문 ④는 '말로 상대방을 올렸다가 내렸다가 하다.'는 의미로 쓰인 경우이다. 예문 ③은 이제 해가 졌으니 '멍석 끝을 들어 보리를 가운데로 걷어 모아서 담고 멍석을 말아라.' 하는 말이다. 예문 ④는 상대방 또는 이야기 대상인 된 사람을 마치 멍석에 널어놓은 보리처럼 생각해서는 멍석 끝을 들었다가 놓았다가 하는 것처럼 '말로 들었다 놓았다' 하는 것이다. 여기서 '숭털다'는 표준어 '흉내질하다'에 해당하는 말이다.

그러니까 '체우치다'는 표준어 '재우치다'에 해당하는 어휘인 한편, '멍석 끝을 들어 그 안에 있는 곡식 따위를 걷어 모으다.', '말로 상대방을 올렸다가 내렸다가 하다.'는 뜻을 지닌 어휘인 셈이다.

체죽ᄒᆞ다

이 '체죽ᄒᆞ다'는 '어떤 일을 빨리 하도록 조르다.'라는 뜻을 지닌 어휘로, 표준어 '재촉하다'에 해당한다. '체죽ᄒᆞ다'는 달리 '체족ᄒᆞ다'라 말하기도 하는데, 여럿이 일을 도모하려고 할 때 자주 사용한다.

① 다 나와시메 재기 나옵센 체죽ᄒᆞ라게.

　(다 나왔으니 재우 나오시라고 재촉해라.)

② 옛날사 집집이 돌아뎅기멍 체족ᄒᆞ엿주마는 이젠 전화 이시난 체죽홈도 쉬와.

　(옛날에야 집집이 돌아다니며 재촉했지마는 이제는 전화 있으니 재촉함도 쉬워.)

③ 메틀 날 벌초ᄒᆞᆫ덴 여러 번 내컫곡 체족헷주마는 나옴이랑마랑.

　(며칠 날 벌초한다고 여러 번 알리고 재촉했지마는 나오기는커녕.)

예문 ①은 "다들 나와서 기다리고 있으니 빨리 나오시라고 재촉하라."는 말이다. 다 함께 일을 할 때는 능장을 부리는 사람이 있게 마련이지만 유독 게으름을 피우는 사람이 있다. 벌초하려고 아침 7시까지 모이자고 연락하면 7시를 훨씬 넘겨도 약속 장소에 나타나지 않는 사람이 있다. 그러면 대표가 되는 사람이나 웃어른은 약속 장소에 나타나지 않은 사람을 호명하며 빨리 나오도록 연락하라고 야단한다. 이때 쓰이는 말이 바로 **예문 ①**이다.

예문 ②는 예전에는 재촉하려면 집집마다 돌아다니며 "빨리 나오십시오." 하고 재촉했는데, 요즘은 전화가 있어서 아주 편하다는 뜻이다.

예문 ③은 언제 벌초한다고 여러 번 연락을 하고, 당일에도 나오도록 재촉했지만 나오기커녕 아예 벌초에 빠졌다는 말이다. 나중에 욕 들을 일만 남아 있다. 이 문장에서 '내컫다'는 달리 '내쿨다'라 말하기도 하는데, '일의 되어 가는 형편을 미리 이야기하여 알려주다.'는 뜻을 지닌 제주어다.

이 '체죽ᄒ다, 체족ᄒ다'의 '체죽, 체족'은 한자어 '최촉(催促)'에서 온 어휘임은 다음과 같은 자료에서 확인된다.

● 督 최촉 독(《유합》)

● 催 최촉 최(《유합》)

● 促 최촉 촉(《유합》)

● 목숨 催促ᄒ고 人生 앗기리 긔 아니 어리니

　(목숨 재촉하고 인생 앗길 사람이 기 아니 어리석으니)(《월인석보》)

● 다시 催促ᄒ여 주쇼셔

　(다시 재촉하여 주십시오) (《인어대방》)

어떤 일이든 '체죽ᄒ기' 전에 미리미리 처리한다는 것은 짜증에서 벗어나 우리 모두를 즐겁게 만들 것이다.

추구리다

이 '추구리다'는 '남을 꼬드기어서 무엇을 하도록 하다.'는 뜻을 지닌 어휘로, 표준어 '추기다'에 해당한다. '남을 아주 강하게 부추기어서 무엇을 하도록 하다.'는 의미를 나타내려면 '몹시'라는 뜻을 더하는 접두사 '들-'을 연결하여 '들추구리다'라 하면 된다.

① 우리 아방 성질이 그자 누게 추구리믄 추구리는 말 잘 듣넨 ᄒᆞ연 숫붕테렌 골아.

　(우리 남편 성질이 그저 누가 추기면 추기는 말 잘 듣는다고 해서 숫보기라고 말해.)

② 저 사름, 술 먹은 ᄇᆞ름에 추구리믄 추구리는 사름신디 다 밧 사주켄 곧는 사름이라.

　(저 사람, 술 먹은 바람에 추기면 추기는 사람한테 모두 밭 사주겠다고 말하는 사람이지.)

③ 킷고냥이 컨산디 추구리는 소리 ᄒᆞ믄 다 고정들어.

　(귓구멍이 커서인지 추기는 소리 하면 다 곧이들어.)

④ ᄂᆞᆷ 들추구릴 땐 언제고 이제 왕 난 모른덴 ᄒᆞ는게 말이나 뒈어.

　(남 들추길 때는 언제고 이제 와서 나는 모른다 하는 것이 말이나 돼.)

예문 ①은 제 남편에 대하여 평가를 내리는 아내의 말로, '우리 남편 성질이 그저 누가 추기면 추기는 말 잘 듣는다고 해서 숫보기라고 말해.' 하는 뜻이다. 여기

210

서 '숫붕테'란 숫된 사람으로, 표준어 '숫보기'에 맞먹는다. '숫붕테'는 달리 '숫붕제, 숫붕이, 숫다리'라 한다.

예문 ②는 술 마신 사람의 특징을 나타내는 말로, '저 사람, 술 먹은 바람에 추기면 추기는 사람한테 모두 밥 사주겠다고 말하는 사람이지.'라는 뜻이다. 술 마시면 못할 일이 없다는 것이다. 예문 ③은 곧이곧대로 남의 말을 잘 듣는 순박한 사람에게 하는 말로, '귓구멍이 커서인지 추기는 소리 하면 다 곧이들어.' 하는 뜻이다. 귓구멍이 크니까 남의 말을 잘 듣는다는 것이다. '귓고냥'은 표준어 '귓구멍'으로, 귓구멍의 크기에 따라 남의 말을 잘 듣기도 하고 그러지 않기도 한다는 말이니 일단은 귓구멍이 크고 볼 일이다. '귓고냥'은 달리 '귓고망, 귓구녁'이라 한다.

예문 ④에 쓰인 '들추구리다'는 '추구리다'보다 더 강한 의미를 지닌 어휘로, '남을 아주 강하게 부추기어서 무엇을 하도록 하다.'는 뜻을 지닌 말이다. 그러니 예문 ④는 '남 들추길 때는 언제고 이제 와서 나는 모른다 하는 것이 말이나 돼.' 하는 말이다. 강하게 추길 때는 언제고 이제 와서 모른다고 오리발을 내밀면 되느냐는 뜻이니, 섭섭함과 함께 답답함, 안타까움이 한데 녹아 있는 말이기도 하다.

'추구리다'는 '남을 꾀어서 무엇을 하도록 하다.'는 뜻을 지닌 어휘로, 표준어 '추기다'에 해당한다. '남을 아주 강하게 부추기어서 무엇을 하도록 하다.'는 뜻으로 쓰려면 '들추구리다'라 표현하면 된다.

출싹거리다

이 '출싹거리다'는 '주책없이 덜렁거리며 자꾸 돌아다니다.'라는 뜻을 지닌 어휘로, 표준어 '출썩거리다'에 해당한다. 표준어에서는 모음조화가 지켜지고 있는 반면 제주어는 이에 벗어나 있다. 표준어 '촐싹거리다'의 방언형은 표준어 형태와 같다.

① 출싹거리는 사름고라 촐람생이옌 곧던가?

　　(출썩거리는 사람보고 '촐람생이'라고 하던가?)

② 내불라, 내밀심 엇인 놈이 출싹거린다게.

　　(내버려라, 내밀힘 없는 놈이 출썩거린다.)

③ 겅충거리멍 심방말축처록 출싹거런게, 잘콴다리여.

　　(껑충거리며 방아깨비처럼 출썩거리더니, 잘코사니야.)

④ 잘난 첵 촐싹거리당 푸더지믄 울어진다.

　　(잘난 척 촐싹거리다 넘어지면 울게 된다.)

예문 ①은 '촐람생이'에 대한 설명으로, '출썩거리는 사람보고 '촐람생이'라고 하던가?' 하는 뜻이다. 여기서 '촐람생이'란 '촐랑거리기를 잘하는 사람을 낮잡아 이르는 말'로, 조금 하면 앞에 나서서 나대기를 좋아하는 사람을 말한다. **예문 ②**는 나대는 사람을 못 나대게 말리는 사람에게 하는 말로, '내버려라, 내밀힘 없는 놈이 출썩거린다.' 하는 뜻이다. 여기서 '내밀심'이란 '밖이나 앞으로 밀고 나아가는 힘' 또는 '자기의 의지나 주장을 굽힘 없이 자신 있게 내세우는 힘'으로, 표준어 '내밀힘'에 해당한다. '내밀힘'은 '형님'이 '성님'처럼 'ㅎ'이 'ㅅ'으로 변하여 '내밀심'으로 쓰이는 경우다. 표준어에서는 '힘'이 '발힘, 손힘'처럼 'ㅎ'음을 유지하는 경우도 있지만 'ㅎ'이 'ㅅ'으로 변하여 '팔심, 입심'처럼 쓰이기도 하니 조심할 일이다.

예문 ③은 껑충거리며 냅뜨던 아이가 잘못되어 넘어지기라도 하여 다쳤을 때 하는 말로, '껑충거리며 방아깨비처럼 출싹거리더니, 잘코사니야.' 하는 말이다. 예문에서 '심방말축'은 꼬박꼬박하는 게 마치 절하는 모양과 같고, 머리는 고깔 쓴 '심방(무격)'과 같아서 붙은 이름이다. 달리 '심방만축, 심방말축, 산전볼락, 산뒤말축, 상둥말축, 산듸말축, 산전볼라기' 등으로 나타나기도 하는데, 표준어 '방아깨비'에 해당한다. 어릴 때 이 방아깨비를 잡아 기다란 다리 두 개를 잡고 "저 산더레 꼬박꼬박 이 산더레 꼬박꼬박(저 산으로 꼬박꼬박 이 산으로 꼬박꼬박)", "춤추라 담베 주마 춤추라 담베 주마(춤춰라 담배 주마 춤춰라 담배 주마)" 하며 함께 놀던 친숙한 곤충이다.

예문 ④는 '촐싹거리다'가 쓰인 경우로, 나대는 아이에게 얌전하게 있으라고 할 때 하는 말로, '잘난 척 촐싹거리다 넘어지면 울게 된다.'는 경계의 말이다. '푸더지다'는 표준어 '넘어지다'에 해당하는 제주어로, 'ㄴ려지다, 부더지다, 넘어지다'라 한다.

'출싹거리다'는 '주책없이 덜렁거리며 자꾸 돌아다니다.'는 뜻을 지닌 어휘로, 표준어 '출썩거리다'에 해당한다.

치대기다

이 '치대기다'는 '액체나 가루 따위를 다른 것 위에 뿌리거나 바르다.'라는 뜻을 지닌 어휘로, 표준어 '끼얹다'에 해당한다.

① 물フ레에 물 치대기멍 거 서껑 방에짓주.

　　(연자매에 물 끼얹으며 그것 섞어서 방아를 찧지.)

② 아이고, 이 뚬 보라게. 혼저 저 물이라도 치대기라.

　　(아이고, 이 땀 봐라. 어서 저 물이라도 끼얹어라.)

③ 그냥 먹지 심심ᄒ다. 이레 초장이라도 치대기라.

　　(그냥 먹기 심심하다. 여기 초장이라도 끼얹어라.)

예문 ①과 예문 ②는 '액체나 가루 따위를 다른 것 위에 뿌리다.'는 뜻인 반면 예문 ③은 '액체나 가루 따위를 다른 것 위에 바르다.'는 의미로 쓰인 경우다.

예문 ①은 예전 방아를 찧을 때 자주 들을 수 있던 말로, '연자매에 물 끼얹으며 그것 섞어서 방아를 찧지.' 하는 뜻이다. 그러니까 보리 따위 곡식을 연자매에 부어놓고 물을 끼얹으며 한데 섞어서 방아를 찧는다는 것이다. 이때 '물フ레에 물 치대기멍'은 연자매에 물을 끼얹는 것이 되지만 실은 부어놓은 곡식에 물을 끼얹

는다는 말이다. **예문 ②**는 땀에 흠씬 젖어 들어온 아이에게 하는 말로, '아이고, 저 땀 봐라. 빨리 저 물이라도 끼얹어라.' 하는 말로, 얼른 물을 끼얹어 땀을 식히라는 뜻이다. 목물이라도 해서 땀을 들이라는 것이다.

예문 ③은 '그냥 먹기 심심하다. 여기 초장^(醋醬)이라도 끼얹어라.' 하는 말이다. 한치오징어라도 먹을 때 양념장 없이 먹기는 너무나 밍밍하다. 그러니 '썰어 놓은 한치오징어 위에 초장이라도 발라라.' 하는 뜻이 바로 **문장 ③**이다. 그래야 제맛이 난다.

가끔 '끼얹다'의 방언형으로 '치대기다' 대신에 '지치다'도 쓰이는데, 이때는 '액체를 다른 것 위에 뿌리다.'라는 조금 한정된 의미로 사용되기도 한다. **예문 ①**과 **예문 ②**는 '치대기다' 대신에 '지치다'로 바꿔 '믈 ᄀ레에 물 지치멍 거 서껑 방에짛주.'나 '아이고, 이 똠 보라게. 흔저 저 물이라도 지치라.'는 그 의미가 통하지만 **예문 ③**인 경우 '치대기다'를 '지치다'로 바꾸면 어색한 문장이 되고 만다.

결국 '치대기다'는 '물이나 초장과 같은 액체 또는 고춧가루나 조핏가루 따위를 다른 것 위에 뿌리거나 바르다.'의 뜻을 지닌 어휘로, 표준어 '끼얹다'에 맞먹는 어휘이다.

코씰다

이 '코씰다'는 '코에서 나오는 진득진득한 액체를 깨끗이 닦다.'는 뜻을 지닌 어휘로, 대역할 적당한 표준어는 없다. 달리 '코쓸다'라 한다. '코씰다'가 코 밖으로 나온 콧물 따위를 닦는 것이라고 한다면, 콧구멍 속의 진액을 밖으로 내보내는 것을 '코풀다'라 한다. 한글학회 《큰사전》에는 이 '코풀다'를 올림말로 올리고, '코를 쥐고 콧구멍 안의 진액을 밖으로 불어 보내다.'로 풀이하고 있다.

① 수믜로만 코씰어부난 수믜가 빈찍빈찍 ㅎ여시네.

   (소매로만 코 닦았으니 소매가 번쩍번쩍하였지.)

② 코가 닷 질은 ㅎ연 놈 보믄 웃이키여, 코쓸라게.

   (코가 닷 길은 해서 남 보면 웃겠다, 코 닦아라.)

③ 수나이놈은 옷수믜로 코씰곡 지집아읜 치메깍으로 코씰곡 흔다.

   (사내아이는 옷소매로 코 닦고 계집아이는 치맛자락으로 코 닦고 한다.)

④ 보믄 아무디서나 흔착 콧고망 막앙 힝힝 ㅎ믄 코풀어.

   (보면 아무데서나 한쪽 콧구멍 막고 힝힝 하면서 코를 푼다.)

⑤ 세게 코풀당 잘못ᄒᆞ믄 키창 터진다.

(세게 코를 풀다가 잘못하면 귀청 터진다.)

예문 ①과 예문 ②는 어렸을 때 추억을 떠오르게 하는 말들이다. 예문 ①은 '소매로만 코 닦았으니 소매가 번쩍번쩍하였지.' 하는 뜻으로, 코 닦을 종이가 귀해 옷소매로만 코를 닦고 했으니 소매가 '빈쩍빈쩍' 빛난다는 것이다. 예문 ②는 '코가 닷 길은 해서 남 보면 웃겠다, 코 닦아라.' 하는 말이다. 여기서 '코가 닷 질'은 콧구멍 아래로 길게 늘인 누런 코를 말하는 것으로, 대개는 콧구멍을 번갈아 가며 누런 코가 늘어졌다가 들어갔다가 한다. 이런 아이는 놀림의 대상이 되기도 했다.

예문 ③은 사내아이와 계집아이 차이를 느낄 수 있는 말로, '사내아이는 옷소매로 코 닦고, 계집아이는 치맛자락으로 코 닦고 한다.'는 뜻이다. 사내아이들은 그냥 소매를 대고 쑥 하고 닦으며 되지만, 계집아이들은 '치메깍' 안을 이용하여 코를 닦는다는 차이가 있을 뿐이다.

예문 ④는 맨손을 이용하여 코푸는 행위로, '보면 아무데서나 한쪽 콧구멍을 막고 힝힝 하면서 코를 푼다.'는 뜻이다. 이런 경우는 엄지나 검지를 이용한다. 또어떤 경우는 사람에 따라 엄지와 검지 모두를 이용하여 코를 풀고 나서 두 손가락을 마치 휴지인 것처럼 해서 코를 닦기도 한다.

예문 ⑤는 손수건이나 휴지를 이용하여 코를 푸는 경우로, '세게 코를 풀다가 잘못하면 귀청 터진다.'는 말로, 너무 세게 코를 풀지 말라는 경계의 뜻이 담겨 있다.

코가 흐르는 것은 자연적인 생리 현상으로 어쩔 수 없는 일이지만 너무 세게 코를 푼다거나, 아무데서나 손가락을 이용하여 코를 풀어 내보내는 것은 남 보기에 흉하니 삼갈 일이다.

크다

이 '크다'는 '무엇을 물속에 넣거나 가라앉게 하다.'라는 뜻을 지닌 어휘로, 표준어 '잠그다'에 해당한다. 이 '크다'는 '물속에 넣거나 가라앉게 하는' 것이기 때문에 '물'과 연어(連語) 관계를 이루어 '물에 크다', '물러레 크다' 등으로 나타난다.

① 무른 고사리 물에 컹 놔두민 막 불어나.

　　(마른 고사리 물에 잠가 놓아두면 막 불어나.)

② 쏠 물에 컷당 강 벗아오라, 지름떡 후게.

　　(쌀 물에 잠갔다가 빨아 오너라, 기름떡 하게.)

③ 훈 두어 시간 물에 커 앚앗당 왐수다.

　　(한 두어 시간 물에 잠가 앉았다가 오고 있습니다.)

④ 물러레 컹 활활 헤와뒁 먹어사 씨지 아녀.

　　(물에 잠가 휘휘 헹구어 먹어야 쓰지 않지.)

예문 ①은 잘 보관하던 마른 고사리를 꺼내어 물에 집어넣으면서 하는 말이다. 곧 '바싹 마른 고사리는 물에 잠가 두면 원래 부피만큼 불어난다.'는 뜻이다. 굵고

검은빛을 띤 '곳고사리'는 꺾을 때 기분이 좋다. '곳고사리'는 '곳' 곧 수풀에서 자라는 고사리이기 때문에 키가 크고 굵기가 굵고 그 빛깔도 거무스레하여 탐이 난다. 그러나 삶아 볕에 말리면 마른 나뭇가지처럼 가늘어지고 만다. 날고사리 한 짐이 300, 400g 정도로 줄어든다. 이렇게 마른 고사리를 물에 잠그면 다시 원래 '곳고사리' 상태로 불어난다는 것이다.

예문 ②는 '쌀을 물에 잠갔다가 꺼내어 방앗간에 가서 빻아 오너라, 기름떡 하게.' 하는 말이다. 여기서 '지름떡'이란 찹쌀가루를 반죽해서 별 모양의 틀로 본떠서 기름에 지져낸 떡을 말하는데, 지역에 따라 웃기떡으로 쓰이기도 한다.

예문 ③은 목욕탕 다녀오는 사람에게서 가끔 듣는 말이다. '한 두어 시간 물에 잠가 앉았다가 오고 있습니다.'는 뜻으로, 목욕탕에서 실컷 목욕하다 온다는 것이다.

예문 ④는 씀바귀 등 쓴맛이 나는 나물은 '물에 잠가 물속에서 휘휘 헹구어 먹어야 쓰지 않다.'는 말이다. 물속에 잠가 이리저리 휘저어야 쓴맛이 빠진다는 것이다.

마른 고사리가 제 굵기로 불려면 고사리를 오랜 시간 물속에 잠가 두어야 하듯 무슨 일이나 제대로 이루어지려면 기다림이라는 오랜 시간이 필요함을 '크다'라는 어휘에서 느껴볼 일이다.

튿어먹다

이 '튿어먹다'는 '닭이나 오리 따위를 여러 갈래로 뜯으며 먹다.' 또는 '나물이나 상추 따위를 뜯어서 먹다.'는 뜻을 지닌 어휘다. 표준어로 대역할 때는 풀어서 '뜯어서 먹다' 하면 된다. 이 '튿어먹다'는 '튿다'와 '먹다'가 결합되어 이루어진 어휘로, '튿다'는 표준어 '뜯다'에 해당한다. 표준어 '뜯다'는 문헌 어휘 '뜯다'에서 유래하는 것으로, 어두자음군인 'ㅴ'이 된소리로 변한 결과이나, 제주어에서는 '튿다'로 변하여 어두자음군이 거센소리로 바뀐 경우이다.

① 거 둑 모개기주만은게 복복 튿어먹으라게.

 (그것 닭 모가지이지만 박박 뜯어서 먹어라.)

② 뒷날은 강 보민, 술은 믄 튿어먹어근에 꽝만 남앙 셔.

 (뒷날은 가서 보면, 살은 모두 뜯어 먹어서 뼈만 남아 있어.)

③ 검은벌거지가 기냥 ᄉ방의서 나와 가지고 농ᄉ도 다 튿어먹곡, 풀썹도 튿어먹곡 ᄉ못 볼침엇어.

 (검은 벌레가 그냥 사방에서 나와 가지고 농사도 다 뜯어서 먹고, 풀잎도 뜯어서 먹고 사뭇 볼품없어.)

예문 ①은 닭고기를 먹을 때 들을 수 있는 말로, '그것 닭 모가지이지만 박박 뜯어서 먹어라.' 하는 뜻이다. 닭고기를 먹을 때는 나이에 따라 닭다리를 뜯기도 하고, 날개를 뜯기도 하고, 예문처럼 닭 모가지를 뜯기도 한다. 닭다리가 돌아오면 기쁜 일이요, 모가지가 배당되면 기분이 좀 그렇다. 닭 모가지는 살이 많지 않을뿐더러 뜯기도 어렵기 때문이다. 그러나 닭 모가지이기는 하지만 모가지에 붙은 살을 '박박 뜯어서 먹어라.' 하는 게 예문 ①이 뜻하는 바다.

예문 ②는 개에게 커다란 뼈다귀를 하난 던져 주었더니만 '뒷날은 가서 보면 살은 모두 뜯어 먹어서 뼈만 남아 있어.' 하는 말이다. 뼈다귀를 앞다리로 움켜 안고 긴 혀를 날름거리며 깨끗하게 발라서 먹는 개 모습이 연상되기도 하는 예문이다. 뼈에 붙어있는 살이라고는 조금도 남김없이 정말 희읍스름한 뼈만 앙상하게 남아 있었다는 게 예문 ②가 뜻하는 바다. 여기서 '꽝'은 표준어 '뼈'에 해당하는 어휘로, '뻬'라 하기도 한다.

예문 ③은 해충이 창궐하여 농사가 엉망이 된 것은 물론 푸성귀 또한 진창이 되었을 때 들을 수 있는 말로, '검은 벌레가 그냥 사방에서 나와 가지고 농사도 다 뜯어서 먹고, 풀잎도 뜯어서 먹고 사뭇 볼품없어.' 하는 뜻이다. 검은 벌레가 자라는 싹을 모두 잘라서 먹어 버리고, 상추 따위도 새잎이 나는 족족 갉아먹어 버려 푸성귀도 엉망이 되었다는 것이다.

한편 '남의 재물 따위를 졸라서 얻거나 억지로 빼앗아 가지다.'는 뜻으로 '틀어먹다'가 쓰이기도 하는데, 이때는 표준어 '뜯어먹다'에 해당한다.

이 '틀어먹다'는 닭다리를 통째 집어서 입으로 찢으며 먹거나, 상추를 뜯어다 쌈으로 먹는 것을 말하기도 하고, 표준어 '뜯어먹다'에 해당하기도 하니 사용할 때는 구분이 필요하다.

파장치다

이 '파장치다'는 '시장 따위가 파하여 끝나다.' 또는 '하던 일을 그만두고 그 판을 끝내다.'라는 뜻을 지닌 어휘로, 표준어 '파장하다'에 해당한다. '파장치다'는 한자어 '파장(罷場)'에 '불필요하게 쌓인 물건을 옮기어 깨끗이 하다.'는 뜻의 '치다(撒)'가 연결되어 이루어진 말이다. '파장치다'는 달리 '파장ᄒ다'라 한다.

① 오일장의 간 보난 장막 믄 걷어 불고 파장쳐서라.

　　(오일장에 가서 보니까 장막 모두 걷어버리고 파장하였더라.)

② 파장치는듸 가믄 졸바른 상질은 엇곡, 그런 거 키경도 ᄒ지 못ᄒ여.

　　(파장하는 데 가면 똑바른 상길은 없고, 그런 것 구경도 하지 못해.)

③ 파장홀 때 오난 모개로 프는 거우다양.

　　(파장할 때 오니까 모개로 파는 겁니다.)

예문 ①은 오일장에 늦게 가서 보니까 파장(罷場) 곧, 장사가 끝나 버렸을 때 하는 말로, '오일장에 가서 보니 장막 모두 걷어 버리고 파장했더라.' 하는 뜻이다. 파장한 후라 아무것도 사지 못하는 것은 물론, 사람들이 복작거리던 모습과 비교해 보면 황량하기 그지없다. 철시(撤市)했으니 개시(開市)까지 5일을 기다려야 한다.

예문 ②는 파장할 무렵 헐레벌떡 시장을 보러 가는 사람한테 하는 말로, '파장하는 데 가면 똑바른 상길은 없고, 그런 것 구경도 하지 못해.' 하는 뜻이다. 좋은 물건은 이미 다 팔리고 남은 거라고는 파치뿐일 거라는 이야기다. 여기서 '졸바른'은 표준어 '똑바른'에, '상질'은 한자어 '상질(上秩)'로, '상등의 품질. 또는 그런 품질의 물건'을 뜻하는 표준어 '상길'에 해당하기도 한다. '하등의 품질. 또는 그런 품질의 물건' 곧 '하질(下秩)'·'핫길'의 방언형은 '하질'이 된다. 그러니까 **예문 ②**는 지금 가면 '상질은 구경도 못하고, 하질(下秩)만 있을 거'라는 이야기다.

한편 **예문 ③**은 **예문 ②**처럼 파시할 때쯤 시장에 가서 상품을 흥정할 때, 상점 주인한테서 들을 수 있는 말이다. '파장할 때 왔으니까 모개로 파는 겁니다.' 하는 뜻으로, 남은 물건을 몽땅 떨이로 팔겠다는 것이다. 여기서 '모개'는 표준어 또한 '모개'로, '몽땅 한데 몰아서' 하는 뜻을 지닌 어휘다.

'파장치다'는 '시장 따위가 파하여 끝나다.' 또는 '하던 일을 그만두고 그 판을 끝내다.'는 의미를 지닌 어휘로, 해넘이 햇살이 가게 기둥의 그림자를 벗하여 느릿느릿 걸어가는 모습을 상상하게 만든다. 참으로 쓸쓸한 광경이다.

팡신나다

이 '팡신나다'는 '어떤 물건 따위가 아주 망가져서 도무지 손을 쓸 수 없는 상태가 되다.'는 뜻을 지닌 어휘로, 표준어 '결딴나다'에 해당한다. '아주 망가져서 도무지 손을 쓸 수 없게 만들다.'의 뜻으로는 '팡신내우다'가 쓰이는데, 이는 표준어 '결딴내우다'에 해당할 것이다.

① 거 비싼 거난 궤양 아상 뎅기라, 경 아녀믄 팡신난다.

　(거 비싼 것이니까 고이 갖고 다녀라, 그렇지 않으면 결딴난다.)

② 경 들러데껑 팡신 안 나카?

　(그렇게 들어 내던져서 결딴 아니 날까?)

③ 거 팡신내왓당 성신디 맞나.

　(거 결딴내웠다가 형한테 맞는다.)

④ 제엽이 쎄민 팡신내와진다.

　(손장난이 세면 결딴내우게 된다.)

예문 ①은 '비싼 것이니까 고이 갖고 다녀야지 그렇지 않으면 결딴난다.'는 뜻이다. 무엇이든 '궤양 아상 뎅기믄' 곧 '고이 갖고 다니면' 탈 날 일이 없는데, 그렇지 못해서 문제가 된다.

　예문 ②는 '그렇게 들어 내던지는데 결딴 아니 날까.' 하는 경계의 말이다. 아무 물건이나 그렇게 들어서 힘껏 내던지는데 결딴나지 않겠느냐는 것이다. 여기서 '들러데끼다'는 '들어서 힘껏 내던지다.'는 뜻으로 쓰이는데, 달리 '들러던지다, 들어데끼다, 들어쏘다, 들러쏘다' 등으로 말하기도 한다.

　예문 ③은 '형 물건을 함부로 다루다가 결딴나게 되면 형한테 얻어맞는다.'는 뜻이다. 임자 있는 물건이니 함부로 다루어서는 안 된다는 게 **예문 ③**이 갖는 의미이다.

　예문 ④는 '손장난이 심하다 보면 결딴나게 된다.'는 의미를 지닌다. 무엇이든 지나치면 문제가 되듯, 손장난이 심하면 분명 결딴내우게 된다는 것이다. 이 예문에 쓰인 '제엽'은 '쓸데없이 손을 놀려서 하는 장난'을 말하는데, 달리 '재엽, 제압, 재압'이라 한다.

　한편, '어떤 일이 끝장이 나다.'는 것을 '판나다'라 하는데, 이는 표준어 '판나다'와 같다.

　'제압이 쎄민 팡신내와진다.' 곧 '손장난이 심하면 결딴나게 된다.'는 말, 인간사 모든 일에 적용되지 않을까 한다. 매사에 조심하다 보면 좋은 결과가 있게 마련이고, 무엇이든 '팡신날' 일은 없을 것이다.

퍼자다

이 '퍼자다'는 '잠을 한껏 자다.'라는 뜻을 지닌 어휘로, 표준어로 대역할 적당한 어휘가 없다.

① 밥 처먹곡 줌 퍼자믄 먹은 거 다 슬더레 가주, 그게 어디로 갑니깡?

  (밥 처먹고 잠 한껏 자면 먹은 것 다 살로 가지, 그게 어디로 갑니까?)

② 강알에 헤 들도록 늦줌 퍼자뒁도 또 하우염만 ᄒ염쩌.

  (살에 해 들도록 늦잠 한껏 자고도 또 하품만 하고 있다.)

③ 오널 노는 날이난 줌 퍼자게 내 불라.

  (오늘 노는 날이니까 잠 퍼자게 내 버려라.)

예문 ①은 '밥 처먹고 잠 한껏 자면 먹은 것 다 살로 가지, 그게 어디로 갑니까?' 하는 뜻으로, 살찐 사람에 대한 경계의 말이다. "먹고 자고, 먹고 자고" 한다면 먹은 것은 다 살로 쌓이게 마련이고, 그 결과 비만이라는 판정을 받게 되니 조심할 일이라는 것이다. 여기서 문제는 '처먹고' '퍼자고' 하는 데 있다. 둘 다 기준치를 넘긴 것이니 그게 다 살로 가고 그러다 보면 뚱뚱이라는 말을 듣게 된다. 나아가 성인병의 근원이니 살 빼라는 경고까지 듣게 된다.

예문 ②는 늦잠을 자고도 잠이 부족하여 하품하는 사람에게 하는 말로, '샅에 해 들도록 늦잠 한껏 자고도 또 하품만 하고 있다.'는 뜻으로, 해가 중천에 뜰 때까지 늦잠을 자고도 잠이 부족하여 하품한다는 것이다. '강알에 헤 들다.'는 햇살이 잠자리까지 들이비추고 있다는 것으로, 해가 중천에 떠 있음을 뜻한다. 여기서 '강알'은 두 넓적다리가 갈리는 곳을 말한다. 어린아이를 놀릴 때 "저 아이 다리 아래서 봉가 온 아이 아니가." 하는 말에서 알 수 있듯이, '다리 아래'가 곧 '각(脚) 알[下]'이고, 그게 '강알'로 변한 것이다.

예문 ③은 '오늘 노는 날이니까 잠 퍼자게 내 버려라.' 하는 뜻으로, 잠을 실컷 자게 내 버리라는 말이다. '퍼자게' 대신에 '처자게'로 바꿔 "오널 노는 날이난 좀 처자게 내 불라." 해도 의미 전달에는 차이가 없다.

'퍼자다'는 '잠을 한껏 자다.'는 뜻을 지닌 말이다. 무더운 여름밤, 열대야로 잠을 설치다가 선선한 새벽녘에야 깊은 잠에 빠지니 이래저래 잠을 '퍼자기'는 그른 일이매 값진 일을 찾아볼 일이다.

포입다

이 '포입다'는 '옷 입은 위에 옷을 겹쳐서 입다.'는 뜻을 지닌 어휘로, 표준어 '껴입다'에 해당한다. 달리 '주겨입다, 끼와입다'라 한다. '포입다'는 '포+입다' 구성으로 '포'는 '겹, 거듭'의 뜻을 지닌 문헌 어휘이다. 《계축일기》의 "둘이 포 되딕 강홰 옴기닷 말을 아니 흐거늘 긔별 드롤 길히 업서 더욱 망극히 넉여 셜워 흐더라.(달이 거듭 되데 강화에 옮긴다는 말을 아니 하거늘 기별 들을 길이 없어 더욱 망극히 여겨 서러워 하더라.)"에서 '포'를 확인할 수 있고, '포'가 결합된 '포먹다(앉은자리에서 여러 번 먹다.), 포놓다(놓인 것 위에 또 놓다.), 포개다, 포부트다(맞붙다)' 등의 어휘에서도 확인된다. 이 '포입다'는 항상 '옷'과 연결되어 쓰인다.

① 보라, 춥뎬 옷 포입언 둥글엄시네.

　　(봐, 춥다고 옷 껴입어서 뒹굴고 있어.)

② 옷 ᄋ라개 포입으믄 얼지 아년다.

　　(옷 여러 벌 껴입으면 춥지 않다.)

③ 옷 우의 옷 끼와입으믄 둣둣헙네다.

　　(옷 위에 옷 껴입으면 따뜻합니다.)

예문 ①은 춥다고 옷을 여러 벌 껴입어서 행동이 자유롭지 못할 때 하는 말로, '봐, 춥다고 옷 껴입어서 뒹굴고 있어.' 하는 뜻이다. 몇 겹으로 옷을 껴입으면 따뜻하기는 하지만 행동하기에는 불편하다. 행동이 불편하니 움직이기 싫고, 움직인다 하더라도 우통할 수밖에 없다. 여기서 '둥글엄시네' 하는 말은 '뒹굴고 있네.' 또는 '뒹굴고 있어.' 하는 뜻으로, 행동이 굼뜬 것을 빗대어 하는 말이다. 사실 옷을 '포입고' 보면 몸은 '풍탕흥 게(풍신하게)' 보이고, 걸어가는 모습을 멀리서 바라본다면 마치 뒹굴어 가는 것처럼 보이기도 한다.

예문 ②는 어느 외국인이 한 말을 연상하게 한다. 곧 "한국 사람들은 춥다고 말은 하면서도 옷을 껴입지 않는다."고 하는 평가 말이다. 이처럼 춥다고 말하는 사람이 있을 때 예문 ② '옷 여러 벌 껴입으면 춥지 않다.'고 말함으로써 옷 껴입기를 권유하는 것이다. 언젠가 내복 입기를 권장할 때가 있었는데, 이 경우가 예문 ② 에 해당한다고 보면 될 것이다.

예문 ③은 겨울철 아침 일찍 일하러 가는 사람과 배웅하는 사람들 사이에서 들을 수 있다. 배웅하는 사람의 '그렇게 입어서 춥지 않겠느냐?'는 걱정스런 말에, 일하러 가는 사람은 '옷 우의 옷 끼와입으믄 듯듯헙네.'고 대꾸한다. '옷 위에 옷 껴입으면 따뜻합니다.' 하는 뜻이다. 이렇게 옷 위에 옷을 껴입고 일하다 보면 덥게 마련이고, 더울 때마다 옷을 하나씩 벗으며 일하면 되니 참으로 좋은 말이다.

한편 '포입다'의 뜻으로 '주겨입다'는 '주겨-+입다' 구성으로 된 어휘이다. '주겨입다'의 '주겨-'는 문헌 어휘 '쥬기다(疊堆 주겨 쌋타:《동문유해》하:54)'나 '죽이다(砳起 죽여 쌋다:《한청문감》11:30)'에서 유래한다.

'포입다'는 '옷 입은 위에 옷을 겹쳐서 입다.'는 뜻을 지닌 어휘로, '옷'하고만 어울려 쓰이는 말이다. 특히 옷을 껴입을 때는 추운 겨울철이니 이때 많이 들을 수 있은 어휘이기도 하다. 겨울철 춥다고만 말할 게 아니라 옷을 '포입어' 겨울을 따뜻하게 보낼 일이다.

푸끄다

　　이 '푸끄다'는 '부채 따위를 흔들어서 바람을 일으키
다.'라는 뜻을 지닌 어휘로, 표준어 '부치다'에 해당한다.

① 더운셍인ㄱ라 눈 곱안 마리에 앚아둠서 미선으로 푸껌서.

　　(더운 모양인지 눈 감아 마루에 앉아 있으면서 미선으로 부치고 있어.)

② 겅 아녀도 더운디 손으로 푸끄믄 더 덥지 아녀냐?

　　(그렇지 않아도 더운데 손으로 부치면 더 덥지 않니?)

③ 꺼진 불 살려보젠 푼체로 푸꺼도 보곡, 입으로 불어도 보곡 호여도 ㄴ시 살아나지 아녇.

　　(꺼진 불 살려 보려고 부채로 부쳐도 보고, 입으로 불어도 보고 해도 끝내 살아나지 않았어.)

　　예문 ①은 '더운 셈인지 눈 감아서 마루에 앉아 있으면서 미선으로 부치고 있어.'
하는 뜻이다. 마루에서 꼼짝 않고 무더운 장마철 더위를 이기려는 안간힘을 실
감할 수 있는 광경이다. 부채로 부치는 게 더 덥지 않으냐고 반문하며 오히려 가
만있기도 한다. 여기서 '마리'는 '마루'의 뜻이며, '미선'은 한자어 '尾扇'으로 물고
기 꼬리 모양으로 만든 부채를 말한다. 즉 '미선'은 '대오리의 한끝을 가늘게 쪼개
어 손가락 펴듯 둥글게 펴 앞뒤로 종이로 바른 둥그스름한 모양의 부채'를 말한

다. 농약을 사면 덤으로 붙여주는 부채다. 이 '미선'은 주로 부엌에서 사용하기 때문에 '불부채'라 하기도 한다. 간편하여 볕 가리개로 쓴다거나 파리채 구실도 할 수 있어서 아주 유용하게 쓰이는 부채다.

예문 ②는 '그렇지 않아도 더운데 손으로 부치면 더 덥지 않니?' 하는 말로, 손으로 부쳐 바람을 일으키는 게 곧 운동이 되니 더 덥지 않겠느냐는 경계의 말이다. 이런 상황은 젊은 여성의 행동에서 찾을 수 있는데, 부채 대용으로 손바닥을 이용하는 것이다. 바람이 일어날 것 같지 않은데 그렇게들 한다.

예문 ③은 예전 부엌 풍경을 떠올리게 된다. 곧 '꺼진 불 살려 보려고 부채로 부쳐도 보고, 입으로 불어도 보고 해도 끝내 (불은) 살아나지 않았어.' 하는 말이다. 이런 경우는 신경이 돋아 더 신경질적으로 부치게 되고, 입으로 바람을 일으키는 경우라면 틀림없이 눈으로, 입으로 '불치(재)'가 들어갔을 것이다. 그러면 더욱 더 신경이 날카로워져서 열을 올리게 되는데 그러면 더 덥게 된다.

더위는 바깥 온도에 좌우되지만 몸속의 열에도 좌우된다. 더위 극복은 예문 ① 처럼 눈 감아서 부채를 '푸끄는' 것도 한 방법이겠지만, 이왕 눈을 감았으니 계곡의 시원한 물에 발을 담그고 있다고 상상만 해도 이내 시원해질 것이매 이것 또한 하나의 방법일 터이다.

푸더지다

이 '푸더지다'는 '사람이나 물체가 한쪽으로 기울어지
면서 바닥에 쓰러지다.'는 뜻을 지닌 어휘로, 표준어 '넘어지다'에 해당한다.

① 막 돋단 푸더켯덴 골암수다.

　(막 닫다가 넘어졌다고 합니다.)

② 늦으카부덴 발착멍 푸더지멍 돌아와시난 욕ᄒ지 맙서.

　(늦을까 봐 총총거리며 넘어지면서 달려왔으니 욕하지 마십시오.)

③ 아의 커 올 땐 앞더레 푸더지믄 코 까지곡, 뒤터레 자빠지믄 뒷더멩이 까지곡 ᄒ는 겁주.

　(아이 클 때는 앞으로 넘어지면 코 깨지고, 뒤로 자빠지면 뒤통수 깨지고 하는 거지요.)

④ 푸더경 우는 아이신디 땅 벌러켯덴 골믄 울음 뚝 그차.

　(넘어져서 우는 아이한테 땅 깨졌다고 말하면 울음 뚝 그쳐.)

예문 ①은 아이가 다친 까닭을 물어볼 때 그 대답으로, '막 닫다가 넘어졌다고
합니다.' 하는 말이다. 다친 이유가 넘어졌기 때문이라는 것이다. 예문 ②는 '늦을
까 봐 총총거리며 넘어지면서 달려왔으니 욕하지 마십시오.' 하는 뜻으로, 시간
에 늦지 않으려고 최선을 다했으니 욕하지 말라는 것이다. 여기서 주의할 것은

'발차다'의 뜻이다. '발차다'는 '길을 걸을 때 길바닥의 돌부리 따위에 발이 걸리다.'는 뜻과 함께 '바삐 허겁지겁 걷거나 닫다.'는 의미도 있기 때문이다. "발찬 따시 오젠 ᄒᆞ는 셍이여.(발 걸리어 다시 오려 하는 모양이야.)"의 '발차다'는 '돌부리에 발이 걸리다.'는 의미로 쓰인 경우이고, "발차멍 돌아와수다.(총총거리며 달려왔습니다.)"는 '바삐 걷거나 닫다.'는 뜻으로 사용한 경우가 된다. **예문** ②에서는 후자의 뜻으로 사용되어 '늦을까 봐 바삐 총총거리며 넘어지며 달려왔다.'는 말이다.

 예문 ③은 아이가 넘어져 다쳤을 때 걱정하는 부모에게 건네는 위로의 말로, '아이 클 때는 앞으로 넘어지면 코 깨지고, 뒤로 넘어지면 뒤통수 깨지고 하는 거지요.' 하는 뜻이다. 언제나 있는 일이니 그리 걱정하지 않아도 된다는 말이다. 또 **예문** ④는 어렸을 때 많이 들었던 말로, 넘어진 일보다 더 큰 일이 생겼으니 울음을 그쳐야 한다고 윽박지르는 뜻이 들어 있다. '땅 벌러졋다.(땅 깨졌다.)', 곧 지구의 종말이니 울 틈이 어디 있겠느냐는 것이니, 윽박지르는 기술이 보통은 아닌 것이다. 그러면 울던 아이는 울음을 그치고 땅을 바라본다. 멀쩡한 땅을 보고는 웃음이 나오니……

 이 '푸더지다'는 '사람이나 물체가 한쪽으로 기울어지면서 바닥에 쓰러지다.'는 뜻을 지닌다. 특히 '걷다', '돋다', '오다' 등과 함께 '푸더지멍 걷다, 푸더지멍 돋다, 푸더지멍 오다'로 쓰이면 '최선을 다하여, 열심히' 하는 뜻이 숨이 있다. 무슨 일이든 '푸더지멍' 한번 해보자.

할르다

이 '할르다'는 '혀가 물체의 겉면에 살짝 닿아 지나가게 하다.' 또는 '혀를 무엇에 대고 스치어 빨다.'라는 뜻을 지닌 어휘로, 표준어 '핥다'에 해당한다. 달리 '하르다, 할트다'라 한다.

① 할라 간다 할라 온다, 나가 보기에도 너미 ㅎ는 것 닮아.

(핥아 간다 핥아 온다, 내가 보기에도 너무하는 것 같아.)

② 걸 어떵 세로 할릅네까?

(그것을 어떻게 혀로 핥습니까?)

③ 그만 할트라게, 밥그릇 다 이키여.

(그만 핥아라, 밥그릇 닳겠다.)

④ 눈깔사탕 거 키혼 거난 할타먹는 거여.

(눈깔사탕 거 귀한 것이니까 핥아먹는 거야.)

예문 ①은 대개 아기를 너무 귀여워하는 모습을 보고서 하는 말이다. '핥아 간다 핥아 온다, 보기에도 너무하는 것 같다.'는 말로, 가면서 핥아 보고, 오면서 핥고 하는 게 너무 지나치다는 것이다. 아기가 귀여우면 당연한 것이지만 제3자가 보기에는 좀 민망할 정도라는 것이다. **예문 ②**는 '할르다'의 대표격인 문장이다. 그것이 무엇인지는 몰라도 혀로 핥기에는 거북한 것임에는 틀림없다. 그런 것을 '어떻게 혀로 핥겠습니까?' 하고 반문하는 것이다.

예문 ③도 '핥다'의 의미를 파악할 수 있다. 밥그릇을 숟가락으로 복복 긁어 먹었지만 그래도 부족했는지 이번에는 혀로 핥아먹는 것이다. 이를 곁에서 보기에 너무한다 하여 하는 말이 바로 **예문 ③**이다. **예문 ④**는 어린 때 커다란 눈깔사탕을 들고 다른 아이를 놀려 주려고 한 번 핥아먹고, 조금 이따가 핥아먹고 하는 것이다. 이때 곁에 있던 어른이 보다 못해 '눈깔사탕 거 귀한 거니까 핥아먹는 거야.' 하고 눈총을 쏘는 것이다.

제주어 '할르다'는 중세 어휘 '핥다'와 관련이 깊다. 즉 '핥다'의 끝 자음 'ㅎ'음이 탈락한 결과가 '할르다'이기 때문이다.

- 쇼옷 할티 아니커든 소곰므를 ᄂᆞ치 ᄇᆞᄅᆞ면 쇠 할ᄒᆞ리라

  (소 핥지 아니하거든 소금물을 면상에 바르면 소가 핥게 되리라. 牛不肯舐 着塩汁 소곰물 塗面上 牛卽肯舐)(《구급간이방》)

- 혀로 입시우롤 할하 니기 할하 잇브게 ᄒᆞ면

  (혀로 입술을 핥되 익히 핥아 고단하게 하면. 以舌로 舐吻ᄒᆞ야 熟舐ᄒᆞ야 令勞ᄒᆞ면)(《능엄경언해》)

귀한 것일수록, 아까운 것일수록 애지중지하게 되는 게 인지상정이다. 그게 귀여운 아기이든 먹을 것이든 '할르게' 되면 남의눈을 집중시키게 되니 남의 이목을 생각해서 조심할 일이다.

할타먹다

이 '할타먹다'는 '혀로 핥아서 먹다.'는 뜻으로, 대역할
마땅한 표준어는 없다. '할타먹다'는 '할트다(핥다)'와 '먹다' 두 단어가 보조적 연
결어미 '-아'로 이어져 만들어진 어휘이다. 곧 '할트-+-아+먹다' 구성으로, 달리
'할라먹다'라 한다.

① 키혼 춤지름 기냥 다까 불지 말앙 할타먹으라게.

　　(귀한 참기름 그냥 닦아 버리지 말고 핥아서 먹어라.)

② 지름 비와난 펭 주둥이 세로 할타먹어라.

　　(기름 부었던 병 주둥이 혀로 핥아서 먹더라.)

③ 돈 셍인ㄱ라 청 먹어난 수까락 할라먹억 할라먹억 헴쩌.

　　(단 모양인지 꿀 먹었던 숟가락 핥아서 먹고 핥아서 먹고 한다.)

④ 그어른, 일본 삼촌 밧도 몬 할타먹어 불어십주.

　　(그 어른, 일본 삼촌 밭도 모두 핥아먹어 버렸지요.)

예문 ①은 그릇에 묻은 참기름을 휴지 따위로 닦아 낼 때 듣는 이야기로, '귀한
참기름 그냥 닦아 버리지 말고 핥아서 먹어라.' 하는 말이다. 나물 무칠 때를 한번

생각해 보자. 나물을 그릇에 담고 그 위에 갖은 양념을 친다. 이때 빠지지 않는 게 참기름이다. 손이 건 사람은 참기름을 듬뿍 부을 것이고 맛 또한 그에 비례하여 고소할 것이다. 이렇게 나물을 무치고 나면 참기름이 그릇에 묻게 마련. 그러면 설거지를 쉽게 하기 위하여 휴지로 그릇에 묻은 참기름을 닦아 낸다. 이때 옆에서 보고 있던 어른이 하는 말이 바로 **예문** ①이다. 이런 경우 대개는 입을 그릇에 갖다 대는 게 아니라, 손으로 갈무리하여 손에 묻은 참기름을 '할타먹는' 것이다. **예문** ②도 음식 장만할 때 자주 목격할 수 있는 장면으로, '기름 부었던 병 주둥이 혀로 핥아서 먹더라.' 하는 뜻이다. 그래야만 기름이 병 바깥으로 흐르지 않게 할 수 있으며, 병을 깨끗하게 보관할 수 있는 것이다. 물론 병 주둥이를 '할타먹은' 사람의 입장에서는 입안의 고소함으로 일하는 괴로움을 조금이라도 덜 수 있을 것이다. **예문** ③은 꿀 먹인 숟가락을 꼬마의 손에 쥐어주니, '단 모양인지 꿀 먹었던 숟가락 핥아서 먹고 핥아서 먹고 한다.'는 말이다. 혓바닥으로 숟가락 핥는 동작이 계속되고 있음을 표현한 것이다.

한편 **예문** ④는 앞 예문의 '할타먹다'와 그 뜻이 다르다. 여기서 '할타먹다'는 '옳지 못한 수단으로 남의 재물 따위를 빼앗다.'는 뜻을 지닌다. 그러니까 **예문** ④는 '그 어른, 일본 삼촌 밭도 모두 핥아먹어 버렸지요.' 하는 뜻이다. 일본에 있는 삼촌 밭인데 자기 밭인 양 임의대로 처분해 버렸다는 말이다. 이 경우 '할타먹다' 대신 '할라먹다, 벨라먹다'를 쓰기도 한다.

'할타먹다'는 '핥아서 먹다.'는 뜻과 함께 '옳지 못한 수단으로 남의 재물 따위를 빼앗다.'는 뜻도 아울러 갖고 있다. 문장에 따라 이 두 가지 뜻을 구별하는 수밖에 없으나, 긍정의 뜻으로 쓰일 때가 많다. 큰일 때 음식 차리는 것을 거들며 '할타먹는' 모습 한번 확인해 보기 바란다.

험데다

이 '험데다'는 '된 말 아니 된 말을 마구 늘어놓다.' 또는 '보람 없이 애써 허겁지겁하다.'는 뜻을 지닌 어휘로, 표준어 '노닥거리다'에 해당한다. 이 '험데다'는 달리 '허데다, 허데이다'라 한다.

① 앞집 할망 완 막 험데당 이제사 갓수다.

   (앞집 할머니 와서 막 노닥거리다가 이제야 갔습니다.)

② 탁 바쁜디 왕 막 허데여 가난 밉지 아녀?

   (딱 바쁜데 와서 막 노닥거리니까 밉지 않은가?)

③ 탈 타 먹은 하르방처록 막 허데당 갑데다.

   (산딸기 따 먹은 할아버지처럼 막 노닥거리다가 갔습니다.)

④ 이 주작벳듸 어디 허데허데 감서?

   (이 땡볕에 어디 허덕허덕 가고 있어?)

예문 ①은 '앞집 할머니가 와서는 막 노닥거리다가 이제야 갔습니다.' 하는 뜻으로, 앞집 할머니가 집에 와서는 쓸데없는 말을 수다스럽게 늘어놓다 갔다는 것이다. 곧 앞집 할머니가 정말 말을 좋아하는 '말장시(말재기, 말쟁이)'라는 것이다.

예문 ②는 '딱 바쁜데 와서는 막 노닥거리니까 밉지 않은가?'라는 말이다. 남은 일로 바빠 죽겠는데, 와서는 이 말 저 말, 된 말 안 된 말을 늘어놓으니 말 상대하지 않을 수 없고, 말 상대하다 보니 할 일을 제때에 할 수가 없다. 그래서 미워 죽겠다는 것이다. 빨리 갔으면 하고 눈총을 쏘지만 눈총은 눈총이라 아프지 않으니 효과가 별로 없다. 한참 노닥거리다 가고 난 뒤에야 '탁 바쁜디 왕 허데여 가난 막 미와라.(딱 바쁜데 와서 노닥거리니까 막 밉더라.)' 하고 불평하는 것이다.

예문 ③도 '산딸기 따 먹은 할아버지처럼 막 노닥거리다가 가더라.'라는 것이다. 여기서 '탈 타 먹은 하르방처록'은 '산딸기를 따서 먹은 것과 같은 별 볼 일 없는 이야기를 마구 늘어놓는 할아버지처럼' 하는 뜻으로, '쓸데없는 이야기를 마구 늘어놓는' 할아버지라는 말이다. 곧 말쟁이라는 것이다.

한편 예문 ④는 '이 땡볕에 어디 허덕허덕 가고 있느냐?'고 묻는 말이다. 여기서 '허데허데'는 '허데다'의 어근이 반복해서 나타난 경우로, 이때 '허데다'는 표준어 '허덕거리다'에 해당하는 어휘로 쓰인 셈이다. 그러니까 '허데다'는 표준어 '노닥거리다'와 '허덕거리다'에 해당한다. 다만 '허덕거리다'로 쓰인 경우에만 어근이 반복해서 나타나지만 '노닥거리다'의 뜻으로 쓰일 때는 어근이 반복해서 나타나지 않는다.

무더운 여름철 쓸데없이 이 말 저 말 늘어놓으면서 '헙데는' 것 또한 상대방을 짜증나게 하는 것 가운데 하나이니 각별 조심할 일이다.

헤카지다

이 '헤카지다'는 달리 '헤싸지다'라 하는데, '속에 든 물건이 드러나게 싸거나 덮인 것이 깨뜨려지거나 젖혀지다.'는 뜻을 지닌다. 곧 '헤쳐지게 되다'는 의미로, 맞바꿀 적당한 표준어가 없다.

① 물 족영 노민 갈갈헤영 줍은게 잘헤카진다.

　(물 적게 넣으면 갈갈 해서 접은 게 잘 헤쳐지게 된다.)

② 성님 말이 맞수다. 너믜 얄루완 헤카졈수다.

　(형님 말씀이 맞습니다. 너무 얇아서 헤쳐지게 됩니다.)

③ 거 잘못 거찌믄 헤싸집네다.

　(그것 잘못 건드리면 헤쳐지게 됩니다.)

예문 ①은 송편을 빚을 때 들을 수 있는 말로, '물을 적게 넣으면 (이긴 반죽이) 갈갈 해서 고붙쳐 접은 부분이 쉽게 헤쳐지게 된다.'는 뜻이다. 송편 빚는 것을 '송펜 줍다'라 하는데 이는 얇은 쌀가루 반대기에 팥소 따위를 넣고 포개어 그 가장자리를 엄지와 검지로 누르면서 접기 때문이다. 이때 반죽에 물기가 적으면 잘 들러붙지 않고 '헤카지게' 되는 것이다. 여기서 '갈갈'은 반죽 따위에 물기가 적어

240

서 잘 들러붙지 않는 모양을 나타낼 때 쓰는 말이다.

또 **예문** ②처럼 반죽 반대기가 너무 얇아도 반대기가 쉽게 헤쳐지게 마련이다. '형님 말씀이 맞습니다. 너무 (반대기가) 얇아서 헤쳐지게 됩니다.'는 말이 **예문** ② 가 뜻하는 바다. 표준어 '얇다'에 해당하는 어휘는 '얇다, 얄루다, 얄룹다' 등이 있는데, '얄루완'은 '얄룹다'가 변해서 된 형태이다.

예문 ③은 반죽 반대기가 너무 얇았을 때 '그것 잘못 건드리면 헤쳐지게 됩니다.'는 말이다. 여기서 '거찌다'는 '건드리다'는 뜻도 있지만, '가만있는 사람을 일부러 건드리다.'는 의미로도 쓰인다. '거찌다'는 일부러 건드리거나 그렇지 않거나 상관없이 쓰이는 셈이다.

이 '헤카지다'나 '헤싸지다'는 문헌 어휘 '헤혀다'에서 온 말인데, '헤혀다'의 'ㅎㅎ' 이 'ㅋ' 또는 'ㅆ'으로 변화한 결과로, '혀다'가 '싸다' 또는 '켜다'로 변화하는 데서 이를 확인할 수 있다.

결국 '헤카지다' 또는 '헤싸지다'는 '속에 든 물건이 드러나게 싸거나 덮인 것이 깨뜨려지거나 젖혀지다.'는 의미로 쓰이는 말이다.

후장치다

이 '후장치다'는 '일을 방해해서 어지럽히거나 하던 일을 못하게 하다.'는 뜻을 지닌 어휘로, 표준어로 대역할 마뜩한 어휘는 없다. '후장치다'는 '휘장치다'라고도 하는데, 한자어 '휘장(揮帳)'과, '쌓이거나 막힌 불필요한 물건을 그러내거나 파내어 옮기어 깨끗이 하다.'는 의미를 지닌 '치다(撤)'가 연결되어 이루어진 말이다. 그러니 '후장치다'의 본뜻은 '쳐 있는 휘장을 걷어 치워 버리다.'이다.

① 누겐가 수박밧듸 들언 다 후장쳐 불엇저게.

　　(누군가 수박밭에 들어서 다 '후장쳐' 버렸다.)

② 휘찬 보리밧 일로절로 질칼란 후장쳣저게.

　　(길찬 보리밭 이리로저리로 가로타서 '후장쳤어'.)

③ 아의 멧 둘곡 ᄒᆞ연 가름이디저디 돌아뎅기멍 휘장치난 ᄒᆞ꼼 ᄆᆞ숩다.

　　(아이 몇 데리고 해서 동네 여기저기 돌아다니며 '휘장치니' 조금 무섭다.)

예문 ①은 초여름에 들을 수 있는 말로, '누군가 수박밭에 들어서 다 '휘장쳐' 버렸다.'는 뜻이다. 곧 수박밭을 결딴나게 했다는 것이다. 수박밭에 들어간 것은 서리를 목적으로 하기 때문에 여럿이 들어가며, 남의 눈에 잘 띄지 않게 캄캄한 밤을 이용한다. 문제는 여기서부터 시작되는데, 수박의 기는줄기를 밟게 되고, 수박이 익었는지 안 익었는지는 발의 일이다. 수박의 기는줄기는 조금만 해도 망가져, 더 이상 자라지 않는다. 말라죽는다. 수박을 발로 차서 익었는지 여부를 안다는 것, 이 또한 수박덩이를 부수는 일이다. 이래서 수박밭이 결딴나는 것이고, 그러면 수박 농사는 끝이다. 이런 상황에서 **예문 ①**을 말하게 되는 것이다.

　예문 ②는 보리밭이 결딴난 경우로, '길찬 보리밭 이리로저리로 가로타서 '후장쳤어.' 하는 뜻이다. 누렇게 익어 가는 '휘찬 보리밧'은 그 누구라도 들어가서 그 가운데로 걸어가고 싶은 충동을 느끼게 한다. 만용을 부린 결과, 보리밭 가운데로 길이 난다. 시간이 지난 후에 봐도 여러 개의 길이 생긴다. 보리밭이 결딴난 것이다. 여기서 '휘차다'는 표준어 '길차다'에, '질카르다'는 '길 따위를 가로질러 가다.'는 뜻을 지닌 '가로타다'에 해당한다.

　한편 **예문 ③**은 골목대장이 부하 몇을 데리고 동네를 주름잡고 다니는 모습을 보고서 하는 말로, '아이 몇 데리고 해서 동네 여기저기 돌아다니며 '휘장치니' 조금 무섭다.' 하는 뜻이다. 부하까지 거느리며 으스대고, 활개를 치며 다니고 있으니 다른 아이들은 감히 대항할 수 없는 것이다. 여기서 '가름'이란 '동네'의 뜻으로, 길이나 내[川] 따위로 나눈 자연 마을을 말한다.

　'후장치다' 또는 '휘장치다'는 '바르게 쳐 있는 장막을 걷어 치워 버리다.'는 뜻으로, '일을 방해해서 어지럽히거나 하던 일을 못하게 하다.'는 의미로 쓰이는 어휘다. 멍석을 깔고 장막을 쳐 줄 수는 없을망정 장막을 쳐 잘 놀고 있는데 시새움이 난다고 해서 친 장막을 치워버리지는 말아야 한다.

제2장

形容詞

형용사

사물의 성질이나 상태를 나타내는 품사. 활용할 수 있어 동사와 함께 용언에 속한다.
늑그림씨. 어떻씨. 얻씨.

건덥다 ——— 246

공고롯허다 ——— 248

노프다 ——— 250

덤방ㅎ다 ——— 252

드근ㅎ다 ——— 254

듬쑥ㅎ다 ——— 256

돗다 ——— 258

마직ㅎ다 ——— 260

모지직ㅎ다 ——— 262

몹씰다 ——— 264

무끼다 ——— 266

무랑ㅎ다 ——— 268

무정ㅎ다 ——— 270

미삭ㅎ다 ——— 272

민지럽다 ——— 274

버닥지다 ——— 276

버련ㅎ다 ——— 278

벤지롱ㅎ다 ——— 280

부납허다 ——— 282

뽄웃다 ——— 284

뻔짝ㅎ다 ——— 286

산도록ㅎ다 ——— 288

살다 ——— 290

선선ㅎ다 ——— 292

셈웃다 ——— 294

소드락허다 ——— 296

손궂다 ——— 298

숨바랍다 ——— 300

숨바쁘다 ——— 302

시치렁ㅎ다 ——— 304

실럽다 ——— 306

아도록ㅎ다 ——— 308

용ㅎ다 ——— 310

울딱허다 ——— 312

익숙다 ——— 314

입부치럽다 ——— 316

자리다 ——— 318

조랍다 ——— 320

진진ㅎ다 ——— 322

즈늘다 ——— 324

칠칠ㅎ다 ——— 326

한걸ㅎ다 ——— 328

허피다 ——— 330

훔다 ——— 332

흘락허다 ——— 334

건덥다

      이 '건덥다'는 '아주 시원할 정도로 선선하다.'는 뜻을 지닌 어휘다. 달리 '건드럽다'라 하는데, 표준어 '서늘하다'에 가깝다고 할 수 있다. 이는 방언형 '건덥다'가 중세 어휘 '간답다'에서 온 것으로 보기 때문이다. 곧 한자어 '凉'에 대해서,《석봉 천자문》에서는 '서늘 냥',《주해 천자문》에서는 '서늘 량'으로 되어 있는 반면《광주 천자문》에서는 '간다올 량'으로 되어 있다. 이 '간다올'이 방언형 '건덥다'와 관련이 깊다.

① 암만 바쁘주만이레 건더운 디 들어왕 ᄒᆞ꼼 쉬엇당 가게.

    (아무리 바쁘지만 이리 서늘한 데 들어와서 조금 쉬었다가 가게.)

② 그늘케에 들어와도 경 건덥지 아녀다양.

    (그늘대에 들어와도 그렇게 서늘하지 않습니다.)

③ 개역이 불릴 정도 ᄇᆞ름이난예 ᄒᆞ꼼 시믄 건더울 거우다.

    (미숫가루가 불릴 정도 바람이니까요 조금 있으면 서늘할 겁니다.)

예문 ①은 여름철 동네 한가운데 있는 팽나무 그늘에서 듣는 이야기로, '아무리 바쁘지만 이리 서늘한 데 들어와서 조금 쉬었다가 가게.' 하는 말이다. 대개 동네 한가운데 있는 팽나무는 많은 가지를 거느리고 있어 넓은 그늘을 만든다. 이런 팽나무에는 그 주위를 뱅 돌아가며 시멘트로 둥그런 평상(?)을 만들어 놓았다. 걸터앉아서 쉬기도 하고, 장기도 두고, 낮잠도 잘 수 있다. 점심 먹고 이곳에 나와 쉬는 어른들이 땀을 흘리며 지나가는 사람에게 '여기 서늘한 데로 들어와서 좀 쉬었다 가라.'는 말이다.

예문 ②는 잠시 땀을 들이려고 그늘대에 들어갔는데 시원하지 않다고 느꼈을 때 하는 말이다. 곧 '그늘대에 들어와도 그렇게 서늘하지 않습니다.' 하는 뜻이다. 여기서 '그늘케'란 간이 가리개를 말하는 것으로, 여름철 길가에서 수박이나 참외를 파는 사람들이 볕을 가리기 위하여 장대와 커다란 천으로 쳐 놓은 볕 가리개와 같은 물건이다. 땀을 뻘뻘 흘리던 사람이 볕 가리개 안으로 들어가자마자 시원할 리 없다. 이때 성질 급한 사람이 하는 말이 예문 ②라고 보면 좋을 것이다. 그러면 물에 탄 '개역'을 먹고 있던 주인은 아주 느긋하게 예문 ③을 말하는 것으로 응수한다. '미숫가루가 불릴 정도 바람이니까요 조금 있으면 서늘할 겁니다.' 라고. 이 말을 들으면 예문 ②를 말한 사람은 조금 머쓱해지면서 "경 허우꽈? 게난 이 수박은 얼마라마씀?(그렇습니까? 그러니까 이 수박은 얼마입니까?)" 하고 말머리를 돌리며 수박을 흥정한다.

'건덥다'는 '아주 시원할 정도로 선선하다.'는 의미를 지닌 어휘로, 요즘처럼 마른장마에 불볕더위가 이어질 때는 '건더운 데'가 그립다. 계곡 물에 발을 담그고 얼음이 둥둥 떠 있는 수박화채를 먹는다고 상상이라도 하자. 좀 '건덥게' 말이다.

공고롯허다

이 '공고롯허다'는 '조금 도드라져 높은 듯하다.'는 뜻을 지닌 어휘로, 대역할 마뜩한 표준어는 없다. 의미로 볼 때 '봉긋하다'에 가까우나, 이 표준어에 해당하는 제주어는 '봉그릇허다'이다. '공고롯허다'는 '공고릇허다, 궁구릇허다' 등으로도 쓴다.

① 경 굴렁진 듸 앚지 말앙 이 공고롯헌 딜로 올라앚이라.

(그렇게 구렁진 데 앉지 말고 이 봉긋한 데로 올라앉아라.)

② 솔입 걷엉 망사리에 잔뜩 담아 이만이 공그릇허게 ᄒ영 졍 오곡 헤나서.

(솔가리 걷어서 망사리에 잔뜩 담아서 이만큼 봉긋하게 해서 지어 오고 했었어.)

③ 산담 우의 공고롯이 앚안 가달만 ᄭᅵᆨ딱ᄭᅵᆨ딱 ᄒ염시큰테 놀암덴 훌터 욕을 ᄒ엿주.

(산담 위에 봉긋하게 앉아서 다리만 까딱까딱 하고 있기에 놀고 있다고 마구 욕을 했지.)

예문 ①은 여름철 일하다 잠깐 쉴 때에 들을 수 있는 말로, '그렇게 구렁진 데 앉지 말고 이 봉긋한 데로 올라앉아라.' 하는 말이다. '굴렁진 듸'는 '옴팡허게(옴팍하게)' 들어간 곳으로, 바람이 잘 머물지 않는 곳이니 땀 들이기에는 적당한 곳이 못 된다. 땀을 들이려고 한다면 그렇게 낮은 데 앉지 말고 '공고롯헌' 데, 곧 조금 봉굿하게 도드라진 높은 곳으로 올라앉아야 시원한 바람을 쐴 수 있고, 그래야만 땀을 들일 수 있지 않겠느냐는 애정 어린 말이다.

예문 ②는 땔감으로 솔가리를 걷어서 지어 왔던 기억을 더듬으면서 하는 말로, '솔가리 걷어서 망사리에 잔뜩 담아서 이만큼 봉긋하게 해서 지어 오고 했었어.' 하는 뜻이다. 솔가리는 땔감으로는 그만이었다. 연기가 덜 나고, 마디어 오래 타기 때문이기도 한다. 대개 솔가리는 '글갱이(갈퀴)'로 걷어서 '끅줄(칡덩굴)'로 해서 '보달치고' 져 집까지 운반했다. '보달치다'는 '솔가리 뭉치를 몇 개의 기다란 칡덩굴 매끼로 단단하게 동여 묶어 등짐으로 하나 되게 꾸리는' 것을 말한다. 물론 그런 묶음을 '보달'이라고 하는데, '보달치려고' 하면 기술이 필요하다. 그러나 예문 ②처럼 잠녀들이 쓰는 '망사리'라는 그물주머니를 이용하면 별다른 기술 없이도 '보달'을 치는 효과를 얻을 수 있다. 솔가리를 좀더 많이 져 오려고 '망사리'가 봉긋할 정도로 눌러 담아서 지고 왔다는 게 예문 ②가 뜻하는 바다.

예문 ③은 밭일할 때 모두들 열심히 일하고 있는데 한 아이가 일은 않고 '산담' 위에 올라가 다리를 까딱거리며 쉬고 있을 때 하는 말이다. '산담 위에 봉긋하게 앉아서 다리만 까딱까딱 하고 있기에 논다고 마구 욕을 했지.' 하는 뜻이다. 여기서 '산담'은 무덤 주위를 돌로 직사각형으로 두른 담을 말한다. 이 '산담'은 우마 출입을 막고, 산불이 무덤으로 번지는 것을 막는 구실을 했는데, 그 위에 올라앉아 다리를 까딱거리며 쉬고 있으니 화가 날 수밖에 없다. 그래서 '홀터(앞뒤를 헤아리지 않고 계속해서)' 욕을 했다는 것이다. 아이 입장에서 보면 욕 들을 일을 한 것이다.

'공고롯허다'는 '조금 도드라져 높은 듯하다.'는 뜻을 지닌 제주어로, 쉬면서 땀을 들이려고 한다면 '공고롯헌' 데를 잘 골라야 시원한 여름을 보낼 수 있을 것이다.

노프다

이 '노프다'는 '아래에서 위까지의 길이가 길다.'는 뜻을 지닌 어휘로, 표준어 '높다'에 해당한다. 달리 '높다'도 쓰이는데, 이는 '노프다〉높다'의 변화 과정을 거친 것이다.

① 경 노픈 듸랑 올라가지 말라, 털어진다이.
　 (그렇게 높은 데랑 올라가지 마라, 떨어진다.)
② 하늘그찌 노픈 수랑, 바당그찌 지픈 수랑.
　 (하늘같이 높은 사랑, 바다같이 깊은 사랑.)
③ 노픈 낭긔 앚인 생인 ㅂ룸 불카 탄식이네.
　 (높은 나무에 앉은 새는 바람 불까 탄식이네.)

예문 ①은 아이들이 높은 나무나 울담에 올라갔을 때 어른들이 경계하는 말로, '그렇게 높은 데랑 올라가지 마라, 떨어진다.' 하는 뜻이다. 높은 나무는 마을 어디에서나 찾을 수 있는 '폭낭(팽나무)', '머쿠슬낭(멀구슬나무)'이 대부분이다. 팽나무는 그냥 재미나 '폭(팽)'을 따기 위해서 올라간다면 멀구슬나무는 그냥 재미로 오른다. 팽나무 가지는 질긴 반면 멀구슬나무는 조그마한 힘을 가하기라도 하면 힘에 부친 가지가 쩍 하고 찢어지고, 그 가지에 올랐던 아이는 떨어져 다치기도 한다. 아이들이 높은 데 올랐으면 아주 슬기롭게 대처해야 한다. 바로 야단치면 겁결에 떨어지기 십상이다. 살살 달래고 타이르며 내려오게 하면 사고 없이 일이 수습이 되니, 위험하다고 해서 큰소리만 칠 일은 아니다.

예문②는 부모님의 사랑을 이야기할 때 등장하는 관용 표현이다. 어버이의 '하늘같이 높은 사랑, 바다같이 깊은 사랑'은 가없다는 것으로, '높다'의 뜻이 확연하게 드러난다. 하늘같이 높고, 바다같이 깊은 부모님의 내리사랑, 자식들은 모르니 그게 안타까운 일이다.

예문③은 '나무 베는 노래'라는 민요의 한 구절로, '높은 나무에 앉은 새는 바람 불까 탄식이네.' 하는 뜻이다. 나무가 높을수록 바람 타게 마련이고, 또 가지 많은 나무일수록 더 심하게 바람 탄다. 높은 나무에 둥지를 튼 새라면 예문③은 실로 안타까운 장면이 된다. 또 이 예문이 '나무 베는 노래'의 한 구절임을 음미해 볼 필요가 있다. 나무를 베는 사람의 입장에서는 곧은 나무, 속이 단단한 나무를 골라 벨 것이고, 둥지를 만드는 새 또한 이러한 나무를 골라 집을 짓게 마련일 터이니 사람과 새의 입장은 서로 틀어지게 되는 셈이다. '높은 나무에 앉은 새는 바람 불까 탄식이네.'라는 구절, 우리 인간사에도 적용되지 않을까 한다.

요즘 높고 파란 하늘이 좋다. 서늘한 바람 또한 좋다. 높은 하늘 아래서 말만 살찔 게 아니라 우리들의 정신과 생각도 더 깊고 넓게 되었으면 좋겠다.

덤방ᄒ다

이 '덤방ᄒ다'는 '풀 따위가 무성하다.' 또는 '이슬 따위가 많이 맺혀 있다.'는 뜻의 어휘이다. 전자인 경우는 표준어 '무번하다'에 해당하나 후자인 경우는 대역할 마땅한 표준어가 없어 보인다. 달리 '덤벙ᄒ다'라 한다.

① 스스헌 풀덜은 어욱이 휘창 덤방ᄒ게 더꺼지믄 어욱안티 줄령 크지 못ᄒ여.

　　(사사한 풀들은 억새가 길차고 무번하게 덮이면 억새에게 쪼들리어 크지 못해.)

② 벌초 강 보난 고사리만 봉분 우의 덤방ᄒ게 더꺼쪄서라.

　　(벌초 가서 보니 고사리만 봉분 위에 무번하게 덮이었더라.)

③ 새벽의 일어낭 가당 보민 양지에 거미줄도 걸리고 뭐 이실 덤방ᄒ난 옷도 젖곡.

　　(새벽에 일어나 가다 보면 얼굴에 거미줄도 걸리고 뭐 이슬 무성하니 옷도 젖고.)

예문 ①은 '사사한 풀들은 억새가 길차서 무번하게 덮이면 억새에게 쪼들리어 크지 못해.' 하는 뜻으로, 장마 뒤 칠칠하게 자란 억새의 기세를 느끼게 된다. 그러니 사사한 풀들은 그 위세에 눌려 자라지 못하고, 자라지 못하니 자연 도태의 길을 걷게 되는 것이다. 여기서 '휘차다'와 '줄리다'는 주의가 필요하다. '휘차다'는 '풀 따위가 칠칠하게 길다.'는 뜻을 지닌 어휘로, 표준어 '길차다'에 해당한다.

'줄리다'는 '농작물 따위가 너무 빽빽이 나서 잘 자라지 못하다.'는 뜻을 지닌다. 길차지 못한 것은 칠칠한 것에 '시달리거나 부대끼어' 결국은 자라지 못하는 것이다. 이 '줄리다'는 달리 '쫄리다, 줄이다'라 한다.

예문 ②는 '벌초 가서 보니 고사리만 봉분 위에 무번하게 덮이었더라.'는 말이다. 봉분 위에 고사리만 있더라는 말이다. 이런 경우 소나 말이 들어 고사리만 남기고 맛있는 다른 잡초들을 먹어버렸기 때문이다. 그래서 어떤 사람은 "ᄆ쉬 들어사 떼가 고와.(마소 들어야 잔디가 고와.)"라는 말을 하기도 한다.

예문 ③의 상황은 농부로서는 참으로 기분 좋은 일일 것이다. '새벽에 일어나 가다가 보면 얼굴에 거미줄도 걸리고 뭐 이슬 덤방하니까 옷도 젖고.'라는 뜻을 지니고 있어서 말이다. 얼굴에 거미줄이 걸린다는 것은 아직 이 길을 지난 사람이 없다는 것으로, 스스로 부지런함에 마음 뿌듯할 것이며, 이슬에 옷도 젖어서 발을 내디딜 때마다 산득산득하니 기분마저 좋을 것이다.

매미 소리 요란하다. 장마가 끝났다는 신호다. 이른 새벽 노초(露草) 사이를 걸으며 상쾌한 새벽을 맞이한다면 하루하루가 즐겁고 기분 좋을 것이다.

ᄃᆞ근ᄒᆞ다

이 'ᄃᆞ근ᄒᆞ다'는 '마음이 가라앉아 조용하고 무게 있
다.(차분하다)', '동작이나 태도가 급하지 않아 느릿하고 의젓하다.(찬찬하다)' 또는
'말이나 성격, 행동 따위가 찬찬하고 조리 있다.(차근하다)' 등의 뜻을 지닌 말이다.
이 어휘는 '가라앉다, 느릿하다, 의젓하다, 무게 있다'를 기본 의미로 하고 있음을
알 수 있는데, 표준어 '차근하다, 차분하다, 찬찬하다' 등에 해당한다.

① 쪼그만 아이가 복쉬뒈와앉안 ᄃᆞ근ᄒᆞ게 신 거라.

  (조그만 아이가 책상다리하고서 차분하게 있는 거야.)

② 어른덜 하영 이신 디선 어디 돌아뎅기지 말앙 ᄃᆞ근ᄒᆞ게 앚앙 잇어사 ᄒᆞ다.

  (어른들 많이 있는 데서는 어디 돌아다니지 말고 찬찬하게 앉아 있어야 한다.)

③ 냉중엔 ᄃᆞ근ᄒᆞ게 ᄒᆞ나ᄒᆞ나 따주는디 데답을 못ᄒᆞ연.

  (나중에는 차근하게 하나하나 따지는데 대답을 못 했어.)

④ 저건 셍곡이여, ᄃᆞ근ᄃᆞ근 부수어 보세.

  (저것은 생곡이야, 차근차근 부수어 보세.)

예문 ①은 '조그마한 아이가 책상다리를 하고 차분하게 (앉아) 있다.'는 말이다.

조그마한 아이가 책상다리하고 앉았다는 것부터가 어른스러운 모습이며, 책상다리하고 있으니 차분하게 보이게 마련이다. 대개 이런 아이는 가정교육을 잘 받았다, 어른스럽다, 커서는 큰일하겠다 등 칭찬의 말을 듣는다. 여기서 '복쉬뒈와앉다'는 달리 '도사려앉다, 뒈사려앉다, 복쉬뒈와앉다, 사려앉다'라 하는데, 한쪽 다리를 오그리고 다른 한쪽 다리를 그 위에 포개어 얹어 앉는 자세를 말한다. 곧 '책상다리하다'는 뜻이다.

예문 ②는 '어른들 많은 곳에서는 돌아다니지 말고 찬찬하게 앉아 있어야 한다.'는 말이다. 이 문장에서 '드근ᄒ다'는 '동작이나 태도가 급하지 않아 느릿하고 의젓하다.'는 뜻으로 쓰인 경우다.

예문 ③은 '나중에는 차근하게 하나하나 따지는데 대답을 못 했어.'라는 뜻이다. 차근하게 하나하나 따지어 물었다는 것으로, 찬찬하고 조리 있게 따지는 바람에 제대로 대답을 하지 못했다는 것이다.

한편 예문 ④는 타작노래의 한 구절로, '드근ᄒ다'의 어근이 중첩되어 사용된 경우다. '저것은 생곡이니 차근차근 부수어 보자.'는 말인데, 여기서 '생곡'은 '타작할 때 채 떨어지지 않은 알이 붙어있는 곡식'을 뜻한다.

무더운 장마철에는 흐르는 땀과 날카로워진 신경으로 '드근ᄒ게' 앉아 있을 수 없을 때가 많다. 이런 때는 갈앉은 마음으로 숲 그늘에 앉아 있는 것처럼 '드근ᄒ게' 한다면 한결 시원스레 하루하루를 보낼 수 있을 것이다.

돔쑥ᄒ다

이 '돔쑥ᄒ다'는 '비구름이 낮게 드리워 금방이라도 비가 올 듯이 흐리다.' 또는 '옷이 몸피에 비해 크고 두꺼워서 치렁하고 헐렁하다.'라는 뜻을 지닌 어휘로, 대역할 마뜩한 표준어는 없다. '돔쑥ᄒ다'의 '돔쑥'은 일정한 정도나 범위를 넘어선 상태나 모양을 이른다.

① 하늘이 돔쑥ᄒ연어땡 비 오람직ᄒ다.

   (하늘이 흐려서 어찌 비 올 것 같다.)

② 바당 알이 돔쑥ᄒ여수다.

   (바다 아래가 흐릿합니다.)

③ 영 더운디 돔쑥ᄒ게도 출려수다.

   (이렇게 더운데 치렁하게도 차려입었습니다.)

④ 옷 돔쑥ᄒ게 입언 덥지 아녀꽈?

   (옷 치렁하게 입어서 덥지 않습니까?)

예문 ①은 비구름이 낮게 드리워져 있을 때 들을 수 있는 말로, '하늘이 흐려서 어찌 비 올 것 같다.'는 말이다. 구름이 비를 머금고 있어 드리워진 것이니 너무나 당연한 표현이기도 한다. 이런 때는 대개 나이 많은 어른들은 "뻬 뻣암쩌.(뼈마디가 쑤신다.)"라고 하거나, 수술을 한 사람들은 '수술그르(수술한 자리)'가 은근하게 아프거나 해서 몸 상태로 일기예보를 하는 경우가 많다.

예문 ②의 '바당 알'은 '바다 아래'라고 대역되지만 뜻하는 바는 수평선 가까이를 말한다. '바다 아래가 흐릿합니다.'는 곧 '수평선 가까이가 흐릿합니다.'는 것으로, '곧 비가 올 것 같습니다.'는 의미를 지닌다. "바당 알이 둠쑥ᄒ여수다." 대신에 "바당 알이 거멍ᄒ여수다.(바다 아래 곧 수평선 가까이가 거멓습니다.)"라 하기도 한다.

한편 예문 ③과 예문 ④는 여름철에 들을 수 있는 말로, '둠쑥ᄒ다'가 '옷이 몸피에 비해 크고 두꺼워서 치렁하고 헐렁하다.'는 뜻으로 쓰인 경우이다. 예문 ③은 '이렇게 더운데 치렁하게도 차려입었습니다.' 하는 말이다. '둠쑥ᄒ게도'를 '치렁하게도'로 대역했지만, 이 어휘가 뜻하는 바는 일정한 정도나 범위를 넘어선 것이니 몸피에 비해 옷이 '크고, 두껍고, 길고' 하는 의미를 포함하고 있다. "간드랑ᄒ게도 출려수다.('간드랑ᄒ다'는 '차려입은 옷이 단순하고 간략하다.'는 뜻이다.)"와 비교하면 그 의미가 쉽게 드러난다. 예문 ③처럼 '둠쑥ᄒ게' 차려입은 본인은 땀을 흘려야 하는 수고가 뒤따르고, 이런 모습을 바라보는 사람은 답답함을 느껴야 한다. 그래서 예문 ④ "옷 둠쑥ᄒ게 입언 덥지 아녀꽈?(옷 치렁하게 입어서 덥지 않습니까?)"라 말함으로써 갑갑함에서 벗어나려고 하는 것이다.

'둠쑥'은 일정한 정도나 범위를 넘어선 것으로, 'ᄒ다'와 연결된 '둠쑥ᄒ다'는 '비구름이 낮게 드리워 금방이라도 비가 올 듯이 흐리다.', '옷이 몸피에 비해 크고 두꺼워서 치렁하고 헐렁하다.'라는 뜻을 지닌 어휘가 된다. 구름이 낮게 드리워져 비가 올 것 같은 상황이나 여름철 옷을 너무 길고 두껍게 입었을 때 듣게 되는 말이다. 특히 가뭄이 오래 이어질 때 하늘이 '둠쑥ᄒ게' 되기를 빌어 보자.

돗다

이 '돗다'는 '알맞게 따뜻하다.'는 뜻을 지닌 어휘로, 표준어 '다습다, 다스하다'에 해당하는 어휘다. 이보다 좀더 강하게 말하면 '뜻다'가 되는데 이때 해당하는 표준어는 '따습다, 따스하다'가 될 것이다. 이는 예사소리인가 된소리인가에 따라 그 말맛이 조금 다른 것으로 이해하면 된다. 그러니까 느낌의 차이로 본다면 '돗다, 돗돗ᄒ다-뜻다, 뜻뜻ᄒ다' 순서가 될 것이다. '뜻뜻ᄒ다'를 넘어서면 '뜨겁다'는 느낌이며, 그 이상이면 '지접다'가 되어 화상을 입게 된다.

① 아침의 일어낭 돗인물 먹으난 오장이 돗안 좋다.

　　(아침에 일어나서 더운물 먹으니까 오장이 다스해서 좋다.)

② ᄀ실엔 ᄇ름의지 벳남석에만 앚아도 돗돗ᄒ다.

　　(가을에는 바람 의지 양지쪽에만 앉아도 따습다.)

③ 저실옷 촞안 입으난 뜻안 좋다.

　　(겨울옷 찾아 입으니까 따스워서 좋다.)

④ 막 실렷구나게. 이 콩국이라도 뜻뜻ᄒ게 거려먹으라.

　　(아주 시렸구나. 이 콩국이라도 따뜻하게 떠먹어라.)

예문 ①은 '아침에 일어나서 더운물을 먹으니까 오장(五臟)이 다스해서 좋다.'는 말이다. 대개는 찬물을 먹게 되는데 이는 내장이 튼튼한 때의 일이고, 나이 들어서는 더운물을 먹어야 예문에서처럼 '오장이 다스해서' 좋다. 그렇지 않으면 변소 출입이 잦거나 속이 이상할 따름이다. 예문 ②는 '가을, 특히 늦가을이면 바람의지 양지쪽에만 앉아도 따습다.'는 말이다. 여기서 '브름의지'는 '바람이 맞받지 아니하여 눈비 따위를 피할 수 있는 곳'을 말한다. 바람을 잘 맞을 수 있는 곳인 '브름코지(바람받이)'와는 서로 상반된 의미를 지닌 어휘이다. 한편 '벳남석'은 '볕이 드는 자리'로, 표준어 '양지쪽'에 해당하니, '바람을 피할 수 있고, 양지 바른 쪽이니 따습다.'는 말이다.

예문 ③은 추워서 '겨울옷을 찾아 입으니까 따스해서 좋다.'는 말이다. 겨울옷이란 대개 소매 따위가 길고, 두꺼워 포근하고, 목을 보호할 수 있는 옷들이다. 차가운 바람이 덜 들어오니 따습게 느낄 수밖에 없다. 어느 외국인의 말처럼 한국 사람들은 "춥다. 춥다." 하면서도 두꺼운 겨울옷이나 긴 내복을 입지 않는다. 외양을 생각해서일까? 추우면 옷을 껴입으면 되고, 긴 내복을 입으면 되고, 두껍고 푹신한 옷을 입으면 된다.

예문 ④도 겨울철에 들을 수 있는 말로, '아주 시렸구나. 이 콩국이라도 따뜻하게 떠먹어라.' 하는 뜻이다. 여기서 '콩국'이란 표준어에서처럼 '콩을 삶아서 맷돌에 갈아 밭아서 국수 따위를 말아 먹는 물'과는 다르다. 예문의 '콩국'은 '콩가루에 파란 배추나 무를 썰어 넣어서 함께 끓인 국'으로, 주로 겨울철에 먹는다. 다만 콩국을 끓일 때는 그 국물이 넘치지 않게 조심해야 한다.

이제 아침저녁으로 바람이 차다. '듯인 옷', '뜻뜻흔' 국물이 생각나는 계절이다. '듯듯흐게' 챙겨 입고, '뜻뜻흔' 것을 찾아 먹으며 등을 따습게, 오장을 따스하게 해서 아무 탈 없이 추운 겨울철을 나야겠다.

마직ᄒ다

　　　　　이 '마직ᄒ다'는 '정도에 알맞다.'는 뜻을 지닌 어휘로, 표준어 '적당하다'에 해당한다. '마직ᄒ다'는 어휘 형태나 의미로 볼 때 '크기나 규격 따위가 다른 것에 합치하다.'는 의미의 '맞다'에서 온 것임을 알 수 있다.

① 마직ᄒ게 먹으라, 경 아녀믄 쏭쏭 ᄌ들아진다.
　　(적당하게 먹어라, 그렇지 않으면 낑낑 걱정하게 된다.)
② 이 옷은 마직ᄒ연 크지도 족지도 아녀다.
　　(이 옷은 적당해서 크지도 작지도 않다.)
③ 너믜 흠싹ᄒ다, 발에 마직ᄒᆫ 걸로 바꽝 오라.
　　(너무 풍신하다, 발에 적당한 것으로 바꿔 오너라.)
④ 비 마직이 완 밧 갈기 좋키여.
　　(비 적당하게 와서 밭 갈기 좋겠다.)

예문 ①은 음식을 '적당하게 먹어라, 그렇지 않으며 낑낑거리게 된다.'는 뜻이다. 너무 많이 먹는 것을 경계하는 말이다. 밥상에 맛있는 음식이 오르면 먹어도 또 먹고 싶은 게 사람이다. 요즘은 몸무게 나가는 게 부담스러워 자제하기도 하지만 대개는 그렇지 않은 데서 문제가 생긴다. 이 예문에 쓰인 '쏭쏭'은 신음소리 '낑낑'을 나타내지만 문장에 따라서는 '깊이 잠이 든 모양' 또는 '너무 많이 먹어 괴로워하는 모양'을 뜻하기도 한다. **예문** ①에서는 '너무 많이 먹어서 괴로워하는 모양'의 뜻으로 쓰였다.

　예문 ②는 '산 옷이 몸에 적당해서 크지도 작지도 않다.'는 것이다. 눈짐작이 그냥 들어맞은 경우로, 두 번 걸음하지 않아서 좋다. **예문** ③은 **예문** ②와는 반대로 '산 신발이 발에 풍신해서 발에 맞는 것으로 도로 바꿔 와야겠다.'는 말이다. 여기서 '흠싹ㅎ다'는 옷이나 신의 크기가 몸이나 발에 비하여 넉넉하다는 뜻이다. 너무 커서 맞지 않으니 당연 바꿔야 한다.

　예문 ④는 '마직ㅎ다'에서 나온 '마직이'란 부사어가 쓰인 경우다. '비가 적당하게 내려서 밭갈이하기가 좋겠다.'는 말이다. 사실 비가 너무 내리면 밭이 질퍽거려서 밭갈이할 수가 없고, 너무 적게 내리면 땅이 세서 쟁기의 보습이 흙에 들어가지 않는다. 그러니 밭이 너무 질지도 않고 세지도 않은 정도로 적당하게 내려야 순조롭게 밭을 갈 수 있는 것이다.

　일상생활에서 적당한 것 곧 지나치거나 모자라지 않고 알맞은 상태나 정도를 유지하는 건 중요하다. 그 결과는 어느 한쪽으로 치우치지 않게 되고 떳떳하게 된다. 그래서 중용^(中庸)이 어렵고 종요로운 것이다.

모지직ᄒ다

이 '모지직ᄒ다'는 '한번 먹은 마음이나 뜻을 굳게 다잡아 강단지게 처리하는 성질이 있다.'는 뜻을 지닌 어휘로, 표준어로 대역할 마뜩한 단어는 없다. '어떤 일을 야무지게 결정하고 처리하는 힘이 있다.'는 뜻의 '강단^(剛斷)지다'에 가깝다. 어찌 보면 어금니를 악물거나 으물게 하는 마음을 갖는 것을 말한다.

① 우리 씨어멍은 모지직ᄒ곡 차분ᄒ영 ᄒ나믄 ᄒ나다 ᄀᆮ는 사름.

　(우리 시어머니는 강단지고 차분해서 하나면 하나다 말하는 사람.)

② 어떵사 모지직흔 사름이냐믄 흔 번 아니흔다 ᄒ믄 누가 벨소리 ᄒ여도 ᄂᆞ시 아녀.

　(어떻게야 강단진 사람이냐면 한 번 아니한다 하면 누가 별소리해도 끝내 아니해.)

③ 씨어멍은 암툭의 넋이여, 나를 보민 모지직흔다.

　(시어머니는 암탉의 넋이네, 나를 보면 매몰차게 군다.)

예문 ①은 며느리가 시어머니에 대한 평가로, '우리 시어머니는 강단^(剛斷)지고 차분해서 하나면 하나다 말하는 사람.'이라는 뜻이다. 사람에 따라 다르겠지만 하나를 하나라 말하는 사람이 있는가 하면 하나를 둘 또는 셋이라 말하는 사람도 있다. 하나를 둘 또는 셋이라 말하는 사람은 보기에 따라 좋은 사람, 융통성이 있는 사람이라는 평가를 받기도 하지만 끝내는 있는 그대로 볼 줄 모르는 사람이 된다. 그러니 **예문 ①**의 시어머니는 강단이 있기 때문에 며느리 비위를 맞추려 하지 않고, 일을 잘하면 "잘헴쩌.", 못하면 "못헴쩌." 하는 말을 하는 시어머니라는 것이다.

예문 ②의 사람도 **예문 ①**의 시어머니처럼 강단진 사람이라는 뜻이다. 곧 '어떻게야 강단진 사람이냐면 한 번 아니한다 하면 누가 별소리해도 끝내 아니한다.'는 것이다. 일단 결심하면 이를 악물고 마음을 다잡으며 끝까지 지킨다는 것이다.

예문 ③은 시집살이노래에 나오는 한 구절이다. 고부^(姑婦) 사이 갈등을 노래한 부분이니 '시어머니는 암탉의 넋이네, 나를 보면 매몰차게 군다.'는 뜻이다. 암탉이 부리로 모이를 쪼듯 시어머니는 며느리를 대할 때마다 쪼아댄다는 것이다. 그때마다 며느리 마음 속에는 응어리가 생기고 이 응어리가 다시 쪼아댈 빌미를 제공한다.

'모지직ᄒ다'는 '한번 먹은 마음이나 뜻을 굳게 다잡아 강단지게 처리하는 성질이 있다.'는 뜻을 지니고 있는 어휘로, 제 자신에게는 '모지직홀' 필요가 있다. 그러나 이 어휘가 '강단지다'와 가까운 뜻을 지닌다고 해서 남에게까지 '모지직ᄒ다'면 상대방에게는 마음에 깊은 상처를 남길 뿐임도 명심하자.

몹씰다

이 '몹씰다'는 '하는 짓이 조금 사납고 악하다.'는 뜻을 지닌 어휘로, 표준어 '포악하다'에 가깝다. '몹씰다'는 달리 '몹쓸다, 목씰다'라 한다. 이 '몹씰다'는 표준어에서의 '몹쓸 것, 몹쓸 놈, 몹쓸 사람, 몹쓸 짓'처럼 '몹쓸(악독하고 고약한)'이라는 관형사와 관련이 있다.

① 그 일로 헤영 몹씬 사름이옌 입건지 낫덴 흡주.

　　(그 일로 해서 몹쓸 사람이라고 입방아 났다고 하지요.)

② 그만썩 훈 일로 박박 늬 그는 걸 보민 몹씬 사름인 셍이우다.

　　(그만큼 한 일로 박박 이 가는 것을 보면 몹쓸 사람인 모양입니다.)

③ 몹씬몹씬 훈 사름광은 뎅기지 말라.

　　(포악하고 악독한 사람하고는 다니지 마라.)

④ 목씰게 굴민 저싱 강 그 췌깝 다 받나.

　　(포악하게 굴면 저승 가서 그 죗값 다 받는다.)

예문 ①은 아주 포악한 일이 있은 다음, '그 일로 해서 몹쓸 사람이라고 입방아 났다고 하지요.' 하는 뜻이다. 그 일로 몹쓸 사람이 되었다는 말이다. 그런 사람이라고 낙인찍힐 일이라면 누구나 수긍하기 어려워 고개를 절레절레 흔드는 상태가 되며, 그 결과가 '몹씬 사름'이 되어 버린 것이다. 여기서 '입건지'는 표준어 '입방아'에 해당한다.

예문 ②도 별일 아닌데 화를 이기지 못하여 '이를 박박 가는 것으로 보면 몹쓸 사람인 모양이다.'라는 말이다. '이를 박박 간다는' 게 포악한 증거인 셈이다.

예문 ③은 '몹씬몹씬' 곧 '포악하고 악독한 사람하고는 같이 다니지 마라.'라는 경계의 말이다. 포악한 사람과 휩쓸려 같이 다니게 되면 악종이 저절로 물들게 되고 결국은 자신도 악종인 '몹씬 사름'이 되기 때문이라는 것이다.

예문 ④는 이 세상에서 사람들에게 '포악하게 굴면 저승 가서 그 죗값을 다 받는다.' 하는 뜻으로, 일종의 권선징악(勸善懲惡)에 해당하는 말이다. 이승에서 대하는 사람마다 '포악하게 굴면 죄를 짓게 되는 것이고, 죽어 저승에 가면 그 죗값을 다 받게 되는 것이니 사람은 포악해서는 안 되는 법이다.' 하는 정도의 뜻을 지닌다.

이 세상을 선하게 살려고 해도 잘 안 되는 판인데, 어렵게 몹씰게 살 필요는 없다. 그렇게 산다면 예문 ④처럼 죽어 저승에 가면 그 죗값을 다 받아야 하지 않을까.

무끼다

이 '무끼다'는 '칼이나 송곳 따위의 날이나 끝이 날카롭지 못하다.'라는 뜻을 지닌 어휘로, 표준어 '무디다'에 해당한다.

① 이 칼 무껸 씬돌에 골아사키여.

　　(이 칼 무디어서 숫돌에 갈아야겠어.)

② ㅎ루헤천 어욱 후리단 호미난 거 무낄 건 ᄉ실 아니우까?

　　(하루 해종일 억새 후리던 낫이니까 거 무딜 것은 사실 아닙니까?)

예문 ①은 '이 칼날은 무디었으니 칼이 잘 들게 숫돌에 갈아야겠다.'는 말이다. 여기에 쓰인 '씬돌'은 달리 '씰돌, 쓸돌, 신돌'이라고도 하는데, 표준어 '숫돌'에 해당한다. 예문 ②는 '하루 해종일 억새를 휘둘러 베던 낫이니 무딜 게 사실 아닙니까?' 하는 뜻으로, '당연 낫이 무디었을 텐데 그것으로 다시 다른 것을 베라고 하면 벨 수 있겠느냐?'는 불만의 말이다. '헤천'은 달리 '헤원, 헤춘' 등으로 말하기도 하는데, '하루 종일'의 뜻이다.

칼날이나 낫이 무디고, 송곳 끝이 날카롭지 못한 것은 날을 세우고 끝을 뾰족하게 한 지 오래되었다거나 많이 사용하였다는 것을 전제로 한 것이다. 곧 오래

되었다는 것이다. 그렇다고 한다면 제주어 '무끼다'는 '일정한 때를 지나서 오래된 상태가 되다.'는 뜻을 지닌 중세 어휘 '묵다[故, 陳]'에서 유래한다.

- 故 무글 고(《유합》)
- 陳 무글 딘(《천자문》)

날이 닳아 무디거나 끝에 녹이 슬어 무딘 낫이라면 숫돌에 갈거나 녹을 제거하면 다시 날이 서고, 끝이 날카롭게 되는 것처럼 항상 자기 연마가 필요하다. '구르는 돌에 이끼가 안 낀다.'는 속담을 되뇌며 '무끼지' 않게 도시며 하루를 새롭게 맞이할 일이다.

무랑ᄒᆞ다

이 '무랑ᄒᆞ다'는 '무르고 부드럽다.'는 뜻을 지닌 어휘로, 표준어 '문문하다'나 '물렁하다'에 해당한다. 너무 삶은 고구마나 잘 익은 연시(軟柿) 따위를 한 입 베어 물었을 때의 상태가 '무랑ᄒᆞ다'이다.

① 우리 ᄀᆞ튼 할망신틴 무랑ᄒᆞ게 익은 감저가 먹지가 좋아.

　(우리와 같은 할머니한테는 문문하게 익은 고구마가 먹기가 좋아.)

② 감도게 홍시처록 무랑ᄒᆞᆫ 게 좋곡말곡.

　(감도 홍시처럼 물렁한 게 좋고말고.)

③ 콩 숢을 때 콩이영 ᄀᆞ찌 낭 숢은 감저, 무랑ᄒᆞ덴 ᄒᆞ카? 흐랑ᄒᆞ덴 ᄒᆞ카? 야튼 맛좋아.

　(콩 삶을 때 콩하고 같이 넣어 삶은 고구마, 문문하다고 할까? 늘큰하다고 할까? 하여튼 맛좋아.)

예문 ①은 물렁한 고구마를 드시는 할머니한테서 들을 수 있는 말로, '우리와 같은 할머니한테는 문문하게 익은 고구마가 먹기가 좋아.' 하는 뜻이다. '우리 ᄀᆞ튼 할망'은 대개 이가 성하지 않거나, 이가 많이 빠졌으니 '오망부리(오무래미)'에 가깝다. 이 대신 잇몸으로 씹으려면 무르고 부드러운 게 좋다. 늘그막에 이가 성하다는 것은 정말이지 강녕(康寧)을 누리는 것이다. 맛난 것은 어떠한 것이든 가리지 않고 마음껏 씹을 수 있다. 이가 튼실하니 치통(齒痛)을 모르고, "앓느니 죽지."나 "앓던 이 빠진 것 같다."는 속담도 남의 일이다. 그러나 그 반대 상태라고 한다면 치과 출입이 잦고, 음식도 부드러운 것으로 가려서 먹어야 한다. 그래서 잘 익은 '감저'가 좋다는 것이다. 물론 여기서 '감저'는 메꽃과에 속하는 여러해살이 덩굴식물로, 가짓과의 여러해살이 작물인 감자와는 다른 것이다. 고구마의 방언형은 '감자, 감제, 감즈'이고, 감자의 방언형은 '지실, 지슬'이다.

예문 ②는 잘 익은 고구마가 좋다는 할머니한테 '그러면 감도 잘 익은 것을 좋아합니까?' 하고 물었을 때 그에 대한 대답이다. 곧 '감도 홍시처럼 물렁한 게 좋고 말고.' 하는 뜻이다. 잇몸으로 먹기에는 물렁물렁하게 익은 감(軟柿)이 좋다는 것이다. 반면 '단감'은 단감나무의 열매로, 단맛이 있으나 단단하여 할머니들이 먹기에는 좀 거북한 편이다.

예문 ③은 예전에 집안에서 콩을 삶아 장을 담글 때 들을 수 있었던 말이다. '콩 삶을 때 콩하고 같이 넣어 삶은 고구마, 문문하다고 할까? 늘큰하다고 할까? 하여튼 맛좋아.' 하는 뜻이다. 메주콩을 삶을 때는 아주 커다란 고구마도 같이 넣어 삶는다. 오래 삶기 때문에 큰 고구마라고 하지만 문문하게 익고 콩물이 배어들어 맛이 좋을 수밖에 없다. 여기서 '흐랑흐다'는 '무랑흐다'보다 더 무른 상태를 말하는 것으로, 표준어 '늘큰하다'에 해당한다.

쌀쌀한 바람이 부는 날 고구마를 삶아 먹는 것도 별식이다. 하얗게 메지어 '폭싹폭싹흔 감저'도 좋지만. 푹 삶아 '무랑흔 감저'를 먹으며 집안 어른을 생각해 보는 것은 더 좋은 일이다.

무정ᄒᆞ다

이 '무정ᄒᆞ다'는 '별 탈이 없거나 병이 없다.'는 뜻을 지닌다. 사람이나 사물에 쓸 수 있다. 사람과 함께 사용된다면 표준어 '성하다(몸에 병이나 탈이 없다.)'에 가깝지만 사물과 함께 사용될 때는 '고장이나 탈이 없다.'는 의미를 지니고 있으매 이에 해당하는 마뜩한 표준어는 없다.

① 빙완에 가는 냥 엇이 무정ᄒᆞ게 잘 컴수다양.

(병원에 가는 양 없이 성하게 잘 자라고 있습니다.)

② 둥그령 키우는 애기가 무정ᄒᆞ여마씸.

(굴려서 키우는 아기가 성합니다.)

③ 저 사발시계 고장 엇이 이십 년 넘게 썸시난 무정ᄒᆞᆫ 시계주.

(저 사발시계 고장 없이 이십 년 넘게 쓰고 있으니까 무정한 시계지.)

④ 구두 잘도 무정ᄒᆞ게 신엄수다.

(구두 잘도 무정하게 신고 있습니다.)

예문 ①은 물외 크듯 하루가 다르게 자라는 아기의 어머니한테 하는 말로, '병원에 가는 양 없이 성하게 잘 자라고 있습니다.' 하는 뜻이다. 이때 '무정ᄒᆞ다'는 '병이나 탈이 없다.'는 의미를 지니고 있기 때문에 표준어 '성하다'에 해당한다. 아기가 자랄 때는 아주 사소한 차이만으로도 아기가 보채고 그게 탈이 되기도 한다. 그러면 '침바치(침쟁이)'를 찾아가 침을 맞히거나, 좀 심하다 싶으면 병원을 찾고 한다. 그러나 **예문** ①의 아기는 침쟁이를 찾아가거나 병원을 가거나 하는 기색도 없으니 탈이나 병이 나지 않은 것이다. 이럴 때 할 수 있는 말이 바로 **예문** ①의 "빙완에 가는 냥 엇이 무정ᄒ게 잘 컴수다양."이다. 이런 말을 들은 아기 어머니는 흐뭇해 **예문** ②로 대꾸하는 것이다. 곧 '굴려서 키우는 아기가 성합니다.' 하는 뜻이다. 여기서 '둥그리다'는 '잘 간수하지 아니하고 그냥 내버려 둬 잘 거들떠보지 아니하다.'는 뜻으로, 표준어 '굴리다'에 해당한다. 아기를 굴려서 키우다 보면 병이 날 겨를이나 탈이 날 틈이 없다는 것이다. 마치 구르는 돌에 이끼 낄 틈이 없는 것과 같다.

    예문 ③과 **예문** ④의 '무정ᄒ다'는 사물에 쓰인 경우다. **예문** ③은 도금이 벗겨진 사발시계를 보고 "오래된 시계 같다."는 말에 주인이 대답하는 이야기로, '저 사발시계 고장 없이 이십 년 넘게 쓰고 있으니까 무정한 시계지.' 하는 뜻이다. 사발시계는 둥근 탁상시계로 대개는 종이 울리게 되어 있고, 태엽을 감게 되어 있다. 태엽을 감으며 손때가 묻어 정이 가는 시계로, 이십 년 넘게 잔 고장 없이 쓰고 있으니 '무정ᄒ다'는 것이다.

    예문 ④는 같은 구두를 오래 신는 사람에게 하는 말로, '구두 잘도 무정하게 신고 있습니다.' 하는 뜻이다. 이 예문 속에는 구두를 잘 닦지 않은 것 같은데, 신기료장수한테 잘 가는 것 같지도 않은데 구두를 오래 신고 있다는 의미가 들어 있어서 '무정ᄒ다'는 것이다.

    이 '무정ᄒ다'는 '별 탈이 없거나 병이 없다.'는 뜻을 지닌 어휘다. 무슨 물건이든 오래 쓰는 사람이 있다면 "촘 무정ᄒ게 잘도 썸수다." 하고 한번 이야기해 볼 일이다.

미삭ᄒ다

이 '미삭ᄒ다'는 '모아 쌓은 물건이 지나칠 정도로 많다.'는 뜻을 지닌 어휘로, 표준어로 대역할 마뜩한 단어가 없다. '모아 쌓은 물건이 지나칠 정도로 많은 모양'을 나타낼 때는 '미삭미삭'이라 하며, 그런 상태를 '미삭이'라는 부사어로 표현하기도 하다.

① 아무거나 미삭ᄒ믄 둥그리기 마련이여.

　(아무것이나 '미삭하면' 굴리기 마련이야.)

② 간 보난 놈삐가 눌굽에 미삭ᄒ게 데미여십데다.

　(가서 보니까 무가 가리 밑바닥에 미삭하게 쟁였습디다.)

③ 열 놉이 탄 걸 날라당 놓으믄 미삭ᄒ 테주.

　(열 놉이 딴 것을 날라다 놓으면 '미삭할' 테지.)

④ 멧밥 미삭이 거리믄 가지깽이로 눌러졍 밥맛 웃나.

　(메 '미삭이' 뜨면 바리뚜껑으로 눌러져 밥맛 없다.)

예문 ①은 '아무것이나 미삭하면 굴리기 마련이야.' 하는 말로, 무엇이든지 많으면 남게 마련이고 나중에는 거들떠보지도 않게 된다는 뜻을 지닌다. 여기서 '둥그리다'는 달리 '둥으리다, 둥글리다' 등으로 쓰이기도 하는데, '물건을 잘 간수하지 아니하고 그냥 내버려 둬 잘 거들떠보지 아니하다.'는 의미를 지닌다. 표준어 '굴리다'에 해당하다.

예문 ②는 '가서 보니까 무가 가리 바닥에 미삭하게 쟁였습디다.' 하는 말로, 가리 자리에 무가 잔뜩 쟁여 있더라는 말이다. 물론 이때 '데미는(쟁이는)' 것은 '늠삐'를 비롯하여, 고구마, 감자, 호박, 배추 등 농작물이 주가 되므로 쟁여 있는 것을 바라보기만 하여도 부자가 된다. '눌굽'이란 낟알이 붙어 있는 곡식 또는 짚이나 꼴 따위를 둥그렇게 쌓아올린 큰 더미인 가리 밑바닥을 말한다. 대개는 둥그런 원형으로 돌을 박아 놓아 땅의 습한 기운을 차단하여 가리가 썩는 것을 막고 있다. 예문 ③은 감귤 따기 철에 흔히 듣는 말로, '열 눕이 딴 것을 날라다 놓으면 미삭할 테지.' 하는 뜻이다. 곧 열이나 되는 많은 눕이 딴 것을 한곳으로 날라다 쌓으면 '미삭할' 거라는 말이다. 정말 흐뭇한 장면이다.

예문 ④는 제사 때 메를 뜰 때 들을 수 있는 말로, '메 미삭이 뜨면 바리뚜껑으로 눌러져 밥맛 없다.'는 뜻이다. 메를 '미삭이' 뜨면 고봉밥이 되어 바리뚜껑을 닫으며 눌러지게 마련이고, 눌러진 밥은 제사를 마치고 먹으려고 하면 밥맛이 없게 된다는 말이다. 메를 뜨는 안주인 입장에서야 감투밥이 되어야 신위를 위하는 것이 될 테니 '미삭이' 뜨고 싶은 것이다. 밥맛과 고봉밥 사이에서 망설이지만 결국은 '미삭이' 뜨게 된다.

'미삭ᄒ다'는 '모아 쌓은 물건이 지나칠 정도로 많다.'는 뜻을 지닌다. 다다익선(多多益善), 많으면 많을수록 좋다는 뜻이지만 경우에 따라서는 많다는 게 관심 밖으로 밀려나기도 하는 법이다. 세상 참으로 묘한 곳이다.

민지럽다

이 '민지럽다'는 달리 '민드럽다, 민치럽다, 미끄럽다'라 하는데, '거침없이 저절로 밀려 나갈 정도로 번드럽다.'는 뜻을 지닌 어휘다. 표준 어 '미끄럽다'에 해당한다. '내려 쌓인 눈이 잘 다져져서 발을 잘못 디디면 미끄러 져 자빠질 정도로 번드럽다.'는 뜻으로 이해하면 의미 파악이 쉽다.

① 눈 묻은 동산질, 잘 다려쳔 민지러우난 멩심허라.

(눈 쌓인 고갯길, 잘 다져져서 미끄러우니 명심해라.)

② 민치러운 동산질, 허벅에 물 질언 가단 허벅 벌럿주.

(미끄러운 고갯길, 허벅에 물을 길어서 가다가 허벅 깨뜨렸지.)

③ 눈 왕 민드러운 질, 어른안틴 겁나는 디고, 아이안틴 신나는 디주.

(눈 내려 미끄러운 길, 어른한테는 겁나는 데고, 아이들한테는 신나는 곳이지.)

④ 민질민질 민지러왕 손에 아상 뎅기기 막 좋으키여.

(미끌미끌 미끄러워서 손에 가지고 다니기에 아주 좋겠다.)

예문 ①은 '눈이 내려 쌓인 고갯길, 잘 다져져서 미끄러우니 명심해라.' 하는 경 계의 말이다. '동산질'은 경사진 길이고, 눈 쌓인 길을 사람들이 자주 다녔다면 잘 다져졌을 터이다. 반들거려 보기에도 미끄러질 것만 같은 길이다. 그러니 발을 잘못 디디면 자빠질 테니 명심하라는 말이다. 명심하지 않으면 엉덩방아를 찧게 되고, 엉덩방아를 찧게 되면 아픈 것보다는 부끄러워 남의눈을 먼저 보게 된다. 그러니 명심하라는 말이다.

예문 ②는 '미끄러운 고갯길, 허벅에 물을 길어서 가다가 (자빠져서) 허벅을 깨뜨렸다.'는 것이다. 여기서 '허벅'은 물을 긷는 동이로, '그 모양은 둥글며 배가 불룩하고 위의 아가리는 아주 좁은, 물을 길어 등짐으로 지고 운반하는 동이'를 말한다. '벌르다'는 표준어 '깨다'에 해당하는 어휘다.

예문 ③은 눈 내린 풍경을 바라보는 어른과 어린아이들에 따른 차이다. 곧 '눈 내려 미끄러운 길, 어른한테는 겁나는 곳이지만 아이들한테는 신나는 곳이지.' 하는 뜻이다. 눈 내려 미끄러운 길, 어른들에게는 골절상을 입게 하는 반면 아이들에게는 썰매나 미끄럼 타기에 좋은 곳이니 신이 날 수밖에 없다.

예문 ④는 번드럽게 손때 묻은 호두 따위를 보면서, '미끌미끌 미끄러워서 손에 가지고 다니기에 아주 좋겠다.' 하는 말이다. 얼마나 가지고 다녔기에 미끌미끌해서 그 촉감마저 좋겠느냐는 뜻이다. 손때 묻은 게 만만해서 좋기도 하지만 정감이 있어 더욱 좋을 때가 있다.

겨울철 눈 내려 쌓인 '민지러운' 빙판길, 다리에 힘주어 한 발 한 발 내디디며 자빠지는 일 없이 무사하게 지나갔으면 좋겠다. 운전이라도 하게 되면 차가 미끄러져 접촉 사고 나는 일이 없는 겨울이었으면 좋겠다.

버닥지다

이 '버닥지다'는 달리 '버작지다'라 하기도 하는데, '물체가 굳고 꿋꿋하다.' 또는 '풀기가 아주 세다.'는 뜻을 지닌 어휘로, 표준어 '뻣뻣하다'에 해당하다.

① 눈 맞인 베치산디 그냥 먹기엔 호끔 버닥지다.

(눈 맞은 배추인지 그냥 먹기에는 조금 뻣뻣하다.)

② 지금 봄엔 버작지주만은 소금물에 둥강 조금 시믄 느릇호메.

(지금 보기에는 뻣뻣하지마는 소금물에 담가서 조금 있으면 거 나른하지.)

③ 초담 입는 갈중이난뒤 버닥진 기운이 이실 거주.

(처음 입는 갈중의니까 뭐 뻣뻣한 기운이 있을 게지.)

예문 ①은 '눈 맞은 배추인지 그냥 먹기에는 조금 뻣뻣한 기운이 있다.'는 말이다. 대개 눈 맞은 배추를 '퍼데기'라 하는데, 그냥 쌈을 싸기도 하지만 데쳐 먹기도 한다. 예문 ①의 배추는 그냥 먹기에는 뻣뻣한 기운이 많아 그냥 먹기에 불편하다는 뜻이다.

예문 ②는 '지금 보기에는 뻣뻣하지만 소금물에 조금 담가 두면 나른하게 된다.'

는 뜻이다. 여기서 '느릇ᄒ다'는 '기운이 없어지고 보드랍다.'는 뜻으로 표준어 '나른하다'에 가깝다.

예문 ③은 '감물을 먹인 중의이니 처음 입을 때는 뻣뻣한 기운이 있다.'는 말이다. 사실 갈옷은 조금 '버닥진' 맛에 입는 것이고, 그러니 땀이 나도 몸에 달라붙지 않는 것이다. 여기서 '갈옷'과 관련하여 하나 주의할 것은 '갈'이 원래는 '갈물' 곧 떡갈나무 잎과 뿌리를 삶아 만든 천연 염료를 말한다는 점이다. 이 '갈물'을 낚싯줄에 먹여 낚싯줄을 단단하게 하기도 하였던 것이다. 그러나 요즘은 감에서 뽑은 염료도 '갈'이라 한다.

한편 '태도나 성격이 아주 억세다.'라는 뜻으로 '뻣뻣하다'에 해당하는 방언형은 '뻣뻣ᄒ다', '버짝ᄒ다'가 쓰인다.

④ 뭐시옌 골으난 날 욕헷젠 ᄒ멍 버짝ᄒ게 대여들어.

  (무어라고 말하니까 나를 욕했다고 하며 뻣뻣하게 대들어.)

⑤ 모난 돌 정 맞듯기 사름도 거 뻣뻣ᄒ믄 안 된다.

  (모난 돌 정 맞듯 사람도 거 뻣뻣하면 안 된다.)

예문 ④는 '무어라고 하는 이야기를 욕으로 알아듣고는 뻣뻣하게 대들었다.'는 말이고, **예문 ⑤**는 '모난 돌이 정 맞듯 사람도 모가 나면 안 된다.'는 뜻이다.

날씨가 추워지는 것으로 봐 뻣뻣한 배추를 먹을 날도 그리 멀지 않은 것 같다. 눈 온 다음의 뻣뻣한 배추와 같은 상황, 우리 인간에게도 비길 수 있지 않을까 한다.

버련ᄒ다

이 '버련ᄒ다'는 '행동거지가 바르지 못하고 난잡하다.'는 뜻을 지닌 어휘로, 이런 뜻에 해당하는 적당한 표준어는 없다. 달리 '버른ᄒ다'라 하는데, 이렇게 '행동거지가 바르지 못하고 난잡한 사람'을 '왈패'라 한다. 이는 표준어와 같다.

① 아방 웃이 커시냐, 헤영 뎅기는게 너믜 버련ᄒ다.

　(아버지 없이 컸는가, 해 다니는 게 너무 난잡하다.)

② 두린 땐 다 버련ᄒ는거난경 신경 씰 일 아니여.

　(어린 때는 다 난잡한 것이니까 그렇게 신경 쓸 일 아니야.)

③ 버른ᄒ기가, 퍼짝 ᄒ믄 지붕 우터레 올랑 발발발 걸어 뎅기곡.

　(난잡하기가, 펄쩍 하면 지붕 위에 올라서 발발발 걸어 다니고.)

④ 송악 타레 울담에 올랑 발곡, 거 말홀 수 엇인 왈패주.

　(송악 따러 울담에 올라서 걸어 다니고, 거 말할 수 없는 왈패지.)

예문 ①은 '아버지 없이 컸는가, 해 다니는 것이 너무 난잡하다.'는 말이다. '아방 웃이 크다.'는 곧 호래자식으로 자랐다는 것이다. 그러니 막되게 자라서 교양은 물론 버릇이 없어서 하고 다니는 게 난잡하다는 것이다. 여기서 '혜영 뎅기는'이라는 말은 옷 입는 것, 말하는 것, 밥 먹는 것 등 온갖 행동거지를 말한다. 이런 행동이 난잡하니 아버지 없이 자란 후레자식인 것이다.

예문 ②의 '두리다'는 나이가 적다는 뜻으로, '어린 때는 누구나 다 난잡하기 마련이니 그렇게 신경 쓰지 마라.'는 위안의 말이다. 아이가 뛰놀지 않아 기운이 없고, 이마에 거머리가 생기면 어데 아픈 데는 없는지 하고 걱정한다. 아이들은 아프면서 자라고 뛰놀면서 자란다. 그러니 난잡하게 날뛴다고 걱정하지 말라는 것이다.

예문 ③은 '난잡해서 펄쩍 하면 초가지붕 위에 올라서 발발발 걸어 다니고.' 한다는 말이다. 여기서 '퍼짝'은 '갑자기 가볍고 힘 있게 뛰어오르거나 날아오르는 모양'을 나타내는 말이고, '발발발'은 '아주 재우 여기저기 돌아다니는 모양'을 나타내는 말이다. '퍼짝'이든 '발발발'이든 행동이 날쌔다는 말로, 초가지붕 위에 올라 잽싸게 돌아다녔으니 지붕이 온전할 리 없다. 이러면 '맷주시(매꾸러기)'가 될 수밖에 없다.

한편 예문 ④는 '송악을 따러 울담에 올라 걸어 다니고 하니 거 말할 수 없는 왈패지.' 하는 뜻이다. 여기서 '발다'란 '울담처럼 좁고 높은 데를 조심스레 걸어가다.'는 뜻을 지닌 말로, '울담에 올라서 높은 데를 걸어 다니고' 하니 왈패라는 말이다.

어린아이들은 아프면서 자라고 뛰놀면서 자란다. 아이들이 가만있으면 어데 아픈 것이니 너무 '버런ᄒ다' 해서 나무라기만 할 일은 아니다.

벤지롱ᄒ다

이 '벤지롱ᄒ다'는 '구김살이나 울퉁불퉁한 데가 없이 반반하고 번드럽다.' 또는 '집 안이나 가구 따위가 먼지나 어지러운 것이 없이 깨끗하고 번드럽다.'는 뜻을 지닌다. '벤지롱ᄒ다'는 달리 '벤주롱ᄒ다, 벤조롱ᄒ다, 번지롱ᄒ다' 등으로 말하기도 하는데, 좀 힘을 주어서 '벤찌롱ᄒ다, 벤쭈롱ᄒ다, 벤쪼롱ᄒ다, 번찌롱ᄒ다'라 하기도 한다. 이 방언형들은 다 같이 표준어 '번지레하다'에 해당한다. 물론 '반지레하다'에 해당하는 방언형은 '반주롱ᄒ다, 반지롱ᄒ다'이며 좀 힘을 주어 말하면 '반쭈롱ᄒ다, 반찌롱ᄒ다'가 된다.

① 성님네 똘 벤지롱ᄒ 게 아메도 돌우는 남자 하크라.

　　(형님네 딸 번주그레한 게 아마도 따르는 남자 많겠어.)

② 양지가 벤찌롱ᄒ 게 아직도 젊어신게.

　　(얼굴이 번주그레한 게 아직도 젊었는데.)

③ 잘도 번지롱ᄒ게 ᄒ연 살암수다.

　　(잘도 번지레하게 해서 살고 있습니다.)

④ 들어왕방 벤지롱ᄒ지 아년 절산갈산 헤시믄 막 용심 나마씸.

　　(들어와 보아서 번지레하지 않아 가리산지리산 했으면 막 화나지요.)

예문 ①과 예문 ②는 '구김살이나 울퉁불퉁한 데가 없이 반반하고 번드럽다.'는 뜻으로 사용되었다. 예문 ①은 '형님네 딸 생김새가 얌전하고 예쁘장해서 아마도 따르는 남자가 많겠다.'는 칭찬의 말이다. 여기서 '벤지롱ᄒ다'는 '생김새가 얌전하고 예쁘다.'는 뜻으로, 어찌 보면 '반반하다'의 뜻으로 사용된 어휘이기도 하다. '둘우다'는 '뒤에서 앞선 것을 좇다.' 곧 '따르다'는 것으로, 이 '둘우다'는 달리 '따르다, 둘오다, 둛다, 뚤르다' 등으로 쓰이기도 한다. 예문 ②는 '얼굴이 번지레한 게 아직도 젊었다.'는 말이다. 나이에 비해 젊게 보인다는 칭찬의 말이다. '양지'는 한자어 '樣子'에서 온 어휘로, 얼굴을 말한다.

한편 예문 ③과 예문 ④는 '집 안이나 가구 따위가 먼지나 어지러운 것 없이 깨끗하고 번드럽다.'는 뜻으로 사용된 경우이다. 예문 ③은 '잘도 번지레하게 해서 살고 있습니다.' 하는 뜻으로, 가구 배치가 정연할뿐더러 먼지 하나 없이 깨끗하고 반들반들 윤이 난다는 말이다. 물론 상황에 따라서 '너무 요란하게 치장해서 살고 있습니다.'라는 의미로 사용될 수 있으니 상황에 맞게 이해해야 할 것이다. 예문 ④도 밖에 나갔다가 집 안에 '들어와서 보고 번지레하지 않고 물건들이 가리산지리산 놓여 있으면 성이 난다.'는 말이다. 주부의 입장에서 보면 집 안이 어지럽게 되면 몸도 마음도 정신도 어지럽게 되어 정말이지 정신이 없어진다. '절산갈산'은 '갈산절산'이라 하는데, 물건들이 질서 없이 아무렇게나 흩어져 있는 모양을 나타내는 말이다. 표준어 '가리산지리산'에 해당한다.

더운 여름철, 조금만 하여도 짜증이 나기 쉽다. 주위가 잘 정리되고 말쑥하다면 그 정도가 눅일 테니 주위를 '벤지롱ᄒ게' 정돈, 정리하는 것도 필요한 일이다.

부납허다

이 '부납허다'는 '마음에 흡족하지 아니하여 부족한 듯하다.'는 뜻을 지닌 어휘로,《조선말대사전》의 '나쁨하다'에 해당한다. 이 '나쁨하다'는 '먹은 것이 양에 차지 아니하다.'는 뜻을 지닌 '나쁘다'에서 온 것으로 보인다.

① 무신 부납흔 일이 신 셍이여. 성식내는거 보난.

   (무슨 나쁨한 일이 있는 모양이야. 성내는 거 보니까.)

② 밥 먹은게 흐꼼 부납흐다. 무신거 먹을거 어신가?

   (밥 먹은 게 조금 나쁨하다. 무엇 먹을 것 없는가?)

③ 부납흔 일이 시믄 말로 글아사 흐는디, 부시닥질부텀 흐니 답답흔 일 아니우꽈게?

   (나쁨한 일이 있으면 말로 해야 하는데, 때려 부수는 짓부터 하니 답답한 일 아닙니까?)

예문 ①은 사춘기 아이들의 행동에 따라 하는 말로, '무슨 나쁨한 일이 있는 모양이야. 성내는 거 보니까.' 하는 뜻이다. 여기서 '나쁨한 일'은 '흡족하지 않은 일'이거나 '부족한 일'로 사춘기 아이 입장에서는 불만의 대상이니 끝내는 성내고 마는 것이다. 이렇게 되면 어른들은 아이들 눈치를 보게 마련. 그렇다고 해서 요구하는 대로 '호호(오냐오냐)' 하면서 다 받아들일 수는 없는 일이다. 그냥 **예문 ①**을 내뱉거나, 마음속으로 그렇게 생각하며 지나가야 한다. 여기서 '셍이여'는 '모양이야.' 하는 말로, 이때 '모양'은 '짐작이나 추측'의 뜻을 나타낸다. 제주어 '셍'은 한자어 '상(相)'에서 온 어휘로, '먹은 셍이여, 먹을 셍이여, 간 셍이여, 갈 셍이여' 등과 같이 일상생활에서 아주 빈번하게 사용된다. '성식내다'는 표준어 '성내다'에 해당하는 어휘로, '성내다, 썽내다' 등으로 나타나기도 한다.

　예문 ②는 밥이 부족하여 다른 먹을 것으로 끼니를 에우고 싶을 때 하는 말이다. 곧 '밥 먹은 게 나쁨하다. 무엇 먹을 것 없는가?' 하는 뜻이다. '밥 우의 떡(밥 위에 떡. 실제 이 말은 '좋은 일에 더욱 좋은 일이 겹침을 비유적으로 이르는 말'이다.)'처럼 '밥'이 아닌 다른 먹을 것을 간절하게 요구하는 것이다. 이런 경우는 겨울철일 때가 많다.

　예문 ③은 성깔이 급한 사람과 함께 사는 사람의 하소연으로, '나쁨한 일이 있으면 말로 해야 하는데, 때려 부수는 짓부터 하니 답답한 일 아닙니까?' 하는 뜻이다. 성질이 급하다 보니 '말'보다 '행동'이 앞선다는 것이다. 여기서 '부시닥질'은 '때려 부수는 짓'을 뜻하는 말로, 세간을 때려 부수는 것을 말한다.

　'부납허다'는 '마음에 흡족하지 아니하여 부족한 듯하다.'는 뜻을 지닌다. 결국 '부납허다'는 '부족한 듯하다.'는 말이니 마음먹기에 따라서는 '부족하지 아니하다.'는 뜻으로 받아들일 수도 있다. '부납허다'고 한다면 조금만 참고 또 참고 하다 보면 부족한 게 채워질 수도 있으니 참고 기다리는 게 상책일 것이다.

뽄읏다

이 '뽄읏다'는 '생긴 꼴이 모양새가 조금도 없다.'는 의미를 지닌 어휘로, 달리 '모냥읏다(엇다), 모양읏다(엇다)'라 한다. '뽄읏다'의 '뽄'은 표준어 '본새(어떤 물건의 본디의 생김새)'에 해당하고, '읏다'는 표준어 '없다'에 맞먹는데 달리 '엇다'라 하기도 한다. 그러니까 '뽄읏다'는 '본새가 없다.'는 말이다. 달리 '뽄엇다'라 하기도 한다. 한편 '모냥읏다'의 '모냥'은 표준어 '모양'에 해당한다.

① 거 뽄읏이 옷입엇저게.

　　(거 모양 없이 옷 입었다.)

② 디뎌분쉐똥처록 뽄엇이 멘들민 먹지도 궂나.

　　(디뎌버린 소똥처럼 모양 없이 만들면 먹기도 궂다.)

③ 앞늬 흥글흥글ᄒ여도 빠지 아녀민 모냥읏이 난다.

　　(앞니 흔들흔들해도 뽑지 않으면 모양 없이 난다.)

예문 ①은 옷을 아무렇게나 걸쳐 입었다는 핀잔의 말이다. 옷의 종류나 색채에 따라 조화롭게 입어야 할 텐데 그렇지 않고 마구 걸쳤다는 것이다. 사실 옷이란 체형이나 색채를 생각하고 갖출 것 다 갖추고 입어야 한다.

예문 ②는 음식을 만들 때 너무 모양 없이 만들면 먹기도 나쁘다는 뜻이다. '디 녀분 쉐똥'은 '디딘 소똥'으로, 소똥은 무르게 누기 때문에 바닥에 떨어지면서 납작하게 되고, 그 납작한 소똥을 다시 디디었으니 그 모양은 볼품없는 것이다. 볼품이 없으니 아무나 쉬 집어서 먹지 않게 되고, 집지 않으니 온기가 가시고 끝내는 남게 된다. 그러니 먹기가 나쁜 것이다.

예문 ③은 어린아이 앞니가 흔들릴 때 처음부터 뽑아야지 그냥 내버리면 새 이가 돋으면서 옆으로 퍼져 모양이 없게 되는데, 이를 경계하는 말이다.

'보기 좋은 떡이 먹기도 좋다.'는 말이 있듯, 무엇이든 하는 일에 조금만 모양이나 멋을 부린다면 모두를 즐겁게 만들 수 있음을 생각해 볼 일이다.

빤짝ᄒ다

이 '빤짝ᄒ다'는 '어떤 한도에 차거나 꼭 맞아서 빈틈이 없다.'는 뜻을 지닌 어휘로, 표준어 '빠듯하다'에 해당한다. '빠듯하다'의 다른 뜻 곧, '어떤 정도에 겨우 미치다.'라는 뜻으로 쓰인다면 그때는 '빤듯ᄒ다'가 된다. "이 정도 지레기믄 빤듯ᄒ게 무꺼짐직ᄒ다.(이 정도 길이면 빠듯하게 묶을 수 있을 것 같다.)"가 그 예가 된다.

① 이 옷 빤짝ᄒ연 못입으키여. 강 돌라오라.

(이 옷 빠듯해서 못 입겠어. 가서 물러오너라.)

② 바지 너믜 빤짝ᄒ연 갑 갈라첨시네게.

(바지 너무 빠듯해서 엉덩이 선 나눠지고 있네.)

③ 두 발가옷이믄 빤듯ᄒ키여.

(두 발가옷이면 빠듯하겠다.)

예문 ①은 새로 사온 옷이 몸에 너무 꽉 낄 때 하는 말로, '이 옷 빠듯해서 못 입겠어. 가서 물러오너라.' 하는 뜻이다. 대개 아이들의 옷은 자랄 것을 생각하고 조금 넉넉한 옷으로 사게 마련이다. 아이는 자라면서 몸에 맞는 옷을 요구하거나 아니면 아이 스스로 옷을 사기도 한다. 스스로 옷을 살 때는 아이와 부모 취향이 다르니 약간의 '씽엥이(승강이)'가 있게 마련이다. 부모가 사는 옷은 좀 넉넉한 편이고, 본인 스스로 사는 옷은 몸에 꼭 맞다. 이게 부모 눈에는 '뺏짝ᄒ게' 보이고, **예문 ①**을 말하게 되는 것이다. 만일 산 옷이 바지인 경우는 **예문 ②**를 말하는 것으로 옷이 너무 '뺏짝ᄒ다'는 뜻을 표하기도 한다. 곧 '바지 너무 빠듯해서 엉덩이선 나눠지고 있네.' 하는 말이다. 여기서 '갑[沿]'은 '㉠귤 따위 열매의 속껍질로 따로따로 싸인 낱개, ㉡여자의 머리 따위를 몇 가닥으로 갈라서 꼬아놓은 그 한 가닥, ㉢바지 따위가 작아 입었을 때 좌우 엉덩이가 따로따로 나누어지거나 구분되는 선, ㉣호박 따위에서 세로로 홈이 져서 생긴 선' 등 여러 가지 의미를 지닌 어휘로, **예문 ②**에서는 세 번째 뜻으로 사용된 경우이다. 그러니까 **예문 ②**는 '바지가 너무 빠듯해서 엉덩이 좌우 윤곽이 다 드러난다.'는 말과 같다. 어른의 눈에는 볼썽사나운 것이니 혀를 차면서 **예문 ②**를 말하는 것이다.

 예문 ③의 '빠듯ᄒ다'는 '어떤 정도에 겨우 미치다.'의 뜻으로 쓰인 경우이다. 곧 끈의 길이를 말할 때 쓰는 말로, '두 발가웃이면 빠듯하겠다.' 하는 뜻이다. 여기서 '발가웃'은 '두 팔을 펴서 벌린 길이에 또 그 반을 더한 길이'를 뜻한다. '발'은 자가 없어서 대충 길이를 잴 때 유용한데, 본인 키가 곧 한 발이 된다. '두 발가웃'이면 4m 남짓 길이니, **예문 ③**은 '길이가 4m쯤이면 빠듯하겠다.' 하는 말이다.

 '뺏짝ᄒ다'는 '어떤 한도에 차거나 꼭 맞아서 빈틈이 없다.'는 뜻으로, '빠듯하다'에 해당한다. 아이들 옷은 '뺏짝ᄒ믄' 성장에 장애가 있을 수 있고, 어른 옷이 '뺏짝ᄒ믄' 보기에 따라서는 흉할 수도 있다. 몸에 맞는 옷이 없다면 몸을 옷에 맞추는 것도 상책이다.

산도록ᄒᆞ다

이 '산도록ᄒᆞ다'는 '좀 싸늘한 느낌이 있다.'는 뜻을 지닌 어휘로, 표준어 '싸느랗다'에 해당한다. 이 어휘는 달리 '산도롱ᄒᆞ다'라 한다.

① 개역 물에 탕 먹으난 ᄀᆞ끼도 아녀곡 오장이 산도록ᄒᆞ다.

　　(미숫가루 물에 타서 먹으니까 갑시지도 아니하고 오장이 싸느랗다.)

② 수건 물 적졍 둑지에 걸치라, 산도록홀 거여.

　　(수건 물 적시어 어깨에 걸쳐라, 싸느랄 것이야.)

③ 넘어가는 비 맞앙 옷은 젖주만 경ᄒᆞ여도 산도록ᄒᆞ여.

　　(여우비 맞아서 옷은 젖지만 그래도 싸느라해.)

예문 ①은 '미숫가루를 물에 타서 먹으니까 갑시지도 아니하고 오장이 싸느랗다.'는 뜻으로, 무더운 여름철 미숫가루를 차가운 물에 타 먹는 모습이 연상되는 말이다. 예전에는 보리농사가 끝나고 장마철 비가 내리면 보리를 볶아 '개역'을 만들어 먹었다. 이 '개역'은 밥에 버무리어 먹기도 하고, 물에 타 먹기도 한다. 물에 타서 먹을 때는 묽게 만들어 들이켜는 경우가 있고, 그릇 한쪽에 '개역'을 순가락 등으로 단단하게 누른 다음에 물을 부어서 물 반, 마른 '개역' 반이 되게 떠서 먹기도 하였다. '개역'을 물에 타서 묽게 만들어 들이켤 때는 문제가 없지만 마른 '개역'을 물과 함께 먹을 때는 'ㄱ끼는(갑시는)' 경우가 종종 있다. 그래서 **예문** ①처럼 '개역'을 시원한 물에 타서 먹으면 'ㄱ끼지도' 않고 오장도 싸느랗다는 말이다. 여기서 'ㄱ끼다'는 표준어 '갑시다'에 해당하는 말로, '세찬 바람이나 물 따위가 갑자기 목구멍에 들어갈 때, 숨이 막히게 되다.'는 뜻을 지닌다.

　예문 ②는 무더운 여름철 '수건에 물 적시어 어깨에 걸쳐라, 싸느랄 것이야.' 하는 말이다. 워낙 더우니까 차가운 물에 수건을 적시어 어깨에 두르면 조금이라도 싸느랗게 될 것이라는 말이다. 이렇게 어깨에 젖은 수건을 두른 모습은 해수욕장에서 흔하게 보게 된다.

　예문 ③은 '여우비 내리면 옷은 젖겠지만 그래도 싸느랗게 되어.'라는 말로, 여우비가 내리면 좀 싸늘한 느낌을 느낄 수 있다는 것이다. 여우비란 '볕이 쨍쨍 나는 날 잠깐 오다가 그치는 비'를 말하는데, 이런 날 우산이나 비옷 따위의 우장이 준비될 리 없다. 그래서 여우비가 내리면 옷이 젖게 마련이지만 열기 가득한 몸은 싸느랗게 될 것이라는 뜻이다. 나쁜 게 있으면 좋은 게 있다는 말과 같다.

　무더운 여름철, 몸을 '산도록ᄒᆞ게' 한다면 기분 좋아질 것이고 일의 능률 또한 올라갈 것이매 '산도록ᄒᆞ게' 하는 방법을 강구해 보자.

살다

이 '살다'는 '먹은 것이 소화되지 않아 그대로 있다.'라
는 뜻을 지닌 어휘로, 표준어로 대역할 마뜩한 단어는 없다. 이 '살다'는 그 앞에
'먹은 것'이라는 말과 어울려서 쓰인다는 제약이 있다.

① 어떵 속이 소드락흔 게 먹은 것이 산 셍이여.

　　(어찌 속이 트릿한 게 먹은 것이 산 모양이야.)

② 말 맙서, 어제 먹은 게 살안 벤소 출입을 하영 흐여수다.

　　(말 마십시오, 어제 먹은 것이 살아서 변소 출입을 많이 했습니다.)

③ 먹은 거 살앗젠 굴안 게 사름이 쉐라시믄 문제가 아닌디.

　　(먹은 거 살았다고 하던데 사람이 소였으면 문제가 아닌데.)

예문 ①은 먹은 게 소화가 되지 않아 속이 더부룩할 때 하는 말로, '어찌 속이 트
릿한 게 먹은 것이 산 모양이야.' 하는 뜻이다. 여기서 '소드락흐다'는 '먹은 음식
이 잘 내려가지 않아 속이 답답하다.'는 뜻을 지닌 어휘로, 표준어 '트릿하다'에
해당한다. 그러니까 많이 먹어서 속이 더부룩하고 기분이 좋지 아니하다면 "속
이 소드락흐다."나 "속이 수두락흐다." 또는 "속이 멀쿠락흐다."라 표현하면 되는

데, 다 같이 표준어로 '속이 트릿하다.'라 대역된다. 또 '-ㄴ 셍이여'는 일종의 관용 표현으로, 지난 일에 대한 짐작이나 추측을 나타낼 때 쓴다. 아침에 일어나 마당이 촉촉하게 젖어 있는 것을 보고 어젯밤에 비가 온 것 같다면 "어치냑 비 온 셍이여.(어제저녁 비 온 모양이야.)" 하면 된다. 만일 앞으로 올 일에 대한 짐작이나 추측을 표현하고자 한다면 '-ㄹ 셍이여.' 하면 되는데, 내일 비가 올 것 같으면 "닐 비 올 셍이여.(내일 비 올 모양이야.)" 하면 된다.

예문 ②는 어제 음식을 많이 먹더니 괜찮았느냐는 안부에 대한 대답으로, '말 마십시오, 어제 먹은 것이 살아서 변소 출입을 많이 했습니다.' 하는 뜻이다. 많이 먹은 게 소화되지 않으면 신물이 올라오고 속이 트릿하다. 트림도 자주 하게 된다. 정도가 조금 지나치다 싶으면 이때부터는 변소 출입이다. 뒤라도 시원하게 나오면 좋으련만 그렇지 못하니 뒤가 '무지룩ᄒ다(무지근하다)'. 뒤가 무지근할 때마다 변소에 가 앉아 기다려보지만 허탕이다. 상황이 이 정도가 되면 잠도 설치게 되니 고생은 고생대로 한 셈이다. 이런 상황은 "말 맙서.(말 마십시오.)"라는 구절에서 읽을 수 있다.

예문 ③은 소화가 안 되어 고생했다는 말을 들은 상대방이 사람과 소의 소화기관을 비교하여 말한 것으로, '먹은 거 살았다고 하던데 사람이 소였으면 문제가 아닌데.' 하는 뜻이다. 곧 소는 되새김위를 가지고 있어 먹은 거 소화시키는 것은 문제가 아니라는 뜻이다.

'살다'는 '먹은 것이 소화되지 않아 그대로 있다.'라는 뜻을 지닌 어휘로, 이에 해당하는 마뜩한 표준어는 없다. 음식을 소화하지 못할 정도로 먹는다는 것은 어리석은 일이다. 음식을 알맞게 시키고, 적당히 먹는 일은 여러 가지로 좋은 것이니 실천할 일이다.

선선ᄒᆞ다

이 '선선ᄒᆞ다'는 '하는 일이 정도에 지나쳐 놀랍다.'라는 뜻을 지닌 어휘다. 가끔 '바람이 시원하게 불어서 매우 서늘하다.'는 뜻의 '선선ᄒᆞ다(형용사)'나 '아주 설다.'는 의미의 '선선ᄒᆞ다(동사)'와 혼동하기도 한다.

① 그 사름, 선선ᄒᆞᆫ 사름이옌 다 세 훈들러라.

  (그 사람, 선선한 사람이라고 다 혀 내두르더라.)

② 나 바쁜걸 알멍 싀상에 애기만 돌랜 ᄒᆞ연 선선ᄒᆞ영 못 살쿠다.

  (나 바쁜 것을 알면서 세상에 아기만 보살피라고 해서 선선해서 못 살겠습니다.)

③ ᄒᆞᆫ 번도 데껴 보도 아년 지는 윷, 나 경 선선ᄒᆞᆫ 윷은 체얌 보앗저.

  (한 번도 던져 보지도 않고 지는 윷, 나 그렇게 선선한 윷은 처음 보았어.)

예문 ①은 '그 사람은 '놀부 마음보'를 하고 있어서 모든 사람들이 혀를 내두른다.'는 말이다. 물론 이때는 고개도 좌우로 움직이면서 말이다. '놀부 마음보'란 "…… 초상난 데 춤추기, 불난 데 부채질하기, 늙은 영감 덜미 잡기, 애호박에 말뚝 박기, 똥누는 놈 주저앉히기, 비 오는 날에 장독 열기" 등《흥부전》에 나오는 구절을 말하는 것이다. 이들은 누가 보아도 지나친 일이다. 이런 일을 하는 사람에게

'선선흔 사름'이라 한다. **예문 ②**도 '나 바빠 죽겠는데 아기만 돌보라고 하니 너무 지나쳐서 죽겠다.'는 말이다. **예문 ③**은 윷놀이할 때 종종 들을 수 있는 말이다. 곧 상대방은 한 번도 윷가락을 던져 보지도 못하고 상대방 말이 다 나서 판이 끝난 경우이다. 그래서 '한 번도 던져 보지도 않고 지는 윷, 나 그런 놀라운 윷놀이 처음 보았다.'는 것이다. 물론 이런 윷을 '무지막지(단동무니-윷놀이에서 상대편이 한 동도 나지 못한 사이에 네 동이 다 나서 이기는 일)'라 한다.

한편 아래와 같은 문장에서도 '선선흐다'가 쓰이고 있는데, 그 의미는 다르다.

④ 아침저냑으로 선선흐연 이젠 줌이 잘 오키여.

（아침저녁으로 선선해서 이제는 잠이 잘 오겠다.）

⑤ 암마 베고프주만은 선선흔 침떡이랑 먹지 말라.

（아무리 배고프지만 아주 선 시루떡이랑 먹지 마라.）

예문 ④는 '아침, 저녁으로 선선한 바람이 불어서 잠이 잘 오겠다.'는 말이다. 이른바 열대야 때문에 고생했던 사람이 하는 이야기라 보면 좋을 것이다. **예문 ⑤**도 '아무리 배가 고프지만 아주 선 시루떡은 먹지 말라.'는 것이다. 배탈이 나기 십상이니 말이다.

보통 사람으로 살아간다는 것. 쉬운 것 같기도 하고 어려운 것 같기도 하지만 '선선흔' 사람으로만 살지 않았으면 좋겠다.

셈웃다

이 '셈웃다'는 달리 '셈엇다'라 하는데, '사물을 분별하거나 일이 진행되는 형편이나 판국을 헤아릴 슬기가 없다.'는 뜻을 지닌 어휘로, 대역할 마뜩한 표준어는 없다. '셈웃다'는 '셈[算]+엇다[無]' 구성으로, 여기서 '셈'은 '사물을 분별하는 슬기'라는 의미로 쓰인 경우이다. 가끔 듣게 되는 '셈창아리웃다', '셈토맥이웃다'는 '셈웃다'를 낮추어 이르는 말이니, 이 어휘는 아주 형편없이 '셈웃다'라고 판단될 때만 사용해야 함은 물론이다.

① 그런 말은 셈웃이 굳는 말이난 들을 필요 웃다게.

(그런 말은 셈 없이 하는 말이니까 들을 필요 없다.)

② 우리 아방, 빌어온 장 셈웃이 물똥만썩 들러먹나.

(우리 남편, 빌려온 장 셈 없이 말똥만큼씩 들어서 먹는다.)

③ 셈창아리웃이 먹음도 먹엇저.

(셈 없이 먹기도 먹었다.)

예문 ①은 상대방에게 들은 말 한마디가 가슴에 맺혀 어떻게 처신했으면 좋겠느냐는 물음에 대답하는 말로, '그런 말은 셈 없이 하는 말이니까 들을 필요 없다.'는 위로의 이야기이다. 아무 생각 없이, 앞뒤 재어보지 않고 하는 '셈웃이 근는 말'이니까 염의에 둘 필요가 없다는 것이다. 한 귀로 듣고 한 귀로 흘려버려라 하는 말과 같다. 그러나 말을 들은 사람의 입장에서는 그게 말처럼 쉽지 않은 데 문제가 있다. '들을 필요가 없다, 염의에 둘 필요가 없다.' 하지만 그럴수록 더 깊이 박히게 되어 마음만 더 아프다.

예문 ②는 '개 물리멍 빌어온 장 몰똥만썩 들러먹나.'는 속담으로 사용되기도 하는데, '우리 남편, 빌려온 장 셈 없이 말똥만큼씩 들어서 먹는다.'는 뜻이다. 여기서 '우리 아방'은 아내가 제 남편을 직접 말하지 못하고 그 중간에 아이를 내세워 간접적으로 말하는 경우에 해당하고, '들러먹다'는 '음식을 한꺼번에 한입 가득 집어넣어서 먹다.'는 의미를 지니는데, 대역할 표준어는 없다. 된장이 떨어져 빌려왔으니 아껴 먹어야 하는데도 불구하고 뒷날을 생각지도 않고 말똥만큼씩 떠서 먹어 치운다는 것이 예문 ②가 뜻하는 바다. 지나친 낭비를 경계하는 말이다. 절약하는 아내와 낭비하는 남편이 그려진다.

예문 ③은 준비된 음식을 나중에 올 사람도 배려하지 않고 많이 먹어 치웠을 때 하는 말로, '셈 없이 먹기도 먹었다.'는 뜻이다. 예문 ③의 '셈창아리웃이'를 '셈 없이'라 대역했지만 '셈 없는' 정도가 매우 심한 편이다. '셈창아리웃다'를 '셈[算]+창[底]+아리[知]+웃다[無]' 구성으로 본다면, '셈의 밑창을 알지 못하다.'는 뜻이 된다. 곧 먹기의 끝을 알 수가 없다는 말과 같으니, 먹어 치우는 양이 엄청나다는 것이다.

'셈웃다'는 '사물을 분별하거나 일이 진행되는 형편이나 판국을 헤아릴 슬기가 없다.'는 뜻으로, 달리 '셈엇다'라 한다. 생각할 때는 서너 번 고쳐 생각하고, 그 생각을 말할 때는 남의 입장과 앞날을 예견하면서 말하는 지혜가 필요하다. 그렇지 않으면 정말이지 '셈웃인 사름' 좀 지나치면 '셈창아리웃인 사름'이 될 터이니 명심할 일이다.

소드락허다

이 '소드락허다'는 '먹은 음식이 잘 내려가지 않아 속이 답답하고 기분이 좋지 않다.'는 뜻을 지닌 어휘로, 표준어 '트릿하다'에 해당한다. 달리 '수드락허다, 멀쿠랑허다'라 한다. 이 어휘는 사람의 몸에서 배의 안 또는 위장을 말하는 '속'과 잘 어울리어 '속이 소드락허다' 등과 같이 쓰인다.

① 멩질테물 먹은거 살아사신지 속이 소드락허다.

  (명절퇴물 먹은 게 살았는지 속이 트릿하다.)

② 속이 소드락헌 게 신물 나왐직ᄒ다.

  (속이 트릿한 게 신물 나올 듯하다.)

③ 소드락헌 게 체헌 중만 알아십주 큰 벵인 추렌 몰라십주.

  (트릿한 게 체한 줄만 알았지 큰 병인 차례는 몰랐지요.)

예문 ①은 명절 증후군의 하나로, '명절퇴물 먹은 게 살았는지 속이 트릿하다.'는 뜻이다. 대체적으로 명절 음식은 기름기가 많고 맛있기 때문에 보통 때보다는 많이 먹기 마련이다. 특히 정월 명절인 경우는 세배를 다니기에 더욱 그렇다. '테물'은 한자어 '퇴물(退物)'로, 제사상이나 차례상에 올렸던 여러 가지 음식을 뜻하는데, '멩질테물'이란 명절 때 차례상에 올렸던 음식을 말한다. 또 '먹은 거 살다.'는 '먹은 것이 그대로 있어 소화되지 않다.'는 뜻의 관용 표현이다. 그러니 예문 ①은 '많이 먹은 명절 음식이 소화되지 않았는지 속이 트릿하다.'는 뜻이다. 예문 ①처럼 '먹은 게 살면' 먹은 음식을 소화하기 위하여 많은 소화액이 분비되는데, 이런 경우 예문 ②를 말하게 된다. 곧 '속이 트릿한 게 신물이 목으로 올라올 듯하다.'는 뜻이다. 물론 '신물'이란 음식에 체하였을 때 트림과 함께 위에서 목으로 넘어오는 시척지근한 물을 말한다. 김칫국을 마시는 등의 비상수단으로 위기(?)를 모면하기도 한다.

예문 ③은 대수롭게 생각하지 않았는데 병원에 가니까 큰 병이라는 진단이 내려졌을 때 하는 회한의 말로, '트릿한 게 체한 줄만 알았지 큰 병인 차례는 몰랐지요.' 하는 뜻이다. 여기서 '큰 병'이란 대개는 암과 같은 무서운 병을 말한다. '소드락헌' 것은 크게 아프지 않고 기분이 나쁠 뿐이니 그냥 체한 것으로 알고 병원을 찾지 않았다가 예문 ③처럼 "체헌 중만 알아십주 큰 벵인 츠렌 몰라십주." 하는 후회의 말을 하거나 듣게 되는 것이다. 병원하고 친해지는 게 모든 병에서 멀어지는 길이다.

'소드락허다'는 '먹은 음식이 잘 내려가지 않아 속이 답답하고 기분이 좋지 않다.'는 뜻을 지닌다. 명절 때 많은 음식을 먹었을 때 나타나는 증세 가운데 하나로, 이런 증세가 길어진다면 빨리 병원을 찾을 일이다.

손궂다

이 '손궂다'는 '손(이) 궂다.' 구성으로, '도둑질하는 버릇이 있다.'는 뜻을 지닌 어휘다. 달리 '손검다'라 하는데, 표준어 '손거칠다(민중서림의《국어대사전》)'에 해당한다. '손곱다'는 '손(이) 곱다.' 구성으로, '손궂다'와는 반대 의미를 지닌다. 한편 '손궂다', '손곱다'는 문장에 따라 '일 다루는 솜씨가 꼼꼼하지 못하고 서툴다.', '일 다루는 솜씨가 꼼꼼하고 익숙하다.'는 뜻으로 쓰이기도 한다.

① 그 사름 손궂덴 동네방네 소문 다 낫주.

(그 사람 손거칠다고 동네방네 소문 다 났지.)

② 손궂인 사름 ᄆᆞ음세도 궂나.

(손거친 사람 마음씨도 궂다.)

③ 내장돌입ᄒᆞ연 허덱인 거 보난 손검은 사름 들어난 셍이여.

(내정돌입해서 허적인 것 보니 손거친 사람 들었던 모양이다.)

④ 보나마나 손궂인 사름 ᄒᆞᆫ 일성이로고.

(보나마나 손거친 사람 한 일솜씨로군.)

298

⑤ 이건 손고운 사름 멩근 것 닮다.

　　(이것은 손고운 사람 만든 것 같다.)

　예문 ①은 '그 사람 손거칠다고 동네방네 소문이 다 났다.'는 말이다. 곧 도둑질 했다는 소문이 온 동네에 퍼졌다는 뜻이다. 그렇게 되면 행동하는 데 제약이 따르고, 더불어 일하려 하지도 않는다. 신뢰 회복에 많은 시간이 필요하다. 예문 ② 는 '손거친 사람 마음씨도 궂다.'는 말이다. 마음씨가 궂으니까 손 또한 거칠게 된다는 것으로, 마음씨와 손이 함께 움직인다는 것이다. 마음씨가 곱고 손거칠 수는 없는 것이다. 예문 ③에서 '내정돌입(內庭突入)'은 주인의 허락 없이 남의 집 안으로 불쑥 들어가는 것을 말하고, '허덱이다'는 '쌓인 물건을 함부로 들추어 헤치다.'는 것을 뜻하니, 예문 ③은 '주인 없는 집에 불쑥 들어가 마구 허적거렸으니 손 거친 사람이 들었던 모양이다.'는 말이다. 그렇게 되면 집안은 난장판이고, 물건을 잃어버리면 잃어버려서 기분 나쁘고, 잃어버린 물건이 없으면 없는 대로 속을 내보인 것 같아 또한 기분 나쁘다.

　한편 예문 ④와 예문 ⑤의 '손궂다'와 '손곱다'는 '일솜씨가 서툴다.', 또는 '일솜씨가 익숙하다.'는 뜻으로 쓰인 경우다. 예문 ④는 일한 결과를 보니 '보나마나 손거친 사람이 한 일솜씨구나.' 하는 뜻이고, 예문 ⑤는 보니 '이것은 손고운 사람 만든 것 같다.'는 평가를 내린 말이다.

　결국 '손궂다'는 '도둑질하는 버릇이 있다.'는 뜻과 함께 '일을 다루는 일솜씨가 꼼꼼하지 못하고 서툴다.'는 의미를 지니고 있다. 그러니 '손곱다'는 것은 마음씨 고운 것이고, 일솜씨 익숙한 것이니, '손은 곱고' 볼 일이다.

숨바랍다

이 '숨바랍다'는 '시간이 오래 걸리어 매우 지루하다.'는 뜻을 지닌 어휘로, 표준어 '지루하다'에 가깝다. 달리 '숨ㅂ롭다'라 한다. '숨바랍다'의 '숨'은 '사람이나 동물이 코 또는 입으로 공기를 들이마시고 내쉬는 기운. 또는 그렇게 하는 일'을 뜻하는데, '바랍다'의 의미는 확실하지 않다. '숨가쁘다'나 '숨차다'의 '가쁘다' 또는 '차다' 정도의 의미를 지니고 있지 않나 짐작할 뿐이다. '시간이 오래 걸리어서' 지루한 것이기 때문에 '지드리다(기다리다)'와 연결되어 쓰인다.

① 오지 아녀는 버스상 지들리젠 ㅎ난 막 숨바랍다.

(오지 않는 버스 서서 기다리려고 하니 막 지루하다.)

② 우리 태작 추례 지들리젠 ㅎ난 너믜 숨바로완 죽어지키여.

(우리 타작 차례 기다리려고 하니 너무 지루해서 죽겠다.)

③ 경 숨ㅂ롭거들랑 지들리지 맙서.

(그렇게 지루하거들랑 기다리지 마세요.)

예문 ①은 두어 시간에 한 번꼴로 다니는 시골 버스를 시계를 잘못 보아 정류소에 나왔다가 오래 기다리는 바람에 '오지 않는 버스 서서 기다리려고 하니 막 지루하다.'는 말이다. 아마 성질 급한 사람이라면 욱하고, 집으로 돌아갔다가 다시 정류소로 나왔을 것이다. 그러나 우리네 할머니라면 마냥 기다리는 판이다. 지루하다는 말 속에는 따분함과 싫증이 들어 있는데 세상사 모든 일을 기다리고만 살았던 할머니라 '숨바랍다'라 느끼지도 않을 것이다. **예문 ②**는 보리타작이 한창일 때 들을 수 있는 말로, '우리 타작 차례 기다리려고 하니 너무 지루해서 죽겠다.' 하는 뜻이다. 농촌에서는 보리 철이 가장 바쁠 때이고, 그때는 비도 자주 내린다. 그러면 일을 빨리 하나씩 마쳐야 하는데 그렇지 못하니 안달이 나는 것이다. 타작을 하려고 탈곡기를 빌려야 한다. 동네마다 탈곡기가 그리 많이 있는 것도 아니다. 평상시 정분을 쌓을걸 하고 후회하기도 하지만 차례가 있는지라 새치기할 성질의 것도 못 된다. 그러니 차례가 돌아올 때까지 '숨바랍지만' 기다리는 수밖에 없다. 그러면 곁에 있는 사람은 심보를 떠보기라도 하듯 **예문 ③**을 말함으로써 상대방을 '베체우는' 것이다. '그렇게 지루하면 기다리지 마세요.' 하는 뜻으로 하는 '베체우는' 소리니 더 화가 치민다. 여기서 '베체우다'는 '남의 비위를 건드려 성나게 하다.'는 뜻의 제주어로, 말로 듣는 사람을 골려 주거나 놀리는 것을 말한다.

결국 '숨바랍다'는 기다리지 않는 사람에게는 아무렇지도 않은 일이지만 기다리는 사람에게는 따분하고 싫증을 내게 되는 상황을 만든다. 빨리 할 수 있는 것이라면 재우재우 처리하는 것도 상대방을 '숨바랍게' 않는, 또 하나의 친절이다.

숨바쁘다

이 '숨바쁘다'는 '숨이 가빠서 숨을 쉬기가 어렵다.'는 뜻으로, 표준어 '숨차다'에 해당한다. '숨바쁘다'는 '숨[吸]＋바쁘다' 구성으로, 달리 '숨츠다' 또는 '숨차다'라 한다.

① 이젠 이 동산도 숨바빤 멧 번 쉬어사 올르느네.

　(이젠 이 동산도 숨차서 몇 번 쉬어야 오른단다.)

② 숨바쁜 때랑 물 확 ㅎ게 들이싸지 말라. 경 헷당은 그낀다이.

　(숨찬 때에는 물 확 하게 들이켜지 마라. 그렇게 했다가는 갑신다.)

③ 무사 ㅇ든 넘지 아녀시냐게? ㅎ끄만 걸어나도 숨바빤 할강할강 ㅎ여진다.

　(왜 여든 넘지 않았니? 조금만 걸었어도 숨차서 헐떡헐떡 하게 된다.)

예문 ①은 동산을 올라 쉬고 있는 웃어른에게 그 까닭을 물었을 때 돌아온 대답으로, '이젠 이 동산도 숨차서 몇 번 쉬어야 오른단다.'는 뜻이다. 예전에는 한 번도 쉬지 않고 올랐던 동산인데 이제는 늙어서 이내 숨차고, 중간에 몇 번 쉬어야 오를 수 있다는 것이다. 나이 들어 애달픈 마음을 '숨바빠(숨차서)' 몇 번의 휴식으로 갈음하고 있음을 읽게 된다.

예문 ②는 물바가지에 버들잎 띄웠던 사연을 연상하게 하는 말로, '숨찬 때에는 물 확 하게 들이켜지 마라. 그렇게 했다가는 갑신다.' 하는 뜻이다. 여기서 '들이싸다'는 달리 '들이쓰다, 들이씨다, 딜이쓰다'라 하는데, 표준어 '들이켜다(물 따위를 마구 마시다.)'에 해당하며, 'ㄱ끼다'는 '세찬 바람이나 물 따위가 갑자기 목구멍에 들어갈 때, 숨이 막히게 되다.'는 뜻으로, 표준어 '갑시다'로 대역할 수 있다. 결국 예문 ②는 '숨찰 때는 물을 급하게 마시지 마라.' 하는 뜻이니, '급할수록 돌아가라.'는 말과도 같다. 그렇게 하지 않았다가는 'ㄱ끼게(갑시게)' 되고, 낭패를 보기 십상이니 조심하라는 경계의 말이 되는 셈이다.

예문 ③은 나이 들어 기운이 쇠약해진 어른이 하는 말로, '왜 여든 넘지 않았니? 조금만 걸었어도 숨차서 헐떡헐떡 하게 된다.'는 뜻이다. 여기서 주의하며 읽어야 할 부분은 화자가 나이를 '으든'이라 하고 있다는 데 있다. 예전 같았으면 '예순'이라고 했을 터인데 그러지 않고 한 20여 년 더 보태어 말하고 있다. 그러니까 이제 나이 예순은 청년이고, 또 예순에 '할강할강' 해서는 안 된다는 말과도 같다. '할강할강'은 '숨을 자꾸 가쁘고 거칠게 쉬는 소리. 또는 그 모양'을 나타내는 말로, 표준어 '헐떡헐떡'에 해당한다.

'숨바쁘다'는 '숨이 가빠서 숨을 쉬기가 어렵다.'는 뜻으로, 표준어 '숨차다'에 해당한다. 연일 무더위가 계속되는 날씨에 '숨바쁘게' 일하는 것은 건강은 물론 일의 능률에도 문제가 있을 수 있는 일이니 삼갈 일이다.

시치렁ᄒᆞ다

이 '시치렁ᄒᆞ다'는 '날씨가 서늘하여 조금 추운 듯하다.'
는 뜻을 지닌 어휘다. 표준어 '설렁하다' 또는 '살랑하다'에 해당한다.

① 아침저녁으로 시치렁ᄒᆞᆫ 걸로보믄 시절은 어디 갓당사 오는지.

(아침저녁으로 설렁한 것으로 보면 시절은 어데 갔다가야 오는지.)

② 아척인 시치렁ᄒᆞ연 이불 둥겨져마씀.

(아침에는 설렁해서 이불 당겨지지요.)

③ 어떵 시치렁ᄒᆞ게 출렷저, 막 실린 거 보난.

(어쩐지 설렁하게 차렸다, 막 시린 것 보니까.)

예문 ①은 '아침저녁으로 조금 춥게 느껴지는 것으로 보면 계절은 어데 갔다가
야 오는지.' 하는 뜻이다. 이런 말은 대개 처서^(處暑)가 지나고 나면 아침저녁으로
느끼게 되는 몸의 반응이다. 이 문장에서 '시절'은 '계절'의 뜻으로 사용된 것이
며, '갓당사'의 '사'는 중세의 '사'에 거슬러 올라가는 것으로, 강조의 뜻을 나타내
는 보조사이다.

예문 ① 다음에는 대체적으로 **예문** ②의 내용이 뒤따른다. '아침에는 설렁해서 이

불을 당기게 됩니다.'는 뜻이다. 곧 아침의 설렁한 기운 때문에 이불을 목 아래로까지 당기게 된다는 것이다. 이제 가을이 깊어가고 있다는 말과 같다. **예문 ②**의 '둥기다'는 '당기다'에 해당하며, '마씸'은 서술형 어미 뒤에 연결되어서 존대를 나타내는 말이다. 이 '마씸'은 '마씀, 마심' 등으로 나타나기도 하는데, '말씀'에서 연유한 것으로 보인다.

예문 ③은 옷을 아주 간편하게 입어서 시린 꼴을 하고 있는 사람에게 하는 말이다. '어쩐지 설렁하게 차렸다, 막 시린 것을 보니까.' 하는 뜻이다. '춥다, 춥다' 하면서 옷을 입지 않는 우리나라 사람과 같은 꼴이다.

이제 아침저녁으로 쌀쌀하다. 이불을 자기 쪽으로 당기기도 한다. 이때는 조금만 하여도 감기 걸리기 쉬운 일이매 건강에 조심할 일이다.

실렵다

이 '실렵다'는 '몸의 한 부분이 찬 기운으로 해서 추위를 느낄 정도로 차다.'라는 뜻을 지닌다. 표준어 '시리다'에 해당하는 어휘인데, 달리 '실히다, 실이다, 실리다'라 하기도 한다.

① 양말 젖지도 아녀신디 발이 어떵 실렵다.

　　(양말 젖지도 않았는데 발이 어찌 시리다.)

② 경 나산 추원 실리지 아녈 거라게.

　　(그렇게 나부대서 시리지 아니할 것인가.)

③ 입바위가 퍼렁혼 게 아읜 막 실혓저.

　　(입술이 퍼런 게 아이는 막 시렸네.)

예문 ①은 '양말도 젖지 않았는데 어쩐 일인지 발이 시리다.'는 말이다. 곧 실내 또는 방바닥이 차다는 이야기다. 이러면 얼른 실내 온도를 높일 방법을 생각해야 한다. 예문 ②는 '추운 날씨에 밖으로만 싸돌아 다녔으니 시리지 않겠느냐.'는 핀잔의 말이다. 여기서 '나산 추다'는 '나서서 나부대다.'는 뜻으로 쓰이는 관용 표현이다. 예문 ③은 정말 추운 데 오래 있다 보면 생기는 현상으로, 몸이 발발 떨리는 것을 두고 하는 말이다. 그러면 "어떵 이 아의 솟 소곱에라도 들어가사키여." 곧 '어떻게 이 아이 솥 속에라도 들어가야겠어.' 하며 감싸줘야 하는 것이다.

이 '실렵다'에 해당하는 중세 어휘는 '슬히다, 슬이다, 스리다' 등으로 나타난다.

- 부롬마자 힘과 쎠왜 슬혀 범븨오 쏘 좀자디 몯ᄒᆞ거든

  (中風筋骨風冷頑痺 或多不睡, 바람 맞아 근육과 뼈가 시리어 저리고 또 잠자지 못하거든)《구급간이방》
- 天寒코 雪深흔 날에 님 ᄎᆞ즈라 天上으로 갈제 신 버서 손에 쥐고 보션 버서 품에 품고 곰 뷔님뷔 천방지방 지방천방 ᄒᆞᆫ 번도 쉬지 말고 허위허위 올라가니 보션 버슨 발은 아니 스리되 념의온 가슴이 산득산득 ᄒᆞ여라.

  (날씨 춥고 눈 내린 날에 임 찾으러 천상으로 갈 제 신 벗어 손에 쥐고 버선 벗어 품에 품고 엎치락뒤치락 천방지축 지축천방 한 번도 쉬지 말고 허위허위 올라가니 버선 벗은 발이 아니 시리되 옷깃 여민 가슴이 산득산득 하더라.)《청구영언》
- 보션 신발 업스니 발이 슬여 어이 ᄒᆞ리.

  (버선 신발 없으니 발이 시려 어찌하리.)《만언사》

두 번째는 사설시조로, '시리다'의 내용과 뜻이 잘 나타나 있다.

몸이 '실렵게' 되면 감기 걸리기 싶고, 심하면 온몸이 저리고 아프다. "한국 사람들은 '춥다 춥다' 하면서 내복을 입지 않는다."는 외국인의 말이 정말 사실이라면 실내 온도를 올릴 게 아니라 두꺼운 내의를 꺼내 입을 일이다. 그러면 따뜻한 겨울을 날 수 있을 터이니 말이다.

아도록ᄒ다

이 '아도록ᄒ다'는 '포근하게 감싸 안기듯 편안하고 조용한 느낌이 있다.'는 뜻을 지닌 어휘로, 표준어 '아늑하다'에 해당한다. '아도록ᄒ다'는 느낌을 받으려면 무엇인가에 의해 '감싸 안기듯' 해야 한다. 들판에 나갔을 때 바람이나 비를 피할 수 있는 곳이 '아도록ᄒ' 곳이고, 사람의 눈에 잘 띄지 않는 곳 또한 '아도록ᄒ' 장소가 된다.

① 이듸가아도록ᄒ연 밥 먹기 좋키여.

　(여기가 아늑해서 밥 먹기 좋겠다.)

② 아도록ᄒ 듸 촛아가믄 폭홀 거여.

　(아늑한 데 찾아가면 푹할 거야.)

③ 지직이라도 치난 아까보담은 훨씬 아도록ᄒ다.

　(기직이라도 치니까 아까보다는 훨씬 아늑하다.)

예문①은 야외에 나갔을 때 듣는 말로, '여기가 아늑해서 밥 먹기 좋겠다.' 하는 뜻이다. 야외에서 식사할 수 있는 곳은 따가운 볕을 피할 수 있고, 그늘이 져야 한다. 'ᄇ름의지'가 되는 곳이면 더욱 좋다. 'ᄇ름의지'란 '바람을 맞받지 아니하여 바람이나 눈비 따위를 피할 수 있는 곳'을 말하니 아늑한 곳이다. 대개는 큰 나무 그늘, '산담' 곁, 한쪽으로 구릉이 져서 조금 꺼진 곳이면 식사할 수 있는 장소로는 그만이다. 그런 곳을 찾았을 때 하는 말이 바로 **예문 ①**이다.

예문 ② 또한 아늑한 곳을 찾을 때 하는 말로, '아늑한 데 찾아가면 푹할 거야.' 하는 뜻이다. 여기서 '폭ᄒ다'는 달리 '푹ᄒ다'라 하고, '바람이 없고 매우 따뜻하다.'는 뜻을 지니는데, 표준어 '푹하다'에 해당한다. '아도록ᄒ' 곳이 되려면 그 주위는 무엇인가로 둘러쳐져 있고, 바람이 없으니 '폭ᄒ' 곳이다. 늦가을 옷을 가볍게 입어 한기를 느끼는 사람이라도 이렇게 '아도록ᄒ' 곳을 찾아가면 이내 '폭ᄒ다'는 느낌을 갖게 되리라는 뜻이 **예문 ②**에는 들어 있다.

예문 ③은 예전에 밭에서 타작할 때 들었던 말로, '기직이라도 치니까 아까보다는 훨씬 아늑하다.'는 뜻이다. 이는 '아도록ᄒ' 곳이 없어서 인위적으로 '지직' 따위로 가리개를 쳐 아늑하게 만들었다는 것이다. 여기서 '지직'이란 '틀을 짜고 새[茅]로 엮어서 눈이나 비가 올 때는 차양으로, 탈곡할 때는 가리개 등으로 쓰는 물건'으로, 표준어 '기직'에 해당한다(만일 이 '지직'이 차양(遮陽)으로 쓰인다면 '선풍체'라 하여, 처마에 고정되어 있는 '둔풍체(눈썹차양)'와 구분함). '지직'으로 주위를 가렸으니 '아도록ᄒ게' 될 것은 당연하다.

'아도록ᄒ다'는 표준어 '아늑하다'에 해당하는 어휘로, '포근하게 감싸 안기듯 편안하고 조용한 느낌이 있다.'는 뜻을 지닌다. 주위를 무엇인가로 에워서 둘렀으니 포근하고, 남의 눈에 잘 띄지 않아 마음 편하다. 그러나 자기 수양을 위해서 혼자 있을 때 어그러지지 않게 행동을 삼가는, 신독(愼獨) 또한 잊지 말아야겠다.

용ᄒ다

이 '용ᄒ다'는 '재주가 뛰어나고 특이하다.', '성질이 온순하기만 하다.'는 뜻을 지닌 어휘로, 표준어 '용하다'에 해당한다.

① 어떵 ᄉ망일젠 ᄒ난 용ᄒ 의원 만난 살앗주, 경 아녀시믄 큰일 날 뻔.
   (어떻게 운수가 좋으려니까 용한 의원 만나서 살았지, 그렇지 않았으면 큰일 날 뻔.)

② 용ᄒ덴 ᄒ는 빙원은 다 춫안뎅것젠 ᄒ주.
   (용하다 하는 병원은 다 찾아다녔다고 하지.)

③ 이 ᄆ을은 용ᄒᆫ 용ᄒᆫ ᄆ을이난 아무나 타도 뒌다.
   (이 말은 용하고 용한 말이니까 아무나 타도 된다.)

④ 우린 용ᄒᆫ 사름이 좋주 목씬 사름을 안 좋아.
   (우리는 용한 사람이 좋지 포악한 사람은 안 좋아.)

예문 ①과 예문 ②의 '용ᄒ다'는 '재주가 뛰어나고 특이하다.'는 뜻으로 쓰인 경우이고, 예문 ③과 예문 ④는 '성질이 온순하기만 하다.'는 의미로 사용된 경우이다.

예문 ①은 좋은 의원을 만나 살게 되었다는 이야기를 당사자에게 직접 들은 말로, '어떻게 운수가 좋으려니까 용한 의원 만나서 살았지, 그렇지 않으면 큰일

날 뻔'했다는 뜻이다. "살 사름은 살 터레 부트곡, 죽은 사름은 죽을 터레 부터.(살 사람은 살 데로 붙고, 죽을 사람은 죽을 데로 붙어.)" 하는 말로 볼 때 '살 터레 부튼' 경우에 해당한다는 것이 **예문 ①**이 말하고자 하는 바다. 여기서 '^ᄉ망일다'는 '장사에서 이익을 많이 얻는 운수'를 뜻하는 '사망'에 '일다[起]'가 연결되어 이루어진 어휘로, '좋은 운수가 생기다.' 하는 뜻을 지닌다. 이 어휘는 좋은 의미를 지니고 있음에도 불구하고 한자어 '사망(死亡)'과 같은 형태를 지니고 있어서 제대로 된 대접을 잘 받지 못하기도 한다. 표준어로 대역할 때 '사망'이라고 할까 말까 머뭇거리게 하기 때문이다. **예문 ②**는 **예문 ①**과는 반대로, 좋은 결과를 얻지 못한 경우에 하는 말로, '용하다 하는 병원은 다 찾아다녔다고 하지.' 하는 뜻이다. 용하다고 소문난 병원은 모두 찾아다녔지만 어찌할 수 없이 좋지 않은 결과를 맞이하게 되었다는 것이다.

한편 **예문 ③**은 말 타기를 주저하는 사람에게 하는 말로, '이 말은 용하고 용한 말이니까 아무나 타도 된다.'는 뜻이다. 말 타기에는 '서툰바치(생둥이)'니까 탈까 말까 머무적거리게 마련이니 이런 사람에게 하는 말이 바로 **예문 ③**이라 보면 된다.

예문 ④는 모든 사람이 갖는 마음으로, '우리는 용한 사람이 좋지 포악한 사람은 안 좋아.' 하는 뜻이다. 여기서 '목씰다'는 '목쓸다, 몹씰다'라 하기도 하는데, '하는 짓이 조금 사납고 악하다.'라는 뜻을 지닌다. 표준어 '포악하다'에 맞먹는 어휘로 보면 된다.

'용ᄒ다'는 '재주가 뛰어나고 특이하다.' 또는 '성질이 온순하기만 하다.'는 뜻으로 쓰이는 어휘로, '아래아'가 사용된 점이 다를 뿐이다. 특이한 재주를 갖고 있거나, 온순한 성질을 지닌 것은 다른 사람의 호감을 살 수 있는 것이매 '용ᄒ다'는 의미를 되뇌어 보는 시간이 많았으면 좋겠다.

울딱허다

이 '울딱허다'는 '성깔이 급하여 참지 못하고 불쑥 하는 말이나 행동이 거칠다.'는 뜻을 지닌 어휘로, 표준어 '울뚝하다'에 해당한다. 물론 '성깔이 급하여 참지 못하고 불쑥 말이나 행동을 거칠게 하는 모양'을 '울딱' 또는 '울딱울딱'이라 하며, 각각 표준어 '울뚝', '울뚝울뚝'으로 대역된다.

① 경 베체우는 소리 들으민 누게라도 울딱허멍 성식내쿠다.

(그렇게 비위 건드리는 소리 들으면 누구라도 울뚝하면서 성내겠습니다.)

② 그 사름, 불닮은 성질이라 ᄒ끔만 ᄒ여도 울딱흔다.

(그 사람 불같은 성질이라 조금만 해도 울뚝한다.)

③ 뜬쉐 울넘낸 흔 말, 저영 울딱ᄒ는거나 ᄀ튼거.

(느린 소 울타리 넘는다고 한 말, 저렇게 울뚝하는 것이나 같은 것.)

④ 흥성ᄒ단 울딱ᄒ멍 일어삿덴 골안게 성에 먹긴 글럿저.

(흥정하다 울뚝하며 일어섰다고 하던데 성애 먹기는 글렀다.)

예문 ①은 비위를 건드리는 이야기를 곁에서 들었을 때 하는 말로, '그렇게 비위 건드리는 소리 들으면 누구라도 울뚝하면서 성내겠습니다.' 하는 뜻이다. 비위를 건드리는 정도가 심하다는 것이다. 여기서 '베체우다'는 '아주 알밉게 남의 비위를 건드리어 성나게 하다.'는 뜻을 지닌 어휘로, 비위를 건드렸기 때문에 '울딱헐' 수밖에는 없겠다는 의미를 내포한다. '성식내다'는 표준어 '성내다'에 해당한다.

예문 ②는 '그 사람 불같은 성질이라 조금만 해도 울뚝한다.'는 말로, 그 사람을 대할 때는 조심하라는 경계의 말이다. '불닭다(불갈다)'가 '울딱허다(울뚝하다)'에 연결되어 '울딱허다'의 뜻이 더욱 도드라지고 있다.

예문 ③은 '느린 소 울타리 넘는다고 한 말, 저렇게 울뚝하는 것이나 같은 것'이란 뜻으로, 울뚝하고 성내는 사람을 '뜬쉐 울 넘나.'라는 속담에 빗대어 그 정당성에 맞장구를 치는 말이다. 여기서 '뜬쉐'는 아주 동작이 느린 소를 말하는데, 그런 소가 오직 급하고 성깔을 내게 했으면 울타리를 넘겠느냐는 것이다. 예문 ④는 흥정이 잘 진행되지 않았을 때 들을 수 있는 말로, '흥정하다 울뚝하며 일어섰다고 하던데 성애 먹기는 글렀다.'는 뜻이다. '흥성흐단 울딱흐멍 일어사다.'는 말은 흥정 대상을 '호리(毫釐)보아' 부르는 물건의 값이 너무나 터무니없다는 것을 뜻한다. '호리보다'는 '물건을 제값보다 밑으로 보거나 낮게 평가하다.'는 뜻을 지닌다.

'울딱허다'는 '성깔이 급하여 참지 못하고 불쑥 하는 말이나 행동이 거칠다.'는 뜻을 지닌 어휘로, 표준어 '울뚝하다'에 해당한다. 남을 배려하고 이해하는 것도 중요하지만 '울딱허지' 않게 남의 비위를 건드리지 않는 게 더 중요하지 않을까.

익숙다

이 '익숙다'는 '어떤 일을 여러 번 하여 서투르지 않아 능숙하다.'는 뜻을 지닌 어휘로, 표준어 '익숙하다'에 해당한다. '익숙다'는 문헌 어휘 '닉숙다'가 '익숙다'로 변하여 쓰이는 셈이다. 달리 '익숙ᄒ다'라 한다.

① 손에 익숙은 일도 아녀당 ᄒ젠 ᄒ믄 잘 아니 뒈어.

   (손에 익숙한 일도 않다가 하려고 하면 잘 아니 돼.)

② 이딘 막 익숙은 사름도 질 일르기 쉬와.

   (여기는 아주 익숙한 사람도 길 잃기 쉬워.)

③ 이 질은 익숙ᄒ 질이난 눈곰아도 가지키여.

   (이 길은 익숙한 길이니까 눈감아도 가겠다.)

④ 베에서 젤 익숙은 사름은 사공.

   (배에서 젤 익숙한 사람은 뱃사공.)

예문 ①은 어떤 일을 한참 동안 하지 않다가 하려니 서툴러 잘 안 되는 경우에 혼잣말처럼 하는 말로, '손에 익숙한 일도 않다가 하려고 하면 잘 아니 돼.' 하는 뜻이다. 오랫동안 쉬는 사이에 녹슬어버린 것이다. 녹을 제거하고 기름 치면 다시 예전 솜씨로 돌아가니 몇 번 연습이 필요하다. 그다음은 "익숙은 일 어디 가?(익숙한 일 어디 가?)" 하며 용불용설을 확인하고 기뻐할 일만 남는다.

예문 ②는 길 잃는 곳이니 조심하라는 경계의 말로, '여기는 아주 익숙한 사람도 길 잃기 쉬워.' 하는 뜻이다. 아주 깊숙한 '곳(숲)'이거나 안개가 자주 끼는 등산로 등이 '여기'에 해당할 터인데, 이런 곳은 경험이 아주 많은 사람도 길을 잃는 경우가 있으니 조심하라는 것이다. 곧잘 길 잃는 곳에서 헤매지 않으려면 '눈설메(눈결)'와 기억력이 좋아야 함은 물론이다. 한편, **예문 ③**은 헤매던 길을 벗어나 낯익은 길로 들어섰을 때 하는 말로, '이 길은 익숙한 길이니까 눈감아도 가겠다.'는 뜻이다. 이제는 위험한 곳을 벗어났으니 안심이 된다는 말이다.

예문 ④는 배에 대해서 뱃사공이 최고라는 것을 말하는 것으로, '배에서 젤 익숙한 사람은 뱃사공.'이라는 뜻이다. 배에 대해서는 뱃사공만큼 아는 사람이 없다는 것이다. 배에는 '이물사공'과 '고물사공'이 있다. '이물사공'은 배의 앞부분('이물'이라 함)을 담당하는 사공이며, '고물사공'은 배의 뒷부분('고물'이라 함)을 관장하는 사공이다. '고물사공'은 대개 노를 젓거나 '치(키)'를 조정하는 사공 역할도 맡는다. 키를 조종하는 사공이라면 그때는 '치잡이(키잡이)'가 된다. '고물사공'이 '이물사공'보다는 배에 대해서는 더 '익숙은(익숙한)' 뱃사람이다.

'익숙다'는 '서투르지 않아 능숙하다.'는 뜻을 지닌 어휘로, 손이나 눈에 '익숙은(익숙한)' 일도 않다가 하려면 잘 안 되는 법이니, 연습만이 필요하다. 모든 일은 연습량에 비례한다.

입부치럽다

    이 '입부치럽다'는 '어렵사리 말을 꺼냈지만 그 말값을 얻지 못하여 무안하고 부끄럽다.'는 뜻을 지닌 어휘로, 이에 해당하는 마땅한 표준어는 없다. 달리 '입부끄럽다'라 하는데, 이 어휘들은 '입'과 '부끄럽다'의 방언형 '부치럽다' 또는 '부끄럽다'가 연결되어 이루어진 말이다. '입부치럽다'는 말한 것을 전제로 하기 때문에 '말곧다(말하다)·곧다(말하다)'는 어휘와 호응 관계를 이룬다.

① 나도 혼듸 가쿠뎬 말곧앗단 몬 웃는 브름에 입부치라완 죽어지크라라.

    (저도 함께 가겠습니다 말했다가 몽땅 웃는 바람에 입부끄러워서 죽겠더라.)

② 그런 말 곧앗단 본전도 못 춫이민 입부치럽나.

    (그런 말 했다가 본전도 못 찾으면 입부끄럽다.)

③ 살멍 손 놀렷단 손부치럽곡 입 놀렷단 입부치럽곡 홀 일랑은 ᄒ지 말아사.

    (살면서 손 놀렸었다가 손부끄럽고 입 놀렸다가 입부끄럽고 할 일이랑 하지 말아야.)

    예문 ①은 가지 말아야 할 곳에 '저도 함께 가겠습니다 말했다가 몽땅 웃는 바람에 입부끄러워서 죽겠더라.'는 뜻이다. 몽땅 웃어버린 이유는 함께 가겠다고 하는 곳을 화자인 나만 돌리고 가자고 미리 짬짜미를 한 상태이기 때문이다. 물론 논의 과정에서는 '흔듸 가겟다.(함께 가겠다.)'는 반응을 보일 것이라는 예상까지 한 터라 "나도 '흔듸 가쿠다."라는 말을 꺼냈으니 예상이 적중한 셈. 그래서 일시에 몽땅 웃어버린 것이다. 말한 사람만 무안하고 부끄러워진 것이다.

예문 ②는 '그런 말 했다가 본전도 못 찾으면 입부끄럽다.'는 뜻으로, '그런 말'을 함부로 말하지 말라는 경계의 말이다. 여기서 '그런 말'이란 남을 난처하게 하는 말, 성취할 수 없는 내용의 말, 너무 당돌하거나 당찬 말, 곧 드러날 거짓말 따위이다.

예문 ③은 '살면서 손 놀렸다가 손부끄럽고, 입 놀렸다가 입부끄럽고 할 일일랑 하지 말아야.' 하는 뜻으로, 이 또한 **예문** ②처럼 경계의 말이다. 함부로 손을 놀리지 말고, 함부로 입을 놀리지 말라는 교훈이 담겨 있으니 살아가면서 행동을 삼가고, 말을 삼가고 해야 한다는 것이다. 손을 뒤집는 일은 아주 쉬운 예삿일이며, 두 입술을 벌리어 말하는 일 또한 무겁거나 힘이 드는 일이 아니니 함부로 손을 뒤집고, 마구 입을 열고 하다 보면 실수도 있게 마련이어서 결국 손부끄럽고, '입부치러운' 일이 벌어지고야 만다. 그러니 손 조심, 입 조심하라는 것이 **예문** ③이 뜻하는 바다.

'입부치럽다'는 '어렵사리 말을 꺼냈지만 그 말값을 얻지 못하여 무안하고 부끄럽다.'는 뜻을 지닌다. 입이 부끄럽지 않으려고 하면 말을 삼가고, 할 말 또한 곱씹어서 말해야만 가능한 일이다. 말이 많으면 실수하게 마련이다. 말수를 줄이는 것도 '입부치럽지' 않게 하는 한 방법이기도 하니 말을 아끼고 아끼자.

자리다

이 '자리다'는 '뼈마디나 손, 발 등 몸의 일부가 눌려서 피가 잘 통하지 않고 자르르하여 감각이 둔하고 아리다.'는 뜻을 지닌 어휘로, 이에 해당하는 표준어도 방언형과 같은 '자리다'이다. 《역어유해》에 '수마(手麻)'를 '손 자리다'로, '각마(脚麻)'를 '발 자리다'로 대역한 것을 보면 손이나 발이 잘 자리는 몸의 일부임을 알 수 있다.

① 손이나 발 자리걸랑 코에 춤 볼르라.

　　(손이나 발 자리거든 코에 침 발라라.)

② 발 자리는 걸 보난 또 와사 ᄒ염직ᄒ우다.

　　(발 자리는 것을 보니까 또 와야 하염직합니다.)

③ 게난 다리 자리게 공부ᄒ여시냐?

　　(그러니까 다리 자리게 공부하였니?)

예문 ①은 손이나 발이 자렸을 때 가장 많이 듣는 이야기로, '손이나 발 자리거든 코에 침 발라라.' 하는 뜻이다. 자린 곳이 있을 때 코에 침을 바르면 빨리 풀린다는 속설에서 비롯된 말이다. 코에 침을 바르면 자린 게 빨리 풀리는지 하는 건 확실하지는 않지만 발이나 손이 자리면 코에 침을 바르는 사람을 보게 된다.

또한 **예문** ②도 흔히 듣는 말 가운데 하나로, '발 자리는 것을 보니까 또 와야 하 염직합니다.' 하는 뜻이다. 이는 너무 오래 앉아 미안함을 다시 찾는 것으로 대신 하려 한다는, 그러니까 무안함의 다른 표현이다. 오래 앉는 사람은 대개 '똥고망 질긴 사름'이고, 이런 사람의 말은 들어도 그만, 안 들어도 그만한 내용이 많으니 사실은 안 듣는 게 낫다. '똥고망 질긴 사름'은 '똥구멍 질긴 사람' 곧 표준어로 대 역하면 '엉덩이가 무거운 사람' 또는 '엉덩이가 질긴 사람'으로, 한번 자리를 잡고 앉으면 오래도록 일어나지 않는 사람을 두고 이르는 말이다. 짐짓 주인의 눈총 을 느끼지만 그래도 '으시락으시락(야스락야스락)', '우시게(우스개)'를 붙여 가며 이야기 보자기를 풀어놓는 것이다. 끝내는 한 짐작이 있으니 **예문** ②를 말하는 것 으로 무안함을 대신하는 것이다.

예문 ③은 예전에 이불을 개어 얹어 놓는 '이불상'에서 공부할 때 들었던 말이 다. 곧 앉은뱅이책상에서 다리를 꼬아 앉아 오래 공부하다 보면 다리가 자리게 마련. 그러면 자린 것을 풀기 위해 자리를 고쳐 앉기도 하고, 코에 침을 바르기도 하는 모습을 본 어머니가 하는 말이 곧 **예문** ③이다. 이런 말을 듣는다는 것은 곧 칭찬이다. 이제는 다리가 긴 책상과 의자에 앉아 공부하니 다리 자리는 일은 거 의 없고, 또 **예문** ③인 '게난 다리 자리게 공부ᄒ여시냐?'는 말 또한 들을 수 없다.

'자리다'는 '뼈마디나 손, 발 등 몸의 일부가 눌려서 피가 잘 통하지 않고 자르 르하여 감각이 둔하고 아리다.'는 뜻을 지닌 어휘로, 발이 자리게 앉아 있었다면 무엇인가를 진득하게 했다는 것이니 콧등에 침을 바르며 스스로 자위해도 좋을 것 같다. 발이 자리게 무엇인가에 진력해 보자.

조랍다

이 '조랍다'는 '졸음이 와 자고 싶은 느낌이 있다.'는 뜻을 지닌 어휘로 '졸[眠]+압다' 구성으로 이루어졌다. '잠이 오는 느낌이나 상태'는 '조라움(졸음)'이라 표현한다.

① 애기 조라운 셍인 ᄀ라 하우염 ᄒ염쩌.

　(아기 졸음이 오는 모양인지 하품한다.)

② 눈도 두갓 뒈곡 ᄒ연 막 조랍다, 나 강 눅키여.

　(눈도 부부 되고 해서 마구 졸음이 온다, 내 가서 눕겠다.)

③ 검질 짓곡 굴너른 밧듸 조라움이 내 벗이로고나.

　(김 깊고 넓은 밭에 졸음이 내 벗이로구나.)

④ 하우염 닷 뒈 조라움 닷 뒈.

　(하품 닷 되 졸음 닷 되.)

예문 ①은 아기가 연방 하품을 하는 경우 곁에 있는 사람이 하는 말로, '아기 졸음이 오는 모양인지 하품한다.' 하는 뜻이다. 아기가 졸음의 신호로 하품하고 있다는 것이다. 곧 아기가 자고 싶어 하니 "잠재워라." 하는 뜻이다. 대개 이럴 때 아기는 '하우염(하품)'과 동시에 눈물을 보이고, 나비잠 자는 자세로 두 팔을 위로 벌린다. 무척 '조랍다'는 표현이다. 그러면 아기를 '애기구덕'에 '눅져(뉘어)' "웡이 자랑 웡이 자랑" 하며 자장가를 불러주면 이내 잠들어 꿈나라로 들어가는 것이다.

예문 ②는 꾸벅꾸벅 졸던 사람이 잠자리에 들면서 하는 말로, '눈도 부부 되고 해서 마구 졸음이 온다, 내 가서 눕겠다.'는 뜻이다. 여기서 '눈도 두갓 뒈곡'이라는 표현은 너무 졸리어 위아래 눈꺼풀이 마주 붙은 것을 말한다. '두갓'은 표준어 '부부'에 해당하는 어휘니, 눈꺼풀이 천 근 만 근 잠의 무게로 마주 붙었다는 것이다.

예문 ③과 예문 ④는 민요에 나오는 구절이다. 예문 ③은 김매는 노래의 한 구절로, 김매기의 고단함을 표현한 것이다. '김 짓고 넓은 밭에 졸음이 내 벗이로구나.' 하는 뜻이다. 넓디넓은 밭의 '검질(김)', 그것도 무성하게 자라 '짓은 검질(짓은 김)'을 맨다는 것은 피곤한 일이요, 이 피곤함이 겹치니 졸음이 오게 마련이라, '조라움이 내 벗이로고나.(졸음이 내 벗이로구나.)' 노래하고 있는 것이다. 예문 ④는 동요로, '하우염 닷 뒈 조라움 닷 뒈 복복 갈아 범벅 흐연 먹언 보난 보기라라. 똥은 꿰난 허기라라.(하품 닷 되 졸음 닷 되 박박 갈아서 범벅 해서 먹어 보니 보기더라. 방귀 뀌니 허기더라.)'는 내용이다. 하품과 졸음을 재료로 하여 범벅을 만들어서 먹어 보니 보기이고, 방귀를 뀌니 허기더라는 것이다. 하품과 졸음을 범벅의 재료로 활용하는 아이들 상상이 싱싱하다.

이제 한낮은 햇볕 따스함을 느낄 수 있다. 점심이라도 '뽕그랑흐게' 먹었다면 자고 싶은 느낌이 엄습할 테니 기지개를 켜 방비할 일이다.

진진ᄒ다

이 '진진ᄒ다'는 '매우 길다.'는 뜻으로, 표준어 '길디길다, 기나길다'에 해당한다. '진진ᄒ다'에서 알 수 있는 것처럼, 제주어에서는 형용사 어간이 그냥 겹쳐 쓰이는 반면, 표준어에서는 형용사 어간을 반복하여 그 뜻을 강조하는 연결 어미 '-디'나 '-고'가 이어져 사용되는 것에 차이가 있다. '하고많다, 멀고 먼, 깊디깊은, 쓰디쓰다' 따위가 '한한ᄒ다, 먼먼ᄒ다, 지픈지픈, 쓴쓴ᄒ다(씬씬ᄒ다)'로 표현된다.

① 이거 너믜 진진ᄒ연 준둥으로 줄랑 씨여사켜.

　　(이것 너무 길디길어 허리통으로 잘라서 써야겠다.)

② 진진밤 줌 아니오랑 어떵ᄒ코.

　　(긴긴밤 잠 오지 않아 어찌할꼬?)

③ 삼ᄉ월 진진헤에도 정심 아니 먹어도 베고픈 중 몰라라.

　　(삼사월 긴긴해에도 점심 아니 먹어도 배고픈 줄 모르더라.)

④ 진진혼 담벳대 물언 앚안 신 거라.

　　(기나긴 담뱃대 물고 앉아 있는 거야.)

322

예문 ①은 끈 따위가 '너무 길디길어서 중간으로 잘라서 써야겠다.'는 말이다. 끈이 너무 길면 끝을 서로 맞추어 고붙치기가 어렵다. 그러니 적당한 길이로 잘라야 하는 것이다. 여기서 '즌둥'은 표준어 '허리통'에 해당하나 여기서는 '허리' 또는 '중간' 정도의 뜻으로 이해하면 될 것이다.

　　예문 ②는 '긴긴밤 잠 오지 않아 어찌할꼬?' 하는 말로, 기나긴 겨울밤 잠이 오지 않을 것 같아 걱정이라는 말이다. 문뜩 "동짓달 기나긴 밤을 한 허리를 베어 내어 춘풍 이불 아래 서리서리 넣었다가 얼운 님 오신 날 밤이어든 굽이굽이 펴리라"는 황진이^(黃眞伊) 시조가 떠오른다. **예문 ③**은 '3, 4월 긴긴해에도 점심 아니 먹어도 배고픈 줄 모르더라.' 하는 뜻으로, 일에 열중했음을 간접적으로 늘어놓는 말이다. 일에 싫증이 나면 하루해가 길게만 느껴지기도 한다. 이때는 "어떵 헤가 진진ᄒ다."는 말로 더디 가는 시간을 재촉하기도 한다.

　　예문 ④는 담뱃대를 물고 있는 양반의 기골을 연상하게 하는 말이다. 물부리를 빠는데, 두 볼이 움푹 들어가고, 눈매 또한 그윽하여 단박에 양반임을 알 수 있다. 그런 양반이 '기나긴 담뱃대를 물어 앉아 있는 거야.' 하는 말이다. 이런 모습을 보면 집 안으로 들어서다가도 흠칫 놀라게 된다.

　　일 년 중 밤이 제일 길다는 동지. 잠이 오지 않는다고 그냥 뜬눈으로 보낼 것이 아니라, 책을 읽으면서 '진진ᄒ' 밤을 보람차게 보낼 일이다.

ᄌᆞᆯ다

이 'ᄌᆞᆯ다'는 '빗물이 땅속에 스며들어 땅이 밭갈이하거나 김매기에 알맞을 정도로 무르다.'는 뜻을 지닌 어휘이다. 밭갈이하거나 김매기는 주로 밭에서 이루어지는 행위이기 때문에 이 'ᄌᆞᆯ다'는 '밧(밭)'이나 '땅'과 잘 어울려 쓰인다. 특히 '밧'과 연결된 '밧ᄌᆞᆯ다'는 한 단어로 쓰일 정도로 그 빈도가 높은 편이다. 물론 그 뜻은 '밭이 갈이나 김매기에 적당할 정도로 무르다.'로 풀이하면 될 것이다. 'ᄌᆞᆯ다'에 해당하는 마뜩한 표준어는 없다.

① 이딘 비 하영 완 땅 ᄌᆞᆯ아수다. 그디도 땅 ᄌᆞᆯ게 비 와수꽈?

　(여기는 비 많이 내려 땅 물렀습니다. 거기도 땅 무르게 비 내렸습니까?)

② 넘아가는 비난 땅 ᄌᆞᆯ지 아녀수다.

　(여우비니까 땅 무르지 않았습니다.)

③ 비 왓덴 말뿐이주 ᄌᆞᆯ지 아년 땅이 캉캉, 골겡이도 들어가지 아녀쿠다.

　(비 내렸다고 말뿐이지 무르지 않아서 땅이 깡깡, 호미도 들어가지 않겠습니다.)

④ 우영팟 수돗물이라도 쪙 ᄌᆞᆯ롸시믄 어떵ᄒᆞ코?

　(터알 수돗물이라도 줘서 무르게 했으면 어떨까?)

예문 ①은 가뭄 끝에 단비가 내려 서로 안부를 물으며 전화 통화할 때 들을 수 있는 말로, '여기는 비 많이 내려 땅 물렀습니다. 거기도 땅 무르게 비 내렸습니까?' 하는 뜻이다. 아마 가뭄 끝 인사로는 최고일 것이다. 비가 흡족하게 내렸으면 '예, 주늘게 와수다.'라 답하면 될 것이다. 그러면 비와 관련한 이야기, 농사 이야기가 계속 이어질 것이다. 그러나 그 반대로 비가 조금 내렸을 때는 돌아오는 대답은 예문 ②이거나 예문 ③이다. 예문 ②는 '여우비니까 땅 무르지 않았습니다.' 하는 말로, 비가 많이 내리지 않았음을 표현한다. 여기서 '넘어가는비'는 달리 '지나가는비'로 쓰이기도 하는데, 잠깐 내리다가 그치는 비를 말한다. 표준어 '여우비'에 해당한다. '넘어가는비'일 경우는 햇볕도 거느리고 있을 때가 많아 농부의 애간장을 태운다. '넘어가는비' 또는 '지나가는비'는 띄어쓰기하지 않는다는 점에 주의해야 한다.

한편 예문 ③은 예문 ②보다는 더 간절한 표현으로, '비 내렸다고 말뿐이지, 무르지 않아서 땅이 깡깡, 호미도 들어가지 않겠습니다.' 하는 뜻이다. 정말이지 비 내렸다 말뿐이지 더 가뭄을 타게 생겼다는 의미를 내포하고 있다. 여기서 '땅이 캉캉'은 '땅이 아주 딴딴하게 굳은 상태'를 말한다. 그러니 '호미도 들어가지 않겠다.'고 하는 것이다. 예문 ③을 듣게 되면 얼른 화제를 바꾸어 비가 내리지 않아 속상한 마음을 다른 것으로 채워주어야 한다.

예문 ④는 가뭄 타는 '터앞 수돗물이라도 줘서 무르게 했으면 어떨까?' 하는 말이다. 가뭄이 타는 가운데서도 자라는 것이라고는 '쉐비눔(쇠비름)'뿐, 호박잎도 먹어 보면 씁쓰레할 정도로 독기를 품었다. 그래서 수돗물이라도 주어야 하지 않겠느냐는 게 예문 ④가 뜻하는 바다.

정말 비가 내려 땅을 '주늘게' 하고, 물을 물 쓰듯 하게 되었으면 좋겠다. 농부에게 웃음을, 목마른 사람에게 물 한 모금 건넬 수 있는 여유를 가지게 해 주었으면 좋겠다

칠칠ᄒ다

이 '칠칠ᄒ다'는 '땀이 촉촉하게 나 몸이 조금 눅진하
다.'는 뜻을 지닌 어휘로, 바꿀 적당한 표준어는 없어 보인다. 달리 '잘잘ᄒ다·찰
찰ᄒ다'라 한다.

① 몸이 칠칠ᄒ다, 강 모욕ᄒ여불라.

   (몸이 눅진하다, 가서 목욕하거라.)

② 똠 나난신ᄀ라 몸이 칠칠ᄒ엿저.

   (땀 났었는지 몸이 눅진하다.)

③ 몸 잘잘ᄒ난 옷이 필필 부트주.

   (몸 눅진하니까 옷이 쩍쩍 붙지.)

예문 ①은 '몸이 눅진하다, 가서 목욕하거라.' 하는 뜻으로, 몸에 땀이 배어 몸이
눅진했으니 가서 목욕하라는 말이다. 이는 여름철 집 밖에서 일하다 들어온 사
람에게 하는 말로, 밖에서 들어온 사람의 몸은 십중팔구 눅진하기 마련이다. 이
런 사람에게 목욕탕에 가서 목욕하라고 하는 말이 예문 ①이다.

예문 ②는 '칠칠ᄒ다'의 뜻을 확실하게 알 수 있는 문장이다. 그 의미가 '땀 났었

는지 몸이 눅진하다.'는 말이기 때문이다. 땀에는 소금기가 있고, 심하면 피부에 '근'이 피기도 한다. 곧 땀이 났던 곳에 흰 소금꽃이 생기는 것이다. 이런 것들로 해서 몸이 눅진하게 되는 것이다. 얼른 샤워하는 게 최고의 처방이다. 여기서 '근'이라는 것은 '땀을 많이 흘린 뒤 피부에 생기는 짠 하얀 가루', '바닷물에서 미역을 감고 난 뒤 살갗 따위에 생기는 짠 하얀 가루', '해조류를 말릴 때 생기는 짠 하얀 가루' 등을 말한다.

예문 ③은 '몸 눅진하니까 옷이 쩍쩍 붙지.' 하는 뜻으로, '몸에 땀 기운이 많이 있으니 옷이 몸에 철썩 달라붙지.' 하는 말이다. 여기서 '잘잘ᄒ다'의 '잘잘'은 '물줄기 따위가 잇따라 부드럽게 흐르는 소리. 또는 그 모양'을 나타내는 말, 곧 '줄줄'의 뜻도 있으니 '잘잘ᄒ다'의 말맛은 '칠칠ᄒ다'보다 좀더 커 보인다. 그래서 옷이 몸에 '필필' 붙는 것이다. '필필'은 '옷 따위가 땀에 젖어서 몸에 달라붙는 모양'을 뜻하기도 하고, '거짓말을 그럴듯하게 하는 모양'을 뜻하기도 하는데, 예문 ③에서는 전자의 뜻으로 사용된 경우이다.

'칠칠ᄒ다'는 '땀이 촉촉하게 나 몸이 조금 눅진하다.'는 뜻으로, 땀 흘려 일한 뒤 목욕하고 나온 사람의 'ᄉ락ᄒᆫ' 몸과 비교해 보면 그 의미를 쉬 짐작할 수 있을 것이다.

한결ᄒ다

이 '한결ᄒ다'는 달리 '한글ᄒ다'라 하는데, '겨를이 생겨 여유가 있다.' 또는 '마음이 홀가분하고 가분하다.'는 뜻을 지니고 있는 어휘다. 전자의 뜻이라면 표준어 '한가하다'에 해당하고, 후자의 의미라면 '가볍다'에 해당할 것이다.

① 비 오라사 한걸홀 거주.

(비 내려야 한가할 거야.)

② 한걸ᄒ게 잇당 훼걸음ᄒ다.

(한가하게 있다가 훼걸음한다.)

③ 경 한글ᄒ게 놀앙 뒐 것가?

(그렇게 한가하게 놀아서 될 것이냐?)

④ 봄엔 한걸ᄒ엄직ᄒ연게 손부치난 영 딴판이라라.

(보기에는 가벼운 것 같았는데 손대니까 영 딴판이더라.)

예문 ①은 '비 내려야 한가할 것이지.' 하는 말로, 할 일이 많아서 날씨만 좋으면 일을 해야 한다는 속뜻을 지닌다. '하늘에 헤 박은' 날 곧 해가 떠오르면 어김없이 일을 해야 한다는 뜻이다. 그러니 한가하려면 비가 내려야만 한다는 말이다. 정말이지 '하늘에 헤 박은' 날이 계속되면 속으로 은근히 비 오기를 바라게 되기도 한다.

예문 ②는 '한가하게 있다가 빨리 걷게 된다.'는 뜻으로, 빈둥빈둥 놀다가 시간이 다 되어야 '훼걸음' 걷게 된다는 것이다. 여기서 '훼걸음'이란 활개를 치며 걷는 걸음으로, 아주 바삐 걷는 걸음을 말한다. 예문 ③도 '그렇게 한가하게 놀아서 될 것이냐?'는 핀잔의 말이다. 이렇게 하다가는 분명 예문 ②처럼 '훼걸음ㅎ게' 될 게 뻔하다. 일을 하나씩 차근차근 처리하지 않고 한꺼번에 처리하려고 하다가는 큰코다치게 된다는 말이다.

한편 예문 ④는 '한걸ㅎ다'가 표준어 '가볍다'의 뜻으로 쓰인 경우로, 그 일이 '보기에는 가벼운 것 같은데 손대니 영 딴판이더라.'는 것이다. 일이 보기와는 다르다는 말이다. "흔 번에 지지 말앙 두 번에 ᄂᆞᆼ 져시믄 한글홀 건디." 곧 '한 번에 지지 말고 두 번에 나누어 졌으면 가벼울 텐데.' 하는 말로, 이때의 '한글ㅎ다'도 '가볍다'의 뜻으로 쓰인 경우다.

이제 느슨하고 한가해진 마음을 추스르고 주어진 일, 해결해야 할 문제를 '쉐걸음(소걸음)'으로 하나하나 믿음직하게 처리할 때이다.

허피다

이 '허피다'는 '⊙쓰는 물건이 쉽게 닳거나 빨리 없어지는 듯하다. ⓛ물건이나 돈 따위를 아끼지 아니하고 함부로 쓰는 버릇이 있다. ⓒ 말이나 행동을 삼가거나 아끼는 데가 없이 마구 하는 듯하다.'라는 뜻을 지닌다. 표준어 '헤프다'에 해당한다. 곧 '무디지(마디지) 않다.'는 말이다.

① 큰일칩 돗궤긴 도감 ㅎ리 탓. 도감에 ㄸ랑 허피기도 ㅎ곡 남기도 ㅎ곡 ㅎ는거.

   (큰일 집 돼지고기는 도감 하리 탓. 도감에 따라서 헤프기도 하고 남기도 하고 하는 것.)

② 경 허피게 씨지 말라. ㅂ 뜨니 공으로 살아사 혼다.

   (그렇게 헤프게 쓰지 마라. 밭으니 공으로 살아야 한다.)

③ 잘콴다리여, 물 씨듯 허피 썬게마는.

   (잘코사니여, 물 쓰듯 헤피 쓰더니마는.)

예문 ①은 큰일이 있는 집에서 종종 들을 수 있는 말이다. 곧 '큰일이 있는 집에서는 돼지고기는 도감 하리 탓. 도감이 누구냐에 따라 헤프기도 하고 남기도 하고 하는 것.'이라는 말이다. 돼지고기를 두껍고 푸짐하게 썰면 부족할 것이고, 좀 얇게 썰면 남게 된다. 그러니 도감이 누구냐에 따라 두껍게 썰기도 하고 얇게 썰기도 하니 도감의 손재주나 마음 씀에 달렸다는 것이다. 원래 '도감'은 '절집에서 재산을 관리하는 사람'을 뜻하는데, 예문에서 보듯 잔치나 초상 등 큰일 집에서 돼지고기를 써는 사람의 의미로 쓰이기도 한다. **예문 ②**는 '헤프게 쓰지 말고, 밭은 공으로 살아가라.'는 경계의 말이다. 절약을 강조한 말인 셈이다. **예문 ③**은 '물 쓰듯 쓰더니 거덜났다.'는 말이다. 무엇이나 물 쓰듯 쓰면 거덜나게 마련이다.

　세상살이는 '허피(헤피)' 쓰는 게 아니라 '브뜨니(밭으니) 공'으로 보다 나은 생활을 기약할 수 있는 것이매 절약을 곁에 두고 생활화하는 게 필요하다.

훍다

이 '훍다'는 '길쭉한 물체의 둘레나 너비가 넓다.'는 뜻을 지닌 어휘로, 표준어 '굵다'에 해당한다. 달리 '굵다, 슬지다'라 한다.

① 눔삐 너믜 훍게 썰엇저.

　(무 너무 굵게 썰었다.)

② 요번 갈친 존존헤라. 따신 훍은 걸로 사오라. 흔 점 먹어도 푸지게.

　(요번 갈치는 자잘하더라. 다시는 굵은 것으로 사오너라. 한 도막 먹어도 푸지게.)

③ 거 훍은 낭에 불살랑 탁탁 걸치멍 구워 먹어봐. 멧 사름 죽어도 몰라.

　(거 굵은 나무에 불살라 턱턱 걸치며 구워 먹어봐. 몇 사람 죽어도 몰라.)

④ 이보담 더 슬진 쒜줄 엇이냐?

　(이보다 더 굵은 쇠줄 없니?)

예문 ①은 깍두기나 무채를 만들 때 들을 수 있는 말로, '무 너무 굵게 썰었다.'는 뜻이다. 깍두기든 무채든 너무 굵게 썰면 먹기가 불편하니, 무 써는 게 서툴다는 편잔의 말이 된다. 여기서 '눔삐'는 무의 뿌리 곧 땅속에 박히는 부분만을 일컫는 말이데, 지금은 무청까지 통튼 이름으로 쓰이고 있는 셈이다. 만일 무의 통칭이라면 '무수'라고 해야 하다. 이 '무수'는 문헌 어휘 '무수'에서 온 말이다. 가끔 '눔삐'가 몽골어의 차용이라는 말도 듣는데, 이는 사실과 다르다. '무'를 몽골어로는 '차간 만징(하얀 마늘)'이라 한다.

예문 ②는 자잘한 갈치를 사왔을 때 듣는 말이다. 돈에 맞게 샀지만 먹은 사람의 입장에서는 자잘한 것보다는 굵은 것이 더 맛있으니, '요번 갈치는 자잘하더라. 다시는 굵은 것으로 사오너라. 한 도막 먹어도 푸지게.'라고 말하는 것이다. 굵은 갈치가 맛있는 것은 먹어본 사람이면 다 안다. 예문 ③도 구미를 당기게 하는 말이다. 곧 '거 굵은 나무에 불살라 (고기를) 턱턱 걸치며 구워 먹어봐. 몇 사람 죽어도 몰라.' 하는 뜻으로, 정말 맛이 그만이어서 몇 사람 죽어도 모를 정도라는 것이다. 굵은 나무에 불살랐으니 불잉걸은 마디게 타 들어가고, 그 열기로 잉걸 위에 걸친 고기는 맛있게 익는 것이다.

예문 ④는 '굵다'의 뜻으로 '슬지다'가 쓰인 경우로, '이보다 더 굵은 쇠줄 없니?' 하는 뜻이다. 더 굵은 철사를 찾아보라는 말이다. 이때 '슬지다'는 '살이 많다.'는 뜻을 지닌 '슬지다'에서 온 말이다.

제주어 '훍다'는 아주 오래전에부터 써온 말로 보인다. 고려시대의 어휘를 엮은 《계림유사》라는 책에 "(고려 사람들은) '크다'를 '흑근'이라 한다.(大曰黑根)"고 하는 구절이 있기 때문이다. 이때 '흑근'이 제주어 '훍은'이라는 생각이다.

'훍다'는 '길쭉한 물체의 둘레나 너비가 넓다.'는 뜻을 지닌 어휘로, 달리 '굵다, 슬지다'라 한다. 가을에 '훍은' 갈치를 사다가 구워 먹으며 식욕을 돋우어 봄이 어떨까 한다.

흘락ᄒ다

이 '흘락허다'는 '낄 물건보다 그 낄 자리가 커서 헐럭헐럭하다.'는 뜻을 지닌 어휘로, 표준어 '헐겁다' 또는 '헐렁하다'에 해당한다. 이 '흘락허다'는 달리 '흘락지다, 헐렁ᄒ다, 흘탁ᄒ다' 등으로 쓰이기도 한다.

① 호미 흘락허 ᄀ테 ᄌ룩 심엉 산담에 닥닥 ᄒ연 비어십주.

(낫 헐겁기에 자루 잡아서 '산담'에 닥닥 해서 베었지요..)

② 아의 신 흘락지언 못 신으키여. 경 큰 거 상 오믄 뒈느냐게.

(아이 신 헐거워 못 신겠다. 그렇게 큰 것 사서 오면 되느냐?)

③ 그 못 손으로 흥글엉 흘락지게 ᄒ 다음에 빠불라.

(그 못 손으로 흔들어 헐겁게 한 다음에 빼어 버려라.)

예문 ①은 벌초 때 들을 수 있는 말로, '낫 헐겁기에 자루 잡아서 산담에 닥닥 해서 베었지요.' 하는 뜻이다. 낫을 사용하다 보면 나무 자루에 낀 슴베가 빠져나와 헐겁게 되기도 한다. 이런 일이 생기지 않게 낫갱기를 해서 반지 끼우듯 자루에 끼우기도 하고, 더 단단하게 하기 위하여 낫놀을 박기도 한다. 그러나 억새를 베고, 나뭇가지를 후리다 보면 헐겁기 마련. 그러면 자루를 잡아 그 바닥을 '산담'에 몇 번 닥닥 힘주어 내리치면 습베가 좀더 깊숙하게 박히고, 풀을 벨 때도 힘이 가해져서 풀이 쉽게 잘린다. 물론 여기서 '산담'은 묘소 주위를 장방형으로 두른 담을 말하는 것으로, 마소가 들어가거나 산불이 번지는 것을 예방하기 위한 시설을 말한다.

예문 ②는 아버지 구두를 신고 치맛자락을 올려 구두를 바라보는 꼬마 모습을 담은 사진을 연상하게 하는 문장이다. 이 예문은 '아이 신 헐거워 못 신겠다. 그렇게 큰 것 사오면 되느냐?' 하는 핀잔이다. 결국 아이 발의 크기를 알지 못할 정도로 아이에게 관심이 없었느냐 하는 것이니, 듣는 사람의 입장에서는 아주 심한 욕으로 받아들이게 된다. '아인 물웨 크듯 큽주.(아이는 물외 크듯 크지요.)' 하는 말은 그 대답이 되지 못한다. 아버지 구두를 신은 꼬마 모습을 담은 사진처럼 실제 아버지 구두를 신고 헐떡거리며 걸어가는 꼬마 모습은 웃음을 자아내기도 하고, 안타까움을 자아내게도 한다. 어렵게 한 발 한 발 발자국을 옮겨놓는 자세가 그렇고, 그걸 안타깝게 바라보는 어른의 안타까워하는 마음도 읽을 수 있기 때문이다.

예문 ③은 연장 없이 벽의 못을 빼려고 할 때 하는 말로, '그 못 손으로 흔들어 헐겁게 한 다음에 빼어 버려라.' 하는 뜻이다. 못을 잡고 좌우, 상하 몇 번 흔들다 보면 구멍이 헐거워지고 난 다음에는 아주 쉽게 못을 뺄 수 있다는 것이다.

이 '흘락허다'는 '낄 물건보다 그 낄 자리가 커서 헐럭헐럭하다.'는 뜻을 지닌 어휘로, 표준어 '헐겁다' 또는 '헐렁하다'와 같다. 낄 물건과 낄 자리가 맞물려 돌아갈 수 있게 살피고 또 살피는 게 최선이 방책이 아닐까 한다.

제3장

명사 名詞

사물의 이름을 나타내는 품사. 특정한 사람이나 물건에 쓰이는 이름이냐 일반적인
사물에 두루 쓰이는 이름이냐에 따라 고유 명사와 보통 명사로, 자립적으로 쓰이느
냐 그 앞에 반드시 꾸미는 말이 있어야 하느냐에 따라 자립 명사와 의존 명사로 나뉜
다. 늑이름씨. 임씨.

거느리왕상 —————— 338
거심 ———————————— 340
곤죽 ———————————— 342
구마리 —————————— 344
그적 ———————————— 346
나 ————————————— 348
낭강알 —————————— 350
내창 ———————————— 352
눈비양 —————————— 354
느렁테 —————————— 356
덕대 ———————————— 358
덥 ————————————— 360
독무럽 —————————— 362
등물 ———————————— 364
물코 ———————————— 366
바투리 —————————— 368
밧치레 —————————— 370
방상 ———————————— 372
베락치기 ————————— 374
벤납석 —————————— 376

복통 ———————————— 378
볼침 ———————————— 380
북술 ———————————— 382
불벳더위 ————————— 384
산발 ———————————— 386
살을맛 —————————— 388
살을일 —————————— 390
상뻬 ———————————— 392
새철 ———————————— 394
선하우염 ————————— 396
숭시 ———————————— 398
식게테물 ————————— 400
아이모른눈 ———————— 402
안자리 —————————— 404
어욱 ———————————— 406
에기데기 ————————— 408
여산젱이 ————————— 410
영등할망 ————————— 412
오장가난 ————————— 414
와담 ———————————— 416

우던 ———————————— 418
입건지 —————————— 420
입살 ———————————— 422
자파리 —————————— 424
장통밧 —————————— 426
절소리 —————————— 428
종네기 —————————— 430
좋은날 —————————— 432
진거 ———————————— 434
주작벳 —————————— 436
찍시 ———————————— 438
차롱착 —————————— 440
텍 ————————————— 442
페적 ———————————— 444
헐리 ———————————— 446
헛입 ———————————— 448
홀림 ———————————— 450
희어뜩흔소리 —————— 452

거느리왕상

　　이 '거느리왕상'은 '좋지 않은 일로 해서 이러니저러니 떠도는 소문'을 뜻한다. 이 말은 '거느리다'와 '왕상'으로 구성되었는데, '거느리다'는 '이야기를 할 때, 제3자의 이름을 대거나 그에 관한 이야기를 하다.'라는 뜻을 지니며, '왕상'은 '정돈되지 아니하여 들떠 어수선하고 엉성한 모양'을 뜻하니 표준어 '에푸수수'에 가깝다. 그러니까 '거느리왕상'은 '서로 이야기하면서 제3자의 이름을 대거나 그에 관한 이야기들로 들떠서 어수선하고 엉성한 내용'이라는 것이다. '거느리왕상'의 뜻 가운데 '좋지 않은 일로'라는 어구가 없다면 '이 사람 저 사람 입에 오르내리며 근거 없이 떠도는 소문'인 '뜬소문'에 가깝다. 그러나 '거느리왕상'은 '좋지 않은 일로 해서'에 초점이 있기 때문에 '뜬소문'과는 좀 거리가 있다.

① 헛겡이 나완 누게 날거느리는 셍이여.

　　(재채기 나와서 누가 내 이야기하는 모양이야.)

② 본향연줄 다 거느리젱 ᄒ민 닐 모리 나도 못거느립네다.

　　(본향 연줄 다 이야기하려 하면 내일 모레 되어도 못 이야기합니다.)

③ 나뎅기멍 놈의 입에 거느리왕상 나게 ᄒ지 말라.

　　(나다니면서 남의 입에 거느리왕상 나게 하지 마라.)

④ 입건지 나민 그게 거느리왕상이주.

(입방아 나면 그것이 거느리왕상이지.)

예문 ①은 재채기를 하면 으레 따라 나오는 말로, 다른 장소에서 나를 이야기 대상으로 하고 있으니 그 신호로 재채기가 나온다고 생각한 결과이다. 재채기는 코 안의 신경 자극으로 나오는 생리 현상인데, 아주 먼 장소에서 내가 이야기 소재가 되고 있음을 코로 이야기의 냄새를 맡았다는 것이 된다. 그러고 보면 사람은 참으로 아주 잘 만들어진 동물이다.

예문 ②는 무가(巫歌)에서 들을 수 있는 말인데, 신이 좌정하게 된 내력으로 누구(1)는 누구(2)를 낳고 누구(2)는 또 누구(3)를 낳고 누구(3)는 누구(4)를 낳고 ……. 이렇게 이야기하다 보면 내일, 모레가 되어도 끝나지 않는다는 말이다.

예문 ③은 나다닐 때는 좋지 않은 소문나지 않게 조심하라는 경계의 말이고, 예문 ④는 남의 입방아에 오르다 보면 그게 곧 좋지 않은 소문으로 번지게 마련이라는 뜻이다.

사람은 누구나 남의 입방아에 오르내리지 않게 행동 하나하나, 말 하나하나 삼가며 매사에 신중할 일이다.

거심

이 '거심'은 달리 '거슴'이라 하는데, '주로 속손톱 뒤의 살 껍질이 일어나거나 나무의 결 따위가 가시처럼 얇게 일어난 부분'을 뜻하는 어휘로, 표준어 '거스러미'에 해당한다.

① 거심 잘못 건드리엇당은 셍손 알린다.

(거스러미 잘못 건드리었다가는 생인손 아린다.)

② 손케도 거슴 일어나난 손 잘 시치라.

(손 터도 거스러미 일어나니까 손 잘 씻어라.)

③ 어떤 사름 보믄 거심을 이빨로 물어튼엄서.

(어떤 사람 보면 거스러미를 이로 물어뜯고 있어.)

④ 손거심 일게 말라.

(손거스러미 일어나게 말아라.)

예문 ①은 '손거스러미 잘못 건드리었다가는 생인손 아린다.'는 뜻으로, '손거스러미'를 함부로 다루지 말라는 경계의 말이다. 손거스러미는 속속톱(손톱의 뿌리 쪽에 있는 반달 모양의 하얀 부분) 가장자리에 잘 생긴다. 귀찮다고 해서 손톱이나 이를 이용하여 잘못 뜯어내는 경우가 있는데, 이때 생인손이 생겨 아리게 된다. 이렇게 해서 '셍손 알리게' 되니 조심하라는 말이 **예문** ①이다.

　예문 ②는 손거스러미가 생기는 원인 가운데 하나로, 손을 자주 씻지 않아도 손이 트게 되어 '거심'이 생긴다는 것이다. 곧 '손 터도 거스러미 일어나니까 손 잘 씻어라.' 하는 뜻이다. 여기서 '케다'는 '손, 발 따위가 너무 마르거나 춥거나 하여 틈이 생겨서 갈라지다.'는 뜻을 지닌 어휘로, 표준어 '트다'에 해당한다. 한편 '시치다'는 '물로 더러운 것을 없애 깨끗하게 하다.'는 뜻으로, 표준어 '씻다'에 맞먹는 어휘가 된다.

　예문 ③도 이따금 직접 눈으로 볼 수 있는 광경으로, '어떤 사람 보면 거스러미를 이로 물어뜯고 있어.' 하는 말이다. 이렇게 해서 거스러미를 제거하면 **예문** ① 처럼 '셍손 알리는' 결과가 되기도 하지만 보기가 그렇게 좋은 것만은 아니다. 그래서 원천적으로 '거스러미'가 생기게 하지 않아야 한다는 말이 바로 **예문** ④이다. 곧 '손거스러미 일어나게 말아라.' 하는 것이다. 여기서 '거심·거슴'은 표준어 '거스러미'에, '손거심·손거슴'은 '손거스러미'에 해당한다.

　결국 '거심' 또는 '거슴'은 '주로 속손톱 뒤의 살 껍질이 일어나거나 나무의 결 따위가 가시처럼 얇게 일어난 부분'을 뜻하는 어휘로, 표준어 '거스러미'에 해당한다. 일상생활에서는 '속손톱 뒤의 살 껍질이 일어난 것'을 말하니, 손을 자주 씻어 습기를 보충하면서 '손 케지(트지)' 않게 조심할 일이다.

곤죽

이 '곤죽'은 '흰쌀을 물에 불리었다가 쑨 죽'을 뜻하는데, 표준어 '흰죽' 또는 '쌀죽'에 해당한다. '곤죽'은 접두사 '곤-'과 '죽(粥)'이 합쳐져서 이루어진 어휘로, '곤-'은 '곤떡(흰떡), 곤밥(흰밥), 곤쌀(흰쌀), 곤풀(이풀)' 따위에서 확인된다. '곤-'은 '고운'의 뜻을 더하는 접두사이다.

① 감기 기운잇걸랑 곤죽쒕 먹엉 똠내와 불라.

　(감기 기운 있거든 흰죽 쑤어 먹어서 땀내어 버려라.)

② 곤쌀로 밥ㅎ영 놔두렌 ㅎ난 곤죽을쒕 앚안.

　(흰쌀로 밥해서 놓아두라고 하니까 흰죽을 쑤어 앉았어.)

③ 입맛엇걸랑 곤죽이라도 쒕 먹으라.

　(입맛 없거든 흰죽이라도 쑤어서 먹어라.)

예문 ①은 '감기 기운 있거든 흰죽 쑤어 먹어서 땀내어 버려라.' 하는 뜻으로, 감기 초기에는 죽을 끓여 먹어서 땀을 내면 좋다는 뜻이다. 여기서 '똠내다'는 '땀이 많이 나오게 하다.'는 뜻으로, 더운 흰죽을 먹어서 땀이 많이 나오게 되면 감기 기운이 떨어진다는 말이다. '곤죽'을 쑬 때는 물에 불린 흰쌀만 이용하기도 하지만

'패마농(파)'을 구할 수 있다면 이 '패마농'도 송송 썰어 넣어서 함께 죽을 쑤기도 한다. 그러면 맛도 좋고, 약효도 더 있다. '흰죽에 코(옳고 그름이나 좋고 나쁨을 가릴 수 없음을 이르는 말)'라는 관용구가 있듯, 흰죽에 파가 들어가면 보기도 좋을 뿐더러 약효도 더 있으니 금상첨화 아닌가. 감기 기운에는 '곤죽'만 쑤어서 먹는 게 아니라 '모멀죽'을 쑤어 먹기도 한다. '모멀죽'이란 메밀쌀로 쑨 죽을 말한다. 물론 이때도 '패마농'이 있으면 메밀쌀과 함께 넣어 죽을 쑨다.

예문 ②는 '흰쌀로 밥해 놓아두라고 하니까 흰죽을 쑤어 앉았다.'는 말로, 일을 그만 그르치고 말았다는 뜻이다. 이는 밥할 때 흰쌀과 물의 비율을 잘 맞추지 못해서 죽을 쑤고 말았으니 처음 의도와는 다르게 되어 버린 것이다. 그러니까 보리밥을 짓다가 흰밥을 지으려고 하니 물을 잘 맞추지 못했다는 것이다. 이 예문에는 '(곤)죽 쑤다'는 구절이 들어가 있어서 '일을 그르치고 말았다.'는 뜻이 내포되어 있음은 물론이다.

예문 ③은 '입맛 없거든 곤죽이라도 쑤어서 먹어라.' 하는 뜻으로, 입맛이 없다고 곡기를 끊지 말고 아무것이라도 요기해야 한다는 경계의 말이다.

'곤죽'이란 흰쌀을 물에 불리었다가 쑨 죽으로, 감기 기운이 있을 때, 입맛이 떨어질 때 만들어 먹는 음식이다. 감기 기운으로 입맛이 떨어졌다면 곤죽을 쑤어 먹어 볼 일이다. 이때는 반드시 '패마농'을 넣어 죽을 쑤는 일도 잊지 않았으면 한다.

구마리

이 '구마리'는 '다리와 발이 서로 잇닿은 뼈마디 부분'을 뜻하는 어휘로, 표준어 '발목'에 해당한다. 달리 '구머리, 귀마리, 귀머리'라 한다. 이 가운데 '귀머리'는 《훈몽자회》 등에 나오는 문헌 어휘 그대로이다. 그러니 발목 부근 안팎으로 도도록하게 내민 복사뼈를 '구마리꽝, 귀마리꽝' 또는 '장귀뻬'라 하는 것이다.

① 오단 심빡ᄒ연게 구마리 다친 셍이여.

　　(오다가 삐끗하더니 발목 다친 모양이야.)

② 이젠 키마리 아판 걸지 못ᄒ키여.

　　(이제는 발목 아파서 걷지 못하겠어.)

③ 복쉬뒈와앉당 보믄 키마리꽝이 거멍ᄒ게 뒈곡 냉중엔 그게 굳은술이 뒈어.

　　(책상다리하다 보면 복사뼈가 거멓게 되고 나중에는 그게 굳은살이 되어.)

예문 ①은 무심코 걷다가 다리가 삐끗했을 때 하는 말로, '오다가 삐끗하더니 발목 다친 모양이야.' 하는 뜻이다. 여기서 '심빡ᄒ다'는 '다리 따위가 접질리거나 하여 어긋물리다.'는 뜻을 지니는데, 표준어 '삐끗하다'에 해당한다. '심빡홀' 때는 대개 정신을 놓고 걷거나 길바닥에 돌멩이 따위를 잘못 밟았을 때 일어나는 일로, 접질리는 정도에 따라 아프기에도 차이가 난다. 심하면 정형외과에 가야 할 상황이 되기도 한다. 그러니 걸을 때는 명심해서 정신을 놓지 말 일이다. 또 예문에서 '셍이여'의 '셍'은 한자어 '상(相)'에서 온 말로, '짐작이나 추측'을 나타내는 어휘로, 표준어 '모양(이때는 의존명사가 된다.)'에 해당한다. 비가 곧 쏟아질 것 같으면 "비 올 셍이여.", 식사한 것 같으면 "밥 먹은 셍이여.", 곧 일어나서 갈 것 같다면 "갈 셍이로고."라 하면 된다.

예문 ②는 다리가 '씸빡흔' 결과 시간이 흘러감에 따라 정도가 심해질 때 할 수 있는 말로, '이제는 발목 아파서 걷지 못하겠다.' 하는 뜻이다. 이렇게 되면 차를 부르거나 업거나 해야 할 상황으로, 장소가 어디냐에 따라 난감하게 되기도 한다. 산길을 걷다가 벌어진 일이 그런 경우가 될 것이다.

예문 ③은 항상 책상다리하고 앉는 사람에게 하는 경계의 말로, '책상다리하다 보면 복사뼈가 거멓게 되고 나중에는 그게 굳은살이 되어.' 하는 뜻이다. 여기서 '귀마리꽝'은 표준어 '복사뼈'에, '복쉬뒈와앉다'는 '한쪽 다리를 오그리고 다른 쪽 다리는 그 위에 포개어 얹고 앉다.'는 뜻으로, 표준어 '책상다리하다'에 해당한다. '복쉬뒈와앉다'는 달리 '도사려앉다, 뒈사려앉다, 복쉬뒈와앉다, 사려앉다, 양반청앉다, 양반치다'라 한다. 이렇게 '복쉬뒈와앉는' 것은 오랜 시간 앉기가 불편하고, 몸에 붙는 옷이라도 입었다면 여간 불편한 자세가 아니다. 풍신한 개량한복이나 입었을 때 앉는 자세니 '양반청앉다, 양반치다'라 하는 것이다.

이 '구마리'는 '다리와 발이 서로 잇닿은 뼈마디 부분'을 나타내는 말로, '구머리, 귀마리, 귀머리'라 하기도 한다. 정신 놓고 걸을 때 다리가 접질리어 '구마리'를 다치는 일이 종종 일어나기도 하니 발목 보호를 위해서라도 걸을 때 정신을 놓아서는 안 될 것이다.

그적

이 '그적'은 '있는 줄을 짐작할 수 있을 만한 소리나 낌새'를 뜻하는 말로, 표준어 '기척'에 해당한다. '그적'은 달리 '기적, 기척, 그척'이라 한다.

① 그적 어시 왓당 가젠 ᄒ난, 일어나부럿구나게.

　(기척 없이 왔다가 가려고 했는데, 일어나 버렸구나.)

② 기적으론 헛지침만 흔 것도 어실 거라.

　(기척으로는 헛기침만 한 것도 없을 거야.)

③ 사름 기적 나민 놀당도 톡 오랑 드러눅렌 말이우다.

　(사람 기척 나면 놀다가도 톡 와서 드러눕는다 말입니다.)

④ 밤원 꼭 사름 뎅거난 기적을 알리곡 헤사 안심덜 ᄒ여.

　(밤에는 꼭 사람 다녔던 기척을 알리고 해야 안심들 해.)

예문 ①은 이른 새벽에 '기척 없이 왔다가 가려고 했는데, 일어나 버렸다.'는 말이다. 아무도 몰래 다녀가려고 했는데, 인기척에 일어나 버렸다는 것이다.

예문 ②는 '기척으로는 헛기침만 한 게 없을 거야.' 하는 말이다. 변소에서의 상황을 연상하면 이 말은 실감난다. 헛기침은 그 주인을 알 수 있는 반면 노크는 그 주인을 알 수 없다. 헛기침은 그 주인을 알 수 있으니 그 주인에 따라 변소 안에서의 행동거지가 달라진다. 그러나 노크는 그렇지 않으니 상관하지 않고 제 볼 일만 보면 된다. 헛기침과 노크의 차이다.

예문 ③은 예전의 '아기장수' 설화에 나오는 이야기로, 사람 기척 없으면 '애기구덕' 밖으로 나와 마음대로 행동하다가도 '사람 기척이 나면 놀다가도 톡 와서 (애기구덕에) 드러눕는다 말입니다.' 하는 뜻이다. 그렇게 함으로써 겨드랑이에 난 날개를 감추려는 연극이다. 역적으로 몰릴까봐 겨드랑이에 돋은 날개를 없애는 것으로 끝이 나지만 육지에서처럼 죽이지 않는 것만으로도 다행이다 싶다.

예문 ④도 어려운 때 있었던 예전 이야기다. '밤에는 꼭 사람 다녔던 기척을 알리고 해야 안심들 하지.' 하는 뜻으로, 누가 다녀갔는지 표식을 해야 안심한다는 것이다. 여기서 '기적'은 흔적 또는 표식의 의미로 사용되어서 앞의 예문과는 다르다.

계절은 기척이 없이 변하는 것 같다. 그 무덥던 여름도 지나고 가을도 '기적' 없이 다가와 깊어가니 말이다.

나

이 '나'는 '사람 등이 세상에 난 뒤에 살아온 햇수'를 뜻하는 어휘로, 표준어 '나이'에 해당한다. '나'를 달리 '나이'라고 한다.

① 나 두 설이라도 팔팔 걸엉 뎅기주.

　(나이 두 살이라도 펄펄 걸어 다니지.)

② 그 집 손지가 우리보담 혼 서너 나우의 사름이난 이제꼬지 살진 아녀실 거라?

　(그 집 손자가 우리보다 한 서너 나이 위의 사람이니까 이제까지 살아 있지는 않을 거야?)

③ 여자 나이 흠불로 물어보는 거 아녀.

　(여자 나이 함부로 물어보는 것 아니다.)

④ 거 나 차믄 시집, 장게가는 것사 당연혼 일 아니가?

　(거 나이 차면 시집, 장가가는 것이야 당연한 일 아니냐?)

예문 ①은 '아기 나이 두 살이라도 펄펄 걸어 다니지.'라는 말로, '물웨(물외)' 크듯 자라는 아기가 대견스럽다는 뜻이다.

예문 ②는 남의 집 이야기를 할 때, 나이를 유추하면서 생사를 짐작해보는 말이다. 곧 '그 집 손자 나이가 우리보다 서너 살 위 사람이니까 이제까지 살아 있지는 않을 거야?'라는 것이다.

　　예문 ③은 여자 나이를 함부로 물어보는 게 아니라는 것이다. **예문 ④**의 '나차다'는 '나이가 어지간히 많다.'는 뜻으로, 표준어 '듬직하다'에 해당한다. 남자든 여자든 나이가 차면 시집가고, 장가가는 게 당연한 일 아니냐는 게 **예문 ④**의 뜻이다.

　　'나이'의 중세 어휘는 '나, 나ㅎ'으로 나타난다.

- 아븨 나 ㄱ튼 이를 조차 둔니고 兄의 나 ㄱ튼 이를 기러기톄로 둔니고.

  (아버지 나이 같은 이를 따라다니고 형의 나이 같은 이를 기러기처럼 다니고.)《소학언해》

- 나콰 德괘 한 사ㄹ미게 노폴씨 長老라 일콛더니.

  (나이와 덕이 많은 사람한테 높여 '장노'라 일컫더니.)《법화경언해》

위 예문으로 볼 때 제주어 '나'는 중세 어휘에서 온 것임을 짐작할 수 있다.

낭강알

        이 '낭강알'은 '나무 아래나 밑'의 뜻을 지닌 어휘로, 굳이 표준어로 바꾼다면 한자어 '수하(樹下)'에 해당한다. '낭강알'은 '낭+강알' 구성으로, '낭'은 나무를, '강알'은 '샅(두 다리 사이)'을 말한다. 반면 '나무가 만드는 그늘'은 '낭그늘'이라고 한다.

① 경 벳 맞지 말앙 이 낭강알로 들어옵서.

    (그렇게 볕 맞지 말고 이 나무 아래로 들어오십시오.)

② 이 폭낭 엇어시믄 어떵 살아시코? 이 낭강알에 들어왕 쉬곡, 이듸 앚앙 놀곡게.

    (이 팽나무 없었으면 어떻게 살았을까? 이 나무 아래에 들어와서 쉬고, 여기 앉아서 놀고.)

③ 이 낭그늘에 들어왕 뚬 들영 갑서게.

    (이 나무그늘에 들어와서 땀들이어 가십시오.)

    예문 ①은 여름철 오후 팽나무 그늘에서 한가하게 노는 어른들에게서 들을 수 있는 말로, '그렇게 볕 맞지 말고 이 나무 아래로 들어오십시오.' 하는 뜻이다. 대개 동네 삼거리, 사거리 가운데는 팽나무가 자리한다. 그 나무 둥치를 뱅 둘러 둥그렇게 걸터앉아 놀 수 있게 대(臺)를 만들어 놓았다. 대 위에 올라앉아 장기를 두기도 하고, 누워 자기도 하고, 한담을 하며 웃음판을 벌이기도 한다. 이때 지나가는 사람이라도 있다면 **예문** ①을 말함으로써 쉬었다 가라는 인사를 건네는 것이다. 일의 완급에 따라 '낭강알'로 들어가기도 하고, "바빠부난 기냥 가쿠다.(바빠서 그냥 가겠습니다.)"는 말로 응수하기도 한다. 밭일 등 급한 일은 좀 서늘한 시간에 처리했기 때문에 '낭강알'로 들어가 장기판에 끼어 훈수하거나 이야기에 끼어들어 한몫을 한다. 지나가는 사람이 '말장시(말쟁이)'라면 그냥 지나치지 못하고 대로 올라앉아 한바탕 재미있는 이야깃주머니를 풀어놓는다. 이렇게 팽나무 그늘 아래의 분위기가 무르익으면 **예문** ②를 말함으로써 새삼 팽나무의 가치를 들먹거리게 되는 것이다. 곧 '이 팽나무 없었으면 어떻게 살았을까? 이 나무 아래에 들어와서 쉬고, 여기 앉아서 놀고.' 하는 말이다. 팽나무 예찬인 셈이다. '머쿠실낭(먹구슬나무)'이 여름의 전령인 매미에게 자리를 내어준다면 '폭낭'은 우리 사람들의 자리를 만들어 준다. 팽나무는 그늘을 거느리고 바람을 만들어 사람을 불러 모은다.

　예문 ③은 **예문** ①과 비슷한 의미를 지니고 있는데, '이 나무그늘에 들어와서 땀 들이어 가십시오.' 하는 말이다. 나무그늘로 들어와서 좀 쉬었다 가라는 인사말이다.

　불볕더위가 계속될 때는 '낭강알'이나 '낭그늘'이 그립다. 에어컨처럼 단숨에 열을 내리는 건 아니지만 서서히 아주 서서히 단 몸을 시원하게 만들어 주니 그 맛이 은근해서 좋다. '낭강알'이나 '낭그늘'은 싱싱한 바람을 거느리고 있어 더욱 시원할 테니, 한번 시간을 내어 그들과 벗해 볼 일이다.

내창

　　　　　　　이 '내창'은 '시내보다는 크지만 강보다는 작은 물줄기'
라는 뜻을 지닌 어휘로, 표준어 '내[川]'에 해당한다. 물론 '내창'을 표준어와 같은
형태인 '내'라고도 한다. '비가 많이 내린 뒤 냇물이 불어 세차게 흐르는 것'을 '내
창터지다(시위하다)'라 하며(달리 '내치다, 내터지다, 시위ᄒ다'라 함), '냇물'의 방언형
은 '내창물' 또는 '냇물'이라 한다. 또 '내창'은 문맥에 따라 표준어 '냇바닥'의 의미
로 쓰이기도 한다.

　① 이딘 물 흘르는 내창은 잘 어수다.

　　(여기는 물 흐르는 내는 별로 없습니다.)

　② 비 오라난 다음 내창 구경 ᄒ레 오는 사름덜토 싯나.

　　(비 내린 다음 내 구경하러 오는 사람들도 있다.)

　③ 내터진 때랑 내창의 가지 말라이.

　　(시위할 때랑 내에 가지 마라.)

　④ 내창의서 놀당 내칠 때랑 신착이라도 벗어 놔뒁 돌아나라.

　　(냇바닥에서 놀다가 시위할 때랑 신짝이라도 벗어 놔두고 달아나거라.)

　예문 ①은 제주도 내[川]의 특성을 말하는 것으로, '여기는 물 흐르는 내는 별로

없습니다.' 하는 뜻이다. 건천(乾川)이 많다는 말과도 같은데, 강정천 등 몇을 제외하면 비 내릴 때나 냇물이 흘러서 내로써의 기능을 할 뿐이다. 그래서 **예문** ②처럼 말하는 것이다. 곧 '비 내린 다음 내 구경하러 오는 사람들도 있어.' 하는 말이다. 큰비라도 온 다음이면 다리 난간에 서서 "이 골 물 저 골 물 한데 합수하여 우당탕 통탕" 흘러내리는 모습을 신기하게 바라보기도 했던 것이다. 냇물이야 흙이 쓸린 흙탕물이긴 하지만 '우당탕 통탕' 소리 지르며 내려오는 모습은 장관이라 여기면서도 한편 가슴 두근거리게 하는 무서움의 대상이기도 했다. 교육대학 동쪽 별도교에 서서 요동치며 내려오는 냇물을 바라보았던 모습이 아련하다.

　　예문 ③은 태풍이 지나며 큰비 온 다음에 듣는 말로, '시위할 때랑 내에 가지 마라.' 하는 경계의 말이다. 태풍은 큰비를 동반하기 때문에 대부분의 내는 냇물이 불어서 시위하기 마련이다. 하찮게 보이던 냇물도 건너려고 하다 센 물살로 발을 잘못 디디게 되고, 그게 화근이 되어 쓰러지면 그만 빗물에 쓸리기도 한다. "내터 젼 사름 끗어가 부럿저." 하며 소동이 인다. '시위해서 사람 끌어가 버렸어.' 하는 말로, 사람이 냇물에 휩쓸려 떠내려갔다는 뜻이다. 어른들 말에 따르면, 냇물은 백마 타고 달려온다고 한다. 저 멀리서 냇물이 흘러오는 것이 보이더라도 이내 곁으로 다가와 휩쓸어 간다는 것이다. 그래서 냇물을 건널 때는 희생을 바쳐야 무사하게 건널 수 있다는 게 **예문** ④가 뜻하는 바다. 곧 '냇바닥에서 놀다가 시위할 때랑 신짝이라도 벗어 놔두고 달아나거라.' 하는 말로, 아무 희생물로라도 대신해야만 안전하게 건널 수 있다는 뜻이다. 이는 무엇인가를 얻으려면 희생이 뒤따라야 한다는 진리인지도 모른다. 여기서 '내창'은 '냇바닥'의 뜻으로 쓰인 경우다.

　　'내창'은 '시내보다는 크지만 강보다는 작은 물줄기'로, 표준어 '내(川)'에 해당한다. 제주에서는 큰비 온 뒤에나 물 흐르는 내를 구경할 수 있지만, 냇물을 그냥 바다로 흘려보낼 것이 아니라 한곳에 가두어 앞으로 올 물 부족에 미리 대비하는 것도 필요할 터이다.

눈비양

이 '눈비양'은 '남의 눈에 좋게 보이기 위하여 겉으로만 잘 꾸미는 것'을 말한다. 일종의 겉치레인 셈인데, 표준어 '눈비음'에 해당한다. '눈비양'은 줄여서 그냥 '비양'이라고도 한다.

① 사름 옷으로 금세 말곡, 옷으로 눈비양 말라.

(사람 옷으로 금새 말고, 옷으로 눈비음 말라.)

② 눈비양도 좋을 땐 좋나.

(눈비음도 좋을 때는 좋다.)

③ 비양만 좋앗주, 짐은 멧 장 어서라.

(눈비음만 좋았지, 김은 몇 장 없더라.)

예문 ①은 '사람 옷으로 금새 하지 말고, 옷으로 눈비음하지 말라.'는 말이다. 사람을 옷매무시로 평가하지 말고, 또 좋게 보이려고 옷으로 눈비음하지 말라는 일종의 경구다. 한번 건널목 앞에서의 광경을 연상해 보자. 양복을 말쑥하게 차려 입은 사람이 빨간 신호등인데도 건널목을 지나가면 다른 사람도 그 사람을 뒤따라 지나가고, 그 반대로 허름한 옷을 입은 사람이 빨간 신호등일 때 지나가면 다른 사람들은 지나가는 사람을 빤히 쳐다만 보는 경우가 많다. 이는 곧 사람을 옷으로 금새를 한 것이다. 그러니 사람들이 옷으로 '눈비양'을 하려고 옷을 잘 차려입는 것인지도 모른다. 그러지 않은 사람도 있음은 물론이다. 여기서 '금세'는 물건의 값을 뜻하는 표준어 '금새'에 해당한다.

예문 ②는 '눈비음도 좋을 때는 좋다.'는 뜻으로, 경우에 따라서는 눈비음도 필요하는 말이다. 눈비음도 좋을 때가 있다는 것이다. 그냥 '보기 좋은 떡이 먹기도 좋다.'는 뜻과 상통한다.

반면 **예문 ③**은 '눈비양'의 줄임말인 '비양'이 쓰인 경우로, '눈비음만 좋았지 김은 몇 장 없더라.'는 말이다. 곧 포장만 그럴듯했지 막상 포장을 뜯어보니, 그 속에 김(海衣)은 몇 장 들어 있지 않더라는 말이다. 겉치레만 요란하다는 것이다.

'눈비양'. 남의 눈에 좋게 보이기 위하여 겉으로만 잘 꾸미는 것이니 실속 없는 겉치레이다. 그러나 사람이 사는 세상은 면치레도 필요한 경우가 있으니 겉치레를 나쁘다고만 볼 일은 아니다.

느렁테

　　　　　　이 '느렁테'는 달리 '느렁텡이, 느렁쟁이'라 하는데, '행동이 느리거나 게으른 사람을 낮잡아 이르는 말'이다. 표준어 '느리광이, 느림보' 또는 '늘보'에 해당한다. 이 일련의 어휘들은 모두 '느리다(慢)'에서 온 말들이다.

① 말 맙서, 우리 집의도 느렁테 ᄒ나 잇수다.

　　(말 마십시오, 우리 집에도 느리광이 하나 있습니다.)

② 쉐 잡아먹을 간세ᄒ는 사름, 느렁텡이렌 골아도 뒈주.

　　(소 잡아먹을 게으름 피우는 사람, '느렁텡이'라고 말해도 되지.)

③ 늘짝늘짝 걸어오는 거 봅서, 느렁텡이 아니꽈?

　　(늘쩡늘쩡 걸어오는 것 보십시오, 느림보 아닙니까?)

④ 그 느렁쟁이신디 일 매끼믄 ᄒᆞᆫ 이틀은 늦어질 걸로 보아사 홉니다.

　　(그 느리광이한테 일 맡기면 한 이틀은 늦어지는 것으로 보아야 합니다.)

　예문①은 우리 집안에 느리광이가 있다는 이야기에 맞장구로 내뱉는 말로, '말 마십시오, 우리 집에도 느림보 한 사람 있습니다.'는 뜻이다. 이 말을 함으로써 같은 생각을 공유하게 된다.

예문 ②는 '소 잡아먹을 정도로 게으름 피우는 사람을 '느렁텡이'라 말해도 된다.'는 뜻이다. 여기서 '쉐 잡아먹을 간세'란 '먹을 게 없어서 결국은 집안에 있는 소를 잡아먹게 될 정도의 게으름'으로, 게으름의 극치를 말한다.

예문 ③은 '늘쩡늘쩡 걸어오는 것 보십시오, 느림보 아닙니까?'하는 말로, 화급한 일인데도 바쁜 기색 없이 걸어오는 것으로 보면 틀림없이 '느렁텡이'라는 것이다. 뛰어와야 할 상황인데 걸어온다는 핀잔이다.

예문 ④는 '그 느리광이한테 일을 맡기면 한 이틀 정도 늦어질 것으로 보아야 합니다.' 하는 경계의 말이다. 게으름을 피우는 사람이라 정해진 날짜에 일을 마치기는 어려우니 그런 줄 알아서 대처하는 게 좋겠다는 것이다.

'이른 이도 복, 늦은 이도 복(이른 사람도 복, 늦은 사람도 복)'이라는 말이 있기는 하지만 제 시간에, 또는 주어진 기간에 일을 마무리하는 것이 보통 사람이 해야 할 일이다. 그렇지 않다면 당연 '느렁테, 느렁텡이'라는 말을 들어야 한다.

덕대

이 '덕대'는 '사람 몸의 부피'를 뜻하는데, 표준어 '덩치'에 해당하는 말이다.

① 아이고! 덕데도 축엇이 웨하르방 닮앗저.

   (아이고! 덩치도 틀림없이 외할아버지 닮았어.)

② 덕데만 큰큰헷주 심은 엇나.

   (덩치만 커다랗지 힘은 없다.)

③ 야의, 덕데만 컷주 ᄆᆞ음은 생이가심이여.

   (얘, 덩치만 컸지 마음은 새가슴이야.)

④ 요세 아이덜은 잘 먹언 덕데만 큰큰흔다.

   (요사이 아이들은 잘 먹어서 덩치만 크나크다.)

예문 ①은 덩치가 큰 아이를 보고 놀라면서, '아이고, 덩치도 틀림없이 외할아버지 닮았다.'라고 하는 말이다. 아이 덩치가 외할아버지 덩치와 비슷하다는 말이다. 여기서 '축엇이'는 '축(일정한 특성에 따라 나누어지는 부류) 없이' 곧 '틀림없이' 또는 '꼭 들어맞게'라는 뜻을 지니고 있는 어휘다.

예문 ②는 겉으로 보기와는 다르게 '덩치만 커다랗지 힘은 없다.'는 뜻을 지닌 말이다. 덩치가 근육질로 이루어진 게 아니라 '물술(두부살)'이라는 것이다. 두부처럼 무른 살이니 힘을 쓸 수가 없는 것이다. 일종의 외화내빈^(外華內貧), 겉치레는 화려하나 그 속은 곤궁하다는 말과 같다.

　　예문 ③도 그 위 예문과 비슷한 뜻을 지닌다. '이 아이, 덩치만 컸지, 마음은 새가슴이다.'라는 말이다. 덩치가 크면 그만큼 담대한 마음을 지니고 있어야 하고, 마음 씀씀이도 덩치답게 커야 하는데 그렇지 않다는 것이다. '새이가슴'이란 달리 '득가슴'이라 하기도 하는데, '새나 닭의 가슴처럼 가슴뼈가 불거져 나온 사람의 가슴'을 말하나, 여기서는 '겁이 많거나 도량이 좁은 사람의 마음'이라는 뜻으로 쓰인 경우다.

　　예문 ④는 요즘 체력이 떨어진 아이들을 나무랄 때 하는 말로, '요사이 아이들 잘 먹어서 덩치만 크다.'는 뜻이다. 체격은 좋아졌는데, 체력은 저하되었다는 걱정이 들어있는 말이다.

　　'덕대'는 사람 몸의 부피를 말하는 것으로, '덕대'가 크다면 큰 만큼 마음 씀씀이도 자상하고, 힘도 그에 따라 비례해서 옹골찼으면 좋겠다.

덥

이 '덥'은 '같은 집안이나 가족에 속하는 무리'라는 뜻으로, 표준어 '일가붙이', '족속' 등에 가깝다. '덥'은 여럿이 무리를 지어 우르르 몰려다니는 속성을 지닌다. 이런 속성은 《국한회어》(1895:438)의 "덥 紛雜"이라는 설명을 통해서도 어느 정도 짐작할 수 있다. '분잡(紛雜)'이 '많은 사람이 북적거려 시끄럽고 어수선함'이라는 뜻을 내포하고 있기 때문이다. 그러니까 '덥'은 싸움이 벌어졌을 때 패거리로 달려와 편배해 주는, 촌수가 아주 가까운 집안이나 가족의 무리다.

① 이 집광저 집은 혼 덥이라.

　(이 집과 저 집은 한집안이라.)

② 그 집 덥이 모아들민 막 우터여.

　(그 집 무리가 모아들면 아주 위태해.)

③ 그 덥덜이 냉중엔 오꼿 살앙 멧 백 명으로 벌어져.

　(그 족속들이 나중에는 몽땅 살아서 몇백 명으로 번성해.)

④ 덥덜이 모다들엉 뚜드림을 ᄒ믄 뻬도 못 추려.

　(족속들이 모아들어 뚜드리기를 하면 뼈도 못 추려.)

⑤ 그 덥덜 우김 세주.

　　(그 족속들 우김 세지.)

⑥ 그 사름도 우리 집의 덥덜사니 아니라게.

　　(그 사람도 우리 집의 족속들 아니라.)

　예문 ①, ②는 '덥'이, 예문 ③, ④, ⑤는 '덥덜' 그리고 예문 ⑥은 '덥덜사니'가 쓰인 경우이다. '덥덜'의 '-덜'은 복수의 뜻을 나타내는 접미사이며, '덥덜사니'는 '덥+-덜+-사니'로 분석되는데, '-사니'는 사람의 뜻을 지닌 접미사이다.

　예문 ①은 집 낱낱을 가리키며 같은 집안이라는 것을 말하는 것으로, '이 집과 저 집은 한집안이다.' 하는 뜻이다. 이런 경우는 집성촌인 경우에는 자주 들을 수 있다. 예문 ②는 '덥'의 속성을 말하는 것으로, '이 집 덥이 모아들면 아주 위태해.' 하는 뜻이다. 한 사람 한 사람은 어떨지 몰라도 여럿이 뭉치게 되면 위태로운 집단으로 변한다는 뜻이 포함되어 있다. 결속력이 좋다는 뜻이다.

　예문 ③은 '그 족속들이 나중에는 전부 살아서 몇백 명으로 번성해.' 하는 뜻으로, 처음에는 그리 많지 않던 족속들이 몽땅 살아서 그 수가 몇백 명까지 불어났다는 것이다. 족속이 불어났으니 그 힘 또한 커져 일정한 세력을 형성하게 되었다는 의미를 담고 있다. 예문 ④는 '족속이 모아들어 때리기를 하면 뼈도 추리지 못할 정도'로 매섭게 매질을 해댄다는 것이다. 일종의 '모둠치기(모다기령)'인 셈이다. 예문 ⑤는 그 집안의 속성을 표현한 것으로, '그 족속들 우김 세지.' 하는 뜻이다.

　한편 예문 ⑥은 '그 사람도 우리 집안의 족속들 아니라.' 하는 뜻으로, 제보자와 같은 집안사람이라는 뜻이다.

　'덥'은 '같은 집안이나 가족에 속하는 무리'라는 뜻을 지닌다. '비 오는 날에 웨상제 울 듯(비 오는 날에 외상제 울 듯)'이라는 말이 있듯, 집안에 큰일이 있을 때는 외로운 것보다는 집안이나 가족의 무리인 '덥'이 많은 것이 좋다.

독무럽

　　이 '독무럽'은 '사람의 다리에서 넓적다리와 정강이의 사이에 있는 관절의 앞부분'으로, 표준어 '무릎'에 해당한다. '독무럽'은 달리 '독, 도갓물리, 독머리, 독무리, 독ᄆ리, 독물리, 독ᄆ릅, 독ᄆ립, 독ᄆ럽, 무럽' 등으로 나타난다.

　① 늙언 일어사젠만 헤도 독 아픈다.
　　(늙어서 일어서려고만 해도 무릎 아프다.)
　② 독무럽으로 기단 버천 이젠 야게 들르멍 일어나젠 혼다.
　　(무릎으로 기다가 부쳐 이젠 고개 들며 일어나려고 한다.)
　③ 독물리에 신 게 송펜꽝.
　　(무릎에 있는 게 무릎뼈.)
　④ 무럽에 올려놩 먹당 흘치려.
　　(무릎에 올려놔서 먹다가 흘릴라.)

　　예문 ①은 늙으신네한테서 자주 듣는 말로, '늙어서 일어서려고만 해도 무릎 아프다.' 하는 뜻이다. 무릎 연골이 다 닳아 뼈와 뼈가 부딪치어 아프다는 것이다.

이때 '독'은 '도사려앉다(책상다리하다)'처럼 '도'로 나타나기도 하는데, 특이한 어형에 속한다.

예문 ②는 집안에 젖 먹는 어린아이가 있을 때 듣는 말로, '무릎으로 기다가 부쳐 이젠 고개 들며 일어나려고 한다.' 하는 뜻이다. 이제는 기는 데는 선수가 다 되어 그다음 단계로 넘어가려고 고개를 쳐든다는 게 바로 예문 ②가 뜻하는 바다. 이때 '독무럽'은 '독ㅁ릅, 독ㅁ립, 독ㅁ릅'으로 대치가 가능한데 이 어휘들은 '독[膝]＋무럽[膝]' 구성이기 때문이다.

예문 ③은 무릎뼈에 대한 설명으로, '무릎에 있는 게 무릎뼈.'라 한다는 말이다. 여기서 '송펜꽝'은 '송펜[松䭖]＋꽝[骨]' 구성으로, '송편 모양을 하고 있는 뼈'라는 뜻이다. '무릎'은 엉덩이를 바닥에 대고 한쪽 다리를 다른 쪽 다리 위에 포개어 앉았을 때, 가장 밖으로 튀어나온 곳이 된다. 이러하기 때문에 예문 ③의 '독믈리'는 '독[膝]＋믈리[宗]'로 이루어진 어휘임을 알 수 있다. '도갓믈리(독+앗#믈리), 독머리, 독무리, 독ㅁ리' 등은 이 구성의 어휘들이다.

예문 ④는 음식이 든 냄비 따위를 무릎에 올려놓고 먹는 것을 보고는 나무라서 경계하는 말로, '무릎에 올려놔서 먹다가 흘릴라.' 하는 뜻이다. 냄비 속 음식이 흘러 무릎에 떨어진다면 옷이 더러워질 것이요, 또 뜨거운 국물이라면 살이 '데이기(데기)'도 할 것이니 조심하라는 것이다. 이때 '무럽'은 문헌 어휘 '무릅'이나 '무릎'과 관련이 깊다.

이렇게 본다면 무릎의 방언형은 '독[膝]' 단독형, '독[膝]＋무럽[膝]' 형, '독[膝]＋믈리[宗]' 형, '무럽[膝]' 형 등 네 가지 유형이 있는 셈이다.

'독무럽'은 표준어 '무릎'에 해당하는 방언형이다. '독무럽'은 예문 ②의 어린아이처럼 우리들에게 기쁨을 주기도 하지만 예문 ①처럼 나이 들수록 무릎 연골이 닳아 아프게 마련이니 적당한 운동으로 건강을 유지하려고 노력할 일이다.

등물

이 '등물'은 '주로 여름철 웃통을 벗고 팔다리를 뻗어 엎
드린 사람의 허리에서부터 목까지 물로 씻어주는 일'을 뜻하는 말로, 표준어 '목
물'에 해당한다. 표준어 '목물'이 물이 마지막으로 닿는 인체의 '목'에 초점을 두
고 있다면, 방언형인 '등물'은 물이 가장 많이 닿는 부분인 '등'에 시선을 두고 있
다는 점이 다르다. 표준어에서 '목물'을 달리 '등목'이라 하고 최근에는 '등물'도
표준어로 처리하고 있다.

① 아이고, 이 뚬 보라게, 우치 벗입서. 등물이라도 확 ᄒ게마씸.

　(아이고, 이 땀 보아라, 웃통 벗으십시오. 목물이라도 얼른 하게요.)

② 웃음벨탁 ᄒ멍 등물을 ᄒ는디 두이로 슬쩨기 완 등을 눌뜨난 머 옷 다 젖어부런.

　(웃음판을 벌이면서 목물을 하는데 뒤로 슬그머니 와서 등을 누르니까 뭐 옷 다 젖어버
렸어.)

③ 급ᄒ믄 등물이라도 헤사주.

　(급하면 목물이라도 해야지.)

예문 ①은 '불벳더위(불볕더위)'에 밭에서 일하다 온 남편에게 하는 말로, '아이고,

이 땀 보아라, 웃통 벗으십시오. 목물이라도 얼른 하게요.' 하는 뜻이다. 물론 이런 경우는 갈아입을 옷을 가지고 '물통'에 가는 게 예사다. 이 '물통'은 먹는 물을 비롯하여 목욕할 수 있는 물탕과 함께 빨래터도 있는 그런 곳이다. 이런 물은 대개 솟아오르는 물이라 아주 시원하다. 그러나 **예문** ①처럼 몸 전체가 땀으로 뒤범벅이 되었으니 '등물'이라도 해서 한숨 돌리기를 바라는 뜻이 들어 있다. 여기서 '우치'는 표준어 '윗옷(윗몸에 입는 옷)'에 해당하는 방언형으로 달리 '우통, 우퉁'이라 한다.

　예문 ②는 조무래기들이 모여 '등물하는' 광경을 표현한 것이다. 곧 '웃음판을 벌이면서 목물을 하는데 뒤로 슬그머니 와서 등을 누르니까 뭐 옷 다 젖어버렸어.' 하는 뜻이다. 그러면 또 한 번 웃음판이 벌어지는 것이다. '등물'을 하는 곳이니 시멘트 바닥이라 옷이 더러워지지는 않지만 아래옷까지 다 젖을 뿐이다. 옷이 다 젖어도 기분은 그리 나쁘지 않다. 아랫도리까지 젖었으니 오히려 더 시원하게 느꼈는지도 모른다. 여기서 '웃음벨탁'은 달리 '웃음자차기, 웃음차제기' 등으로 말하기도 하는데, 웃음판에서 벌어지는 웃음을 뜻한다. 정말 신나는 웃음판으로, 서정주 시인의 "꽃밭은 그 향기만으로 볼진대 한강수나 낙동강 상류와도 같은 융융한 흐름이다. 그러나 그 낱낱의 얼굴로 볼진대 우리 조카딸년들이나 그 조카딸년들의 친구들의 웃음판과도 같은 굉장히 즐거운 웃음판이다(〈상리과원(上里果園)〉)"라는 구절이 연상되기도 한다.

　예문 ③은 '급하면 목물이라도 해야지.' 하는 뜻으로, 얼른 땀이라도 씻어내어 더위를 피해야 되지 않겠느냐는 걱정이 들어 있는 말이다. '등물'을 하고 '상방(마루)'으로 올라가 시원한 물을 탄 '개역(미숫가루)'을 길게 '들이씨믄(들이켜면)' 이번에는 속이 다 시원해지는 것이다.

　계속되는 무더위. '등물'이라도 하면서 옛날로 돌아가 보자. 탐라계곡에 발을 담그고 무협지를 읽고 있다는 상상만으로 이 더위를 이길 수는 없을까.

물코

　　　　　이 '물코'는 '물이 넘어 들어오거나 나가게 하기 위하여
만든 좁은 통로'를 뜻하는 어휘로, 표준어 '물꼬'에 해당한다. 이 '물코'는 비유적
으로도 쓰이는데, 그때는 '진전이 없거나 막혀 있는 상태를 푸는 실마리나 계기'
를 뜻한다.

　① 간 보난 논에 물이 ᄇᆞ짝 ᄆᆞᆯ랏시 ᄀᆞ테 물코 알레레 댄 걸 꽉 막아뒹 왓주.

　　(가서 보니까 논에 물이 바짝 말랐기에 물꼬 아래에 댄 것을 꽉 막아두고 왔지.)

　② ᄋᆢ라이 광이 ᄠᅮ러메곡 웅상거리멍 어떤 놈이 시방 물코를 막암시닌웨어.

　　(여럿이 괭이 둘러메고 웅성거리며 어떤 놈이 물꼬를 막고 있느냐고 외쳐.)

　③ 어떵 ᄒᆞ영이라도 물코를 터사 홀 건디.

　　(어떻게 해서라도 물꼬는 터야 할 것인데.)

　예문 ①은 논밭 물꼬를 막았던 게 헐거워 물이 새는 것을 보고서 하는 말로, '가
서 보니까 논에 물이 바짝 말랐기에 물꼬 아래에 댄 것을 꽉 막아두고 왔지.' 하
는 뜻이다. 예문에는 '논'이 등장하지만, 제주도 대부분의 경작지는 밭이다. 상대
적으로 논은 적다. 논을 경작하려면 강이나 내가 있어야 하고, 물이 풍부해야 한

다. 그러나 제주도는 여러 지형이나 지질 조건 등으로 논농사는 적합하지 않다. 한경면 일부, 중문, 강정, 서귀 등지에서만 논농사가 조금 이루어졌다. 이 예문도 이런 지역에서 들을 수 있는 말이다.

예문 ②도 논밭 물꼬에 두고 벌어지는 승강이를 짐작할 수 있다. 한편은 물꼬를 트려는 사람, 그 반대편은 물꼬를 막으려는 사람들로, 그들 사이에 신경전이 벌어지고 있는 상황이다. 곧 '여럿이 괭이 둘러메고 웅성거리며 어떤 놈이 물꼬를 막고 있느냐고 외쳐.' 하는 말이다. 곧 괭이를 어깨에 둘러멘 무리가 물꼬를 막고 있는 사람을 위협하는 장면이라고 하면 쉽게 그 뜻을 이해할 수 있을 것이다. 여기서 '광이'는 땅을 파는 농기구 '괭이', '뚜러메곡'은 '둘러메고', '웅상거리멍'은 '웅성거리며', '웨어'는 '외쳐'의 뜻으로 쓰이는 방언형들이다. 특히 '뚜러메다'는 '두러메다, 둘러메다, 뚤어메다, 울러메다' 등으로, '웨다'는 '울르다, 웨치다' 등 여러 변이형으로 나타나기도 한다.

한편 예문 ③은 '물코'가 비유적으로 쓰인 경우로, '진전이 없거나 막혀 있는 상태를 푸는 실마리나 계기'를 말한다. 그러니 예문 ③은 '어떻게 해서라도 물꼬는 터야 할 것인데.' 하는 뜻으로, 꽉 막힌 문제가 풀렸으면 하는 기대와 함께 걱정스러움을 담고 있다.

'물코'는 '물이 넘어 들어오거나 나가게 하기 위하여 만든 좁은 통로'를 말하며, 비유적으로도 쓰이는데, 그때는 '진전이 없거나 막혀 있는 상태를 푸는 실마리나 계기'를 뜻하기도 한다. 이제는 논밭에 나가 '물코' 틀 일이 별로 없으니, 막힌 하수구나 풀리지 않는 어려운 문제들이 '물코' 트이듯 펑 뚫렸으면 좋겠다.

바투리

이 '바투리'는 '물체의 뼈대나 틀을 이루는 본래의 부분' 또는 '타고난 성질이나 재질, 체질'이라는 뜻을 지닌 어휘로, 표준어 '바탕'에 해당한다. 그러니 '바투리'에는 외형적인 모습은 물론 내면에 지니고 있는 성깔이나 체질 따위도 포함된다.

①절민 축엇이 아방 바투리 아니라?

  (저이는 영락없이 아버지 바탕 아니니?)

②그 종네기가 그 종네기주, 바투린 무신 바투리.

  (그 종내기가 그 종내기지, 바탕은 무슨 바탕.)

③거 물건이나 사름이나 바투리가 좋아사 ᄒᆞ는거.

  (거 물건이나 사람이나 바탕이 좋아야 하는 것.)

예문 ①은 '저이는 영락없이 아버지 바탕 아니니?' 하는 말로, 아버지와 너무나 닮았다는 뜻이다. 여기서 '절미'는 '저 사람' 정도의 뜻을 지닌 어휘로, '저이'에 해당한다. 이에 맞추어 '이 사람'은 '일미', '그 사람'은 '글미'가 된다. 한편 '축엇이'는 '영락없이' 또는 '틀림없이' 정도의 뜻을 지니고 있는 말이다.

예문 ②는 가끔 부부의 말다툼에서 쓰이는 경우가 많은데, 대개는 부인의 입에서 나오는 편잔이다. 곧 '그 종내기가 그 종내기이지, 바탕은 무슨 바탕'이라는 말이니, '종네기'는 부정의 뜻으로, '바투리'는 긍정적인 면으로 사용되었다. '종내기'란 '종류·품종·종자 따위의 같고 다름'의 뜻을 지닌다.

예문 ③은 '물건이든 사람이든 바탕이 좋아야 한다.'는 말이다. '바투리'가 '물체의 뼈대나 틀' 또는 '성질·재질·체질'이니 '뼈대'나 '틀', 나아가 '성질·재질·체질' 따위가 좋아야 한다는 것이다. 바탕이 나빠서야 좋은 것이 될 수 없다는 말이다.

'물건이든 사람이든 바탕이 좋아야 하는 법'이니 좋은 틀을 만들기 위하여, 좋은 성깔과 체질을 위해서는 수양이라는 훈련이 필요하다. 지금 당장 나타나지 않더라도 언젠가는 저도 모르게 형성되어 있을 테니까 말이다.

밧치레

이 '밧치레'는 '밭을 경작하기 좋게 가꿈'을 뜻하는 어휘로, 대역할 마뜩한 표준어는 없다. '밧치레'는 '밭[田]'의 방언형 '밧'에, '잘 손질하여 모양을 냄'을 뜻하는 '치레'가 연결되어 이루어진 어휘이다.

① 귤 타레 강 보난 춤 밧치레 헤십데다.

　(귤 따러 가서 보니 참 밭치레 했습디다.)

② 그자락 밧치레 혼 중은 몰르곡게.

　(그 정도 밭치레 한 줄은 모르고.)

③ 집치레 말앙 밧치레 ᄒ라.

　(집치레 말고 밭치레 하라.)

예문 ①은 한 과수원에 처음으로 귤 따러 갔다가 잘 정돈된 과수원을 보고 나중에 돌아와 다른 사람에게 전하는 이야기로, '귤 따러 가서 보니 참 밭치레 했습디다.' 하는 뜻이다. 시설이 잘되어 있는 것은 물론이요, 귤나무와 귤나무 사이도 적당하게 거리를 두고 있으니 다니기에 편하다. 이런 상태라면 나무의 키도 알맞은 높이를 유지하고 있을 것이니 귤 따기 또한 수월하다. 다른 과수원에 비해 편하게 귤을 따다 왔으니 과수원 자랑을 늘어놓을 수밖에 없는 것이다. 그러면 곁에서 듣던 사람이 **예문 ②**를 말하는 것으로 부러움을 표현한다. 곧 '그 정도 밭치레 한 줄은 모르고.' 하는 뜻이다. 여기서 '자락'은 '분량이나 수준'을 나타내는 '정도(程度)'를 뜻하는 어휘이며, '중'은 '어떤 방법, 속내 따위를 나타내는 말'로, 표준어 '줄'에 해당한다.

한편 **예문 ③**은 속담으로, '집치레 말고 밭치레 하라.'는 뜻이다. 농경 사회에서는 '집'보다는 '밧'이 우선이라는 말과 같다. 곧 집에서는 아무런 소출이 없지만 '밧'을 치레하고 노력하면 노력한 만큼 소출이 있다는 것이다. 그러니 집치레 말고, '밧치레' 하라는 것이 **예문 ③**이 뜻하는 바다. 그러나 요즘은 집도 치레하고, '밧'도 치레한다. 집은 클 뿐만 아니라 여러 가지 치장으로 '와랑치랑(차림새가 요란한 모양을 나타내는 말)'하다. 또 과수원은 과수원 대로 집 못지않게 치레한다.

여기서 하나 주의할 것은 "밧+치레'의 '-치레'는 '치러 내는 일. 또는 겉으로만 꾸미는 일'의 뜻을 더하는 접미사라는 점이다. '손님치레, 인사치레, 병치레' 등의 '-치레'가 여기에 해당한다.

'밧치레'는 '밭을 경작하기 좋게 가꿈'을 뜻하는 어휘로, '집치레 말앙 밧치레 하라.'는 속담에서 그 의미를 확인할 수 있으니 가끔 써 볼 일이다.

방상

　　　이 '방상'은 '한집안의 일가붙이'를 뜻으로 어휘로, 표준어 '종친'에 대응한다. 이 '방상'은 《한불자전》(1880:303)의 "방셩 村 village."나 《한영자전》(1897:388)의 "방셩 村 A ward: a village."의 '방셩'과 관련이 깊다. 곧 표제어 '방셩'이 '방셩〉방셩〉방상'의 변화 과정을 거친 어휘로 보이기 때문이다. '같은 성씨의 사람들이 집단적으로 모여 사는 마을'을 '집성촌^(集姓村)'이라 하는 데서도 이를 확인할 수 있다. '방상'은 아래 예문에서 볼 수 있듯이 '동네-', '일가-' 등의 구조로 나타나기도 한다. '방상'을 달리 '방답'이라 한다.

① 큰일 ᄒ젠 ᄒ민 방상이 다 모다들곡, 벌기민 치우쳐 무신거 ᄒ저 탁 바빠.

　　(큰일하려고 하면 종친이 다 모아들고, 벌이면 치우자 무엇 하자 탁 바빠.)

② 동네방상 울린 애기.

　　(동네 종친 울린 아기.) 자장가

③ 일가방상 고적 ᄒ고, 이웃ᄉ춘 부조하게.

　　(일가 종친 '고적하고', 이웃사촌 부조하자.) 양태노래

④ 나 죽어도 방답찌렌 ᄒ꼼썩 양보ᄒ멍 화목ᄒ게 살아사 ᄒ다.

　　(내 죽어도 종친끼리는 조금씩 양보하며 화목하게 살아야 한다.)

예문 ①, 예문 ②, 예문 ③은 '방상'이 쓰인 경우이고, 예문 ④는 '방답'이 사용된 경우이다.

예문 ①은 집안이 큰일이 생겼을 때 들을 수 있는 말로, '큰일하려고 하면 종친이 다 모아들고, 벌이면 치우자 무엇 하자 탁 바빠.' 하는 뜻이다. 할 일이 많고 분주하다는 말이다. 여기서 '벌기다'는 표준어 '벌이다(여러 가지를 늘어놓거나 펼쳐놓다.)'에 해당한다.

예문 ②은 자장가에 자주 나오는 노랫말로, '동네 종친 울린 아기.' 하는 뜻이고, 예문 ③은 양태노래의 한 구절로, '일가 종친 고적하고, 이웃사촌 부조하자.' 하는 말이다. 예문 ③의 '고적ㅎ다'는 '집안에 장사가 났을 때 종친들이 떡이나 쌀로 부조를 하다.'는 뜻을 지닌 어휘다. 이제 '고적'은 '떡이나 쌀' 대신에 '돈'으로 바뀌었다.

예문 ④는 한집안의 유식한 어른의 유언으로, '내 죽어도 종친끼리는 조금씩 양보하며 화목하게 살아야 한다.'는 뜻이다.

'방상'은 달리 '방답'이라 하는데, '한집안의 일가붙이'를 말한다. 이 '방상'은 아주 쉽게 말하면 '집안에 상을 당했을 때 두건을 쓰는 종친'이라 보면 이해가 빠를 것이다.

베락치기

이 '베락치기'는 '일이 바로 앞에 닥쳐야 급히 서둘러 처리하는 것'을 뜻하는 어휘로, 표준어 '벼락치기'에 해당한다. 이 어휘는 '벼락치다'에서 온 말로, 단독으로 쓰인다거나 '-로'와 더불어 쓰인다는 특징도 지닌다.

① 빈빈 놀당 경 베락치기 공부헤영사 성적이 좋아게.

　　(빈둥빈둥 놀다가 그렇게 벼락치기 공부해서야 성적이 좋아.)

② 아무 일에나 베락치가가 습관이라믄 그건 큰일이여.

　　(아무 일에나 벼락치기가 습관이라면 그것은 큰일이야.)

③ 무사 방학 숙제도 베락치기로 흐루나 이틀에 흐여나지 아년?

　　(왜 방학 숙제도 벼락치기로 하루나 이틀에 했었지 않아?)

④ 무사게, 일기 쓰기도 흐루에 베락치기로 헷주.

　　(왜, 일기 쓰기도 하루에 벼락치기로 했지.)

예문 ①은 평소 공부하는 습관을 나무라는 것으로, '빈둥빈둥 놀다가 그렇게 벼락치기 공부해서야 성적이 좋아.' 하는 뜻이다. 공부를 '베락치기'로 해서는 결코 성적이 오르지 않을 것이라는 경계의 뜻이 담겨 있다. 여기서 '빈빈'은 '아무 일도 하지 않고 게으름을 피우며 놀기만 하는 모양'을 나타내는 말로, 표준어 '빈둥빈둥'에 해당한다.

예문 ②는 어떤 일이든 '베락치기'로 하는 습성을 탓하는 것으로, '아무 일에나 벼락치기가 습관이라면 그것은 큰일이야.' 하는 뜻이다. '베락치기'가 습관이 되면 되겠느냐는 것이다. '베락치가'가 습관일 수는 없지만, 항상 시간에 쫓기다 보면 다른 사람에게는 그렇게 비칠 수도 있으니 일을 하면서도 부러 여유를 부리는 것도 필요하다.

예문 ③과 예문 ④는 어떤 일이 잘 진척되지 않을 때 초등학교 생활을 빗대어 위안을 삼는 대화의 한 부분이다. 곧 예문 ③은 '왜 방학 숙제도 벼락치기로 하루나 이틀에 했었지 않아?' 하는 말에, 상대방도 예문 ④처럼 '왜, 일기 쓰기도 하루에 벼락치기로 했지.' 하며 맞받는 것이다. 초등학교 시절의 방학 숙제. 실컷 놀다가 방학이 일주일 정도 남았을 때 '방학책'을 비롯하여 식물 채집은 물론이고, 일기 쓰기도 몰아서 했다. 식물 채집은 마당 구석이나 골목에서 자라는 키 작은 '제환지(바랭이)', '산듸삼촌(방동사니)', '고네쿨(닭의장풀)', '여뀌(여뀌)'가 대부분이다. 제출할 때 보면 색깔이 바라고, 바싹 말라야 할 줄기가 아직도 파란 색깔과 함께 통통하다. 거의 같은 내용의 일기 쓰기는 날씨 표시가 가장 난감하다. 생각에 따라 소나기도 내리고, 햇볕도 나고 그랬다. '베락치기'에도 상상의 즐거움은 있었던 것 같다.

'베락치기'란 '일이 바로 앞에 닥쳐야 급히 서둘러 처리하는 것'으로, 어찌 보면 스트레스 받는 일이다. 미리미리 챙기며 시간적 여유와 마음의 안정을 찾는 일이 우선이니 '베락치기'를 멀리하려는 마음 자세가 필요하다.

벳남석

        이 '벳남석'은 '볕이 잘 드는 곳'이란 뜻을 지닌 어휘로, 표준어 '양지쪽' 또는 '양지받이'에 해당한다. '벳남석'은 '벳[陽]+나[出]-+-ㅁ#席' 구성으로, '벳'은 표준어 '볕', '남'은 '나다[出]'의 어간에 어미 '-ㅁ'이 연결된 형태, '석'은 한자어 '席'임을 알 수 있다. 곧 '벳남석'은 '볕이 나는 자리', '볕이 드는 곳', '볕이 드는 쪽'이 된다.

① ᄇ름의지 벳남석에 앚이난 눈저구완 눈못 뜨키여.

   (바람의지 양지쪽에 앉으니까 눈부시어서 눈 못 뜨겠어.)

② 간 보난 벳남석에 앚안 니 잡암서.

   (가서 보니까 양지쪽에 앉아서 이 잡고 있어.)

③ 이 ᄀ렛방석 벳남석더레 줍아둥기라게.

   (이 맷방석 양지쪽으로 잡아당겨라.)

    예문 ①은 '바람의지 양지쪽에 앉으니까 눈부시어서 눈 못 뜨겠다.'는 뜻으로, 겨울인데도 양지쪽에 앉으니까 따스하다는 의미를 지닌다. 'ᄇ름의지'는 '바람이 맞받지 아니하여 눈비 따위를 피할 수 있는 곳'이니 찬바람을 피할 수 있는 장소가 된다. 이런 곳에 볕까지 잘 들어 태양과 마주하고 앉으니 눈부시어서 눈을 잘 뜨지 못하겠다는 것이다. 양지쪽에 쪼그리고 앉아 사진 찍는 모습을 연상하면 쉬 이해되는 장면이다. 여기서 '눈저굽다'는 달리 '눈ᄌ곱다, 눈ᄌ급다, 눈ᄌ굽다, 눈제겹다, 눈저급다' 등으로 말하기도 하는데 표준어 '눈부시다'에 해당한다.

예문 ②도 겨울철의 한 풍경으로, '가서 보니까 양지쪽에 앉아서 이 잡고 있어.' 하는 말이다. 겨울철이면 추위를 피하기 위하여 긴 옷을 껴입게 된다. 자주 갈아입지도 않고, 목욕도 자주 하는 편이 아니니 이[蝨]가 많았다. 그래서 옷을 벗어 화롯불 위에 얹으면 실밥에서 기어 나오는 이를 손톱으로 눌러 죽이곤 했다. 이런 일은 양지쪽에서 벌어지기도 하는데, 예문 ②가 바로 그런 광경이다.

예문 ③은 '이 맷방석 양지쪽으로 잡아당겨라.' 하는 말이다. 원래 맷방석이 있던 자리는 그늘이 졌으니 볕이 드는 쪽으로 잡아당겨야 맷방석에 넌 물건이 마르지 않겠느냐는 채근의 말인 셈이다. 여기서 'ᄀ렛방석'이란 달리 'ᄀ렛덕석, ᄀ렛독석, 쳇덕석' 등으로 말하기도 하는데, '맷돌을 쓸 때 밑에 까는 둥그런 방석'을 말한다. 이 'ᄀ렛방석'은 '멍석'보다 크기가 작기 때문에 혼자 힘으로도 잡아당길 수 있다. 그러니 예문 ③처럼 말함으로써 혼자서도 맷방석을 볕이 드는 쪽으로 옮길 수 있는 것이다.

'볏남석'은 '볕이 잘 드는 쪽'으로, 표준어 '양지쪽'에 해당하는 어휘로, 겨울철이면 찾고 싶은 곳이다. 찬바람을 맞으며 정신을 번쩍 차리는 것도 좋지만, 'ᄇ름의지 볏남석'에 앉아 한낮의 나른함을 즐겨 볼 여유도 있었으면 좋겠다.

복통

이 '복통'은 한자어 '腹痛'으로, '배가 아픈 것' 곧 복부에 일어나는 모든 통증을 뜻한다. 나아가 이 어휘는 '터지다, 뒈싸지다' 등과 함께 쓰이어 '마음이 상하여 분한 생각이 북받쳐 오르는 감정'이라는 의미로 쓰이기도 하는데, 표준어 '복통'에 해당한다.

① 냉훈 것 하영 먹는 여름내낭 복통 멩심 호여사 혼다.
　　(냉한 것 많이 먹는 여름내 복통 명심해야 한다.)
② 큰일허당 보믄 복통 터지는 일이 혼둘이 아닙주.
　　(큰일하다 보면 복통 터지는 일이 한둘이 아니지요.)
③ 복통 뒈싸쪄도 일 ᄒ는 사름이 욕 듣나 ᄒ여 그냥 냉겨 붑서.
　　(복통 뒤집혀도 일하는 사람이 욕 듣는다 해서 그냥 넘겨 버리십시오.)

예문 ①의 '복통'은 한자 뜻 그대로 '복부에 일어나는 모든 통증'의 뜻으로 쓰인 경우다. 곧 '냉한 것 많이 먹는 여름내 복통 명심해야 한다.'는 경계의 말이다.

한편 **예문 ②**는 '큰일하다 보면 복통 터지는 일이 한둘이 아니지요.' 하는 뜻으로, 큰일을 치르다 보면 '복통' 터지는 일이 생기기 마련이라는 것이다. 여기서 '큰

일'이란 잔치나 상을 치르는 것과 같은 예식이 필요한 일은 물론, 힘이 들고 범위가 넓은 일 또한 '큰일'이다. 예식이나 범위가 넓은 일을 하다 보면 꼭 지켜야 할 절차가 무시되거나 빠뜨리게 되기도 해 **예문** ②를 말함으로써 자위를 하는 것이다. '큰일하다 보면 복통 터지는 일이 한둘이 아니지요'. 그러나 큰일은 완벽에 가깝게 준비하고, 만일의 경우까지 대비하면서 준비하지만 일이 끝나고 나서야 복통 터지는 일이 한두 개 있었던 것을 환기하게 된다. 그러면 **예문** ③ 곧 '복통 뒤집혀도 일하는 사람이 욕 듣는다 해서 그냥 넘겨 버리십시오.' 하고 위로의 말을 건네는 것이다. '일하는 사람이 욕 듣는다.'는 일하지 않으면 욕도 듣지 않을 테니 일을 하지 말라는 게 아니라, 욕 듣더라도 일해야 한다는 속뜻을 지닌다. 일하는 사람이 욕 듣는 건 당연한 것이니 욕 듣더라도 그냥 넘겨 버리는 게 현명한 태도이고 마음 상하지 않는 길이기도 하다. 여기서 '복통 뒈싸지다'는 '마음이 상하여 분한 생각이 북받쳐 오르는 감정이 뒤집히다.'는 것이니 그 결과는 한바탕 소동이 있게 마련이다. 분한 마음이 뒤집혔으니 스트레스 받는 것이고, 그게 곧 병으로도 이어질 수 있으니 **예문** ③의 말을 듣는 것으로 분한 마음을 치유해야 한다.

　'복통'은 '배아픔'의 뜻이 본령이지만, '마음이 상하여 분한 생각이 북받쳐 오르는 감정'의 의미도 지닌다. 분하여 마음이 쓰리고 아파 '복통' 터지거나 '복통 뒈싸진다면' "(큰)일 허당 보믄 복통 터지는 일이 흔둘이 아닙주." 또는 "일흐는 사름이 욕 듣나 흐여 그냥 넹기는" 생활 자세도 필요하지 않을까 한다.

볼침

　　이 '볼침'은 '겉으로 드러나 보이는 모양새'를 뜻하는 어휘로, 표준어 '볼품'에 해당한다. 그러니 '볼침엇다, 볼침웃다'는 표준어로 '볼품없다'에 해당하며, 그 뜻은 '겉으로 드러나 보이는 모양새가 초라하다.'가 된다.

①　예즛가 우는디 눈물 콧물 춤 볼침 아니라라.

　　(여자가 우는데 눈물 콧물 참 볼품 아니더라.)

②　빼빼 혼 게 꽝만 부턴 볼침웃이 뒈엇저.

　　(빼빼한 게 뼈만 붙어 볼품없이 되었다.)

③　집의 물 들엇덴 ᄒᆞ연 간 보난 볼침엇이 뒈불언마씸.

　　(집에 물 들었다고 해서 가서 보니까 볼품없이 되어버렸습니다.)

　　예문 ①은 여자가 너무 슬피 우는 모습을 보고서 하는 말로, '여자가 우는데 눈물 콧물 참 볼품 아니더라.' 하는 말이다. 슬퍼서 울게 되면 눈물이 앞서게 되는데, 이를 좀 과장해서 '닭똥 같은 눈물'이라 표현한다. 여기에다 콧물까지 합쳐서 뒤범벅이 되었으니 눈 뜨고는 차마 볼 수가 없을 정도로 볼품이 아니더라는 게 **예문** ①이 말하고자 하는 바다. 눈물 콧물을 흘리며 울 때는 어느 정도 시간이 흐르고 거기에 위안까지 덧붙으면 쉬 진정이 된다. 그러나 "일렁여오는 푸른 그리움에 어울려, 흐느껴 물살짓는 어깨가 얼마쯤 하였을까나" 하는 시 구절처럼 여자가 어깨로 울 때는 사뭇 상황이 다르다. 볼품이 있는지 모르지만 쉽게 달랠 수가 없다.

예문 ②는 오래간만에 본 사람이 너무 야위었을 때 하는 말로, '빼빼한 게 뼈만 붙어서 볼품없이 되었다.' 하는 뜻이다. 여기서 '꽝'은 표준어 '뼈'에 해당하는 어휘이니 '꽝만 부트다'는 피골상접^(皮骨相接), 곧 살가죽에 뼈가 맞붙을 정도로 야위었다는 것을 뜻한다. 그러면 살이 오를 음식을 장만해 먹이라고 성화가 잦다. 개구리 다리를 구워 먹이라고 구체적인 음식까지 지정하기도 한다. 정말이지 '꽝만 부트면' 보는 사람으로 하여금 불안하게 만든다. 무슨 큰 병이 난 것은 아닌지 해서 병원을 찾고, 뚜렷한 원인을 찾지 못하면 '넉난(몹시 놀라거나 겁나서 넋이 나간' 것은 아닌지 해서 여러 가지 방법을 강구하기도 한다. 예문 ③은 큰물이 나서 집 안을 휩쓸고 지나간 다음에 들을 수 있는 말로, '집에 물 들었다고 해서 가서 보니까 볼품없이 되어버렸습니다.' 하는 뜻이다. 집 안에 물이 들어오면 구석구석은 흙탕물이 지나간 자국을 남기고, 나중에는 미세 먼지가 여기저기 숨어들어 사람 속을 태운다. 결국은 집 안도 볼품없이 되고, 사람 또한 볼품없이 보이게 마련이니 물이 집 안으로 들어오지 못하게 미리 단속해 둘 일이다.

'볼침'은 '겉으로 드러나 보이는 모양새'를 뜻하고, '볼침웃다' 또는 '볼침엇다'는 '겉으로 드러나 보이는 모양새가 초라하다.'는 뜻이니, 모양새를 가다듬어 초라해지지 않도록 노력해야 한다.

북술

이 '북술'은 '단단하지 못하고 물렁물렁하게 찐 살'을 뜻하는 어휘로, 표준어 '무살'에 해당한다. '부피가 두부처럼 희고 무른 살'을 '물술'이라 하는데, 이 '물술'은 표준어 '두부살'로 대역할 수 있다. '북술'이나 '물술' 모두 '물렁물렁하다'는 공통 의미를 지니나, '북술'에는 '부풀어 오른'이라는 뜻을 내포하고 있음이 '물술'과는 다른 점이다.

① 저 사름 술은 북술, 덕데만컷주 힘은 엇어.

(저 사람 살은 무살, 덩치만 컸지 힘은 없어.)

② 물만 먹어도 술치는 술이 북술인지 물술인지 잘 몰라. 북술 아닌가?

(물만 마셔도 살지는 살이 무살인지 두부살인지 잘 몰라. 무살 아닌가?)

③ 숭이 엇이민 메누리 다리가 희영ᄒ다 홀 때 그 다리가 물술.

(흉이 없으면 며느리 다리가 희다 할 때 그 다리가 두부살.)

예문 ①은 덩치는 크나 힘이 별로 없는 사람에게 하는 말로, '저 사람 살은 무살, 덩치만 컸지 힘은 없어.' 하는 뜻이다. 겉으로 보기에는 덩치가 커 힘이 있을 것 같은데 실제로는 그렇지 않다는 것이다. 여기서 '덕데'는 몸의 부피로, '덩치'를 말한다. 그러니 결국 **예문** ①은 겉으로 보기에는 몸집이 좋은 편이나 힘은 세지 않다는 것으로, 겉보기와는 딴판이라는 뜻이다.

예문 ②는 '물만 마셔도 살지는 살을 무엇이라고 합니까?' 하는 질문을 받고 대답하는 말로, '물만 마셔도 살지는 살이 무살인지 두부살인지 잘 몰라. 무살 아닌가?' 하는 뜻이다. 질문을 받고 처음에는 '북술'인지 '물술'인지 구분하지 못하다가 나중에 가서야 '북술'일 것이라 추측하고 있다는 내용을 담고 있다. 이 두 어휘에 대한 사전(《표준국어대사전》등)의 풀이는 아래와 같다.

- 무살: 단단하지 못하고 물렁물렁하게 찐 살.[← 물+살]
- 두부살: (두부처럼) 피부가 희고 무른 살.

두 어휘는 [연성]^(軟性)이라는 공통 의미를 지니고 있으나, [찌다]와 [희다]라는 의미 성분에서 차이를 보이고 있다. 이런 차이는 **예문** ③에서 확인된다. 곧 속담 '흉이 없으면 며느리 다리가 희다고 할 때 그 다리가 두부살.'이라는 것이다. '다리가 희다.'는 게 바로 '물술'을 뜻하는 게 아니냐는 것이 **예문** ③이 말하고자 하는 바다.

'북술'은 '물렁물렁하게 찐 살'을 뜻하는 어휘로, 표준어 '무살'에 해당한다. 살이 쪘기 때문에 무더운 여름철 조금만 움직여도 땀이 흐를 것이매 식사 조절과 운동을 하면서 찐 살을 적당하게 뺄 일이다.

불벳더위

이 '불벳더위'는 '몹시 뜨겁게 내리쬐는 햇볕 때문에 생기는 뜨거운 기운'을 뜻하는데, 표준어 '불볕더위' 또는 '불더위'에 해당한다. '불벳더위'는 달리 '불더위'라 한다. 이들 어휘들은 '불+더위' 또는 '불벳+더위' 구성으로, 각각 '불같은 더위', '따가운 불볕더위'라는 의미를 알아차릴 수 있다.

① 게난이 불더위에 숨 ㄱ옷ㄱ옷ㅎ멍 어디레 감서?

　(그래 이 불더위에 숨 헐떡헐떡하면서 어데 가고 있니?)

② 불벳더위렌 ㅎ연 집의 ㄱ만이 앚아지녑깡게? 밧듸 감수다.

　(불볕더위라고 해서 집에 가만히 앉아 있을 수 있겠습니까? 밭에 가고 있습니다.)

③ 이런 불더위에 더위 먹으믄 일년 내친덴 혼다.

　(이런 불더위에 더위 먹으면 일 년 내친다고 한다.)

예문 ①은 무더운 여름철 느지막이 황급하게 길을 나서는 사람한테 하는 말로, '그래 이 불더위에 숨 헐떡헐떡하면서 어데 가고 있니?' 하는 어른의 걱정스런 말이다. '이런 불더위'라고 하면 집에 가만히 있어도 등 뒤로 땀이 흐를 터인데, 황급하게 길을 나서고 있으니 안타까운 것이다. 그래서 '숨 헐떡거리며 어데 가고 있느냐?'고 물어보는 것이다. 여기서 'ㄱᄋᆺㄱᄋᆺ'은 '목이 말라 헐떡거리는 모양', 또는 '숨이 막힐 정도로 더워 못 견디어 하는 모양'을 뜻하는 어휘로, 여기서는 후자에 해당한다. 곧 숨이 넘어갈 듯 헐떡거리는 것이다.

예문 ②는 예문 ①을 들은 사람이 대답하는 말로, '불볕더위라고 해서 집에 가만히 앉아 있을 수 있겠습니까? 밭에 가고 있습니다.' 하는 뜻이다. '쒜비늠(쇠비름)' 따위 '검질(김)'이 하루가 다르게 자라는데 집 안에 가만히 앉아 있을 수 있겠느냐는 게 말하는 사람의 심사다. '내'가 하지 않으면 누구든 해야 할 일이기 때문에 땀띠 나는 것을 무릅쓰고 밭으로 나가는 것이다. 대개 여름 '검질'은 해가 뜨기 전에 밭으로 나가 김매기 하다가 조반 먹을 때쯤 해서 돌아오는 게 상례다. 두세 시간 정도만 김매기를 하고 돌아오는 것이다. 그러나 해가 중천에 있을 때 밭으로 간다는 것은 아주 바쁘고 긴요한 밭일이 있다는 것이다.

예문 ③은 또 예문 ①을 말한 사람이 상대방의 말을 받아서 하는 이야기로, '이런 불더위에 더위 먹으면 일 년 내친다고 한다.'고 경계의 뜻을 전한다. 여기서 '일 년 내친다.'의 '내치다'는 '일정 기간이 지나가다.'는 뜻으로, 이런 때 더위 먹으면 '일 년 내내 더위에 시달린다.'는 것이 '일 년 내치다.'가 지니는 뜻이다. 그러니 일 년 내내 고생하지 말고 좀 쉬었으면 좋겠다는 간곡한 당부의 말로 보면 좋을 것이다.

무더운 여름철, 정말 더위 먹으면 '일 년 내치는' 경우도 있으니 '불더위' 명심하고, 온갖 방법으로 몸과 마음을 시원하게 만들 일이다.

산발

이 '산발'은 '나서서 걸어 다니는 그대로의 상태' 또는 '서서 있는 그대로의 상태'를 나타내는 어휘로, 표준어 '선발'에 해당한다. 달리 '순발, 산자국, 순자국' 등으로 나타난다. 이 어휘는 '산발라, 산발레(선발로)', '산자국에(선발에)'처럼 '-라, -레'나 '-에'가 연결되어 쓰이며, '돌아사다(돌아서다), 돌아가다, 가다, 오다'라는 동사가 이어지는 게 보통이다.

① 돈 받으레 촛아갓단 두갓 쌉는 소리 들어지 근테 산발라 돌아산 와부런.

(돈 받으러 찾아갔다가 부부 싸우는 소리 들리기에 선발로 돌아서서 와버렸어.)

② 왓단 아무 소리도 아녕 산발라 가부러라.

(왔다가 아무 소리도 아니하고 선발로 가버리더라.)

③ 이 귤이라도 까먹으멍 이시믄 산자국에 돌아상 오키여.

(이 귤이라도 까먹으며 있으면 선발에 돌아서서 오겠다.)

예문 ①은 빚받이하러 갔다가 무안할까봐 그냥 돌아왔을 때 하는 말로, '돈 받으러 찾아갔다가 부부 싸우는 소리 들리기에 선발로 돌아서서 와버렸어.' 하는 말이다. 빚을 질 정도면 살림이 어렵고, 살림이 어렵다 보면 모든 것이 뜻대로 되지 않아 다

툼이 자주 일어나기도 한다. 여러 번 빚 독촉 끝에 직접 찾아갔지만 '두갓 쌉는 소리(부부 싸우는 소리)'에 무안해 할까 봐 서 있는 그대로 돌아서서 와버렸다는 것이다. 만일에 돈을 넉넉하게 가지고 있었다면 더 빌려주고 싶은 마음으로 돌아섰을지도 모를 일이다. 여기서 '두갓'은 표준어 '부부(夫婦)'에 해당하며, '갓세, 두갓세'로 나타난다. '쌉다'는 '싸우다'의 방언형으로, 표준어처럼 '싸우다'로 나타나기도 한다. "쌉지덜 말라게." 또는 "싸우지덜 말라게.(싸우지들 마라.)"에서 이를 확인할 수 있다.

  예문 ②는 예문 ①에서처럼 아무 소리 아니하고 '산발라 돌아산 가는(선발로 돌아서서 가는)' 모습을 본 부부 가운데 한 사람이 하는 말이다. '왔다가 아무 소리도 아니하고 선발로 가버리더라.' 하는 뜻으로, 미안하고 무안함의 다른 표현인 셈이다. '산발라' 대신에 "왓단 아무 소리도 아녕 산자국에 가부러라." 또는 "왓단 아무 소리도 아녕 산자국에 가라."처럼 '산발라' 대신에 '산자국에', '가부러라' 대신에 '가라(가더라)' 해도 그 의미에는 차이가 없다.

  예문 ③은 기다리고 있으면 곧 다녀오겠다고 할 때 쓰는 말로, '이 귤이라도 까먹으며 있으면 선발에 돌아서서 오겠다.' 하는 뜻이다. 기다리는 사람을 세심하게 배려하는 마음을 읽을 수 있는 예문으로, 안으로 들어가거나 앉거나 하지 않고 서 있는 그대로 곧 돌아서서 오겠다는 것이다.

  '산발'은 '나서서 걸어 다니는 그대로의 상태', '서서 있는 그대로의 상태'를 나타내는 말로, 표준어 '선발'에 해당한다. '서서 있는 그대로의 모습'이면 앉거나 쉬지 않고 서서 열심히 일하는 모습이기도 하니 가끔은 '산발'로 일해 보는 것도 필요할 것이다.

살을맛

이 '살을맛'은 '세상을 살아가는 재미나 의욕'의 뜻으로, 표준어 '살맛'에 해당한다. '살을맛'의 어휘 구성은 '살生-+-을+맛'인데 비하여 표준어 '살맛'은 '살生-+-ㄹ+맛' 구성으로, 어간 말음 'ㄹ'이 탈락하느냐 그렇지 않으냐에 차이가 있다. 곧 제주어에서는 어간 말음이 유지되는 반면 표준어에서는 탈락한다는 점이 다르다. 이런 유형의 단어로 '살을일, 살을메' 등을 들 수 있는데, '살을일'은 '살아가기 위하여 하는 일' 곧 '생업'을 말하고, '살을메'는 '살아갈 방도'의 뜻으로 쓰인다.

① 살당 보난 식상은 춤말로 살을맛 신 식상이라라.

　　(살다 보니까 세상은 참말로 살맛 있는 세상이더라.)

② 살을일 나신고라 부영ᄒ게 돌아라.

　　(살아갈 일이 났는지 부리나케 닫더라.)

③ 좁쏠만이 살을메 시민 놈의 역을 사름이 들랴?

　　(좁쌀만큼 살 도리 있으면 남의 역을 사람이 들랴?)

예문 ①은 늘 감사하게 생각하며 남의나이를 살고 있는 늙으신네한테서 들을 수 있는 말로, '살다 보니까 세상은 참말로 살맛 있는 세상이더라.' 하는 뜻이다. "오늘 아침/따뜻한 한 잔 술과/한 그릇 국을 앞에 하였거든//그것만으로도 푸지고/고마운 것이라 생각하라.//세상은 험난하고 각박하다지만/그러나 세상은 살만한 곳"이라는 김종길 시인의 〈설날 아침에〉라는 작품이 연상되기도 한다. 수분 지족(守分知足), 늘 이런 마음이라면 세상은 '살을맛' 나는 세상일 것이다.

예문 ②는 볼일이 있어 바삐 지나가는 사람을 두고 하는 말로, '살아갈 일이 났는지 부리나케 닫더라.' 하는 뜻이다. 여기서 '부영ᄒ다'는 표준어 '부옇다'에 해당하나, 먼지가 부옇게 피어오를 만큼 재게 걸어가는 것을 두고 하는 말이니 '부리나케'라 대역하였다. '부영ᄒ게' 내달을 일이라면 아주 긴요하고 중요한 일이다. 화급(火急)을 요하는 일이기도 하니 "발차명 돌아라.(발차며 닫더라.)"라 표현하기도 한다. '발차다'는 '걸을 때 길바닥의 돌부리 따위를 차거나 돌부리에 발이 걸리다.' 또는 '허겁지겁 걷거나 닫다.'는 뜻으로 쓰이는 어휘로, 후자의 의미로 사용되었을 때는 예문 ②와 같은 뜻을 지닌다.

예문 ③은 민요의 한 구절로, '좁쌀만큼 살 도리 있으면 남의 역을 사람이 들랴?' 하는 뜻이다. 여기서 '놈의 역'이란 '다른 사람이 해야 할 일을 대신 하는 일'이니 곧 품을 파는 것을 말한다. 좁쌀만큼이라도 살 방도가 있다면 품팔이로 나서지 않겠다는 것으로, 예문 ③은 품을 파는 일이 고됨을 담고 있다.

'살을맛'은 '세상을 살아가는 재미나 의욕'의 뜻이니 표준어 '살맛'에 해당한다. 우리가 사는 세상은 '살을맛' 나는 세상이다. "세상은 험난하고 각박하다지만 살만한 곳"이라는 시 구절을 되뇌며 하루하루를 살아가자.

살을일

이 '살을일'은 '살아가기 위하여 하는 일'의 뜻을 지닌 어휘로, 표준어 '생업'에 가깝다. '살을일'은 '살[生]-+-을+일' 구성으로, '살기 위하여 하는 일' 또는 '살아가기 위하여 하는 일'이라는 뜻이 된다.

① 살을일 ᄒ젠 ᄒ믄 뚬도 나곡, 속도 석곡 ᄒ는 법이여.

  (생업 하려고 하면 땀도 나고, 속도 썩고 하는 법이야.)

② 죽은 하르방 살을일 나시냐게? ᄒ꼼 ᄀ만잇이라게.

  (죽은 할아버지 생업 났느냐? 좀 가만있어라.)

③ 무신 살을일이라도 나신고라 막 돌아가라.

  (무슨 생업이라도 생겼는지 막 달려가더라.)

④ 살을일 하덴 ᄒ난 건 살판난 거난 걱정 아녀도 뒈키여.

  (생업 많다고 하니 그건 살판난 것이니까 걱정 않아도 되겠어.)

예문 ①은 생업에 따른 괴로움을 이야기할 때 쓰는 말로, '생업 하려고 하면 땀도 나고, 속도 썩고 하는 법이야.' 하는 뜻이다. 먹고살기 위한 일은 겉으로는 땀을 흘려야 하고, 안으로는 속 썩고 애 썩는 게 예삿일이다. '살을일'이 오죽 어려윘으면 '미운 놈 보컨 술장시 ᄒ라.(미운 놈 보려거든 술장사해라.)'는 속담이 생겼을까. 생업의 어려움을 나타낸 게 바로 **예문 ①**이다.

예문 ②는 아무 일에나 설치고 나서는 것을 경계하는 말로, '죽은 할아버지 생업 났느냐? 좀 가만있어라.' 하는 뜻이다. 여기서 '죽은 하르방 살을일'은 '죽은 할아버지 살아 돌아오게 하는 일'이라는 뜻이다. 지금 하는 일이 죽은 할아버지를 살리어 내는 일이니 들뜬 마음으로 얼마나 바삐 돌아다녀야 하는지는 짐작되고도 남는다. 가끔이라도 이런 일이 있었으면 좋겠다.

예문 ③도 앞 예문처럼 신바람 나는 일로, 일하러 바삐 달려가는 사람을 두고 하는 말이다. 곧 '무슨 생업이라도 생겼는지 막 달려가더라.' 하는 뜻이다. 발걸음 가볍고, 얼굴 또한 환하니, 이런 모습을 보는 것만으로도 절로 기분이 좋아진다. 일자리를 찾아 '살을일이라도 나신고라 막 돌아가는' 사람이 많기를 희망한다.

예문 ④는 어떻게 살고 있는지 궁금하던 차에 '할 일이 많다.'는 이야기를 들었을 때 하는 말로 '생업 많다고 하니 그건 살판난 것이니까 걱정 않아도 되겠어.' 하는 뜻이다. 여기서 '살을일'은 '생업'이라고 표준어로 대역했지만 '할 일'의 뜻으로 쓰인 경우니, '할 일 많다고 하니 그건 살판난 것이니까 걱정 않아도 되겠어.'라 대역해도 무방하다.

'살을일'은 '살기 위하여 하는 일' 또는 '살아가기 위하여 하는 일'이란 뜻을 지닌 어휘로, '생업' 또는 '할 일'이다. 아침에 눈뜨면 갈 곳이 있고, 할 일이 있다는 건 정말 행복한 일이매 하루하루 '살을일'에 감사하는 마음을 갖도록 하자.

상삐

    이 '상삐'는 '밥상이나 그릇 따위를 닦는 데 쓰는 헝겊'을 말하는데, 표준어 '행주'에 해당한다. '상삐'는 '상(床)'에 '비(箒)'가 연결되어서 이루어진 어휘로, 발음에 따른 어형을 쓰고 있는 셈이다. 이는 '방비, 마당비'가 [방삐], [마당삐]로 발음되나 '방비'와 '마당비'처럼 예삿소리로 적는 것과는 다른 경우이다.

  ① 상삐 ᄀ경 오라 상 다까불게.

    (행주 가져 오너라 상 닦아 버리게.)

  ② 이 상삐 너믜 버물엇겨, 강 볼앙 오라.

    (이 행주 너무 더러웠다, 가서 빨아 오너라.)

  ③ 거 상삔 상삐고, 걸렌 걸렙주.

    (거 행주는 행주고, 걸레는 걸레지요.)

  예문 ①은 밥 먹고 난 다음 밥상을 깨끗하게 하기 위하여 '행주 가지고 오너라, 상 닦게.' 하는 뜻이다. 밥상을 깨끗하게 해 둠으로써 다음 이용할 때 편하게 하려는 것이다. **예문** ②는 '상삐'를 계속해서 쓰다 보니까 더러워졌으니 수돗가나 부엌에 가서 깨끗하게 빨아 오라는 말이다. '상삐'가 더러워졌다는 것은 그만큼 닦은 밥상이 많다는 것이고, 밥상에서 밥을 먹은 사람이 많다는 이야기도 된다. 좀 이상하지만 여자들이 한 일이 많다는 것이고, 앞으로 할 일이 많이 남아 있다는 말도 된다. 여기서 '버물다'는 '옷 따위에 때가 묻거나 해서 더러워지다.'는 뜻을 지닌 어휘로 표준어 '더러워지다'에 가깝다.

한편 **예문 ③**은 행주와 걸레를 구분해야 할 필요가 있을 때 하는 말로, '거 행주는 행주고, 걸레는 걸레지요.' 하는 뜻이다. 곧 걸레가 깨끗하다고 해서 행주가 될 수 없다는 것이다. 이런 유의 이야기로 수박과 호박에 빗대기도 한다. 곧 '호박에 파란 줄을 그었다고 해서 수박이 되느냐?'가 바로 그것이다. '상삐'와 '걸레'는 확연하게 구분되는 물건이다.

명절 음식을 차릴 때 무엇보다도 그 가치가 발휘될 '상삐'. 이 '상삐'는 어휘 구성으로 보거나 그 의미로 보거나 표준어로 살려 써도 좋을 듯하다.

새철

이 '새철'은 달리 '샛절'이라 하기도 하는데, 24절기 중 첫 번째인 '입춘'을 말한다. 대개는 이 어휘가 '새철 들다' 또는 '샛절 들다'처럼 '들다'와 어울려 쓰여, '입춘이 드는 시각'을 뜻하기도 한다.

①새철 드는 날 놈의 집의 안 간다.

　(입춘 드는 날 남의 집에 안 간다.)

②대한 후 5일부텀 샛절 들기 3일 전끄지가 신구간이옌 호연 이사덜 호주.

　(대한 후 5일부터 입춘 3일 전까지가 신구간이라 해서 이사들 하지.)

③샛절 들어사 새헤가 시작뒈는 거. 그 전읜 묵은헤.

　(입춘 들어야 새해가 시작되는 것. 그 전에는 묵은해.)

예문 ①은 '입춘이 되는 날은 남의 집에 가지 않는다.'는 말이다. 남의 집에 가 잘못하게라도 되면 안 되기 때문이다. 이와 관련하여 "새철 드는 날 베 앗앙 뎅기믄 베염 하영 난다.(입춘 드는 날 바 갖고 다니면 뱀 많이 난다.)", "새철 드는 날 알 짓은 예펜 놈의 집의 가믄 검질 짓나.(입춘 드는 날 아래 깃은 여자 남의 집에 가면 김 깃는다.)" 하는 이야기가 더 있다. 이 이야기들은 모두 연상 작용에 의한다. 곧 '바'와 '뱀'은 길다는 점에서, '아래 깃다'를 '김 깃다'와 관련시켜 이야기한 것이다. '알 짓은'이란 음모가 많다는 뜻이다.

예문 ②는 '대한 후 5일부터 입춘 3일 전까지 신구간이라 해서 이사들 하지.' 하는 뜻으로, 제주도 풍습 가운데 하나인 신구간(新舊間)에 관한 것이다. '신구간'이란 모든 신들이 옥황상제가 거처하는 하늘에 모여 새로운 임무를 받으려고 대기하는 기간이기 때문에 인간 세상에는 신이 없어서 아무 일이나 해도 탈이 없다는 것이다. 집을 고치고, 변소를 수리하고, 이사를 하고 하는 것이다. 신구간은 대한 후 5일부터 입춘 전 3일까지로 대개 1월 25일부터 2월 1일 사이가 된다.

예문 ③은 '입춘이 되어야 새해가 시작된다.'는 말로, 입춘 전에는 묵은해가 된다는 말이다.

입춘이 가까우면 새해를 새로운 마음으로 맞이할 준비를 할 일이다.

션하우염

　　이 '션하우염'은 달리 '션하옴, 션하움, 션하위염'이라
하는데, '몸에 이상이 있거나 흥미 없는 일을 할 때 나오는 하품'을 말한다. 표준
어 '션하품'에 해당한다. '션하우염'은 '션+하우염' 구성으로, '션'은 '션무당, 션
잠' 등에서 확인되는데, '서툰' 또는 '충분하지 않은'의 뜻을 더하는 말이다. '하품'
이 '졸리거나 고단하거나 또는 배부를 때' 하는 생리 현상이라고 한다면, '션하우
염'은 '건강 이상' 또는 '하는 일에 흥미가 없을 때' 나오는 현상이라는 데 차이가
있다.

① 웃일 땐 좋안게 웃지 아년 그만이 앚이난 션하우염만 헤집데다게.
　　(웃을 때는 좋았는데 웃지 않고 가만히 앉으니까 션하품만 하게 됩디다.)
② 아무 일이나 즈미엇으믄 션하우염 나오는거.
　　(아무 일이나 재미없으면 션하품 나오는 것.)
③ 션하우염 ᄒᆞ는거 보난 먹은거 살안 체혼 거 닮다.
　　(션하품하는 것 보니까 먹은 것 살아서 체한 것 같다.)

　예문 ①은 사람이 많이 모이는 회합이 끝난 다음에 들을 수 있는 말로, '웃을 때

는 좋았는데 웃지 않고 가만히 앉아 있으려니까 선하품만 하게 됩디다.' 하는 뜻이다. 그러니까 연사가 우스개를 섞어서 흥미진진한 이야기를 할 때는 웃음판이 벌어져 재미가 있었는데, 그렇지 않고 이야기만 들을 때는 그냥 가만히 앉아 있으려니까 선하품만 하게 되더라는 것이다. 곧 흥미가 없었다는 것이다.

예문 ②도 일이 재미없어서 선하품이 나오는 경우로, '아무 일이나 재미없으면 선하품 나오는 것.'이라는 뜻이다. 일이 재미없으면 능률이 오르지 않고, 능률이 오르지 않으면 이내 싫증이 나고, 싫증은 '선하우염'을 만들어 몸 밖으로 내보내는 것이다.

한편 예문 ③은 식사 후 '선하우염'을 할 때 어른들이 하는 이야기로, '선하품하는 것 보니까 먹은 것 살아서 체한 것 같다.'는 뜻이다. 이 경우 '선하우염'은 급체(急滯)라는 이상 증세에 따른 몸의 신호인 셈이다. 입안에 침이 돌면서 '선하우염'을 하게 되면 등을 주무르거나 두드리기도 하고, 손톱을 따거나 매실액을 먹이기도 한다. 여기서 '먹은 거 살다.'는 '먹은 음식이 소화가 되지 않아서 먹은 채 그대로 있다.'는 것이다. 먹은 음식이 소화액에도 끄떡하지 않았으니, 몇 번 안 씹고 목 아래로 넘긴 음식 그대로이니 '먹은 거 산' 것이고, 그 결과는 음식물이 내려가는 길이 막힌 것이다. 체한 것이다.

'하우염(하품)'이 졸리거나 고단하여서 나오는 것이라고 하면 '선하우염(선하품)'은 몸에 이상이 있거나 하는 일에 흥미가 없을 때 나온다. 일을 즐겁게, 아주 흥미롭게 하고 있는데도 '선하우염'이 나온다면 몸에 이상이 있는 경우니 빨리 병원을 찾을 일이다. 그 반대로 몸이 건강한데도 '선하우염'이 나온다면 일에 흥미를 잃은 것이니 재미 붙일 거리를 찾거나 일하는 방법을 바꿀 필요가 있다.

숭시

이 '숭시'는 '흉하고 언짢은 일' 또는 '언짢고 꺼림칙하여 하기 싫은 일'이란 뜻을 지닌 어휘다. 제주어 '숭시'는 표준어 '흉사(凶事)'에 맞먹는 말이니, 한자어 '흉사'에서 온 말이다.

① 그런 걸 보민 숭시 닮아.

  (그런 것을 보면 흉사 같아.)

② 어떵 헤 뎅기는게 숭시나 남직 ᄒ다.

  (어쩐지 하고 다니는 것이 흉사나 날 것 같다.)

예문 ①은 어떤 일이 일어날 전조(前兆)를 보인 것으로, 좋지 않은 일이 일어날 것만 같다는 말이다. 시험 보는 전날 밤 뱀 꿈을 꿔서 시험에 떨어진 적이 있는데, 이번에도 뱀꿈을 꾸게 되는 것으로 보면 결과가 좋지 않겠다는 생각이 이런 유에 속한다. 물론 어떤 전조들은 앞으로 일어날 '숭시'를 알려주는 경우도 있다. 배 안에 있던 쥐가 육지로 뛰어 내리는 것을 보고 어쩐지 '숭시'가 날 것 같아 배를 타지 않았는데, 그만 그 배가 좌초되었다는 소식을 들었다든가 이빨 빠지는 꿈을 꾸었는데 친척이 돌아갔다든가 하는 것 등은 일종의 전조를 보인 경우이다.

예문 ②는 어떻게 하고 다니는 게 꼭 '숭시'가 날 것만 같다는 말이다. 전에 같지 않게 말을 많이 한다든가, 평상시 하지 않던 듣기 좋은 이야기를 한다든가, 그릇을 깨는 일이 없는데 그릇을 깬다든가 하는 것으로 보면 좋지 않은 일이 생길 것 같은 예감이 든다는 것이 예문 ②가 담고 있는 내용이다. '어찌 하고 다니는 게 꼭 흉사가 생길 것만 같다.'는 말이다.

여기서 또 하나 살펴보아야 할 것은 'ㅎ'이 'ㅅ'으로 변한다는 것이다. 곧 표준어에서 '이'나 '야, 여, 요, 유' 앞의 'ㅎ'은 제주어에서는 'ㅅ'으로 나타난다는 것이다. '형'이 '성', '향나무'가 '상낭', '흉년'이 '숭년', '힘'이 '심', '흉보다'가 '숭보다' 등에서 이를 확인할 수 있는데, '흉'의 'ㅎ'이 'ㅅ'으로 변하여 '숭'이 되어 '숭시'라는 제주어가 만들어지는 것이다.

'숭시'는 전조 곧 미리 나타나 보이는 기미이니, 그 기미를 좋은 쪽으로 생각하면 '숭시' 날 일이 없다. 어떤 징조든 몽땅 좋게, 긍정적으로 생각하기로 하자.

식게테물

       이 '식게테물'은 '제사상에 올렸던 여러 가지 음식'을 말한다. 이 음식은 제사를 지낸 뒤 제사에 참여한 사람끼리 나누어 먹는다. 또 제사에 참여하지 못한 친척에게 보내거나 이웃에도 나눠 주기도 한다.

  '식게테물'의 '식게'는 한자어 '식가(式暇)'에서 온 말이고, '테물' 또한 한자어 '퇴물(退物)'에서 온 말이다. '식가'란 '예전에 벼슬아치가 집안에 기제사가 있을 때 받는 휴가'를 말한다. '식게(式暇)'는 《경국대전》 1권 '이전, 급가(吏典, 給假)'의 '급가' 협주에 "시제(時享)나 규정에 따르는 휴가(式假)나 친척의 상사로 받는 휴가(服制)와 본인의 신병인 경우는 보고하지 않는다(時享式暇服制身病則不啓)."에서 확인할 수 있다.

  한편 '테물'은 한자어 '퇴물(退物)'로, 정성스레 차려 제사상에 진설했다가 파제(罷祭)하고 난 뒤 물린 제물을 말한다.

  ① 식게칩 아이 몹씬다.

    (제삿집 아이 사납다.)

  ② 무신 식게 넘어난 테물 엇수가?

    (무슨 제사 지낸 후 퇴물 없습니까?)

③ 식게테물 아져 와시매 이땅 먹읍서.

(제사퇴물 가져 왔으니 이따가 드십시오.)

예문 ①은 속담으로, 제삿집 아이가 독장치며 사납게 군다는 뜻이다. 먹을거리가 변변하지 않았던 시절, 제삿집 아이에게는 먹을 게 많으니 굽실거려야 얻어먹을 수 있고, 제삿집 아이는 이때를 이용하여 거드름을 피운다는 것이다. 예문 ①에 쓰인 '몹쐴다'는 '하는 짓이 조금 사납고 악하다.'는 뜻으로, 제삿집 아이의 거드름을 이렇게 '몹쐴다'로 표현했는데 달리 '몹쓸다·목쐴다'라 하기도 한다.

예문 ② '제사를 지냈으니 먹을거리가 없느냐?'는 허물없이 이웃과 지냈던 옛 풍습을 엿볼 수 있는 말로, 제사 음식을 거저 얻어먹으려는 심사가 강하게 배어 있는 말이다. 예문 ③은 '제사 지냈던 음식 가지고 왔으니 나중에 드시라.'는 뜻으로, 이웃 간의 인정을 느끼게 하는 말이다.

'식게테물'을 이웃집에 돌리는 풍습은 이제 거의 사라졌다. '식게테물'은 수고스럽게 만드는 사람 따로 있고, 편히 앉았다 먹는 사람 따로 있어 준비하는 입장에서는 번거로울 수도 있다. 그러나 요즘처럼 각박한 사회에서는 '식게테물'을 다시 나눌 수 있는 이웃이 있었으면 하는 바람이 간절하다.

아이모른눈

이 '아이모른눈'은 달리 '아이몰른눈'이라 한다. '밤사이에 사람들 모르게 내려 소복이 쌓인 눈'을 말한다. 표준어 '도둑눈'에 해당한다.

① 아이몰른눈 오믄 풍년 든덴 ᄒ주.

(도둑눈 내리면 풍년 든다고 하지.)

② 창문이 훤ᄒ영 일어낭 보믄 아이모른눈이 쌓영 잇인 거라.

(창문이 훤해서 일어나 보면 도둑눈이 쌓여 있는 거야.)

③ 오줌 ᄆ룩왕 일어낭 보믄 아이몰른눈이 이만이 왕 잇어. 맨발로 뽀드득뽀드득 걸어강 오줌 눠불민 좀 얼긴 ᄒ주마는 기분은 좋아.

(오줌 마려워 일어나 보면 도둑눈이 이만큼 내려 있는 거야. 맨발로 뽀드득뽀드득 걸어가서 오줌 싸면 좀 춥기는 하지만 기분은 좋아.)

예문 ①은 '도둑눈이 내리려면 풍년 든다.'는 뜻이다. 겨울은 추워야 겨울이고, 추위는 눈이 많이 내려야 한다. 그렇게 되면 병충해가 없어 농사가 잘 된다고 생각하는 것이다. 만일 겨울이 따뜻하기라도 하면 농작물에 해가 되는 여러 가지 해충이 활동을 하고, 그 결과 농작물에 피해를 주어 농사가 제대로 되지 않게 마련

이다. 그래서 풍년이 들려면 많은 눈이 내려 추워야 한다는 것이다. 그게 곧 **예문**
①이 지닌 의미이다.

　예문 ②는 예전에 가끔 경험했던 일이다. 창문이 훤해 아침이 되었구나 하고 일
어나 보면 '아이모른눈'이 소복이 쌓여 있다. 아침이 온 게 아니라 도둑눈 때문에
창문이 훤했던 것이다. **예문** ③은 '오줌 마려워 일어나 보면 도둑눈이 발이 빠질
만큼 와 있어서 맨발로 뽀드득뽀드득 소리 내며 걸어가 오줌을 싸면 춥기는 하
지만 기분이 좋다.'는 말이다. 겨울철 오줌을 싸고 나면 어깨가 떨릴 만큼 춥다.
그러나 어린아이의 마음으로 돌아가 눈밭에 오줌으로 글씨나 그림을 그리고 나
면 기분은 좋은 법인데, **예문** ③은 바로 그런 추억을 담고 있다.

　연초부터 눈 폭탄을 맞았다 할 정도로 눈이 많이 내렸다. '아이몰른눈 오믄 풍
년 든덴 흐주.' 하는 말처럼, 농사는 물론 모든 일들이 다 잘 풀리는 한 해가 됐으
면 좋겠다.

안자리

이 '안자리'는 '온돌방에서 아궁이 가까운 쪽의 방바닥'을 말하는 것으로, 표준어 '아랫목'에 해당한다. '안자리'기 때문에 따뜻한 곳이며, 또 문에서 멀리 떨어져 있어서 웃어른이 앉는 자리이기도 하다. 물론 그 반대로, '온돌 아궁이로부터 먼 쪽, 불길이 잘 닿지 않아 덜 따뜻한 곳'을 '밧자리'라 한다. 표준어 '윗목'에 해당한다.

① 막 춥수다, 이 안자리더레 들어옵서게.

　　(아주 춥습니다, 이 아랫목으로 들어오십시오.)

② 간 보난 아읫게 안자리 턱 호게 추지 호고, 다리도 꼬안 앚아서.

　　(가서 보니까 어린것이 아랫목에 턱 하게 차지하고, 다리도 꼬아서 앉았어.)

③ 술 취헨 들어간은 밧자리에 술째기 누윗어.

　　(술 취해서 들어가서는 윗목에 살짝 누웠어.)

④ 어떵 말이우까? 어른이난에 안자리레 앚지곡, 난 밧자리로 무너앚아십주.

　　(어찌합니까? 어른이니까 아랫목에 앉히고, 나는 윗목으로 물러앉았지요.)

예문 ①은 추운 날 찾아온 손님에게 하는 말로, '아주 춥습니다. 이 아랫목으로 들어오십시오.' 하는 뜻이다. 대개 아랫목에는 보온을 위하여 깔개와 더불어 얇은 이불이 놓여 있기 마련. 그러니 아랫목에 놓인 이불 속으로 들어와 추위를 녹이라는 것이 **예문 ①**이 지니고 있는 뜻이다. **예문 ②**는 어린아이가 아랫목을 차지해서 어른 흉내를 내는 것이 마음에 들지 않아서 하는 말로, '가서 보니까 어린것이 아랫목에 턱 하게 차지하고, 다리도 꼬아서 앉았어.' 하는 뜻이다. 예문의 '아윗게'는 '나이가 어린 사람을 낮잡아 이르는 말'로, 표준어 '어린것'에 해당하고, '다리도 꼬안 앉아서'는 '한쪽 다리를 오그리고 다른 쪽 다리는 그 위에 포개어 얹고 앉은 자세'를 말한다. 곧 책상다리하고 앉아 있더라는 것이다.

한편 **예문 ③**과 **예문 ④**는 '안자리'와는 상대가 되는 위치로서의 '밧자리'가 쓰인 경우이다. 곧 **예문 ③**은 '술 취해서 들어가서는 윗목에 살짝 누웠어.' 하는 뜻이고, **예문 ④**는 '어찌합니까? 어른이니까 아랫목에 앉히고, 나는 윗목으로 물러앉았지요.' 하는 뜻이다. 술을 취하도록 마셨으니 밤늦은 시간일 것이고, 늦게 들어가면서 '안자리'로 들어갈 염치가 나지 않아 '밧자리'에 그것도 아무 기척 없이 '슬째기' 잠자리에 들었다는 것이다.

예문 ④는 미리 가서 '안자리'에 앉아 있었는데, 늦게 들어온 사람이 어른이어서 '안자리'를 그 어른한테 내어 주고 '밧자리'로 물러앉았다는 것이다. 이 예문의 '어떵 말이우까?'는 직역하면 '어떤 말입니까?' 또는 '어쩐 말입니까?' 하는 뜻이지만, '어찌합니까?'의 의미로 쓰이는 일종의 관용 표현이다.

'안자리'는 표준어 '아랫목'에 해당하는 어휘로, 문 쪽에서 멀고, 아궁이 불길이 닿는 곳이라 따뜻하다. 입동(立冬)이면 '안자리'가 그리울 때다. 이런 때일수록 건강 챙기는 일에 각별 유념해야 한다.

어욱

　　이 '어욱'은 표준어 '억새'에 해당하는 어휘다. 달리 '어워기, 어웍'이라고도 한다. '억새'는 볏과의 여러해살이풀로, 줄기는 모여나며 높이는 1~2미터로 곧게 자라는 풀이다. 잎은 긴 선 모양이며, 7~9월에 누런 갈색 꽃이 피는데 작은 이삭은 자주색이다. 잎을 베어 지붕을 이는 데 쓰거나 마소의 먹이로 쓰기도 한다.

① 이 어욱 비어당 알 질르곡 주젱이 멘들아시믄 좋키여.

　(이 억새 베다가 아래 찌르고 주저리 만들었으면 좋겠다.)

② 홰심은 어욱빙이로 멘드는 거.

　(화승은 새품으로 만드는 것.)

③ 지레 쫀른 사름, 어욱밧듸 들어가믄 못 촞아.

　(키 작은 사람, 억새밭에 들어가면 못 찾아.)

　　예문 ①은 키가 훤칠하게 자란 억새를 보면서 "베다가 (지붕) 아래 찌르고, 주저리 만들었으면 좋겠다."는 것이다. 그만큼 억새가 탐이 난다는 말이다. 여기서 '알질르다'는 '아래 찌르다'는 뜻으로, 초가를 일 때 새를 덮기 전에 사방으로 돌아가며 '지붕물매를 곱게 하기 위하여 억새 따위를 찌르다.'는 말이다. 그래야만 빗물이 잘 흘러내려 지붕이 쉬 썩지 않는 것이다. 한편 '주젱이'는 표준어 '주저리'에 해당하는 어휘로, '이엉 따위를 두른 위에 비가 들어가지 않도록 덧덮어 씌우는 물건'으로, 달리 '주지'라 하기도 한다.

예문 ②는 "'홰심'은 새품으로 만든다.'는 말이다. 이 '홰심'은 달리 '새심, 미심'이라 하기도 하는데 표준어 '화승'에 해당하나 의미는 좀 다르다. 곧 '홰심'은 새품을 바처럼 만들어 날칡 줄기로 감아 만들어 불씨를 보관하는 물건으로, 마소를 돌보기 위하여 목장에 갈 때나 밭일을 나갈 때는 필수품이다. 날칡 줄기를 사용해야만 줄기가 마르면서 단단하게 조여지기 때문에 날칡 줄기를 쓴다. 한편 '어욱삥이'는 '미삥젱이, 미우젱이, 미꾸젱이'라고도 하는데, 표준어 '새품'에 해당한다.

예문 ③은 "키가 작은 사람 억새밭에 들어가면 찾지 못한다."는 말이다. '어욱' 키가 사람의 키를 가린 것이다. '억새'의 중세 어형은 '어웍새, 어욱새, 웍시' 등으로 나타난다.

- 罷王根草 어웍새(《역어유해》)
- 罷王根草 譯語웍시也(《물명고》)
- 이 몸 주근 後면 지게 우희 거적 더퍼 주리혀 미여 가나 流蘇 寶帳의 萬人이 우러 녜나 어욱새 속새 덥가나모 白楊 수페 가기곳 가면 누른 히 흰 돌 ᄀᆞᄂᆞ비 굴근 눈 쇼쇼리 부람 불 제 뉘 ᄒᆞ 盞 먹쟈 ᄒᆞ고

  (이 몸 죽은 후면 지게 위에 거적 덮어 졸라매어 가나 유소 보장의 만인이 울며 가나 억새 속새 떡갈나무 백양 숲에 가기만 가면 누른 해 흰 달 가랑비 굵은 눈 소소리바람 불 적에 뉘 한 잔 먹자 할꼬?)(《송강가사》)

이 가을이 다 가기 전에 억새밭에 나가서 가을을 만끽하고 오면 어떨까. 호연지기(浩然之氣)를 만나고 오면 분명 하루하루가 달라질 것이다.

에기데기

이 '에기데기'는 '서로 주고받고 할 셈을 서로 에껴 없앰'이라는 뜻을 지닌 어휘로, 대역할 적당한 표준어가 없다. 달리 '무걸, 무글, 에걸'이라 한다. '에기데기'는 '에기＋데기' 구성으로, '에기'는 표준어 '에끼다(서로 주고받을 물건이나 일 따위를 비겨 없애다.)'의 어간인 '에끼-'의 방언형이며, '데기'는 '에기'에 운을 맞추어 붙인 것으로 뚜렷한 의미가 있는 것은 아니다. 이는 마치 '미주알고주알'에서 '미주알'이 '항문을 이루는 창자의 끝부분'이라는 뜻이 있는 반면 '고주알'은 아무런 뜻 없이 운에 맞게 갖다 붙인 어구에 지나지 않은 것과 같다.

① 우리 이걸로 에기데기 ᄒ게.

　(우리 이것으로 상쇄하자.)

② 무안도 안헤영 돈 부작ᄒ게 주멍 이걸로 에기데기렌 골아라.

　(무안도 않고 돈 부족하게 주면서 이것으로 '에기데기'라고 말하더라.)

③ ᄒ번 지고 ᄒ번 이기믄 것사 서로 에기데기난 줄 것도 엇고 받을 것도 엇인 거주.

　(한 번 지고 한 번 이기면 그거야 서로 '에기데기'니 줄 것도 없고 받을 것도 없는 거지.)

예문 ①은 진 빚에 대하여 무엇으로 갚았는지 알 수는 없지만 '우리 이것으로 상쇄하자.'는 뜻으로, 이제는 서로 줄 것도 없고 받을 것도 없이 되었다는 말이다.

　　예문 ②는 '무안도 않고 돈 부족하게 주면서 이것으로 서로 비기자고 말하더라.'는 뜻으로, 너무 뻔뻔함이 야속하다는 뜻을 담고 있는 말이다. 만약 돈이라도 빌리게 되면 이자는 얼마로 하고, 언제까지 쓰겠다고 약속을 하면 그 약속은 지켜야 하는 것이다. 그러나 **예문 ②**는 그런 약속과는 달리 돈을 부족하게 가지고 와서는 미안하거나 부끄러워하지도 않고 부족한 돈을 내놓으면서 빚을 다 갚은 것으로 하려 한다는 것이다.

　　예문 ③에서는 '에기데기'의 뜻이 확실하게 드러난다. '한 번 지고 한 번 이기면 그거야 서로 '에기데기니' 줄 것도 없고 받을 것도 없다.'는 말이다. 이 경우 '에기데기난'은 '비기난'이라고 해도 그 뜻이 통하니 '비기다'로 대역해도 무방하다. 이는 '비기다'란 어휘가 '줄 것과 받을 것을 서로 에우다.'라는 의미도 있기 때문이다.

　　'에기데기'는 표준어 '에끼다'와 관련이 있는 어휘로, '서로 주고받고 할 셈을 서로 에껴 없애는 것'이니 등호(等號)의 값을 지닌다. 부등호와는 다른, 어느 한쪽으로 기울어지거나 치우치지 않은 매사가 '에기데기'된 평등한 상태가 되었으면 좋겠다.

여산쟁이

이 '여산쟁이'는 달리 '예산쟁이'라 하는데, '그럴듯한 계획만 세우고 실제 실행으로는 옮기지 않는 사람'을 말한다. '여산쟁이'는 한자어 '예산(豫算)'과 사람을 뜻하는 접미사 '-쟁이'로 구성되어 이루어진 어휘이다.

① 그 밧 알로 질이 나믄 밧 풀앙 과수원도 더 늘리곡, 성안 강 집도 사곡 ᄒ켄 ᄒ는 건 거 여산쟁이가 곧는 말.

(그 밭 아래로 길이 나면 밭 팔아 과수원도 더 늘리고, 제주시 가서 집도 사겠다고 하는 것은 거 예산쟁이가 하는 말.)

② 예산쟁이 망흔다.

(예산쟁이 망한다.)

③ 봅서, 예산쟁인 꿈이라도 신 거 아니꽈?

(여봐요, 예산쟁이는 꿈이라도 있는 거 아닙니까?)

예문 ①은 전형적인 '여산쟁이'를 설명한 것으로, '그 밭 아래로 길이 나면 밭 팔아 과수원도 더 늘리고, 제주시 가서 집도 사겠다고 하는 것은 거 예산쟁이가 하는 말.'이라는 뜻이다. '그 밧 알로 길이 나믄'이라는 가정은 그저 허황된 꿈이고 바람일 뿐이다. 그냥 '여산[豫算]'에 불과하다. 정말이지 이야기하는 밭 아래로 길이 생긴다면 대박이다. 특히 '도 막은 밧(출입구 막힌 밭)'이라면 더욱 그렇다. 곧 출입구가 없던 밭에 출입구가 생기니 값나가는 밭으로 변한다. 자기 밭을 떼어주고라도 길이 생기면 좋은 일인데, 자기 밭을 온전하게 지키게 된 것이니 이보다 좋은 일이 더 있을까. 땅값은 오를 것이다. 그러면 밭을 팔아 과수원 주위의 땅도 구입해서 과수원도 더 늘리고, 나머지 돈으로는 '성안(제주시를 말함)'에 가서 집도 사겠다는 것이다. 정말이지 야무진 꿈을 꾸는 것이다. 술자리로 친구를 불러 꿈을 이야기하면서 밥도 산다. "먹어 먹어." 하며 들이먹이는 것이다. 이런 일이 한두 번이 아니니 문제다. 돈이 수돗물 나오듯 '팡팡' 나오는 것도 아니니 오래지 않아 거덜나게 마련이다. 그래서 **예문** ②와 같은 속담이 나왔는지 모른다. 아무리 도시 계획을 들추어 보아도 '밭 아래로 길이 나는' 계획선은 그어져 있지 않다. '밭을 팔아서 과수원도 사고, 제주시에 가서 집도 사는' 예산[豫算]은 그럴듯하지만 '밭 아래로 길이 나는' 실제의 상황은 없는 것이나 마찬가지니 실천하고 대고 할 일이 아니다.

예문 ③은 '예산쟁이 망흔다.'라는 속담을 말한 사람에 대한 반론으로, '여봐요, 예산쟁이는 꿈이라도 있는 거 아닙니까?' 하는 뜻이다. 가만히 있는 것보다는 꿈이라도 꾸어야 되지 않겠느냐는 것이다.

'여산쟁이'는 '그럴듯한 계획만 세우고 실제 실행으로는 옮기지 않는 사람'을 뜻하는 어휘로, 달리 '예산쟁이'라 한다. 무슨 일이든지 계획보다는 실천이 중요한 것이니, 계획을 세우면 반드시 실천하는 자세가 필요하다.

영등할망

이 '영등할망'을 달리 '영등'이라 하는데, '음력 2월 1일 제주에 들어와 바다에 미역, 전복, 소라 등의 씨를 넣어주고 2월 15일 제주를 떠난다는 여신'을 말한다. 그래서 음력 2월을 '영등돌(영등달)', '영등할망'을 위한 의례를 '영등굿'이라 한다. '영등할망'은 표준어 '영등할머니'에 해당하는데, '영등할머니'는 음력 2월 초하룻날인 영등날에 하늘에서 내려와 농촌의 실정을 조사하고 2월 스무날에 하늘로 올라가는 여신으로, 제주의 '영등할망'과는 조금 다르다.

① 부제 영등 들어온 셍이여, 날이 추원.

   (부자 영등할머니 들어온 모양이야, 날이 추워서.)

② 영등할망 들어왕 보말이영 구젱이영 몬 먹어부러.

   (영등할머니가 들어와서 고둥이랑 소라랑 모두 먹어버려.)

③ 영등돌엔 볼레에 풀ᄒ믄 구레기 인다.

   (영등달에 빨래에 풀하면 노래기 인다.)

④ 영등송별젠 열나흘날 칠머리당에서 ᄒ주.

   (영등신송별제는 열나흘날 칠머리당에서 하지.)

예문 ①은 음력 2월 초 날씨를 보고, '영등할망'의 성격을 짐작할 때 하는 말로, '부자 영등할머니 들어온 모양이야, 날이 추워서.' 하는 뜻이다. 곧 부자 영등할머니라 좋은 옷, 두꺼운 옷을 입고 들어왔으니 날씨가 추워도 상관이 없다는 것이다. 그 반대로 날씨가 따뜻하면 '올히 영등할망은 가난흔 영등할망인 셍이여.(올해 영등할머니는 가난한 영등할머니인 모양이야.)' 한다. '영등할망'이 가난하여 옷을 가볍게 입고 들어왔으니 날씨가 화창하다는 것이다.

예문 ②는 음력 2월에는 해산물을 채취해 봐야 별 소득이 없다는 말로, '영등할머니가 들어와서 고둥이랑 소라랑 모두 먹어버려.' 하는 뜻이다. 그러니 이 예문은 영등달에는 고둥, 소라를 잡지 말라는 말과 같다.

한편 예문 ③은 영등달의 금기 사항으로, '영등달에는 빨래에 풀하면 노래기 인다.'고 하니 빨래에 풀하지 말라는 뜻이다. 영등달에 빨래에 풀하면 바싹하게 잘 마르지 않고, 잘 마르지 않으니 습기가 차게 마련. 그러면 어김없이 '구레기(노래기)'가 생기고 고약한 냄새를 풍겨 집안 분위기를 망치게 된다. 그러니 영등달에는 빨래에 풀하지 말아야 한다.

예문 ④는 제주시 건입동 '칠머리당'에서 치러지는 영등굿에 관한 내용으로, '영등신송별제는 열나흗날 칠머리당에서 하지.' 하는 뜻이다. 물론 '영등신환영제'는 음력 2월 초하룻날 같은 장소에서 치러진다. 마을의 안녕은 물론 바다일로 살아가는 어부와 잠녀의 안전과 바다 농사의 풍년을 기원한다. 이 영등굿인 '칠머리당굿'은 우리나라의 계절제 가운데 독특한 형식을 지니고 있다. 유네스코는 이 '칠머리당굿'의 중요성을 인정하여 2009년 세계무형문화유산으로 지정하였다.

'영등할망'은 '음력 2월 1일 제주에 들어와 바다에 미역, 전복, 소라 등의 씨를 넣어주고 2월 15일 제주를 떠나는 여신'을 일컫는다. 제주와 제주 바다에 풍요를 갖다 주는 신이니 한낱 민속으로만 여기지 않았으면 한다.

오장가난

이 '오장가난'은 '비유적으로, 마음 씀씀이나 생각이 잘고 부족하여 답답하게 처리하는 일. 또는 그런 사람'을 뜻한다. '오장가난'은 '오장(五臟)'과 '가난'이 한데 어울려서 이루어진 어휘로, 이때 '오장'은 '마음 씀씀이나 생각'을, '가난'은 '잘고 부족함'을 뜻한다. 결국 '오장가난'은 '마음 씀씀이나 생각이 잘고 부족함'의 뜻으로, 표준어 '광견(狂狷-생각이 부족하여 고루(固陋)한 일. 또는 그런 사람)'에 가깝다.

① 게난 오장가난이주, 나 그트믄 보상 받은 지멍에 확 틀어뒁 새 집을 짓엉 나살걸.
  (그러니까 답답한 일이지, 나 같으면 보상 받은 김에 확 뜯어서 새집을 지어 나설 텐데.)
② 무사 아니라, 게난 오장가난이주.
  (왜 아니겠어, 그러니까 답답한 사람이지.)
③ 놈의 말 들엄시믄 오장가난은 아니주, 말 아니 들으난 굽굽흔 일이주.
  (남의 말 들으면 답답한 사람은 아니지, 말 아니 들으니 갑갑한 일이지.)

예문 ①은 '답답한 일이지, 나 같으면 보상 받은 김에 헌 집을 확 뜯어서 새집을 지을 텐데.' 하는 뜻으로, 보상을 받아서 돈이 많은데도 불구하고 헌 집을 그대로 놔두고 있는 것을 안타까워하는 말이다. 대개 이런 집은 창이나 문 따위가 낡고, 도배지 색깔도 변해 있고, 퀴퀴한 음식 냄새도 여기저기 배어 있게 마련이다. **예문 ②**는 앞 **예문 ①**에 대한 응대의 말로, '왜 아니겠어, 그러니까 답답한 사람이지.' 하는 뜻으로, **예문 ①**에 맞장구치는 말이다. 보상 받아서 돈은 많은데, 생각이 부족하거나 마음 씀씀이가 잘아서 딸보라는 것이다.

　　예문 ③은 '남의 말 들으면 답답한 사람은 아닐 테지만 남의 말을 듣지 않으니 갑갑한 일이다.'라는 뜻이다. 곧 남이 하는 말을 듣지 않는 고집쟁이라는 것이다. '애기업개 말도 들을 말 잇나.' 곧 '업저지 말도 들을 말 있다.'는 속담이 있듯 업저지가 하는 말도 들어야 할 말은 들어야 하는데 그렇지 않는다는 것이다. 업저지가 되기 위해서는 똑똑하여 명석하거나 경험이 많은 사람일 테니 들을 바가 많다. 그런데도 그런 말을 듣지 않으니 갑갑하다는 것이다.

　　마음 씀씀이가 잘고, 생각이 부족하여 일을 답답하게 처리한다면 본인이야 어떤지 모르지만 보는 사람은 답답하고 갑갑한 일이다. 불더위에서는 더욱 그렇게 될 것이다. 그러니 마음 씀씀이를 너그럽게 하고, 좀더 너른 생각으로 매사를 처리할 일이다.

와달

　　　　　　　이 '와달'은 '너무 흥분하여 미친 듯이 날뜀'을 뜻하는
어휘로, 표준어로 대역할 마뜩한 단어가 없다. 이 '와달'과 '행동이나 성질 따위를
계속 드러내거나 보이다.'는 뜻을 지닌 '부리다'가 연결되어 '너무 흥분하여 미친
듯이 날뛰다.'는 뜻의 '와달부리다'라는 새로운 어휘를 만들기도 한다.

　① 요번 와달은 너미 과ᄒ여라.

　　(요번 날뜀은 너무 과하더라.)

　② 경 와달부리멍 울러두드리난 속이 씨원ᄒ우꽈?

　　(그렇게 날뛰며 야단하니 속이 시원합니까?)

　③ 그 사름 술 먹엉 와달부리믄 아무 상 엇인 멀리지 못ᄒ다.

　　(그 사람 술 먹어서 날뛰면 아무 상 없이는 말리지 못한다.)

　예문 ①은 '와달'을 부리고 난 뒤 평상시처럼 안정된 상태로 돌아왔을 때 그 장
본인에게 하는 말로, '요번 날뜀은 너무 과하더라.' 하는 것이다. '요번 와달'이 예
전에 비하면 너무 지나쳤다는 말이다. 그러면 '와달부린' 사람 입장에서는 좀 무
안하고 쥐구멍이라도 찾고 싶은 심정일 것이다. 처음서부터 '와달'을 부리지 않

으면 좋은 일이고, 만일 '와달부릴' 일이 있으면 '와달부리는' 뜻만 전달할 수 있으면 되는 일 아닐까?

예문 ②는 '와달부린' 사람한테 하는 말로, '그렇게 날뛰며 야단하니 속이 시원합니까?' 하는 핀잔의 뜻을 담고 있다. 여기서 '울러두드리다'는 '큰 소리를 지르다.'는 뜻을 지닌 표준어 '외치다'의 방언형 '울르다'와 '두드리다(표준어와 방언형이 같다.)'가 연결되어 이루어진 어휘로, 표준어 '야단하다'에 해당한다. 그러니까 '와달부리다'는 행동도 행동이지만 여기에다 큰 소리가 수반됨을 알 수 있으니 그렇게 하고 나니까 '속이 시원합니까?' 하는 뜻이 예문 ②가 지닌 본뜻이다.

한편 예문 ③은 '그 사람 술 먹어서 날뛰면 아무 상 없이는 말리지 못한다.'는 뜻이다. 곧 '와달부리는' 게 버릇이 되었다는 것이다. 여기서 '멀리다'는 표준어 '말리다(어떤 행동을 못하게끔 하다.)'의 방언형으로, 달리 '말리다'라 한다. '아무 상 엇인'은 관용적인 표현으로, '아무 상 없이는' 하는 뜻이다. '상'은 '구체적으로 정하지 않은 어떤 상태나 조건을 이르는 말'이니, '아무 상 없이는' '어떤 상태나 조건 없이는' 하는 뜻을 포함하고 있다.

'와달'은 '너무 흥분하여 미친 듯이 날뜀'을, '와달부리다'는 '너무 흥분하여 미친 듯이 날뛰다.'는 뜻을 지닌다. 이 '와달' 속에는 행동이 거칠게 되는 것은 물론 큰 소리도 뒤따르게 되는 것이매, 점점 더워지는 날씨에 '와달'이나 '와달부리는' 일이 없었으면 한다. 그래야 열 받는 일이 없을 테니 말이다.

우던

이 '우던'은 '겨레붙이, 족속'이라는 뜻과 '같은 등속의 물건들'이란 의미를 지닌 어휘로, 마뜩한 대응 표준어는 없다. 예문 ①, 예문 ②는 '겨레붙이, 족속'의 뜻으로 쓰인 경우이고, 예문 ③, 예문 ④는 '같은 등속의 물건들'이란 의미로 쓰인 경우이다.

① 무사 그 우던덜 보믄 모르크라?

(왜 그 족속들 보면 모르겠어?)

② 자읜 우던 닮안 크다.

(쟤는 겨레붙이 닮아서 크다.)

③ 우던이나 종네기나 거 그튼 거 아니우까?

(종족이나 종내기나 거 같은 거 아닙니까?)

④ 그 우던으로만 풀아줍서.

(그런 물건으로만 팔아주십시오.)

예문 ①은 '왜 그 족속들 보면 모르겠어?' 하는 뜻으로, 부정의 이미지로 사용된 경우이다. 곧 그네들이 하는 짓거리를 보면 대충 그 족속의 습성을 짐작할 수 있다는 것이 **예문 ①**이 말하고자 하는 바다. **예문 ②**는 '쟤는 겨레붙이 닮아서 크다.' 는 것으로, 키가 큰 것으로 보면 그 겨레붙이임을 알 수 있는 것이다. 그러니까 키가 큰 게 그 족속의 특성이라는 것이다.

   예문 ③은 '우던'과 '종네기'가 어떻게 다른가를 물었을 때 돌아온 대답으로, '우던이나 종네기가 그것이 그거 아닌가?' 하는 말이다. 이때 '우던'은 '같은 등속의 물건들'이라는 의미로 쓰인 것이고, '종네기' 또한 '종류, 품종, 종자 따위가 같고 다름을 이르는 말'이란 의미로 쓰인 경우다. 결과는 '그게 그거'라는 뜻이다.

   한편 **예문 ④**는 물건을 살 때, '죽 고른 크기 또는 같은 색깔의 것으로만 팔아주십시오.' 하는 뜻으로, '우던'이 '같은 등속의 물건들'이라는 의미로 쓰인 경우다.

   '우던'은 '겨레붙이, 족속'이라는 뜻과 '같은 등속의 물건들'이란 두 가지 의미를 지닌다. '겨레붙이, 족속'이라는 뜻으로 쓰일 때는 '덥'과 비슷한 어휘가 된다.

입건지

이 '입건지'는 '어떤 사실을 이야깃거리로 삼아 이러쿵 저러쿵 쓸데없이 입을 놀려 말하는 일'을 뜻하는 어휘로, 표준어 '입방아'에 해당한다. '입건지'는 '나다'와 연결되어 '입건지 나다.(입방아 찧다, 입방아에 오르다.)' 등으로 자주 쓰인다.

① 스무남은 넘어가믄 흥상 멩심흐영 입건지 나게 말라.

　　(스무남은 넘어가면 항상 명심해서 입방아 찧게 마라.)

② 멩질 출리젠 예펜덜 모다앚이믄 입건지에 날거주.

　　(명절 차리려고 여편네들 모여 앉으면 입방아에 오를 것이지.)

③ 아옵수엔 일름 내우거나 입건지 나게 흐여도 좋넨 흔다.

　　(아홉수에는 이름나게 하거나 입방아 찧게 해도 좋다고 한다.)

예문 ①은 행동거지를 조심하라고 경계할 때 하는 말로, '스무남은 넘어가면 항상 명심해서 입방아 찧게 마라.' 하는 뜻이다. 스무 살이 넘으면 성인으로 장가가고 시집갈 나이이니 모든 행동을 삼가 이야깃거리를 만들지 말아야 한다는 경계의 말이다. 예문 ②는 입방아 찧는 전형을 볼 수 있는 광경으로, '명절 차리려고 여편네들 한데 모여 앉으면 입방아에 오를 것이지.' 하는 뜻이다. '입건지 날' 이야 깃거리는 "누게 똥 복 ㅎ엿저.(누가 방귀 복 뀌었다.)", "누게네 집의 도새기 새끼 낫저.(누구네 집에 돼지 새끼 낳았다.)", "누게 술 먹언 싸왓젠 굴아라.(누구 술 먹고 싸웠다고 하더라.)", "누게 죽엇젠 ㅎ여라.(누구 죽었다고 하더라.)" 등등 소소한 것에서부터 큰일까지 모두 그 대상이 된다. 그래서 '예펜 싯만 모다앚이민 줍시 고망 똘른다.(여편네 셋만 모여 앉으면 접시 구멍 뚫는다.)'는 속담이 생겼는지도 모른다. 이 예문의 '모다앚다'는 달리 '모여앚다'라 하는데, '여러 사람이 모여서 자리를 같이하여 앉다.'는 뜻으로 쓰이는 어휘다.

예문 ③의 '아옵수'는 표준어 '아홉수'에 해당한다. 아홉수란 나이가 19, 29, 39, 49, 59, 69, 79 등 9가 들어간 나이를 말하는데, 대체적으로 좋지 않다고 생각한다. 그래서 예문처럼 '아홉수에는 이름나게 하거나 입방아 찧게 해도 좋다고 한다.'는 게 **예문 ③**이 뜻하는 바다. '일름 내운다.'는 것은 밭이나 집을 사거나 이름이 날 정도의 큰 일을 해서 이름이 자주 거론되게 함으로써 액운이 빠져나가게 하는 것이고, '입건지 나게' 하는 것 또한 자주 사람들의 입에 오르내리다 보면 좋게 된다는 주술적인 생각이다.

'입건지'란 '어떤 사실을 이야깃거리 삼아 이러쿵저러쿵 쓸데없이 입을 놀려 말하는 일'을 뜻한다. 다가오는 명절 때, 차례 음식을 장만하며 찧어대는 입방아를 들으면서 '입건지'의 뜻을 확인하는 것도 재미있는 설 풍경의 하나가 될 것이다.

입살

이 '입살'은 '사나운 욕지거리를 잘하거나 말발이 드센 입심'이라는 뜻을 지닌다. '입살'은 '입[口]'과 '살(煞-사람을 해치거나 물건을 깨뜨리는 모질고 독한 귀신의 기운)'이 결합하여 이루어진 어휘로,《조선말대사전》에는 '입살'이 표제어로 올라 있는 반면,《표준국어대사전》에서는 북한에서 쓰는 어휘로 설명하고 있다.

① 입살이 보살.

(입살이 보살.)

② 그 삼촌 입살 독ᄒ영 욕 ᄒᆫ 무디만 들엉도 눈물 날 때가 셔.

(그 삼촌 입살 독해서 욕 한마디만 들어서도 눈물 날 때가 있어.)

③ 이 ᄉ리서 그 사름 입살 당ᄒᆯ 사름 엇어.

(이 근처에서 그 사람 입살 당할 사람 없어.)

④ 그 사름 입살에 들민 죽엿당 살렷당 ᄒ여.

(그 사람 입살에 들면 죽었다가 살렸다가 해.)

예문 ①은 '살'로 끝나는 어휘를 빌린 속담으로, '입살이 보살.' 된다는 것이다.

곧 사나운 욕지거리를 하면 그렇게 되니 말을 삼가라는 경계의 뜻으로 쓰인다. 헤어져 가는 사람더러 '10리도 못 가서 발병 나라.' 하면 정말 10리를 가기도 전에 발병이 난다는 것이다. 그러니 험한 말을 삼가야 한다는 것이다. '입살이 보살'이라는 속담 대신에 '입이 담(痰) 뒌다.'는 속담이 쓰이기도 한다. **예문 ②**는 '그 삼촌 입살 독해서 욕 한마디만 들어서도 눈물 날 때가 있어.' 하는 뜻으로, 욕할 때는 아주 매섭게 욕지거리를 한다는 것이다. 너무 심하게 욕을 해 대니 저 멀리 삼촌이 보이기만 해도 자리를 피하거나 가까이 가지 않고 '에염돌기('에염돌다'는 '가까이 가지 않고 피하여 딴 데로 돌다.'는 뜻으로, 표준어 '배돌다'에 해당한다.)'만 하게 되는 것이다. 먼발치에만 있으며 가까이 가지 않는 것이다.

예문 ③은 '이 근처에서 그 사람 입살 당할 사람 없어.' 하는 뜻으로, 그 사람은 '입살'이 좋다는 것이다. 욕지거리를 잘하기도 하거니와 말발이 드센 입심을 갖고 있어서 상대할 사람이 없다는 것이다. **예문 ④**는 '그 사람 입살에 들면 죽였다가 살렸다가 해.' 하는 뜻으로, 말발이 드세어 사람들로 하여금 꼼짝할 수 없게 한다는 말이다. 좀 심하게 표현하면 제 마음대로 사람들을 '죽엿당 살렷당(죽었다가 살렸다가)' 할 수 있을 정도로 '입살'이 세다는 것이다.

'입살(㶐)'은 '사나운 욕지거리를 잘하거나 말발이 드센 입심'의 뜻을 지닌 어휘로, 사람을 해치거나 하는 독한 기운을 갖고 있으니 거친 말은 삼가야 한다. '입살이 보살.' 또는 '입이 담 뒌다.'는 속담을 경계 삼아 듣기 좋은 말, 덕이 되는 말을 자주 할 일이다.

자파리

이 '자파리'는 '아이들이 잡스럽게 하는 장난'을 뜻하는 어휘로, 표준어 '장난'에 가깝다. '자파리'의 뜻이 '잡스럽게 하는 장난'이라고 한다면 '잡하다(뒤섞다)' 또는 '잡되다'와 관련이 깊다. 곧 '자파리'는 '잡(雜)'이라는 한자어를 떠나서 생각할 수 없는데, 이는 '자파리'가 '잡하-+-이'로 분석 가능하기 때문이다. 〈한글 맞춤법〉에 '-이'가 붙어서 '본래의 뜻에서 멀어지면 원형을 밝혀 적지 않는다.'는 원칙이 적용된 결과이다.

① 경 자파리 심ᄒ믄 밤의 오줌 싸진다.

　(그렇게 장난이 심하면 밤에 오줌 싸게 된다.)

② 암만 자파리엔 ᄒ주만은 화곽이랑 ᄀ쳐 놀지 말렌 골라.

　(아무리 장난이라고 하지만 성냥이랑 가지고 놀지 말라고 해라.)

예문 ①은 심하게 잡스러운 장난을 하다 보면 지치게 되고, 지친 나머지 잠을 자다가 자신도 모르게 오줌을 싸게 되니 너무 심하게 장난하지 말라는 경계의 말이다. 실컷 뛰놀고 밤에는 정말이지 아주 시원하게 이불에 오줌을 싸고, 다음 날 아침 '푸는체(키)' 쓰고 이웃집에 소금 빌리러 갔던 경험은 바로 심한 '자파리' 결과다.

예문 ②도 아무리 장난이라고 하지만 성냥 가지고 놀지 말라고 하라는 웃어른의 말이다.

한편 '자파리'에 'ᄒ다'가 연결되어 쓰이기도 한다. 이때는 '아이들이 잡스럽게 장난하다.' 또는 '비유적으로, 노름하다.'를 뜻한다.

③ 저 손콥데기 봅서, 어디 강 혹 자파리 ᄒ당 와수게.

    (저 손 보십시오, 어디 가서 흙 장난하다 왔습니다.)

④ 자파리 ᄒ당 밧 ᄒ나 신 거 떡사먹엇젠마씸.

    (노름하다가 밭 하나 있는 거 손해를 보았다고요.)

예문 ③은 '저 손 보십시오, 어데 가서 흙 장난하다 왔습니다.'는 것이다. 집에 들어온 아이 손을 보니 손에 흙이 묻고 말이 아니라는 말이다. 이 예문에서 '손콥데기'는 '손'의 낮은말이다.

예문 ④의 '자파리 ᄒ다'는 '노름하다'의 뜻으로, '노름빚으로 밭 하나 있는 것을 처분했다.'는 뜻이다. 원래 '떡사먹다'는 '떡을 사서 먹다.'는 말로, '손해를 보다.'는 의미를 지닌다. '노름하다 손해를 보아' 결국은 하나 있는 밭을 팔게 되었다는 것이다.

아이들은 '자파리'하며 큰다. 너무 논다고만 나무라지 말 일이다. '떡사먹는' 자파리만 아니면 되지 않겠는가.

장통밧

이 '장통밧'은 '비가 조금만 내려도 물이 잘 고이는 밭'으로, 대역할 마뜩한 표준어는 없다. '장통밧'은 '장통＋밧' 구성으로, '장통'은 한자어 '장통(醬桶)'에, '밧'은 표준어 '밭(田)'에 해당한다. 결국 '장통밧'은 '장통'처럼 움푹 꺼져 들어갔으니 구렁지게 마련이고, 평지보다 낮아서 비가 조금만 내려도 빗물이 고이게 된다. 밭에 물이 자주 고이니 농사가 잘 될 리도 없고, 농사 또한 비에 강한 농작물에 한정된다. '장통밧'과 같은 의미로 '물통밧'과 '물왓'이 쓰이기도 한다. '물왓'의 '왓'은 '밧(田)'이 변한 형태(밧〉왓)로, '왓'이 단독으로 나타나는 경우는 없고, '물왓·대왓(竹田)·촐왓(꼴밭)'처럼 합성어를 이룰 때만 실현된다.

① 비야 비야 오지 말라 장통밧듸 물 골람쩌.

　(비야 비야 오지 마라 장통밭에 물 고인다.)

② 물통밧은 깝도 호리보곡, 작제도 잘 읏어.

　(물통밭은 값도 헐하게 치고, 작자도 잘 없어.)

③ 그 밧은 물왓이라 안 사는 게 좋암직 ᄒᆞ여.

　(그 밭은 물이 잘 고이는 밭이라 안 사는 것 좋을 듯해.)

예문 ①은 어렸을 때 불렀던 동요의 한 구절로, '비야 비야 오지 마라 장통밭에 물 고인다.'는 의미다. 이다음에는 '우리 성님 씨집갈 때 가막창신 펄이 튄다. 멩지 장옷 투색흔다.(우리 형님 시집갈 때 가막창신 뻘이 튄다. 명주 장옷 투색한다.)'는 구절이 이어진다. '가막창신'은 '여자가 신는 가죽신'을 말하며, '펄'은 '아주 물기가 많아 질척질척한 진흙'인 '뻘'을 의미한다. '투색흔다'는 '투색(渝色)하다'로, 색이 오래되어 변하는 것을 말한다. 곧 시집갈 때 곱게 단장한 신이나 옷에 뻘이 튀어 보기 흉하게 된다는 것이다.

예문 ②는 '물이 고이는 물통밭은 값도 헐하게 치고, 작자도 잘 없어.' 하는 뜻이다. '호리보다'의 '호리'는 한자어 '호리(毫釐)'로, 저울눈인 '호'와 '리'를 뜻하니, '매우 적은 분량'을 말하는 것이다. 곧 밭의 값을 제대로 계산하지 않으려고 하는 것이다. 또 '작제'도 한자어 '작자(作者)'로, '물건을 살 사람'이다. 결국 예문 ②는 '물 고이는 밭은 값도 잘 치지 않고, 살 사람도 별로 없다.'는 뜻이다.

예문 ③은 위의 예문과 관련 있는 내용으로, 밭을 흥정할 때 들을 수 있는 말인데, '그 밭은 물이 잘 고이는 밭이라 안 사는 게 좋을 듯해.' 하는 뜻이다. 곧 물이 잘 고이는 밭은 나중에 팔 때 제값도 받지 못할뿐더러 살 사람도 없어 쉽게 팔리지도 않을 것이니 사지 않는 게 좋다는 말이다. 이런 경우는 조언해 주는 사람의 말을 듣는 게 좋다.

'장통밧'은 '비가 조금만 내려도 물이 잘 고이는 밭'을 말한다. 어렸을 때 불렀던 "비야 비야 오지 말라 장통밧듸 물 굴람쩌."를 되뇌다 보면 옛날로 돌아가게 되고, 또 '장통밧'의 뜻 또한 오래오래 기억될 것이다.

절소리

이 '절소리'는 '물결치는 소리' 또는 '파도치는 소리'를
말한다. 이 어휘는 한글학회《우리말큰사전》의 표제어 '파돗소리'에, 다른 국어사
전의 표제어 '도성(濤聲)'에 해당한다. '절소리'는 '절+소리' 구성으로, '절'은 '파도'
를 의미한다. 그러니 '파도치다'에 해당하는 제주어는 '절치다' 또는 '절지치다'라
한다.

① 우리 커 올 땐 절소리 들으멍 컷저.

　　(우리 클 때는 파돗소리 들으며 컸다.)

② 절소리도 듣지 좋나.

　　(파돗소리도 듣기 좋다.)

③ 개 굿 바위로 잘못 가당 절지치믄 물베락 맞는 거주.

　　(갯가 언저리로 잘못 가다가 파도치면 물벼락 맞는 거지.)

④ 송악산은 절치믄 웅 ᄒᆞ영 운댄 ᄒᆞ영 절울이엔 ᄒᆞ주.

　　(송악산은 파도치면 웅 하고 운다고 해서 '절울이'라고 하지.)

예문 ①은 어린 시절을 이야기할 때 가끔 듣는 이야기로, '우리 클 때는 파돗소

리 들으며 컸다.'는 말이다. 곧 물결치는 '절소리'를 자장가로 들었다는 것이다. 이는 자연이 들려주는 자장가 소리이고, 이 소리는 자연스레 일정한 간격으로 들린다. '드는물(밀물)'일 때 그 소리가 점점 커지다가 '싸는물(썰물)'로 돌아서면 점점 작아지며 여운을 남기기도 한다. 이런 경우는 **예문 ②**를 말함으로써 파돗소리가 듣기 좋다는 뜻을 전하기도 한다. 제주도에서 유배 생활을 했던 이건(李健)은 〈제주풍토기〉에서, "가장 괴로운 건 조밥을 먹는 것이요, 가장 무서운 건 뱀과 지네요, 가장 슬픈 것은 '절소리(파돗소리)'를 듣는 것이라(最苦者粟飯也 最畏者蛇蝎也 最悲者波聲也)" 했다. '절소리'가 고향 생각을 불러일으키게 되고, 고향 생각 때문에 파돗소리가 구슬펐던 모양이다.

　예문 ③은 바람 부는 날 갯가를 걷다가 바닷물을 뒤집어썼을 때 들을 수 있는 말로, '갯가 언저리로 잘못 가다가 파도치면 물벼락 맞는 거지.' 하는 뜻이다. 여기서 '개ᄀᆞᆺ바위'의 '개ᄀᆞᆺ'은 바닷물이 드나드는 물가를 뜻하고, '바위'는 '바우'라 하는데, 표준어 '가장자리' 또는 '언저리'에 해당하는 제주어이다. 그러니 '개ᄀᆞᆺ바위'는 '갯가 언저리' 또는 '갯가 가장자리'가 되는데, 파도치는 날 갯가 가장자리를 잘못 걷다가 바닷물 벼락을 맞게 된다는 말이 **예문 ③**이 뜻하는 바다.

　예문 ④는 서귀포시 대정읍 바닷가에 있는 '송악산'에 관한 이야기다. '송악산'은 바로 바닷가와 이웃해 위치하고, 그 남쪽은 절벽으로 되어 있다. 높은 파도가 솟구쳐 '송악산' 남벽을 치게 되면 '웅~' 하고 울리는 소리가 난다. 그래서 붙은 이름이 바로 '절울이'다. '파도가 치면 우는(鳴) 산'이란 뜻으로, '송악산'보다 더 말맛이 좋다.

　'절소리'는 표준어 '파돗소리'에 해당하는 말이다. 듣기에 따라 자장가로 들리기도 하고, 가장 슬픈 소리로 들리기도 한다니 귀를 기울여 파돗소리를 한번 들어 볼 일이다.

종네기

이 '종네기'는 '종류·품종·종자 따위의 같고 다름을 이르는 말'로, 표준어 '종내기'에 해당한다. 이 어휘는 '종種+-네기' 구성으로, 대개는 부정적인 의미로 쓰인다.

① 그 종네기가 그 종네깁주, 지레가 클 말이우깡?

    (그 종내기가 그 종내기지요, 키가 클 말입니까?)

② 그 종네기 어디 갑네깡?

    (그 종내기 어디 갑니까?)

③ 그 사름덜, 우터흔 종네기라, 막 목씰아.

    (그 사람들 위태한 종내기라, 막 사납고 악해.)

④ 우던이나 종네기나거 그튼 것 아니우까?

    (종족이나 종내기 거 같은 것 아닙니까?)

예문 ①은 키 작은 사람을 두고 "왜 키가 크지 않느냐?"는 물음에 대한 대답으로, "그 종내기가 그 종내기지요, 키가 클 말입니까?" 하는 말이다. 곧 아버지 키가 작으니 그 자식 또한 키가 작을 수밖에 없다는 뜻이다. 여기서 '지레'는 '질다(길다)'

에서 온 말로, 키를 말한다. **예문 ②**도 '그 종내기 어디 갑니까?' 하는 뜻으로, 그 종내기가 유전되며 이어진다는 말이다. 키가 크면 키가 크게 되고, 그 반대로 키가 작으면 작게 된다는 것이다. 성깔이 어질고 착하면 그 성질이 전해져 이어질 것이고, 나쁘면 나쁜 대로 그대로 이어진다는 말이다.

한편 **예문 ③**은 '그 사람들, 위태한 종내기라, 막 사납고 악해.' 하는 말이다. 여기서 '우터ᄒ다'는 표준어 '위태하다'에 해당하며, '목씰다'는 '성질이나 짓거리가 조금 사납고 악하다.'는 의미를 지닌다. 이 '목씰다'는 달리 '몹쓸다, 몹씰다'라 하는데, '몹쓸 것, 몹쓸 놈, 몹쓸 짓' 등의 '몹쓸'과 관계가 깊다.

예문 ④는 '종족이나 종내기나 거 같은 것 아닙니까?' 하는 말로, '우던'이라는 말과 '종네기'라는 말은 같은 뜻으로 쓰인다는 의미이다. 여기서 '우던'이란 '성과 본이 같은 무리' 또는 '같은 등속의 물건'을 뜻하니 거의 '종네기'와 같은 의미를 지니고 있다. 그래서 **예문 ④**처럼 '우던이나 종네기나 거 같은 것 아닙니까?' 하는 말을 하게 되는 것이다.

결국 '종네기'는 표준어 '종내기'로, '종류·품종·종자 따위의 같고 다름을 이르는 말'로, 대개는 부정의 뜻이 강한 말이니 삼갈 어휘 가운데 하나다.

좋은날

이 '좋은날'은 '비나 눈이 내리지 않아 날씨가 고른 날' 또는 '좋은 일이 있는 날'의 뜻을 지닌 어휘이다. 전자의 뜻이면 표준어 '마른날'로 대역할 수 있으며, 후자의 뜻이면 표준어 '좋은날'에 해당한다. 문장에 따라 '마른날'이나 '좋은날'로 구분할 수 있다.

① 무사 좋은날 놔뒁 궂인날 이사헴수광?

(왜 마른날 놔두고 궂은날 이사합니까?)

② 살당 보믄 좋은날도 싯곡 궂인날 싯곡 ᄒᆞ는법.

(살다 보면 좋은날도 있고 궂은날도 있고 하는 법.)

③ 하늘 울엉 날 좋은날 시멍, ᄇᆞ름 불엉 절 잘 날 시카?

(하늘 울어서 날 마른날 있으며, 바람 불어서 파도 잘 날 있을까?)

예문 ①은 이사철에 들을 수 있는 말로, '왜 마른날 놔두고 궂은날 이사합니까?' 하는 뜻이다. 제주도의 이사철은 신구간(新舊間)이라는 기간 곧 1월 마지막 주쯤으로, 대한(大寒) 후 5일부터 입춘(立春) 전 3일까지의 기간을 말한다. '신구간'은 어휘가 뜻하는 바대로 신들이 새로운 임무를 맡아 교대하는 시기로, 이때 이사를 하거나 집수리, 변소 고치기 등 여러 가지 일들을 해도 흉이 없고 해가 없다는 믿음에서 비롯한 풍습이다. 기간이 정해져 있으니 눈이 내리는 것 여부를 떠나 정해진 날짜에 이사를 하는 것이다. 그러나 젊은 사람이나 외지인들은 이 기간을 무시하고 수시로 이사를 하기 때문에 **예문** ①과 같이 말하게 되는 것이다. 이 예문의 '좋은날'은 '비나 눈이 내리지 않아 날씨가 고른 날'이기 때문에 표준어 '마른날'로 대역해야 한다.

    예문 ②는 **예문** ①에 대한 대답으로, '살다 보면 좋은날도 있고 궂은날도 있고 하는 법.'이란 뜻이다. 여기서 '좋은날'은 '날씨가 고른 날'의 뜻으로, 표준어 '좋은날'로 대역할 수 있으며, '궂인날'은 표준어 '궂은날'로 대역할 수 있다. 그러니까 살다 보면 비나 눈이 내리는 날도 있고, 그렇지 않은 날도 있는 것처럼 세상사 다 그러하다는 게 **예문** ②가 뜻하는 바다.

    예문 ③은 속담으로, '하늘 울어서 날 마른날 있으며, 바람 불어서 파도 잘 날 있을까?' 하는 뜻이다. 여기서 '하늘 울엉'은 천둥하고, 번개 치고 끝내는 비가 내리는 것을 말하는 것으로, 이런 날은 '좋은날(마른날)'이 될 수 없다. 또 '절'은 표준어 '파도'에 해당하는 어휘로, 바람이 불면 파도가 일기 마련이다. '하늘 울다=진날 또는 궂은날, 바람=파도'라는 등식은 거스를 수 없는 일이니 자연에 순응해야 하는 것이다.

    '좋은날'은 '비나 눈이 내리지 않아 날씨가 고른 날' 또는 '좋은 일이 있는 날'로, 문장에 따라 표준어 '마른날' 또는 '좋은날'로 대역할 수 있다. 새해에는 하루하루가 좋은 일만 생기는 좋은날만 있었으면 좋겠다.

진거

이 '진거'는 '긴 것'이라는 뜻으로 '뱀을 달리 이르는 말'
이다. 직접 '뱀'이라 표현하지 않고 뱀의 모양에 빗대어 '긴 것'이라고 에둘러 표현
하고 있으니 이는 일종의 금기어인 셈이다. 사실 뱀이라고 하면 '징그러운 존재',
'피해야 할 것' 등으로 생각하고 멀리한다. 그러나 제주 민속에서는 뱀을 '칠성, 부
군, 칠성부군'이라 부르고, 이를 잘 모시면 부(富)를 가져다 준다고 믿어 신앙의 대
상으로 삼는다. 물론 표준어 '뱀'의 방언형은 '베미, 베염, 버염, 뱀'으로 나타난다.

① 먼 올레에 진거 어지럼서라.

  (먼 골목에 뱀 다니고 있더라.)

② 이레 오단 보난 진게 비추와라.

  (이리로 오다 보니 뱀이 보이더라.)

③ 베염 뜨려난 막뎅이 거시지도 말라.

  (뱀 때렸던 막대기 건드리지도 마라.)

④ 큰아덜은 정사(丁巳)생 베염헤치우다.

  (큰아들은 정사생 뱀띠입니다.)

⑤ 칠성은 밧칠성광 안칠성이 잇주.

　('칠성'은 '안칠성'과 '밧칠성'이 있지.)

　예문 ①은 어린아이들에게 하는 경계의 말로, '먼 골목에 뱀 다니고 있더라.' 하는 말이다. 곧 골목에 뱀이 다니고 있으니 조심하라는 것이다. 여기서 '어지럽서라'는 '정돈되어 있는 것을 함부로 늘어놓아 어지럽게 하고 있더라.' 하는 뜻이지만 이 예문에서는 '(뱀이) 나다니고 있더라.' 하는 의미로 쓰였다. 예문 ②도 '이리로 오다 보니 뱀이 보이더라.'는 말이다. '진게 비추와라.'는 '보지 않으려고 했지만 저절로 뱀을 보게 되더라.'는 말로, 이 또한 경계의 말이다.

　예문 ③은 속담으로, '뱀 때렸던 막대기 건드리지도 마라.' 하는 말이다. '뱀을 때렸던 막대기'는 이미 부정 탔으니 그 부정한 것을 건드리면 또한 잘못 될 수도 있으니 아예 거들떠보지도 말라는 것이 예문 ③이 지니고 있는 의미이다. 예문 ④는 '큰아들은 정사생(丁巳生) 뱀띠입니다.' 하는 말이다. 곧 큰아들은 정사년에 태어났으니 띠로 말하면 '베염헤치(뱀띠)'라는 것이다.

　예문 ⑤는 제주 무속에서 자주 쓰이는 말로, '칠성에는 '안칠성'과 '밧칠성'이 있다.'는 뜻이다. '칠성'이란 '집안의 부를 가져다준다는 뱀신을 일컫는 말'로, 이 '칠성'에는 '안칠성'과 '밧칠성'이 있다. '안칠성'이란 '안에 모신 칠성'이란 뜻으로, 주로 고방(庫房)에 모시는 뱀신을 말하며, '밧칠성'은 '밖에 모신 칠성'이란 뜻으로, 집 뒤편에 모신 뱀신을 뜻한다. 이 '칠성'을 잘 위하고 모시면 집안에 부를 가져다준다고 생각했음은 많은 전설이나 설화에서 확인할 수 있고, 실제 그런 신앙도 있었다.

　막 계사년의 새해가 밝았다. 뱀의 해를 맞아 모두 생활의 부자, 마음의 부자가 되는 넉넉한 한 해가 되기를 소망한다.

ᄌ작벳

        이 'ᄌ작벳'은 '따갑게 내리쬐는 뜨거운 볕'을 말한다. 표준어 '땡볕'에 해당하는 제주어이다. 이 'ᄌ작벳'은 'ᄌ작+벳' 구성으로, '액체가 속으로 스며들거나 점점 졸아들어 없어지다.'는 뜻을 지닌 '잦다'의 방언형 '줒다'의 어간에 '-악'이라는 접미사가 연결된 'ᄌ작'에 '볕'의 방언형 '벳'이 결합해서 이루어진 말이다. 그러니까 'ᄌ작벳'은 '몸속의 수분이 점점 졸아들어 없어질 만큼 따가운 볕'을 뜻한다. "무지무지 더운, 가마솥 더위"인 셈이다.

① 삼춘, ᄌ작벳듸 검질메젠 속암수다.

   (삼촌, 땡볕에 김매려고 고생하십니다.)

② 이거 과랑과랑 ᄌ작벳 난 아이 뒈키여. 저디 그늘케라도 들어가게.

   (이것 쨍쨍 땡볕 나서 아니 되겠어. 저기 그늘대에라도 들어가자.)

    예문 ①은 'ᄌ작벳'이라는 어휘가 들어간 대표적인 문장이다. '삼촌, 땡볕에 김매려고 고생이 이만저만이 아닙니다.'나 '삼촌, 땡볕에 김매려고 수고하고 계십니다.'라는 의미로 쓰인다. 이 문장에 쓰인 '속다'는 표준어 '속다[欺]'와 그 형태가 같기 때문에 오해를 받기도 한다. 제주어 '속다'는 중세 어휘 '석다[廗]'에서 온 말로,

'땡볕에 김매려고 하니 속이 석다.' 곧 '속이 썩는다.'는 것이다. 한편 '속다[欺]'의 제주어는 '쏙다'이다. 뜨거운 햇살을 지고 일하는 사람에게 "ᄌᆞ작볏듸 속암수다."라고 말을 건네면 여름철 인사말로는 그만이다.

예문 ②는 '그늘대에라도 들어가 잠시 땡볕을 피해야겠다.'는 말이다. '과랑과랑'은 '괄다'의 어간에 '-앙'이 연결되어 형성된 어휘로, '기운이 세다.'는 '괄다'와 관련 있으니 이런 '과랑과랑'한 햇볕에 빨래를 말리면 금세 물기가 없어지며 마르게 된다.

이런 한낮의 'ᄌᆞ작볏'은 호박잎도 축 늘어지게 만들고, 콩잎도 축 늘어지게 만든다. 그런 늘어진 모습을 보고 있는 사람 또한 축 늘어지게 되니 '어씨굴락ᄒᆞᆫ 물'에라도 첨벙 들어가 볼 일이다. '어씨굴락ᄒᆞᆫ 물'은 '갑자기 찬물에 들어갔을 때처럼 소름이 돋을 정도 차가운 물'이라는 뜻이다. 'ᄌᆞ작볏'이 따갑다고 '어씨굴락ᄒᆞᆫ 물'만 찾다 보면 '개도 걸리지 않는다는 여름 감기'에 걸리게 되니 조심할 일이다.

찍시

    이 '찍시'는 '여럿으로 나누어 가지는 각 부분' 또는 '무엇을 나눌 때, 각자에게 돌아오는 한몫'이란 뜻을 지닌 어휘로, 표준어 '깃' 또는 '몫'에 해당한다. 이 '찍시'는 달리 '찍세·찍·직시·적시·나시' 등으로 말하기도 한다.

 ① 숭이 한 사름이난 그 사름 찍시랑 꼭 놔두라이.

  (흉이 많은 사람이니 그 사람 몫이랑 꼭 놔둬라.)

 ② 꿩 찍 매 찍 눈누당 보믄 남을 게 시냐게?

  (꿩 깃 매 깃 나누다 보면 남을 게 있겠니?)

 ③ 거 이녁 찍세도 못 춫앙 먹는 사름도 사름가?

  (거 이녁 몫도 못 찾아 먹는 사람도 사람이냐?)

 ④ 나 갓당 오크메 나 직시도 마탕 시라.

  (나 갔다가 오겠으니 내 깃도 맡아 있거라.)

 ⑤ 게난 나 나신 엇어?

  (그러니까 내 몫은 없니?)

예문 ①은 '이 탓 저 탓, 탓 타령을 잘하는 사람이니 그 사람 몫은 반드시 남겨 두어라.'고 주의를 환기시키는 말이며, 예문 ②는 '이 몫 저 몫으로 나누다 보면 남을 게 있겠느냐?'는 뜻이다. 여기서 '꿩 찍 매 찍'은 '꿩 깃 매 깃' 하면서 꿩에게도 나눠 주고, 매에게도 나눠 주고 한다는 것이다. 이는 꼭 나눠 주지 않아도 될 사람 몫까지 나누어 준다는 의미로, 한 편에서 보면 너그러운 사람이 되고, 다른 한 편에서 보면 헤픈 사람이 된다.

예문 ③은 '이녁 몫도 잘 챙기지 못하는 사람이 어디 사람이냐?'는 핀잔의 말이다. 이런 경우는 대개 '식은 사름(헤식은 사람), 미련헌 사름(미련한 사람), 뒤물른 사름(뒤무른 사람)'이라는 말을 듣는다. 야무지지 못하다는 말이다. 예문 ④는 '자리를 잠깐 비울 테니 내 몫도 받아서 잘 챙겨 두라.'는 부탁의 말이다. 사실 이런 경우, 현장에 없으면 제 몫을 챙기기는 어렵고, 또 나눠 주는 사람도 현장에 없다고 하면서 나눠 주지도 않는다. 그러면 잠깐 자리를 비웠던 사람이 돌아와 하는 말이 바로 예문 ⑤이다. '자리를 비웠다고 내 몫은 없느냐?'는 것이다.

결국 표준어 '깃' 또는 '몫'의 제주어는 '찍시·찍세·찍·직시·적시·나시' 등으로 쓰이고 있는 셈이다. 제 몫을 찾지 못하는 사람도 미련하지만 너무 제 몫만 챙기는 사람도 얄궂다. 오늘 조금 손해 본다고 내일 또 손해 보는 일은 없는 법이니 조금은 손해 보면서 살아도 될 성싶다.

차롱착

이 '차롱착'은 '채롱의 위 아래짝을 각기 이르는 말'로, 표준어로 대역할 마뜩한 대응어는 없다. '차롱착'은 '차롱+착' 구성으로, '차롱'은 표준어 '채롱', '착'은 표준어 '짝'에 해당한다.

① 이 쉐궤기 적이랑 저 차롱착에 놔두라.

   (이 소고기 적일랑 저 채롱 짝에 놔두어라.)

② 차롱착에 숫을 놘 왈강잘강 싯엄서.

   (채롱에 숯을 놓아 왈강잘강 씻고 있어.)

③ 밥이 일혼다 ᄒ난 밥도 큰큰헌 차롱착에 ᄀ득 싸줟.

   (밥이 일한다 하니까 밥도 커다란 채롱에 가득 싸줬어.)

예문 ①은 제사나 명절 때 들을 수 있는 말로, '이 소고기 적일랑 저 채롱 짝에 놔두어라.' 하는 뜻이다. 채롱은 댓개비로 만들기 때문에 통풍이 잘 되어 물기 있는 음식을 담아두기에는 안성맞춤이다. 물론 이때 '차롱착'은 '적차롱(적을 담아 두는 채롱)'이다.

예문 ②는 〈차사본풀이〉에 나오는 한 구절로, 저승사자가 삼천 년을 살았다는 동방삭을 잡으려고 꾀를 부리는 장면이다. 저승사자가 냇가에서 '채롱 짝에 검은 숯을 놓고 '왈강잘강(큰 빨랫감을 놀리는 모양. 달리 '왈탕발탕'이라 한다.)' 씻고 있기에 지나가던 동방삭이 '어째서 숯을 씻느냐?' 하고 묻는다. 사자가 대답하기를 "검은 숯을 씻으면 희게 된다고 해서 씻는다." 하니, 동방삭은 "아이고, 동방삭이 삼천 년을 살아도 검은 숯을 씻으면 희게 된다는 말은 들어본 바가 없다."고 하니, 그만 신분이 탄로되어 잡히고 만다는 것이다. 여기서 '숯을 채롱 짝에 넣고 왈강잘강 싯다.'는 것은 조리에 쌀을 넣고 조리질하는 장면을 연상하면 쉽게 이해될 것이다.

예문 ③도 '쉐죽은못(소 죽은 못)' 설화의 한 구절로, '밥이 일한다 하니까 밥도 커다란 채롱에 가득 싸줬어.' 하는 뜻이다. 그다음 이야기는 주인이 밭에 가서 보니 갈라는 밭은 갈지 않고 밥을 싼 '차롱착'을 쟁기 손잡이에 걸어두고 낮잠을 자고 있기에 욕을 한다. 놉은 "밥이 일혼다 하기에 쟁기 손잡이에 걸어두었다."는 것이다. 밭주인은 '홀어멍'이라고 '냉기린다(나무린다)'고 생각한 나머지 한숨에 밭을 갈게 되고, 지친 소를 물통으로 끌고 가 물을 먹인다. 지친 소가 물을 많이 마시는 바람에 그만 죽고 만다. 그래서 그 연못을 '소가 죽은 연못'이라 하여 '쉐죽은 못'이 되었다는 사연으로 이어진다. 여기서 '차롱착'은 '동고량, 밥당석, 밥장석, 밥차반이, 밥차롱, 도슬기' 등으로 나타나는 도시락을 말한다.

'차롱착'은 '채롱의 위 아래짝을 각기 이르는 말'로, 제물이나 음식을 넣어 두기도 한다. 집집마다 설날을 맞아 차례 음식을 장만한다고 야단이다. 집안 어른이 적(炙)을 놓아두겠다고 '차롱착'을 찾을지도 모르니 그때는 얼른 '차롱착'을 갖다 드릴 일이다.

텍

이 '텍'은 '무슨 까닭이나 이치' 또는 '그만한 정도나 처지'라는 뜻을 지니는데, 표준어 '턱'에 해당한다. 달리 '툭'이라 한다.

① 올힌 물건 깝이 올라부난 텍이 안 맞아. 난헐흐게 주곡 흐는 따문에 더.

(올해는 물건 값이 올라버리니까 턱이 안 맞아. 나는 헐하게 주고 하는 때문에 더.)

② 그 사름안티 는테는건 ㅎ나도 좋나. 더 얻젠 욕심 부리당은 텍도 읏나이.

(그 사람한테 뜯어내는 것은 하나도 좋나. 더 얻으려고 욕심 부리다가는 턱도 없나.)

③ ㅎ나 두 개 흔 건 툭 아니 맞나.

(하나 두 개 한 것은 턱 아니 맞나.)

④ 나간 지가 멧 년인디, 그 사름 살아올 툭이 읏수다.

(나간 지가 몇 년인데, 그 사람 살아올 턱이 없습니다.)

예문 ①은 중간 상인이 하는 말로, '올해는 물건 값이 올라버리니까 턱이 안 맞아. 나는 헐하게 주고 하는 때문에 더.' 하는 뜻이다. 물건 값도 올랐지만 다른 데에 비해 헐하게 팔기 때문에 더더욱 '텍(턱)'이 안 맞는다는 것이다. 인심 좋고, 정 많은 상인이다. 반면 **예문** ②는 그 사람한테 조금이라도 더 얻어내려고 하다가는 낭패를 보게 된다는 의미로 쓰인 경우다. 곧 '그 사람한테 뜯어내는 것은 하나도 좋나. 더 얻으려고 욕심 부리다가는 턱도 없나.'는 것이다. 그 사람한테 하나라도 얻어낸 것은 참으로 다행한 일이니 더 욕심을 부리지 말라는 뜻이다. 여기서 '는 테다'는 '안 주려는 것을 달라고 해 뜯어내다.'는 뜻으로 쓰이는 말이다.

예문 ③은 '하나 두 개 한 것은 턱 아니 맞나.' 하는 뜻으로, 한두 개로는 성이 차지 않는다는 말이다. 하나면 한쪽 손에, 둘이며 양손에 쥐면 충분할 터인데도, 욕심 사나운 사람들은 그렇지 않다. 양손에 쥐고도 입에 하나 더 물고 싶어 한다. 예문③은 바로 이런 사람을 두고 하는 말이다. 만일 양손에 쥐고, 입에까지 하나 더 물었다가 가정해 보자. 그 이후에는 그 어떤 일도 가능하지 않다. 발로 하는 일이라도 부자연스러울 수밖에 없다. 지나친 욕심은 그저 과욕에 지나지 않는다.

예문 ④는 '나간 지가 몇 년인데, 그 사람 살아올 턱이 없습니다.' 하는 뜻이다. 그런 일이 있을 수 없다는 말이다. 아마 집을 나간 지가 좀 오랬다면 제사를 하고 있는지 모를 일인데, '살아올 특'이 있느냐는 것이다.

'택'이나 '특'은 표준어 '턱'에 해당하는 어휘로, '무슨 까닭이나 이치' 또는 '그만한 정도나 처지'라는 뜻을 지닌다. 점점 무더워지는 여름철, 어떤 일이나 '택 엇이', '특 아니 맞게' 하는 일이 없었으면 한다. 그러면 시원한 여름을 날 수 있지 않을까.

퍼적

이 '퍼적'은 '겉으로 드러난 자취나 흔적'을 뜻하는 어휘로, 표준어 '표적(表迹)'에 해당한다. 달리 '표적'이라 한다.

① 개 문건 페적 안 나곡 사름 문 것 페적 난다.

(개 문 것은 표적 아니 나고, 사람 문 것은 표적 난다.)

② 낭에 돌아진 페적만 촛앙 가당 보믄 질 일르지 아년다.

(나무에 달린 표적만 찾아서 가다 보면 길 잃지 않는다.)

③ 묻은 디 촛기 쉽게 페적ᄒᆞ라.

(묻은 데 찾기 쉽게 표적해라.)

④ 이내 청춘 놀고 간디 무신걸로 페적ᄒᆞ리.

(이내 청춘 놀고 간 데 무엇으로 표적하리.)

예문 ①은 가끔 사람 독이 무섭다는 이야기를 할 때 인용되는 말로, '개 문 것은 표적 아니 나고, 사람 문 것은 표적 난다.'는 뜻이다. 어른들의 이야기를 들어보면 개한테 물린 이빨 자국은 나중이면 없어지는 데 반해 사람이 물어서 생긴 이빨 자국은 상처가 다 나아도 지워지지 않는다는 것이다. 그만큼 사람 독이 더 강하다는 것으로, 사람이 문 이빨 자국은 나중이 되어도 그 흔적을 남긴다는 것이다. 예문 ②는 산행을 할 때 듣는 말로, '나무에 달린 표적만 찾아서 가다 보면 길 잃지 않는다.'는 뜻이다. 산행하는 사람에게는 나무에 매달린 천연색 천이나 끄나풀이 훌륭한 이정표가 된다. 특히 눈이 쌓여 산길을 덮었을 때 나무에 달린 '페적'이야말로 좋은 길라잡이다.

한편 예문 ③과 예문 ④는 '페적'에 '흐다' 접미사가 연결되어 동사로 쓰인 경우다. 예문 ③은 아주 귀중하거나 중요한 것은 묻을 때 나중에 '묻은 데 찾기 쉽게 표적해라.' 하는 뜻이다. 예문 ④는 제주도 잡요의 한 구절이다. "청룡 황룡 노시단 된 비눌이 떨어정 페적인가, 청학 백학 노시단 딘 이슬이 떨어정 페적인가(청룡 황룡 노시던 덴 비늘이 떨어져 표적인가, 청학 백학 노시던 덴 이슬이 떨어져 표적인가)"라는 구절 다음에 이어지는 내용으로, '이내 청춘 놀고 간 덴 무엇으로 표적하리.' 하는 뜻이다. 청룡, 황룡은 그 놀던 곳임을 표적하기 위하여 제 비늘을 떨어뜨리고, 청학, 백학은 이슬을 떨어뜨리어 제 놀던 곳임을 표적하는데, '이내 청춘 놀던 데임을 무엇으로 표적하리.' 하는 뜻이다. 우리가 청춘일 때 놀던 곳에 무슨 '페적'을 남겼는지 곰곰 생각해 보지만 뾰족한 '페적'이 떠오르지 않는다.

'페적'은 '겉으로 드러난 자취나 흔적'이라는 뜻을 지닌다. 좋은 '페적'은 남길 필요가 있는 반면 나쁜 '페적'은 남기지 말아야 할 것이다. 만일 나쁜 '페적'이 생겼다면 빨리 지워버리려고 노력해야 할 것이다.

헐리

        이 '헐리'는 '살갗이 헐어서 상한 자리나 물건에 생긴 흠'을 뜻하는 어휘로, 표준어 '헌데'에 해당한다. '헐리'는 '몸에 부스럼이나 상처 따위가 나서 짓무르다.'는 뜻을 지닌 '헐다[毁]'에서 온 말로, '헐-+-ㄹ+이' 구성으로 이루어진 어휘이다. 이는 표준어 '헌데'가 '헐-+-ㄴ+데' 구성인 것과 같다.

① 발창에 헐리가 낫젠 굴안게, 걷젠 ᄒᆞ믄 막 아프키여.

    (발바닥에 헌데가 생겼다고 하던데, 걸으려고 하면 아주 아프겠어.)

② 입바위에 난 헐린 아프곡 오래간다.

    (입술에 생긴 헌데는 아프고 오래간다.)

③ 거 앗앙 뎅이당 조곰이라도 헐리나게 ᄒᆞ지 말라이.

    (거 갖고 다니다가 조금이라도 헌데 생기게 하지 마라.)

④ 이 굴무기 이불상 컨 좋긴 좋다만 구석에 헐리 난 제지키여.

    (이 느티나무 이불상 커서 좋기는 좋다마는 구석에 헌데 생겨서 제값 주지 않겠어.)

    예문 ①은 발바닥에 상처가 났을 때 들을 수 있는 말로, '발바닥에 헌데가 생겼다고 하던데, 걸으려고 하면 아주 아프겠어.' 하는 뜻을 지닌다. 발바닥에 상처가

446

났기 때문에 걸으려고 하면 그때마다 발바닥이 땅에 닿아서 상처를 건드리게 되니 아플 수밖에는 없다. 그래서 걸을 때마다 아주 아프겠다고 걱정하는 말이 바로 예문 ①이다. 예문 ②도 살갗이 헐어서 상한 자리를 나타내는 경우다. 너무 피곤한 나머지 입술이 부르터 상처가 났을 때 듣는 말로, '입술에 생긴 헌데는 아프고 오래간다.'는 뜻이다. 입술은 말할 때, 식사할 때 움직이는 주요 신체 부위로, 다른 부위에 비해 쉬면서 노는 시간이 별로 없다. 그런 입술이 터졌으니 말할 때마다 당기고, 무엇을 먹을 때마다 아물던 상처가 다시 터지니 아프고 오래갈 수밖에. 어떤 사람들은 침에 소독 성분이 있어 그리 걱정할 문제는 아니라고 하지만 보기 흉할 뿐만 아니라 자주 터지고 아프니 문제다. 예문 ②처럼 입술에 생긴 '헐리'는 아프고 오래가니 너무 무리하지 않는 게 상책이다.

예문 ③과 예문 ④는 위 두 예문과는 달리 '헐리'가 '물건에 생긴 흠'의 뜻으로 쓰인 경우다. 예문 ③은 밥상 따위를 두고 하는 말인데, '그것 갖고 다니다가 조금이라도 헌데 생기게 하지 마라.' 하는 뜻이다. 밥상을 들고 다니다 보면 문기둥인 '입쟁이(문설주)'에 부딪혀 상 모서리가 떨어져 나가거나 흠이 생기게 된다. 이를 두고 하는 말이 예문 ③이다.

예문 ④의 '굴무기'는 '느티나무', '이불상'은 '이불을 포개어 얹어두는 상', '제지다'는 '물건 자체에 흠이 생겨서 제값이 나가지 아니하다.'는 뜻의 말이니 '이 느티나무 이불상 커서 좋기는 좋다마는 구석에 헌데 생겨서 제값 주지 않겠어.' 하는 의미를 지닌다. 아주 좋은 '이불상'인데 구석에 흠이 생겨서 제값을 주지 않겠다는 것이다.

'헐리'는 표준어 '헌데'에 해당하는 어휘로, '살갗이 헐어서 상한 자리나 물건에 생긴 흠'의 뜻을 지닌다. 너무 무리해서 살갗에 상처가 생기지 않게 하는 일, 어떤 물건에 흠이 생기게 하지 않는 일은 무더워지는 날씨에는 각별 명심해야 한다.

헛입

이 '헛입'은 '쓸데없이 내뱉는 말'이란 뜻을 지닌 어휘로, 표준어 '빈말'에 해당한다. 달리 '헛말, 빈말'이라 한다. '쓸데없이 헛된 말을 하다.'는 뜻으로 '헛입놀리다, 헛말ᄒ다, 빈말ᄒ다'가 쓰이는 것은 당연하다.

① 자의신디 헛입 잘못 놀렷당 큰일 납네다.

　(쟤한테 빈말 잘못 놀렸다가 큰일 납니다.)

② 일ᄒ는사름신딘 헛말이라도 잘헴뎅 골아삽주.

　(일하는 사람한테는 빈말이라도 잘한다고는 말해야지요.)

③ 헛입놀리는 사름 말은 몰라 부러사된다.

　(빈말하는 사람 말은 몰라 버려야 된다.)

④ 나가 헙주 줄락ᄒ게 헛입놀렷단이 벌고셍을 헴수다.

　(내가 하지요 불쑥하게 빈말했다가 이 생고생을 하고 있습니다.)

예문 ①은 '그 아이한테 빈말 잘못 놀렸다가 큰일 납니다.'라는 뜻으로, 그 아이한테는 빈말이 통하지 않는다는 뜻이다. 내심 스마트폰을 사 줄 생각이 없는데도, 만약 성적이 오르면 스마트폰을 사주겠다고 약속하면 성적이 올랐을 때는 반드시 스마트폰을 사주어야 한다는 것이다. 다른 변명이 통하지 않는다는 말로, 모든 이야기를 곧이곧대로 듣고 또 그렇게 믿는다는 것이다. **예문 ②**는 '일하는 사람한테 빈말이라도 잘한다고 말해야지요.' 하는 뜻으로, 일하는 것만으로도 잘하는 것이 아니냐는 뜻이다. 그러니까 일하는 사람을 헐뜯을 게 아니고 잘한다고 칭찬을 해야 하지 않겠느냐는 것이다.

한편 **예문 ③**과 **예문 ④**는 '쓸데없이 헛된 말을 하다.'는 뜻으로, '헛입놀리다' 등이 쓰인 경우이다. **예문 ③**은 '그렇게 빈말하는 사람 말은 몰라 버려야 된다.'는 뜻으로, 빈말 잘하는 사람 말은 '아 그런가.' 하고 그냥 넘겨 버려야 한다는 것이다. 빈말 잘하는 사람 말은 들을 가치가 없다는 것이다. '양치기 소년' 이야기를 연상하면 된다.

예문 ④는 '내가 하지요 (하고) 불쑥하게 빈말했다가 이 생고생을 하고 있습니다.' 하는 뜻으로, 말 한마디 잘못하는 바람에 '벌고생'을 서고 있다는 말이다. 여기서 '줄락ᄒ게'는 생각지도 않았는데 '내가 하지요.' 하는 말이 그만 '불쑥하게' 튀어나왔다는 것이며, '벌고생'은 '하지 않아도 좋을 공연한 고생'을 뜻한다. 그러니 **예문 ④**는 말을 잘못 내뱉었으니 그 말값을 치러야 하기 때문에 생고생하고 있다는 것이다.

결국 '헛입'은 '쓸데없이 내뱉는 말'이란 뜻을 지니고 있으니, 말할 때는 거짓이 없고 사실과 조금도 틀리지 않는 참말이나 정말을 말해야 한다. 그래야만 말 듣는 사람은 그 진실을 더하거나 덜하는 일 없이 그대로 듣고 또 그렇게 실천할 것이다.

훌림

이 '훌림'은 '남을 꾀어 후리는 일이나 그런 솜씨나 수단'을 뜻하는 어휘로, 표준어 '후림'에 해당한다. 달리 '후림대'라 한다. '훌림'은 표준어와 같은 형태인 '후리다'의 어간에 접미사 '-ㅁ'이 연결되어 이루어진 어휘이다.

① 술칩은 벗 훌림에 가는 겁주, 혼자 가집네까?

   (술집은 벗 후림에 가는 거지요, 혼자 갈 수 있습니까?)

② 남선비옥은 깐에도 노일의 뚤 훌림에 들언 전베독선 다 풀아먹고.

   (남선비 약은 깐에도 노일의 딸 후림에 들어서 전배독선 다 팔아먹고.)

③ 거짓말도 ᄒᆞ는 것 닮고, 그자 후림대 ᄒᆞ곡, 그자 희여뜩ᄒᆞᆫ소리나 ᄒᆞ곡.

   (거짓말도 하는 것 같고, 그저 후림하고, 그저 허튼소리나 하고.)

예문 ①은 "왜 술 마시느냐?"에 대한 대답으로 가끔 들을 수 있는 말로, '술집은 벗 후림에 가는 거지요, 혼자 갈 수 있습니까?' 하는 뜻이다. 술 마시러 가는 것은 자기 의지와는 상관없이 벗의 '후림'에 어쩔 수 없이 가게 된다는 말이다. 변명치고는 고약하지만 이해되는 구석이 있다. 본인이 술값을 계산해도 말로는 친구가 술값을 치른 것으로 만드니 벗치고는 대단한 친구가 아닌가.

예문 ②는 〈문전본풀이〉에 나오는 구절로, '남선비 약은 깐에도 노일의 딸 후림에 들어서 전배독선[全船獨船] 다 팔아먹고.' 하는 뜻이다. 여기서 '남선비'는 일곱 형제의 아버지이며, '노일의 딸'은 '노일제데귀일의 딸'을 말한다. 남선비가 장사하러 독선에 물건을 실어 육지로 떠났지만 그만 '노일제데귀일의 딸'의 '홀림(후림)'에 빠져 모든 재산을 탕진하게 되고, 제주에서 기다리던 '여산부인'은 남편을 찾아 떠났다 '노일'의 수작에 수장을 당하고 만다. 아주 똘똘하고 다기진 막내아들인 '녹디생인'의 지혜로 모든 사실이 들통이 나자 '노일'은 도망가다 변소에 빠져 죽고 만다. 어머니 주검도 주천강 물속에서 찾아 그동안 물속 추운 곳에 있었으니 따뜻한 조왕으로 모시게 되었다는 것이다. 그때부터 변소와 조왕은 맞서면 안 좋다는 법이 생겼고, 시루 구멍이 일곱 뚫렸고, 제사 때 제반을 걷으면 지붕에도 올리고, 조왕에도 올리는 법이 생겼다는 것이다. 빛나는 선조의 상상력을 확인할 수 있으니 한번 읽어보기를 권한다.

예문 ③은 '홀림' 대신에 '후림대'가 쓰인 경우로, 말하는 것이 '거짓말도 하는 것 같고, 그저 후림하고, 그저 허튼소리나 하고.' 한다는 것이다. 여기서 '닮다'는 "닐비 올 거 닮다.(내일 비 올 것 같다.)"처럼 쓰이는 '닮다'로 표준어 '같다'에 해당한다. 또 '희여뜩흔소리'는 '실속 없이 함부로 지껄이는 말'로, 그 의도를 종잡을 수 없는 말이 된다. 곧 허풍을 떤다는 것이다.

'홀림'은 대개 '벗 홀림'처럼 쓰이는 말로, '남을 꾀어 후리는 일이나 그런 솜씨나 수단'을 뜻한다. 난처한 입장에 되었을 때, 예문 ①처럼 "벗 홀림에 들언예." 하고 한번 변명으로 써볼 만하다.

희어뜩흔소리

　　이 '희어뜩흔소리'는 '어지럽게 함부로 지껄이는 말'을 뜻하는 어휘로, 표준어 '허튼소리'와 맞먹는다. 이 '희어뜩흔소리'는 '희어뜩흐-+-ㄴ#소리' 구성이다. '희어뜩흐다'는 '현기증이 날 정도로 매우 심하게 어지럽다.'의 뜻으로, 표준어 '희뜩거리다'에 해당한다. 그러니까 '희어뜩흔소리'는 '매우 어지러울 정도로 내뱉는 말, 어지럽게 함부로 지껄이는 말'이라는 뜻을 지닌다.

① 무사영 희어뜩흐게 하시니? 발로 볼라지키여.

　　(왜 이렇게 희뜩거리게 많은가? 발로 밟히겠어.)

② 이제랑 희어뜩흔소리 그만 흐라, 키눈이 왁왁흐다.

　　(이제는 허튼소리 그만 해라, 귀눈이 캄캄하다.)

③ 또 희어뜩흔소리, 어디 죽은 사름 시냐?

　　(또 허튼소리, 어데 죽은 사람 있느냐?)

　　예문 ①은 무슨 물건이 어지러울 정도로 많이 있음을 표현한 문장이다. 이렇게 되면 "이거 지체 못흐키여.(주제 못 하겠어.)"나 "지체 못흘로구나게!(주체 못 하겠구나!)" 하고 뒤로 물러설 수밖에 없다.

452

예문 ②는 '허튼소리 그만 작작해라, 눈앞이 캄캄하다.'는 말이다. 정말이지 가끔 된 말 안 된 말을 늘어놓는 경우를 본다. 어느 게 어느 겐지 분간하기 어려울 정도이니 '귀눈이 왁왁'할 수밖에는 없는 일이다.

예문 ③도 "탈 타 먹은 하르방처록 허러러 더러러." 하며 말을 늘어놓을 때 하는 말이다. 지금 하는 이야기가 어데 사람 죽은 일만큼 중요하냐는 것이다. "탈 타 먹은 하르방처록 허러러 더러러."는 '딸기 따 먹은 할아버지처럼 허허 덜덜.' 떠벌리는 것을 말한다.

표준어 '희뜩거리다'는 '희뜩+-거리다' 구성으로, '희뜩'은 다음과 같은 여러 가지 뜻을 지닌다. 곧 ㉠갑자기 몸을 뒤로 젖히며 자빠지는 모양, ㉡갑자기 얼굴을 돌리며 슬쩍 돌아보는 모양, ㉢현기증이 나서 기절할 듯이 매우 심하게 어지러운 모양, ㉣눈알을 뒤집으며 슬쩍 곁눈질을 하는 모양 등이다. '희어뜩흔소리'의 '희어뜩'은 세 번째의 '현기증이 나서 기절할 듯이 매우 심하게 어지러운 모양'의 의미로 사용되었다. 요즘 왜 이렇게 귀를 어지럽히는 '희어뜩흔소리'가 많이 들리는지 모르겠다.

제4장

부사

副詞

용언 또는 다른 말 앞에 놓여 그 뜻을 분명하게 하는 품사. 활용하지 못하며 성분 부
사와 문장 부사로 나뉜다. '매우', '가장', '과연', '그리고' 따위가 있다. 늑어찌씨. 억씨.

고벳이 ——— 456

내밀심 엇이 ——— 458

더퍼놓고 ——— 460

둥게둥게 ——— 462

뒈싸복닥 ——— 464

마기 ——— 466

밤새낭 ——— 468

버버작작 ——— 470

빈빈 ——— 472

산득산득 ——— 474

수딱 ——— 476

수시미악 ——— 478

심드렁펀펀 ——— 480

연달아 ——— 482

왕왕작작 ——— 484

이땅 ——— 486

잘락 ——— 488

천상 ——— 490

커싱커싱 ——— 492

파싹 ——— 494

필필 ——— 496

하도 ——— 498

허우덩싹 ——— 500

흔이나게 ——— 502

훌긋훌긋 ——— 504

고벳이

        이 '고벳이'는 '조금 곱은 듯하게'라는 뜻으로, 표준어 '고붓이'에 해당한다. '고벳이'는 '곱은 듯하게'가 기본 의미이지만 그 뜻이 확대되어, '다소곳하게(고개를 조금 숙이고 얌전하게)' 또는 '시키는 대로' 하는 뜻으로 쓰이기도 한다. '몸이나 고개가 조금 곱다[曲]'는 것 자체가 얌전한 것이고, 하는 말을 잘 듣는 것이 된다.

① 야의야, 경 요빈닥ᄒ지 말앙 고벳이 글라.

    (애야, 그렇게 요변덕하지 말고 고붓이 가자.)

② 고벳이 곧는 말 들어시믄 잘헴수덴 ᄒ는 말이나 들을 건디.

    (고붓이 하는 말 들었으면 잘하고 있습니다 하는 말이나 들을 것인데.)

③ 고벳이 노는 아이신디 매닥질은 무사?

    (고붓이 노는 아이한테 매질은 왜?)

    예문 ①은 '애야, 그렇게 요변덕하지 말고 고붓이 가자.'는 뜻으로, 꼬마와 함께 '질컬음'할 때 하는 말이다. 지금 길은 아스팔트가 되어 있어서 발로 찰 물건이나 집어서 던질 만한 물건이 많지 않다. 길 자체도 미끈하여 지루할 뿐이다. 그러나 예전 길은 길바닥이 울퉁불퉁하고, 돌멩이가 널려 있고, 집어서 던질 만한 물건이 많았다. 발로 차고 집어서 던지고 하다 보면 자연 길걸음은 더디어질 수밖에 없다. 이런 행동이 꼬마들에게는 재미있는 일인데, 어른이 눈에는 '요빈닥'으로 보이고 그래서 '얌전하고 바르게 길을 가자.'는 것이다. 여기서 '요빈닥'은 '야빈닥'이라고도 하는데, 표준어 '요변덕(요사스러운 변덕)'에 해당한다.

예문 ②는 의견에 따르지 않고 제 고집을 부리다가 좋지 않은 결과가 있을 때 하는 말로, '고붓이 하는 말 들었으면 "잘헴수다"라는 말을 들을 것인데.' 하는 아쉬움의 표현이다. '곧는 말만 들어도 중간을 갈 건디.' 하는 말을 되뇌게 하는 상황이 되어 버린 것이다. '잘헴수다'는 '잘하고 있습니다.'의 뜻으로 어른에 대한 칭찬의 표현이다.

예문 ③은 '고붓이 노는 아이한테 매질은 왜?'라는 뜻으로, 왜 잘 노는 아이를 건드리느냐고 항의하는 말이다. 잘 노는 아이한테 매질을 하면 울게 되고 울게 되면 결국 판을 깨는 것이 된다.

'고벳이'는 '조금 곱은 듯하게'의 뜻이나 '다소곳하게'라는 뜻으로까지 확대되어 쓰이는 말로, '있는 그대로'의 것이 좋다는 것을 내포하고 있는 말이다. 지금 하는 일도 '고벳이' 하면 좋은 결과가 있을 것이다.

녀밀심 엇이

이 '내밀심 엇이'는 '가늠해 보아 해낼 만한 능력이 없이' 하는 뜻으로, 표준어로 대역하면 '내밀힘 없이'가 된다. 여기서 '내밀심'이란 '밖 또는 앞으로 밀고 나아가는 힘' 또는 '자기의 의지나 주장을 굽힘 없이 자신 있게 내세우는 힘'이란 뜻을 지닌다. 그런데 이 '내밀심'이라는 어휘는 부정의 뜻인 '엇이[無]'와 함께 쓰이다 보니 결국 '내밀심'은 '가늠해 보아 해낼 만한 능력'이라는 의미로 변해서 쓰이게 되었다.

① 이녁 압가림은 못ㅎ멍 내밀심 엇이 촐삭거리기는.

  (이녁 앞가림은 못 하면서 내밀힘 없이 촐랑거리기는.)

② 그 사름 내밀심 엇이 나상 눕뜨는게 막 밉상불라게.

  (그 사람 내밀힘 없이 나서서 냅뜨는 것이 아주 밉상스럽다.)

예문 ①은 제 일은 제대로 챙기지도 못하면서 촐랑대기 잘하는 사람을 나무랄 때 쓰는 말로, '이녁 앞가림은 못 하면서 내밀힘 없이 촐랑거리기는.' 하는 뜻이다. 그러니까 '이녁 앞가림은 못 하면서도 제 능력은 헤아리지도 않고 촐랑거린다.'는 말이다.

예문 ②도 자주 듣는 말로, '그 사람 내밀힘 없이 나서서 냅뜨는 것이 아주 밉상스럽다.'는 뜻이다. 제 힘을 가늠해서 '내밀심'이 없다면 '나서지 말아야 하는데, 그러지 않아 나서서 냅뜨는 것이 너무 밉상스럽다.'는 것이다. 여기서 '늡뜨다'는 '관계도 없는 일에 불쑥 참견하여 나서다.'는 것을 말하는 것으로, 표준어 '냅뜨다'에 해당하며, '밉상불르다'는 달리 '밉성버르다, 밉성글르다, 밉상브르다'라 하는데, 표준어 '밉상스럽다'에 맞먹는 말이다. 물론 '밉상불라게'의 '게'는 서술어 뒤에 연결되어서, 강조·확인·촉구·친절·반어의 뜻을 나타내는 종결보조사이다.

이 예문들에서 '내밀심 엇어'는 '가늠해 보아 해낼 만한 능력이 없이'라는 의미로 쓰이기 때문에 달리 '제 깜냥을 헤아리지 않고'라는 말로 바꾸어도 의미는 통한다. 결국 '내밀심 엇이'는 '가늠해 보아 해낼 만한 능력이 없이'라는 뜻을 지니고 있다. 그러니 '앞으로 밀고 나아가는 힘'이나 '제 자신의 주장을 자신 있게 내세울 힘이나 근거'가 있다면 '내밀심' 있게 밀어붙여도 좋지만 그렇지 않다면 나서서 '늡뜨지' 않는 것도 지혜의 하나가 될 것이다.

더퍼놓고

이 '더퍼놓고'는 '어떠한 사정이나 형편을 따지거나 헤아리지 않고 그저'라는 뜻을 지닌 어휘로, 표준어 '덮어놓고'에 해당한다. '더퍼놓고'는 '덮다[蓋]'의 방언형인 '더프다'와 '놓다[放]'가 결합하여 이루어진 어형이기 때문에 '더퍼놓고'라고 표기해야 한다.

① 엇인 돈 더퍼놓고 내어놓으렌만 ᄒᆞ니 이런 굽굽이 어디 이십네깡?

  (없는 돈 덮어놓고 내놓으라고만 하니 이런 갑갑함이 어디 있습니까?)

② 개가 꼴리 치멍 가가난 그개 조름에만 그자 더퍼놓고 ᄯᅡ라갓지.

  (개가 꼬리 흔들며 가니까 개 꽁무니만 그저 덮어놓고 따라갔지.)

③ 경ᄒᆞᆫ 일은 더퍼놓고 혼차만 홀 일이 아니우다.

  (그런 일은 덮어놓고 혼자만 할 일이 아닙니다.)

예문 ①은 한량 아들은 둔, 그리 넉넉하지 않은 어른들한테서 들을 수 있는 말이다. '없는 돈 덮어놓고 내놓으라고만 하니 이런 갑갑함이 어디 있습니까?' 하는 하소연을 담고 있다. 어디 돈이 수돗물처럼 꼭지를 틀면 펑펑 쏟아지는 것인가. 은행이나 개인한테서 돈을 빌리려 해도 보증을 세워야 하니, 그런 일도 한두 번이면 족하지, 돈 달라고 할 때마다 부탁할 수는 없는 일이다. '이번이 마지막이다.'는 말을 몇 번이나 했으며, 다시는 그런 일이 없을 거라는 약조를 받은 일도 여러 번이다. 그러나 돈이 떨어지기만 하면 '돈 줍서.' 하는 아들 말에 내뱉는 푸념이 바로 **예문 ①**로, 이 예문에서 '더퍼놓고'가 지니는 '사정이나 형편을 따지거나 헤아리지 않고 그저'라는 뜻을 확인할 수 있다. 강형철 시인의 〈아버님의 사랑말씀6〉이 떠오른다.

  예문 ②는 은혜 갚은 개에 관한 설화에 등장하는 이야기로, 곤경에 처한 개를 구해 준 적이 있는데, 나중에는 구해준 사람이 어려운 처지에 있을 때 개가 그 은혜를 갚는다는 정형적인 내용에서 등장하는 구절이다. 개가 따라오라는 듯 '꼬리 흔들며 가니까 그 개 꽁무니만 그저 덮어놓고 따라갔지.' 하는 뜻이다. 개를 따라 그곳에 가서 보니 황금이 묻혀 있었다, 또는 명당이어서 나중에는 발복(發福)해서 잘 살았다는 결말을 맺는다. 여기서 '꼴리'는 '동물의 꽁무니나 몸뚱이 뒤 끝에 붙어서 조금 나와 있는 부분(꼬리)'으로, 달리 '촐리, 꼴렝이, 꽁뎅이, 총지, 꼬리' 등으로 나타나기도 한다. '조름'은 표준어 '꽁무니'에 해당한다.

  예문 ③은 알리기 거북하거나 비밀스럽게 처리해야 할 일을 잘못 처리해 외부에 알려졌을 때 들을 수 있는 말로, '그런 일은 덮어놓고 혼자만 할 일이 아닙니다.' 하는 뜻이다. 이 예문에는 알리지 않았다는 섭섭함, 그렇게 비밀스레 밀어붙여서는 아니 된다는 충고 등이 담겨 있다. 정말이지 '덮어놓고 혼자서 할 일은 아니다'.

  '더퍼놓고'는 '어떠한 사정이나 형편을 따지거나 헤아리지 않고 그저'라는 뜻을 담고 있는 어휘로, 어떤 일을 처리할 때는 사정이나 형편을 따지거나 헤아리는 아량과 도량이 필요함을 일깨워주니 한번 되새겨볼 일이다.

둥게둥게

이 '둥게둥게'는 '마음이 자꾸 들뜬 모양. 또는 그냥 시간만 허비하는 모양'의 뜻을 지닌 어휘로, 표준어 '둥둥'에 해당한다. 표준어와 같은 형태인 '둥둥'이 쓰이기도 한다. 또 이들 어휘에 'ᄒ다'가 연결되어 '둥게둥게ᄒ다', '둥둥ᄒ다'라는 새 어휘를 만들기도 한다.

① 오널은 춫아오는 손님도ᄒ곡 어떵 둥게둥게 놀아쪄수다.

(오늘은 찾아오는 손님도 많고 어찌 둥둥 놀게 되었습니다.)

② 둥게둥게ᄒ당 보난 아무 일도 못ᄒ엿저게.

(둥둥하다 보니 아무 일도 못했어.)

③ 일본서 삼춘 온덴 연락 오믄 그날만 둥둥 지드려켜마씀.

(일본에서 삼촌 온다고 연락 오면 그날만 둥둥 기다리게 되지요.)

④ 둥둥ᄒ당 보난 삼춘완 연필 선물을 줘마씸.

(둥둥하다 보니 삼촌 와서 연필 선물을 주지요.)

예문 ①은 행사가 있는 날 가끔 들을 수 있는 말로, '오늘은 찾아오는 손님도 많고 어찌 둥둥 놀게 되었습니다.' 하는 뜻이다. 행사에 참석하려는 사람들은 제시간에 맞춰 오는 사람도 있지만 그렇지 않아 좀 일찍 오는 사람도 있다. 그러면 잠시 머물 곳을 찾기 마련인데 이때 아는 사람이 근무하는 사무실을 방문하게 된다. 사무실에서는 차를 준비하고, 찾아온 손님을 상대하여 말벗이 되어야 한다. 그러다 또 조금 있으면 다른 사람이 찾아온다. 같은 일의 반복이다. 상황이 이렇게 되고 보면 자기 일은 뒷전으로 밀려 결국은 아무 일도 못하게 된다. 이런 날 하루를 마무리하며 하는 말이 **예문** ②이다. 곧 '둥둥하다 보니 아무 일도 못했어.' 하는 뜻이다. '둥둥'은 마음이 안정되지 않아서 들뜬 것이매 일이 손에 잡힐 리 없고, 그냥 시간만 허비하게 되었다는 것이다.

예문 ③은 일본의 삼촌한테서 연락이 왔을 때 기쁜 마음을 표현하며 쓰는 말이다. 곧 '일본에서 삼촌 온다고 연락 오면 그날만 둥둥 기다리게 되지요.' 하는 뜻이다. 일본에서 삼촌이 올 때면 삼촌 가방에는 으레 아이들을 위한 잠자리표 연필이 들어있다. 오래전에 우리나라 연필은 나무질이 좋지 않아 엇깎이고, 연필심 또한 잘 부러졌었다. 그러나 잠자리표 연필은 잘 깎이고, 침을 바르지 않아도 글씨가 선명했다. 눌러 쓰지 않아도 되니 종이 또한 찢어질 염려가 없었다. 이런 고급 연필을 학교에 갖고 가서 친구에게 자랑할 심사이니 삼촌 오기만을 들뜬 마음으로 기다리고 또 기다렸던 것이다. 학수고대하는 날 삼촌한테서 연필 선물을 받았으니 그때 하는 말이 곧 '둥둥하다 보니 삼촌 와서 연필 선물을 주지요.' 하는 **예문** ④이다.

'둥게둥게'는 달리 '둥둥'이라 하는데, '마음이 자꾸 들뜬 모양. 또는 그냥 시간만 허비하는 모양'의 뜻을 지닌 어휘로, 표준어 '둥둥'으로 대역할 수 있다. 며칠 앞으로 다가온 추석을 기다리는 사람들의 들뜬 마음을 표현할 수 있는 어휘라 생각하면 이해가 쉽다.

뒈싸복닥

이 '뒈싸복닥'은 '무엇을 찾으려고 물건을 뒤집고 또 뒤
집고 하기를 반복하는 모양'을 나타내는 어휘로, 대역할 마뜩한 표준어는 없다.
'뒈싸복닥'은 '뒈쓰[覆]-+-아 #복닥' 구성으로 이루어졌다. '뒈쓰다'는 표준어 '뒤
집다'에 해당하며, '복닥'은 '물건에 씌워진 겉껍질' 또는 '물건 위에 덧씌워진 모
자 따위'를 일컫는 말로, 몽골어 '복토'에서 온 어휘이다. 그러니 '뒈싸복닥'은 마
술사가 쓰고 나온 모자를 뒤집고 또 뒤집고 하는 모양을 나타내는 것으로 보면
좋을 듯하다.

① 췌 엇인 양말만 뒈싸복닥, 경 ᄒ여도 엇인 게 나올 말이라게.
　　(죄 없는 양말만 뒤집고 뒤집고, 그래도 없는 게 나올 말이라.)
② 대문 율안 보난 ᄆ 끗어내언 벌겨놓곡, 어떤 건 뒈싸복닥, 도독 들어난 셍이라.
　　(마루문 열어서 보니까 전부 꺼내어 늘어놓고, 어떤 건 뒤집고 뒤집고, 도둑 들었던 모양
　　이다.)
③ 구들늬 구석을 뒈싸복닥 ᄒ멍 촛아도 엇어라.
　　(구들 네 구석을 뒤집고 뒤집고 하며 찾아도 없더라.)

464

예문 ①은 잃어버린 바늘을 찾을 때 들을 수 있는 말로, '죄 없는 양말만 뒤집고 뒤집고, 그래도 없는 게 나올 말이라.' 하는 뜻이다. 이는 양말을 깁고 난 뒤 바늘이 없어졌으니 일단 의심은 양말로 갈 수밖에 없다. 그래서 양말을 '뒈싸복닥' 하며 눈을 크게 떠 샅샅이 살펴보는 것이다. 이 양말은 이미 한번 찾았던 터라 없는 바늘이 나올 턱이 없다. 이때 하는 말이 예문 ①이다. 지금은 기운 양말을 신는 사람이 없으니 양말을 '뒈싸복닥'해야 할 일이 있다면 크리스마스 선물이 양말 속에 있을까 하고 뒤지는 일일 것이다.

　예문 ②는 외출 뒤 집 안이 보기 흉할 정도로 어지럽게 되었을 때 하는 말로, '마루문 열어서 보니까 전부 꺼내어 늘어놓고, 어떤 건 뒤집고 뒤집고, 도둑 들었던 모양이다.'는 말이다. 여기서 '대문'은 대청으로 들어오는 입구의 마루문을 말하고, '끗어내다'는 '속이나 안의 것을 밖으로 나오게 하거나 내놓다.', '당겨서 밖으로 끄집어내다.'는 뜻을 지닌다. 한편 '벌겨놓다'는 '여기저기 함부로 벌여 놓다.'는 뜻으로, 표준어 '늘어놓다'에 해당한다. 결국 예문 ②는 '마루문을 열고 집 안을 보니 모두 꺼내어/끌어내어 늘어놓았고, 어떤 것은 뒤집고 뒤집고 했으니 도둑이 들었던 모양이다.'는 것이다.

　예문 ③은 앞의 예문 ①과도 관련 있는 문장으로, 양말을 뒤집어도 바늘을 찾을 수 없었으니 이제는 방 안을 찾아볼 차례다. 그래서 구들에 있는 물건 하나하나를 뒤집으며 찾아도 없을 때, '구들 네 구석을 뒤집고 뒤집고 하며 찾아도 없더라.' 하는 말이다. 이 예문은 '놈 곱진 건 쉐도 못 춫나.(남 숨긴 건 소도 못 찾는다.)' 하는 속담이 연상되기도 한다.

　'뒈싸복닥'은 '뒈씨[覆]-+-아 #복닥' 구성으로 이루어진 어휘로, '무엇을 찾으려고 물건을 뒤집고 또 뒤집고 하기를 반복하는 모양'을 나타내는 어휘이다. 자신이나 남을 위하여 '뒈싸복닥'하며 찾지 않게 모든 걸 잘 정리해 두어야겠다.

마기

이 '마기'는 '어쩌다가 그렇게' 또는 '어쩌다가 혹시' 하는 뜻을 지닌 어휘로, 표준어 '행여'에 가깝다. 문장은 대개 '마기 ~믄(민) 좋키여.' 구성으로 이루어지며, '불확실하거나 아직 이루어지지 않은 사실을 가정할 때' 또는 '현실과 다른 사실을 가정할 때' 쓰인다.

① 올힌 괜차녀켄 골으난, 마기 경만 뒈엇시믄 좋켄 데답ㅎ엿주.

　(올해는 괜찮겠다고 말하니, 행여 그렇게만 되었으면 좋겠다고 대답했지.)

② 소한에 나간 안 들어온 지가 열흘 넘엇뎅 ㅎ연게, 마기 살아만 시믄 좋키여.

　(소한에 나가서 안 들어온 지가 열흘 넘었다고 하던데, 행여나 살아만 있으면 좋겠어.)

예문 ①은 점쟁이가 '올해는 괜찮겠다.'고 하니, '행여 그렇게만 되었으면 좋겠다.'고 맞장구를 쳤다는 말이다. 이 경우 '마기'는 '불확실하거나 아직 이루어지지 않은 사실을 가정한 경우에 해당한다.

한편 예문 ②는 '소한(小寒)에 나가서 안 들어왔다고 하는데, 행여 살아만 있었으면 좋겠어.'라는 말이다. '소한에 나간 사람 찾지 마라.'는 말과 '대한(大寒)이 소한 집에 놀러갔다가 얼어 죽었다.'는 말이 있으니, 소한 추위는 가히 짐작할 수 있다.

이런 매서운 추위에 나갔으니 어떻게 된 게 아닌가 하는 걱정이 바로 **예문 ②**이다. 이 경우는 현실과 다른 사실을 가정할 때에 해당한다.

이처럼 '마기'는 '불확실하거나 아직 이루어지지 않은 사실을 가정할 때', '현실과 다른 사실을 가정할 때' 쓰이는 말로, 간절한 소망을 담고 있는 말이다.

밤새낭

이 '밤새낭'은 '밤이 지나는 동안 꼬박'이라는 뜻을 지닌 어휘로, 표준어 '밤새껏'에 해당한다. '밤새낭'은 '밤새다'에서 비롯하는 말이지만, 그 뜻은 '잠을 자지 않고 밤이 지나는 동안 꼬박'이니 '밤새우다'에서 온 말이어야 한다. 이는 '밤새다'가 '밤이 지나 날이 밝아 오다.', '밤새우다'는 '잠을 자지 않고 밤을 보내다.'는 의미 차이가 있음에 주의할 필요가 있다.

① 멘네 ᄒ영 밤새낭 까곡, 다 몰령 멘넷집의 강 볼랑 소게 멘들어당 그걸로 시집 보냇주.
　　(목화 해서 밤새껏 까고, 다 말려 솜틀집에 가서 발라 솜 만들어다가 그것으로 시집보냈어.)
② 밤새낭 곧당 보난 어느 마누라 죽어시녠 혼다.
　　(밤새껏 말하다 보니까 어느 마누라 죽었느냐고 한다.)
③ 더원 밤새낭 혼줌도 못 자수다.
　　(더워서 밤새껏 한잠도 못 잤습니다.)

예문 ①은 가끔 목화 농사에 대한 이야기를 할 때 듣는 말로, '목화 해서 밤새껏 까고, 다 말려 솜틀집에 가서 발라 솜 만들어다가 그것으로 시집보냈어.' 하는 뜻이다. 목화 농사의 어려움, 농사지은 솜으로 이부자리를 만들어 딸 시집보내기 위한 준비 등을 말한 것이다. 목화에 대한 추억은 목화 열매인 '멘넷드래(목화다래)'를 따서 먹었던 일이다. 주인한테 들키면 '이거 누게 아덜이로구나게.' 하는 신분 노출이 되기도 하지만 맛나게 먹었던 것만은 분명하다. '멘넷드래'를 까는 것은 잠을 자지 않고 꼬박 해야 하는 고된 작업이다. 이런 작업이 있고 난 다음에야 '소게(솜)'가 태어나고, 이것으로 폭신한 이부자리를 만들어 딸을 시집보냈던 것이다.

예문 ②는 속담으로, 아무리 애써 일을 하면서도 그 내용이나 영문을 모른 채 맹목적으로 하는 행동을 나무랄 때 하는 말로, '밤새껏 말하다 보니까 어느 마누라 죽었느냐고 한다.'는 뜻이다. 잠을 자지 않고 누구의 마누라가 죽었다고 귀가 닳도록 이야기를 했건만 주제 파악이 안 되었다는 것이다. 이 속담은 육지에서의 '밤새도록 통곡해도 어느 마누라 초상인지 모른다.'에 해당하는데 제주 속담이 더 실감이 난다.

한편 예문 ③은 여름 불볕더위를 지내면서 많이 들었던 말로, '더워서 밤새껏 한잠도 못 잤습니다.' 하는 뜻이다. 소위 열대야로 한잠도 못 잤다는 것이다. 여기서 조심할 일은 '흔줌'의 뜻에 있는데, 예문 ③의 '흔줌'은 '잠시 자는 잠'의 뜻이다. "어젯밤 못 잔 줌 오널 낮의 흔줌 잔 추분헤십주.(어젯밤 못 잔 잠 오늘 낮에 한잠 자서 건졌지요.)"의 '흔줌'은 누가 업어가도 모를 정도로 '아주 깊이 든 잠'을 말한다. 문맥에 따라 구분해야 한다.

'밤새낭'은 '밤이 지나는 동안 꼬박'이란 뜻을 지닌 말로, 하는 일에 따라 '밤새낭' 할 일도 있을 테지만 그렇게 되지 않게 계획적으로 일을 처리하는 현명함도 필요하다. 미리미리 계획을 짜서 건강을 해치는 일이 없었으면 한다.

버버작작

이 '버버작작'은 '제 말만 말이라고 우기는 모양'을 뜻하는 어휘로, 달리 '버버직직'이라 한다. '버버작작'은 어휘 구성으로 볼 때, '버버'와 '작작'으로 나눌 수 있다. '버버'는 '억지를 부리며 자꾸 기를 쓰거나 우기는 모양'을 뜻하는 표준어 '벅벅'에 해당하며, '작작'은 '너무 지나치지 아니하게 적당히'라는 의미를 지녀 표준어와 같다. 이렇게 보면 '버버작작'은 '우기기를 지나치지 않게'라는 뜻이 되지만 이제는 '지나치게 우기는 모양'이란 뜻으로 고정되어 쓰이는 말이 되었다. 정반대로 보이는 '감감무소식'과 '감감소식'이 같은 의미로 쓰이는 것과 같은 경우로 보면 된다.

① 그사름, 혼번 우김 시작ᄒ믄 버버작작 ᄒ멍 놈말안 들어.

　(그 사람, 한번 우김성 시작하면 버버작작 하며 남 말 안 들어.)

② 버버작작 잘ᄒ난 벅세옌 곧는거주, 아무 상어시 그런 말은 홀 수는 엇는거.

　(버버작작 잘하니 억보라고 말하는 거지, 아무 상없이 그런 말은 할 수는 없는 것.)

③ 버버직직 ᄒ멍 속펜말을 졸바로 안 굴아줘.

　(버버직직 하면서 속말을 똑바로 안 말해 줘.)

④ 그 정도믄 다른 사름 ᄀ타시민 뭐 버버직직 ᄒ는 사름이옌 ᄒᆞᆯ 거주.

(그 정도면 다른 사람 같았으면 뭐 버버직직 하는 사람이라고 할 게지.)

예문 ①은 '그 사람은 한번 우기기를 시작하면 제 말만 말이라며 다른 사람의 말은 듣지 않는다.'는 뜻이다. 주관이 뚜렷한 것으로 보이기도 하지만 '남의 말을 듣지 않는' 외곬만을 생각하는 속 좁은 사람임을 뜻한다. **예문 ②**는 '우기기를 잘 하니 '벅세'라고 하는 것이지 아무 상없이 그런 말을 하는 게 아니다.'는 말이다. '벅세'는 '우김이 센 사람'을 뜻하는데, 표준어 '억보'에 해당한다고 보면 좋을 것이다.

예문 ③은 '제 말만 말이라며 속말을 똑바로 말하지 않더라.'는 뜻이다. 속말을 내뱉지 않으려고 '버버직직' 한다는 것이니, 곧 위장으로 우긴다는 말이다. '속펜말'은 마음속에 두고 있는 말로, 달리 '속엣말'이라 한다. **예문 ④**는 '다른 사람 같았으면 우기기를 잘하는 사람이라고 할 터인데.' 하는 말로, '나[我]니까 그런 부정적인 이야기를 하지 않는다.'는 속뜻을 지닌다.

일을 마무리하려고 정리하다 보면 서로 의견이 다를 때가 있다. 이런 때는 대개 '버버작작' 큰 소리로 제 의견을 표현하기도 하는데, 그러면 상대방에게 너무 우긴다는 인상을 주기 십상이다. '버버작작' 우기는 것보다는 '오론도론(오순도순)' 머리를 맞대고 풀어나가는 게 능률적이고, 뒤가 깨끗한 법이다.

빈빈

이 '빈빈'은 '아무 일도 하지 아니하고 게으름을 피우며 놀기만 하는 모양'을 뜻하는 어휘로, 표준어 '빈둥빈둥'에 해당한다. '빈빈'은 '할 일이 없거나 할 일을 끝내서 시간이 남다.'는 뜻을 지닌 '비다'에서 온 말로, '놀다'와 매우 잘 어울려 쓰이는 특징을 지닌다.

① 허라허라 홀 땐 아년 빈빈 놀당 물들어사 곱바르잡는 첵.

　(해라 해라 할 때는 않아서 빈둥빈둥 놀다가 물밀어야 해산물 잡는 척.)

② 게난 집의서 걸러졍 빈빈 놀당 밥 먹을 땐 뒈난 온거라.

　(그러니까 집에서 드러누워 빈둥빈둥 놀다가 밥 먹을 때 되니까 온 거야.)

③ 경 빈빈 놀당은 빈빈 논깝을 받아사 홀 거.

　(그렇게 빈둥빈둥 놀다가는 빈둥빈둥 논 값을 받아야 할 것.)

예문 ①은 '해라 해라 할 때는 않고 빈둥빈둥 놀다가 일이 닥쳐야 하는 척한다.'는 말이다. 예문의 '물들다'는 '바닷물이 육지로 밀려 들어오다.'는 뜻으로, 표준어 '물밀다'에 해당하며, '곱바르'는 '밀물이 밀려왔을 때 갯가에서 고둥 따위를 잡는 일'을 말한다. 이때 잡히는 고둥은 '코틋데기(지역에 따라 '곱셍이, ᄀ메기, 춤ᄀ메기'라 하기도 함)'라는 보잘것없는, 정말 별 볼 일 없는 남방울타리고둥이거나 개울타리고둥이 전부다. '굼바르'는 달리 '굼바리'라 하는데, '바리'가 붙어 있어서 '붉바리'나 '다금바리(능성어)'처럼 물고기 종류로 오해하기도 한다.

예문 ②는 '일할 때는 집에서 드러누워 빈둥빈둥 하다가 밥 먹을 끼니때가 되니 나타났다.'는 핀잔의 말이다. '걸러지다'는 '드러눕다'의 속된 말이다.

예문 ③은 '빈둥빈둥 놀다가는 빈둥대며 논 대가를 받아야 할 거야.'라는 뜻을 지니고 있다. '논 깝'은 '논 값'으로, 논 것에 대해서는 값비싼 대가를 치러야 될 거라는 경계의 뜻이 담겨 있다.

세상일은 공짜가 없어서 다 그 값어치를 치러야 한다. 일하면 일한 값이 있고, 놀면 논 값이 있게 마련이다. 틈날 때마다 주어진 일을 조금씩 처리한다면 '물들어사 굼바르 잡으멍' 허둥대는 일은 없을 것이다.

473

산득산득

이 '산득산득'은 '갑자기 몸에 사느란 느낌이 자꾸 생기는 모양'을 나타내는 말로, 표준어와 같다. '선득선득'이라 하여도 되는데, 말맛이 '사느랗다'에서 '서느렇다'로 조금 차이가 있다. 어휘 '산득산득'에는 '갑자기'와 '자꾸'에 방점이 놓여야만 그 뜻을 오롯하게 이해할 수 있다. 물론 이 어휘가 겹말이기 때문에 '자꾸'라는 반복의 뜻이 확인되기도 한다.

① 겁비 맞안 옷은 젖어수다만은 몸은 산득산득 시원흔 게 막 좋수다.

(겁비 맞아서 옷은 젖었습니다마는 몸은 산득산득 시원한 게 아주 좋습니다.)

② 벌초홀 때 비 와도 산득산득 벌초흐기도 좋아마씀.

(벌초할 때 비 와도 산득산득 벌초하기도 좋습니다.)

예문 ①은 한여름 갑자기 쏟아진 비를 맞은 후의 사느란 기분을 나타내는 말로, '겁비 맞아서 옷은 젖었습니다마는 몸은 산득산득 시원한 게 아주 좋습니다.' 하는 뜻이다. 한여름 우산이 준비되지 않은 상황에서 한바탕 '겁비'를 맞았지만 그래도 몸의 뜨거운 열기는 내려가는 것을 느낄 수 있으니 좋다는 것이다. 여기서 '겁비'란 '겁이 날 정도로 갑작스레 세차게 내리 쏟아지는 비'를 말하는데, 우산이 준비되지 않았으니 옷이 젖을 건 당연하다.

　예문 ②는 벌초할 때 날씨에 따라 듣게 되는 말로, '벌초할 때 비 와도 산득산득 벌초하기도 좋습니다.' 하는 뜻이다. 대개 벌초 때 날씨는 푹하다. 뜨거운 지열을 받고 바람마저 없으니 차라리 비라도 쏟아졌으면 할 때가 많다. 비를 맞는 처음이 문제이지 어느 정도 옷이 젖으면 포기한 상태라 옷 젖는 것보다는 산득하게 느껴지는 기분이 더 좋다. 벌초의 능률도 올라가는 것은 당연하다. 여기서 하나 조심해야 할 것은 '벌초^(伐草)'와 '소분^(掃墳)'을 구분하는 일이다. 말 그대로 '벌초'는 '무덤의 잡초를 베어 무덤을 깨끗하게 하는 일'이라고 한다면, '소분'은 '경사로운 일이 있을 때 조상의 산소에 가서 무덤을 깨끗이 하고, 제사를 지내는 일'을 말한다. 1년에 한 번 음력 8월에 치르는 우리 고장의 행사는 '벌초'이지 '소분'이 아니라는 것이다. '소분'이라는 제도는 오랜 풍속으로,《문종실록》즉위(1450)년 7월 17일^(己未) 기사에서 확인할 수 있다. 이 기사에 따르면 사간원에서는, "무릇 벼슬에 종사하는 자가 부모의 분묘에 배소^(拜掃)하는 법은 영전에 있습니다. 아비가 죽으면 조부모, 증조부모의 분묘를 살피는 것은 자신이 그 책임을 져야 합니다. 그러나 말미를 청하는 제도가 없음으로 말미암아 심지어 일생 동안 영역^(塋域)을 알지 못하는 자가 있으니 심히 박합니다. 빌건대 부모에 대한 5년의 한^(限)을 참작하여 10년에 한 번씩 소분^(掃墳)하는 것을 허락하여 풍속을 후하게 하소서." 하여 상소하니, 그 이후부터 '소분'하는 풍속이 생겼다는 것이다.

　이제 비가 쏟아져 한 차례 뜨거운 열기도 식었다. 벌초해야 할 철도 얼마 남지 않았다. '겹비'를 맞으며 '산득산득'이라는 어휘가 지닌 사느란 느낌을 맛보고, 벌초하면서 또 한 차례 이 말맛을 느껴 보기 바란다.

수딱

　　　이 '수딱'은 '눈에 눈물이 넘칠 듯이 그득하게 고이는 모양'을 뜻하는 어휘로, 표준어 '글썽'에 해당한다. 이 '수딱'이란 부사에 'ㅎ다' 접미사가 연결되어 이루어진 어휘 '수딱ㅎ다'는 '눈물이 눈에 그득하게 고이다.'는 뜻과 함께 '눈물이 눈가에 넘칠 듯이 그득하다.'는 의미로 쓰인다. 전자의 뜻이라면 표준어 '글썽이다'에, 후자의 뜻이라면 표준어 '글썽하다'에 해당한다. 그러니까 '수딱ㅎ다'는 문장에 따라 '글썽이다', '글썽하다'로 대역이 가능하니 한 단어가 동사 또는 형용사로 쓰이고 있는 셈이다.

① 돌아산 보난 눈엔 눈물이 수딱.

　(돌아서서 보니 눈에는 눈물이 글썽.)

② 수딱ㅎ 눈물 보는 사름 한듸서 체면 어시 큰큰ㅎ 손으로 다까.

　(글썽한 눈물 보는 사람 많은 데서 체면 없이 크나큰 손으로 닦아.)

③ 눈물 수딱ㅎ멍도 골을 말은 다 골아.

　(눈물 글썽이면서도 할 말은 다 해.)

④ 우린 ᄆᆞ음이 막 여려련 넘은 말을 골젠 ᄒᆞ민 눈물이 수딱ᄒᆞ영 울어질 거주.

　(우리는 마음이 막 여려서 지난 말을 하려 하면 눈물이 글썽해서 울게 될 거지.)

예문 ①은 이별 장면이 연상되는 문장이다. 서로 헤어지며 울지 말자고, 뒤돌아보지 말자고 단단하게 약속하고 또 다짐하고 갈라서서 반대 방향으로 몇 발자국 떼어 놓는다. 그러나 아쉬움에 이내 굳게 한 약속을 잊어버리고 누가 먼저라 할 것 없이 뒤돌아보게 마련이고, '돌아서서 보니 눈에는 눈물이 글썽' 그렇게 되어 있더라는 것이다. 이런 경우 곁에서 조금만 건드리기만 하면 가장자리까지 가득 차 찰랑거리던 물이 넘치듯 눈물이 왈칵 쏟아지기도 한다. 만일 글썽이던 눈물이 넘쳐흐르기라도 하면 하릴없이 흘러내리는 눈물을 닦을 수밖에 없다. 손수건을 꺼낼 정도의 경황도 없을 땐 예문 ②처럼 커다란 손으로 눈물을 닦아야 한다. 이런 광경을 본 곁사람이 전해 주는 말이 예문 ②이다. 곧 '(눈가에) 글썽한 눈물 보는 사람 많은 데서 체면 없이 커다란 손으로 닦아.'라는 뜻이다.

예문 ③은 서러운 이야기를 하는 상황에서 들을 수 있는 말로, '눈물 글썽이면서도 할 말은 다 해.' 하는 뜻이다. 사실 서러우면 감정이 복받치어 할 말도 못 하는 법인데, 할 말을 '즈근즈근(자근자근)' 하나도 빠뜨리지 않고 하는, 다기지고 당찬 모습이기도 하다. 한편 예문 ④는 비위 약하고 마음 약한 사람이 슬픈 사연을 이야기할 때 듣는 말로, '우리는 마음이 막 여려서 지난 말을 하려 하면 눈물이 글썽해서 울게 될 거지.' 하는 뜻이다. 비위와 마음이 약하니 조금만 해도 울음보가 터질 수밖에 없다는 말이다.

'수딱'은 '눈에 눈물이 넘칠 듯이 그득하게 고이는 모양', '수딱ㅎ다'는 '눈물이 눈에 그득하게 고이다.(글썽이다)' 또는 '눈물이 눈가에 넘칠 듯이 그득하다.(글썽하다)'는 뜻을 지닌다. 가끔 '눈물 수딱ㅎ게' 해 마음을 정화할 필요가 있을 것 같다.

수시미악

이 '수시미악'은 '놀라거나 어색한 느낌이 들어 하던 짓을 갑자기 멈추는 모양'을 말하는데, 표준어 '무춤'에 해당한다. '뜻밖의 사실에 놀라 뒤로 물러서려는 듯이 해서 행동을 갑자기 멈추다.(무르춤하다·무춤하다)'는 '수시미악ᄒ다'가 될 것이다.

① 화곽 장난ᄒ단 어멍 들어오난 손뒤터레 곱지멍 수시미악ᄒ연 그만 중치 맥혀 부런.

　(성냥 장난하다가 어머니 들어노니까 손 뒤로 숨기며 무춤해서, 그만 할 말을 잃어 버렸어.)

② 멩막멩막 ᄒ당도 돌 데끼믄 수시미악, 그런 게 싀상 아니라마씸?

　(맹꽁맹꽁 하다가도 돌 던지면 무춤, 그런 게 세상 아닙니까?)

예문 ①은 '성냥을 가지고 장난하다가 어머니가 들어오니 등 뒤로 손 숨기며 무춤해서 그만 할 말을 잃어버렸다.'는 뜻이다. 집을 나서는 어머니가 아이들한데 성냥을 가지고 놀지 말라고 신신당부했던 터라 '수시미악'의 정도는 더하다. 이 예문에 쓰인 '곱지다'는 보이지 않게 감추는 것으로, '숨기다'에 해당하며, '중치 맥히다'는 '어이없어서 말문이 막히다.'는 뜻이다.

한편 **예문** ②는 맹꽁이들이 '맹꽁맹꽁 소리를 높여 울음 경쟁을 벌이다가도 돌을 던지면 금세 잠잠해지는 것처럼 세상사도 다 그런 것이라.'는 말이다. 예문의 '멩막멩막'은 맹꽁이 울음소리인 '맹꽁맹꽁'에, '데끼다'는 표준어 '던지다'에 해당하는데 달리 '네끼다·던지다'라 하기도 한다. '마씸'은 '마씀·마씨' 등으로 나타나기도 하는데 서술어미 뒤에 덧붙어서 존대를 나타내는 말이다.

세상사는 칡덩굴처럼 얼기설기 얽혀 있게 마련. 조용한 물가에 돌을 던지거나 맹꽁이들의 울음 경쟁에 돌을 던져 그 울음을 그치게 하는 것처럼 사람들을 '수시미악ᄒ게' 하는 일은 없어야겠다.

심드렁펀펀

　　　　　　　　이 '심드렁펀펀'은 '급한 일이 있거나 또는 어떤 말을 해도 응하지 않고 모른 척하는 모양'을 나타내는 어휘이다. '심드렁펀펀'은 달리 '심드렁히'라 하는데, '마음에 탐탁하지 아니하여서 관심이 거의 없이'라는 뜻을 지닌 '심드렁'에, '소식이 없는, 대답이 없는'의 뜻을 지닌 '펀펀'이 한데 어우러져 이루어진 어휘이다.

① 이 말 골아도 심드렁펀펀, 저 말 골아도 심드렁펀펀, 거 북부기 뒈싸질 일 아니.

　（이 말 해도 심드렁, 저 말 해도 심드렁, 거 허파가 뒤집힐 일 아니겠어.）

② 그 사름 심드렁펀펀 흔 것도 닮곡, 헤심심 흔 것도 닮아뷔곡, 나도 잘 모르크라.

　（그 사람 심드렁한 것도 같고, 심심한 것 같아 보이기도 하고, 나도 잘 모르겠어.）

예문 ①은 '이 말 해도 심드렁, 저 말 해도 심드렁해서 부아가 치밀어 오를 일 아니겠어.' 하는 뜻으로, 화가 머리끝까지 오른 것을 말한다. 이 예문에 쓰인 '북부기 뒈싸지다'는 '허파가 뒤집어질 만큼 몹시 성이 치밀어 오르다.'는 의미로 쓰인다. 화의 극치인 셈이다.

예문 ②는 '그 사람의 성격이 심드렁한 것도 같기도 하고, 심심한 것 같기도 하다.'는 말이다. 여기서 '혜심심ᄒ다'는 달리 '혜심상ᄒ다'라 하는데, '성격이 야무지지 못하고 싱겁다.'를 뜻한다.

이 '심드렁편편'의 '심드렁'은 중세 어휘 '힘드렁ᄒ다'에서 유래한 어휘로, 'ᄒ〉ᄉ'으로 변하여 쓰인 경우다. 곧 '힘드렁ᄒ다〉심드렁하다'로, 이는 **예문 ②**의 '심심ᄒ다'가 '힘힘ᄒ다'에서 온 것이나, "그는 팔심이 아주 세다."의 '팔심'이 '팔힘'에서 온 것과 같은 경우이다.

- 淡然(힘드렁혼 양이라)ᄒ야 됴히 너기는 배 업더라

  (담연(심드렁한 모양이라)하여 좋게 여기는 바 없더라)《소학언해》

사람은 사회적 동물인 만큼 조직 사회에서는 '심드렁편편' 할 수만은 없다. '고문관'으로 살아갈 수는 없는 일이니 자그마한 외침에라도 메아리는 있어야 한다.

연달아

이 '연달아'는 '앞의 말이나 행동 따위에 잇따라' 또는 '잇따라 여러 번 되풀이하여'라는 뜻을 지닌 어휘로, 표준어 '이어', '연거푸'에 해당한다.

① 아척 돈 봉가젼게 어떵 연달아 이겨졈쩌.

  (아침 돈 줍게 되더니 어찌 연거푸 이기게 되네.)

② 혼 사름 코 텅 나가믄 글로부떰 추추 연달아 믄 나가 불어.

  (한 사람 코 터서 나가면 그로부터 차차 연이어 몽땅 나가 버려.)

③ 연달아 부텅 돌리믄 범벅될 건 스실 아니라?

  (이어 붙어서 달리면 범벅될 것은 사실 아닌가?)

예문 ①은 놀이판에서 들을 수 있는 말로, '아침 돈 줍게 되더니 어찌 연거푸 이기게 되네.'라는 뜻이다. 아침에 돈을 줍게 되면 대개는 '오늘 재수가 좋을 것 같다.'라고 직감한다. 그 돈의 액수가 아니라 상징적 의미가 있어서 '오늘 스망일키여.'라 생각하기 때문이다. '스망일다'의 '스망'은 '좋은 운수'의 뜻으로 표준어 '사망'에 해당한다. 좋은 운수의 '사망'과 죽음으로서의 '사망(死亡)'은 그 음이 같아 동일시하는 경향이 있다. 아침에 영구차를 보게 되면 '오늘 재수가 좋겠다.'라 하는 것과 같다.

예문 ②는 '한 사람 코 터서 나가면 그로부터 차차 연이어 몽땅 나가 버려.' 하는 뜻이다. 그러니까 '어느 한 사람이 앞장서서 나가니까 나머지 사람들도 이내 이어 뒤따르더라.'는 말이다. 여기서 '코 트다'는 '시작하다' 또는 '개시하다'는 의미로 쓰이는 관용 표현으로, 그물이나 뜨개질한 물건에서 매듭 하나가 풀리면 계속해서 풀려 나가는 것과 같이 처음이 문제가 된다는 것이다.

예문 ③은 달리기 따위의 운동 경기장에서 듣는 말로, '이어 붙어서 달리면 범벅될 것은 사실 아니냐?' 하는 뜻이다. 선수와 선수 사이에는 앞뒤로 적당한 거리를 유지하고 달려야 하는데, 그렇지 않아 한쪽으로 몰리거나 잇따라 붙어 있으니 장애가 되어 결국 '범벅'이 되고 말았다는 것이다. 여기서 '범벅'은 '뒤섞이어 갈피를 잡을 수 없다.'는 비유적인 표현으로 쓰인 경우다.

'연달아'는 '앞의 말이나 행동 따위에 잇따라', '잇따라 여러 번 되풀이하여'라는 의미를 지닌다. 이 어휘 사용은 긍정의 뜻과 어울리면 권장할 일이나, 부정의 뜻과 호응한다면 경계해야 할 일이다. 벼는 익을수록 고개를 숙이지만 억새는 클수록 그 끝이 날카롭고 거세지기 때문이다.

왕왕작작

이 '왕왕작작'은 '여럿이 정신이 어지럽도록 시끄럽게 떠들고 지껄이는 소리. 또는 그 모양'을 뜻하는 어휘로, 표준어 '왁자지껄'에 해당한다. 어휘 구성으로 볼 때 '왕왕작작'은 '귀가 멍하게 울릴 정도로 크고 시끄럽게 떠들거나 우는 소리'의 뜻을 지닌 '왕왕'과 '나직한 소리로 조금 떠들썩하게 자꾸 이야기하는 소리. 또는 그 모양'을 뜻하는 '작작'으로 이루어졌다. 결국 '왕왕작작'은 '크고 시끄러운 소리'와 '나직하고 떠들썩한 소리'가 서로 만나 형성된 어휘이다. '왕왕'은 표준어와 같지만 '작작'은 달리 '자작자작'이라고도 한다. 표준어 '재깔재깔'에 해당한다.

① 왕왕작작 무신 말허는지 알아지쿠강?

　(왁자지껄 무슨 말하는지 알겠습니까?)

② 그예청덜 모다들엇다 ᄒ믄 왕왕작작, 베가 산더레 올릅주.

　(그 여편네 모아들었다 하면 왁자지껄, 배가 산으로 오르지요.)

③ 이디선 안 뒌다 왕왕, 저디선 뒌다 작작, 늣시 곱칫지 못헐 거난 답답헌 일입주.

　(여기서는 안 된다 왕왕, 저기서는 된다 재깔재깔, 끝내 분별하지 못할 것이니 답답한 일이지요.)

예문 ①은 '왁자지껄 떠드는 통에 무슨 말을 하는지 알 수 있겠느냐?'는 아주 소란스러운 모습을 말할 때 쓴다. 예문 ②는 '그 여편네들 모아들었다 하면 왁자지껄, 배가 산으로 오른다.'는 말이다. 여기서 '예청'은 결혼한 여자를 뜻하는 말로, '예펜네, 예청네, 예펜, 여청'이라 하며, '배가 산으로 오른다.'는 말은 의견이 분분한 것을 뜻하는 일종의 관용 표현이다.

예문 ③은 의견이 서로 엇갈려 분간이 서지 않는다는 말이다. 곧 '어느 한쪽에서는 안 된다 하고, 다른 한쪽에서는 된다 하니 종잡을 수 없다.'는 것이다. 여기서 '급칮다'는 달리 '급치지다'라 하는데, '사리를 분별하여 한계를 짓다.' 또는 '얽히고 섞갈린 일을 분간해 내다.'는 뜻을 지닌 어휘다.

소란을 피우는 '왕왕작작'이야 귀를 막아 버리면 그만이지만 이견이 있어서 '왕왕작작헐' 때는 더 이상 '왕왕작작허지' 않게 '급칮는' 지혜가 필요하다.

이땅

이 '이땅'은 '조금 지난 뒤에'라는 뜻을 지닌 어휘로, 표준어 '이따가' 또는 '이따'에 해당한다. '얼마쯤 있다가 가끔'의 뜻으로 '이땅'이 쓰이기도 하는데, 이때는 표준어 '이따금'에 맞먹는다. '이땅'을 '이따가' 또는 '이따'로 대역할 것인가 '이따금'으로 해석할 것인가 하는 문제는 문장에 따라 구별된다.

① 오널 눈 묻언 차도 엇이매 이땅 가당 혼잔헙주.

　(오늘 눈 내려 쌓여서 차도 없으매 이따가 가다 한잔합시다.)

② 이땅 봅주 ᄒᆞ는 걸 보난 경 무수운 사름은 아니여.

　(이따가 보지요 하는 걸로 보니 그렇게 무서운 사람은 아니야.)

③ 가차이 사난 무심ᄒᆞᆯ 수가 엇언 이땅 맛 좋은 거라도 헤지믄 보내곡 ᄒᆞ여.

　(가까이 사니깐 무심할 수가 없어서 이따금 맛 좋은 거라도 만들게 되면 보내고 해.)

예문 ①과 **예문** ②는 표준어 '이따가, 이따'로 해석해야 하는 경우이고, **예문** ③은 '이따금'으로 대역해야 하는 경우이다.

예문 ①은 겨울철 눈이 많이 내려 빙판길이 되었을 때 들을 수 있는 말로, '오늘 눈 내려 쌓여서 차도 없으매 이따가 가다 한잔합시다.' 하는 뜻이다. 간밤에 '아이모른눈(도둑눈)'이 내려 쌓였으니 길은 빙판길이다. 이런 날은 승용차를 주차장에 세워 두고 대중교통을 이용하는 게 상책이다. 차를 끌고 가야 할 걱정에서 해방되었으니 퇴근하다가 한잔하자고 꼬드기는 말이 **예문** ①이다. 술 마시는 사람에게 음주 운전의 유혹은 입에 문 사탕과도 같아서 목 아래로 넘길까 말까 망설이게 하듯 운전할까 세울까 하며 머뭇거리게 한다. 그러나 차가 없으니 이런 고민에서 자유롭다. 서로 눈길을 보내며 "차도 엇이매 이땅 가당 혼잔헙주." 하고 '우룩맞추는(이 '우룩맞추다'는 '날짐승 암수가 서로 소리를 질러 응하여 상대하다.'는 뜻의 어휘로, 여기서는 '서로 약속하다.'는 의미로 쓴다.)' 것이다.

예문 ②는 마음 약한 사람을 두고 하는 말로, '이따가 보지요 하는 걸로 보니 그렇게 무서운 사람은 아니야.' 하는 뜻이다. '두고 보자.'는 사람 별 볼 일 없다는 말과 같다.

한편 **예문** ③은 이웃사촌을 연상하게 하는 말로, '가까이 사니깐 무심할 수가 없어서 이따금 맛 좋은 거라도 만들게 되면 보내고 해.' 하는 뜻이다. 가까이 살고 있는 사람은 이웃의 정을 필요로 하는 사람일시 분명하고, 사람이 그리운 사람이 확실하다. 그러니 무심할 수가 없는 것이고, 맛나는 음식을 만들었을 때는 보내지 않을 수 없는 것이다.

'이땅'은 '이따가, 이따' 또는 '이따금'의 뜻으로 사용되는 어휘다. 여유가 필요할 때, 일을 뒤로 미루어야 할 때, 가끔 생각날 때 "이땅 만납주.(이따 만나지요.)", "이땅 헙주게.(이따가 하지요.)", "이땅 생각나마씀.(이따금 생각나지요.)" 하는 말로, 마음의 여유를 찾을 필요가 있다.

잘락

이 '잘락'은 '갑자기 뛰쳐나오는 모양, 오줌 따위가 자기도 모르게 갑자기 나오는 모양, 갑자기 힘 있게 떼미는 모양, 또는 물건이 아래쪽으로 축 늘어진 모양'을 나타내는 말로 쓰인다. 이 어휘에 해당하는 적당한 표준어를 찾기가 힘들다.

① 반테와 가난어디 잇당 잘락 나오멍 나도 줍서 ᄒ는 거라.

(반기 돌라 가니까 어디 있다가 불쑥 나오면서 나도 주십시오 하는 거야.)

② 그 소리 들으난 시상에, 오좀이 잘락 나오란 옷도 젖곡.

(그 소리 들으니까 세상에, 오줌이 잘락 나와서 옷도 젖고.)

③ 물통더레 잘락 건밀어 부난 물통더레 빠져 오꼿 죽지 아니 ᄒ여시냐?

(물통으로 잘락 떼밀어 버리니 물통에 빠져서 그만 죽지 않았겠니?)

④ 어께친이 지난 등따리에 진 건 거 잘락ᄒ게 뒐 건 ᄉ실입주.

(어깨끈이 기니까 등때기에 진 것은 거 잘락하게 될 것은 사실이지요.)

예문 ①은 '반기를 도르게 되니까 어디 있다가 잘락 나오며 나도 주십시오 하는 거야.' 하는 나무라는 말로, 일을 시키려고 보니까 어디 가 없더니 먹게 되니까 잽

488

싸게 나타나서 달란다는 뜻이다. 이때의 '잘락'은 갑자기 나타나는 모양을 나타낸다.

예문 ②는 '그 소리 들으니까 세상에, 오줌이 잘락 나와서 옷도 젖고.' 하는 뜻이다. '그 소리'는 정말 사람 간 떨어지게 하는 소식이니 놀라서 그만 오줌을 찔끔 흘리게 되는 것이다.

예문 ③은 '물통으로 잘락 떼밀어 버리니 물통에 빠져서 그만 죽지 않았겠니?' 하는 뜻으로, 갑자기 떼밀어 버리는 바람에 물통에 빠져 그만 죽고 말았다는 것이다. 이상의 예문에서 알 수 있는 것은 '잘락'이라는 어휘에는 '갑자기'라는 의미가 내재되어 있다는 점이다.

예문 ④는 앞의 예문들과는 좀 다른 뜻을 지닌다. 이 문장의 '잘락'은 '어떤 물건이 아래로 축 늘어진 모양'을 말한다. 예문 ④는 '어깨끈이 기니 등때기에 진 것이 축 늘어지게 될 것은 사실이지요.' 하는 뜻이다. 이런 상황이라면 땀을 흘리며 힘겹게 천천히 걸어가는 모습이 연상될 것이다. 여기서 '어깨끈'은 '질빵'을 말한다.

하늘 푸르고 높은 가을이다. 정말이지 반가운 손님이 갑자기 문을 열고 '잘락' 나타나서 우리를 기쁘게 해주었으면 좋겠다고 느끼게 되는 맑은 가을이다.

천상

이 '천상'은 부사(副詞)로 쓰여서 '이미 정해진 것처럼 어쩔 수 없이'라는 뜻을 지닌다. 이 경우는 표준어 '천생'에 해당하는데, 한자어 '천생(天生)'에서 온 말이다. '천상'을 달리 '천성'이라 한다.

① 갈 디가 엇이난 천상 그디서 호 헤 더 살아사 홉주.

   (갈 데가 없으니까 천생 거기서 한 해 더 살아야 하지요.)

② 잘 먹지 못허믄 약헤서 천상 쫄리게 뒌 거.

   (잘 먹지 못하면 약해서 천생 지게 된 것.)

③ 차 가불엇덴 호난 어떵 말이우깡, 천성 걸엉 가삽주.

   (차 가버렸다고 하니까 어찌합니까, 천생 걸어서 가야지요.)

④ 후가 엇단 보난 천상 그 집의 강 물이라도 호 직 얻어먹어사.

   (후가 없다 보니까 천생 그 집에 가서 물이라도 한 모금 얻어먹어야.)

예문 ①은 '갈 데가 없으니까 천생 거기서 한 해 더 살아야 하지요.' 하는 뜻으로, 이사갈 집이 없으니 어쩔 수 없이 그 집에서 한 해 더 살아야 한다는 말이다. 집 없는 사람의 서러움을 읽을 수 있는 예문으로, '천상'의 의미를 확인할 수 있다.

예문 ②는 씨름 또는 들돌 들기 시합에서 듣는 말로, '잘 먹지 못하면 약해서 천생 지게 된 것.'이라는 뜻이다. 여기서 '쫄리다'는 '내기나 시합, 싸움 등에서 상대에게 꺾이다.'는 뜻으로 쓰이는 어휘다. 이 '쫄리다'는 "또 그 사름신디 몰리엇뎬 ᄒ여라.(또 그 사람한테 지었다고 하더라.)"처럼 '몰리다'라 하는데, '쫄리다'나 '몰리다' 모두 표준어 '지다'에 해당한다.

예문 ③은 '차가 가버렸다고 하니 어찌합니까, 천생 걸어서 가야지요.' 하는 말이다. 이런 상황이라면 정말 황당한 처지가 되고, 가끔 속으로 부아가 치밀기도 한다. 약속 시간보다 먼저 차가 떠나 버렸거나 아니면 부러 몇 사람만 떼어 두고 출발해 버렸기 때문이다. 차가 많아진 지금도 가끔 들을 수 있으니 마음보 궂은 사람은 언제나 있게 마련인 모양이다.

예문 ④는 '후가 없다 보니까 천생 그 집에 가서 물이라도 한 모금 얻어먹어야.' 하는 말로, 아들 없는 서러움을 느낄 수 있다. 여기서 '후'는 대를 이을 아들을 뜻하는 것으로, '후가 엇다.'는 '아들이 없다.'는 말이다. 또 '물 흔 직 얻어먹다.'는 '물 한 모금 얻어먹다.'는 말로, 봉사(奉祀) 곧 '제사로 받들어 모시는 대상이 되다.'는 뜻이다. 이제는 아들 딸 구별 않는 세상이니 예문 ④는 듣기 어렵다.

'천상'은 한자어 '천생(天生)'에서 유래한 어휘로, '이미 정해진 것처럼 어쩔 수 없이'라는 뜻을 지닌 부사어이다. 일상생활에서 제 생각이나 의지와는 상관없이 일이 생길 때 종종 써 볼 만한 어휘가 아닌가 한다.

커싱커싱

이 '커싱커싱'은 '성이 나고 화가 치밀어 올라 매우 신경질적으로 화를 내는 모양'을 말한다. 표준어 '포들짝포들짝'에 해당하는데, 달리 '크싱크싱' 또는 '커질락커질락', '코질락코질락'이라 한다.

① 아척부텀 커싱커싱 어떵 줌을 잘못 잔 셍이여.

   (아침부터 포들짝포들짝 어찌 잠을 잘못 잔 모양이야.)

② 그만썩 흔 일에 커싱커싱 화만 내믄 따신 나영 일홀 생각 맙서.

   (그만큼 한 일에 포들짝포들짝 화만 내면 다시는 나하고 일할 생각 마십시오.)

③ 이 말 골아도 커질락 저 말 골아도 커질락 거 비우 맞추기가 막 어렵다.

   (이 말 해도 포들짝 저 말 해도 포들짝 거 비위 맞추기가 아주 어렵다.)

예문 ①은 '아침부터 화를 내는 것으로 봐 잠을 잘못 잔 모양이야.'라는 말이다. 잠을 잘 자야 심신이 편안할 텐데 그러지 못했으니 심사가 뒤틀린 것이다. 이런 날은 일진이 사나울 수 있으니 스스로 조심해야 한다.

예문 ②는 그만큼 한 일이 대수로운 일이 아닐지 모르지만, 서로 처한 입장에 따라 달라질 수 있는 일일 것이다. 그러니까 '그런 대수롭지 않은 일에 포들짝 화만 내면 다음부터는 나하고 일할 생각을 마십시오.' 하는 경계의 말이다.

예문 ③은 '성깔이 까다로운 사람 비위 맞추기가 어렵다.'는 말이다. 이 말로 '추구리고(추기고)' 저 말로 아당(阿黨)해 보지만 잘 안 된다는 뜻이다. 여기서 쓰인 '비우'는 '비위(脾胃)'이다. 이 '비위'는 인체의 기관인 '지라와 위를 통틀어 이르는 말'인데 가끔 '기분'이나 '마음' 또는 '어떤 음식물이나 일을 삭여 내거나 상대하여 내는 성미'를 말하기도 한다. 여기서는 '기분' 또는 '마음'으로, '기분 맞추기가 아주 어렵다.', '마음 맞추기가 아주 어렵다.'로 해석하면 될 것이다.

세상사, 성깔을 내지 않고 할 수만 있다면 얼마나 좋으랴. 그러나 세상사는 '커싱커싱' 화낼 때가 더 많다. 이런 때는 어떻게 대처하느냐에 따라 사람 됨됨이가 드러나게 마련이니 하루하루 자기 수양, 자기 단련이 필요하매, 이 가을에 그 방법을 모색할 일이다.

파싹

이 '파싹'은 '사기그릇 따위를 깨뜨릴 때 나는 소리. 또는 그 모양'을 나타내는 어휘로, 표준어 '파삭'에 해당한다. 달리 '파쌍'이라 한다. 좀더 강조하거나 연이어서 깨어질 때는 '와싹' 또는 '와쌍'이라는 어휘와 더불어서 '와싹파싹', '와쌍파쌍'으로 쓰기도 한다.

① 아마떵어리, 또 **파싹** 소리가 난게 요번은 무신거 벌러신고게?

　　(아뿔사, 또 파삭 소리가 나던데 요번은 무엇 깨뜨렸을까?)

② 것사 메다부찌믄 **파쌍** 소리가 나멍 벌러질 거주게.

　　(그거야 메다불이면 파삭 소리가 나면서 깨어질 것이지.)

③ 간 보난 **와싹파싹** 세간 들러데끼멍 싸왐서.

　　(가서 보니까 와싹파싹 세간 박치며 싸우고 있어.)

④ **와쌍파쌍** 사기 장은 부서졍 못 살러라.

　　(와쌍파쌍 사기그릇 시장은 부서져서 못 살더라.)

예문 ①은 음식을 준비하다 그릇 깨지는 소리를 듣고 하는 말로, '아뿔사, 또 파삭 소리가 나던데 요번은 무엇 깨뜨렸을까?' 하는 뜻이다. 여기서 '아마떵어리'는

'아뿔사'라 대역했지만, '일이 잘못되었을 때나 너무 놀라운 일을 보았을 때 내는 소리'로, 달리 '아마떠리, 어마떵어리'라 한다. 그릇 깨뜨린 것은 잘못된 일이고, 거푸 그릇을 깨뜨렸으니 놀라는 일이기도 하여 '아마떵어리'의 쓰임이 아주 적절하다. 명절 음식으로 기름기 많은 음식을 장만하다 보면 그릇 깨뜨리는 게 흔한 일이니 조심할 일이다.

예문 ②는 화가 잔뜩 나서 일부러 그릇 따위를 깨뜨릴 때 하는 말로, '그거야 메다붙이면 파삭 소리가 나면서 깨어질 것이지.' 하는 말이다. 일부러 '메다부찌는'데야 제 아무리 단단한 물건이라도 깨지지 않고 배기겠느냐는 의미가 내포되어 있다. 별수 없이 깨어질 것이라는 말이다. 예문의 '메다부찌다'는 '어깨 너머로 둘러메어 바닥으로 힘껏 내리치다.'는 뜻을 지닌 어휘로, 씨름 선수들이 거는 기술 가운데 하나인 '업어치기'를 연상하면 그 의미가 쉽게 이해될 것이다.

한편 예문 ③은 '파싹'의 뜻을 좀더 강조해서 쓴 경우로, '가서 보니까 와싹파싹 세간 박치며 싸우고 있어.' 하는 뜻이다. 오죽 화가 났으면 세간을 집어던지면서 싸우겠는가 하고 이해도 되지만 곧 후회할 터이니 좀 심한 부부싸움인 것만은 틀림없다. '들러데끼다'는 달리 '들어데끼다, 들러던지다, 들러쏘다, 들어쏘다' 등으로 나타나기도 한다. 예문 ④는 민요의 한 구절로, '와쌍파쌍 사기그릇 시장은 부서져서 못 살더라.' 하는 뜻으로, 사기그릇을 파는 시장에서는 조금만 해도 사기그릇이 '와쌍파쌍' 깨어져서 그릇 장사를 못해 먹겠다는 것이다.

이 '파싹'은 '사기그릇 따위를 깨뜨릴 때 나는 소리. 또는 그 모양'을 나타내는 어휘로, 명절과 같은 일이 있을 때 쉽게 접할 수 있는 말이다. 만일 '파싹'이란 소리를 듣게 되면 탓할 게 아니라 다친 데는 없느냐고 다정하게 이야기를 건네는 일이 먼저여야 한다.

필필

이 '필필'은 '옷 따위가 땀에 젖어서 몸에 달라붙는 모양'을 나타내는 어휘로, 표준어 '착착'에 가깝다. 또 이 '필필'은 '거짓말을 그럴듯하게 하는 모양'을 뜻하기도 한다.

① 일홀 땐 갈옷이 췌고. 다른 옷덜은 똠이 나믄 술에 필필 부턴 일ᄒ기가 궂어.

   (일할 때는 갈옷이 최고. 다른 옷들은 땀이 나면 살에 착착 붙어서 일하기가 궂어.)

② 그런 옷사 비 맞이믄 몸에 필필 부트주.

   (그런 옷이야 비 맞으면 몸에 착착 붙지.)

③ 필필 그짓갈을 ᄒ는 디사 당혜볼 재간이 엇입주.

   (술술 거짓말을 하는 데야 당해 볼 재간이 없습지요.)

예문 ①은 여름철 일할 때 듣는 말로, '일할 때는 갈옷이 최고. 다른 옷들은 땀이 나면 살에 착착 붙어서 일하기가 궂어.' 하는 뜻으로, 노동복으로는 '갈옷'이 최고라는 것이다. '갈옷'을 입고 일해 보면 노동복으로는 갈옷이 최고임을 알 수 있다. 여름용 옷으로 입어도 괜찮다. 그러나 '갈옷은 갈옷'이라 말하는 것처럼 '갈옷'은 노동복의 대표격이라 평상복으로는 좀 그렇다. 여기서 주의할 것은 '갈옷'이 감즙을 먹인 옷만 뜻하는 게 아니라 '츠낭'이라는 떡갈나무에서 뽑은 '갈물'을 먹인 옷도 '갈옷'이라 한다는 데 있다. 그러니까 '갈옷'은 색깔에서 비롯한 이름이며, 감즙을 먹인 옷이라면 '감옷'이어야 한다. 물론 지역에 따라 감즙 먹인 옷을 '감옷'이라 하기도 한다. **예문 ②**는 '그런 옷이야 비 맞으면 몸에 착착 붙지.' 하는 뜻으로, 기능성 옷이 아니고서는 땀에 젖은 옷은 몸에 착착 달라붙게 마련이라는 것이다. 땀에 젖은 옷이 몸에 달라붙고, 달라붙는 곳이 대개는 샅이나 겨드랑이니 행동하기가 거북하다. 특히 샅에 달라붙은 옷을 바로 하려면 주위를 돌아봐야 하니 그것부터가 귀찮고 거북하다. 그래서 좀 비싸지만 기능성 옷을 마련하여 오름을 오르거나 숲길을 걷거나 하는 것이다.

한편 **예문 ③**의 '필필'은 '거짓말을 그럴듯하게 하는 모양'을 나타내는 경우이다. 곧 **예문 ③**은 '술술 거짓말을 하는 데야 당해 볼 재간이 없습지요.' 하는 뜻으로, 거짓말을 하는 데야 당할 수가 없다는 뜻이다. 여기서 '필필'을 '술술'이라고 대역했지만 이는 편의상 그렇게 한 것일 뿐, '필필'이 표준어 '술술'에 해당한다는 말은 아니다.

결국 '필필'은 '옷 따위가 땀에 젖어서 몸에 달라붙는 모양, 거짓말을 그럴듯하게 하는 모양'을 나타내는 어휘로 쓰이며, 전자의 경우는 표준어 '착착'에 해당한다. 옷이 '필필' 몸에 달라붙을 정도로 일을 한다면 혹 더위도 잊을 수 있으니 한번 땀 흘리며 일해 볼 일이다.

하도

이 '하도'는 '정도가 매우 심하거나 큼을 나타내는 아주, 몹시, 대단히, 매우' 등을 강조하여 이르는 말로, 표준어와 형태가 같다. '하'만으로도 강조의 뜻이 있으나 '-도'라는 예외성이나 이외성 또는 감정을 강조하는 데 쓰이는 보조사가 연결되어 강조하는 뜻을 더하기도 한다.

① 월계 진 좌순 하도 의술이 좋댄 ᄒ는 분네라.

   (월계 진 좌수는 하도 의술이 좋다고 하는 분이라.)

② 안 먹젠 ᄒ여도 하도 권ᄒ는 ᄇ름에 ᄒ 잔 ᄒ 잔 ᄒ단 보난 오끗 취혜 부런.

   (아니 마시려고 해도 하도 권하는 바람에 한 잔 한 잔 하다 보니까 그만 취해버렸어.)

③ 숨이 좀 모자랄 거 ᄀ타 베여도, 하도 그 전복이 큰 따문에 그것에 욕심을 내여 가지고 그냥 들어간 전복에 비창을 콱 찔르난, 그만 정신이 아찔헤 부럿다 말이우다.

   (숨이 좀 모자랄 것 같아 보여도, 하도 그 전복이 큰 때문에 그것에 욕심을 내어 가지고 그냥 들어가서 전복에 비창을 콱 찌르니까, 그만 정신이 아찔해 버렸다 말입니다.)

예문 ①은 명의로 소문난 월계 진 좌수에 대한 이야기로, '월계 진 좌수는 하도 의술이 좋다고 하는 분이라.' 하는 뜻이다. 설화에 따르면 곧 죽을 것 같은 사람도 살려내고, 집 안의 문이란 문은 모두 열라고 하여 난산하는 산모를 살려내기도 했다고 전해지는 사람이다. 죽을 때는 언제 어느 방향에서 사람이 찾아올 테니 궤 속의 화제(和劑)를 내어주면 된다는 유언도 했는데 아닌 게 아니라 예언한 그날, 그 방향에서 사람이 찾아왔다는 등 월계 진 좌수에 대한 일화를 이야기할 때는 빠짐없이 나오는 말이다.

예문②는 술을 안 마시려고 사양했지만 그만 취해버렸을 때 변명 비슷하게 하는 말로, '아니 마시려고 해도 하도 권하는 바람에 한 잔 한 잔 하다 보니까 그만 취해버렸어.' 하는 말이다. 가랑비에 그만 옷이 젖고 말았다는 것으로, 처음에는 사양하고 거듭 사양하고 했지만 '하도' 권하는 바람에 한 잔, 한 잔 하다 보니 취하게 되었다는 것이다. 주당들이 하는 그럴싸한 변명이다. '하도 권하다 보니' 어쩔 수 없어서 마시게 되었다는 것이니 웃으며 그냥 넘기는 수밖에는.

예문③은 가끔 잠녀를 조사할 때 들을 수 있는 말로, 너무 큰 전복을 발견하고도 끝내 숨이 짧아 변을 당하고 말았다는 이야기이다. 곧 '숨이 좀 모자랄 것 같아 보여도 하도 그 전복이 큰 때문에 그것에 욕심을 내어 가지고 들어가 전복에 비창을 콱 찌르니까 그만 정신이 아찔해 버렸다 말입니다.' 하는 뜻으로, '물숨'까지도 잠녀의 목숨을 건지지는 못했다는 것이다. 숨이야 자연적인 숨이지만 '물숨'은 잠녀들이 물속에서 느끼는 심리적인 호흡을 말하는데, 이런 '물숨'까지 더 보태어도 끝내 정신이 아찔해 버렸다는 것이다. 물론 '비창'은 전복을 따는 데 쓰이는 도구를 말한다. 전복의 입장에서 보면 자신을 죽이는 무기인 창과도 같으니 '비창'이다.

'하도'는 '정도가 매우 심하거나 큼을 나타내는 아주, 몹시, 대단히, 매우' 등을 강조할 때 쓰이는 어휘로, 긍정이면 긍정이 극대화되고, 부정이면 부정 또한 극대화되는 것이니 극대화되는 게 긍정이었으면 좋겠다.

허우덩싹

이 '허우덩싹'은 '몹시 기뻐서 어쩔 줄 몰라 입을 크게 벌리고 소리 없이 자꾸 웃는 모양'을 말하는데, 표준어 '히쭉벌쭉'에 가까운 말이다. 좀 이상한 이야기지만 종마가 플레멘(flehmen) 반응을 보여 잇몸을 드러내고 웃는 모습을 연상하면 이 말의 뜻을 쉽게 이해할 수 있다. 이 '허우덩싹'은 '웃다'나 '흐다'라는 말하고 잘 어울리어 쓰인다.

① 하도 지뻔 닛바디 붸우멍 허우덩싹 웃언게.

　　(너무도 기뻐서 잇바디 보이면서 히쭉벌쭉 웃던대.)

② 멧 십 년 만의 만나껏젠 너믜 좋안 허우덩싹 웃이멍 홀목 심언 술집으로 들어갓주.

　　(몇십 년 만에 만났다고 너무 좋아서 히쭉벌쭉 웃으며 손목 잡아 술집으로 들어갔지.)

③ 그만썩 흔 일에 닛바디 들렁 허우덩싹 웃이민 놈이 웃나.

　　(그만큼 한 일에 잇바디 들어 히쭉벌쭉 웃으면 남이 웃는다.)

예문 ①은 '너무도 기뻐서 잇바디 보이며 히쭉벌쭉 웃던대.' 하는 뜻으로, 너무나 기쁜 일이 생겼다는 것을 확인하는 말이다. 예상하지도 않았는데 너무나 기쁜 일이 생기서 어쩔 줄 몰라 크게 입을 벌리고 소리도 없이 웃었다는 것이다. 이렇게 되면 주위에 있는 모두에게 좋은 일이다.

예문 ②도 마찬가지다. 몇십 년 만에 친구를 만났으니 얼마나 기쁘겠는가. '몇십 년 만에 만났다고 너무 좋아서 '허우덩싹' 웃으며 손목을 잡아끌어 술집으로 들어갔다.'는 말이다. 그다음 일은 상상만 하기로 하자. 여기서 '홀목'은 '손목' 또는 '팔목'을 말하고, '심다'는 '붙잡다·잡다'는 뜻을 지닌 말이다.

한편 예문 ③은 '그만큼 한 일에 잇바디 들어 히쭉벌쭉 웃으면 남이 웃는다.'는 핀잔의 말이다. 기쁜 일이 있어도 속으로만 좋아하라는 것이다. 아마 입을 크게 벌리면 좋은 김이 새니 그러지 말라는 경계의 말이다. 호사다마(好事多魔)라는 말이 있듯 조심하라는 것으로 받아들이면 좋을 것이다.

하루하루를 지내면서 웃을 일만 생긴다면 얼마나 좋을까. 그것도 잇몸을 드러내 '허우덩싹' 웃을 수 있는 일이라면 감동 그 자체일 것이다. 모든 분들이 '허우덩싹' 웃는 나날 보내시길 간절하게 기원한다.

흔이나게

　　　　　이 '흔이나게'는 '빛이 날 정도로' 또는 '빛나게'라는 뜻을 지닌 표현이다. 이는 한자어 '흔(焮)'에서 유래하는 말로, 마광(磨光)이라는 어휘에 가깝다. 이 '흔이나게'는 '닦다'와 같은 동사와 어울려 쓰인다.

①거 흔이나게 다까 간다 다까 온다 ㅎ는거여.

　　(그것 빛나게 닦고 닦고 하는 거야.)

②집의만 오민 어지럽덴 ㅎ멍 치와뒁 흔이나게 다끈다.

　　(집에만 오면 어지럽다고 하며 치워 두고 빛나게 닦는다.)

③흔이나게 다깐놔두민 뚜시 왕 버물려 불곡 ㅎ느네.

　　(빛나게 닦아 놓아두면 다시 와서 더럽혀 버리고 한단다.)

　예문 ①은 어떤 물건을 애지중지하는 모양을 나타내는 말로, '그것 빛나게 닦고 닦고 하는 거야.' 하는 뜻이다. 여기서 '다까 간다 다까 온다'는 틈만 있으면 닦고 또 닦고 한다는 뜻으로 쓰이는 관용 표현이다. 곧 애지중지한다는 말과 서로 통한다.

　예문 ②는 '집에만 오면 어지럽다고 하며 치워 두고 빛나게 닦는다.' 하는 말이다. 이는 가끔 늙은 부모만 사는 집을 방문했을 때 들을 수 있는 말로, 작은 가재도구는 물론 허드레 물건, 버리기는 아까워 모아두었던 물건까지도 밖으로 내놓고 집 안 구석구석을 빛나게 닦는다는 것이다. 부모 입장에서는 한편 고맙기도 하지만 다른 한편으로는 섭섭하기도 한다. 어르신 방식대로 살 수 없으니 그렇게 느끼는 것이다.

예문 ③은 '빛나게 닦아 놓아두면 다시 와서 더럽혀 버리곤 한단다.'는 말이다. '빛나게' 닦은 보람이 없어지고, 닦는 일 자체가 헛수고가 되고 마는 것이다. 여기서 '버물리다'는 '더럽히다' 또는 '더럽게 하다'는 뜻을 지닌 말로, '옷 따위에 때를 묻히거나 무엇을 묻혀서 더럽게 하다.'는 뜻을 지닌다.

'흔이나게'는 '빛나게' 하는 뜻으로, 자기가 쓰는 사무실 또는 방을 일주일에 한 번 아니면 한 달에 한두 번 정도라도 '흔이나게' 닦는다면 새로운 기분으로 일주일 또는 한 달을 보낼 수 있지 않을까 한다.

훌긋훌긋

이 '훌긋훌긋'은 달리 '홀긋홀긋'이라 하기도 하는데, '이제나저제나 하고 무척이나 기다리는 모양'의 뜻을 지닌다. 표준어 '하마하마'에 해당한다.

① 먼 올레에 나간 올랏이 앚앙 제비생이처록 훌긋훌긋 지드리는거라.

    (먼 골목에 나가서 멀거니 앉아서 제비새처럼 하마하마 기다리는 거야.)

② 젯 그리왕 울멍 훌긋훌긋 ᄒᆞ당도 어멍 젓 탁 물리믄 울음이 어디 셔.

    (젖 그리워 울며 하마하마 하다가도 어머니 젖 턱 물리면 울음이 어디 있어.)

③ 더 얻어먹어 보젠 훌긋훌긋 ᄒᆞ건테, ᄒᆞᆫ 반 더 줘수다.

    (더 얻어먹어 보려고 하마하마 하기에 반기 하나 더 줬습니다.)

예문 ①은 어린아이가 먼 골목에 나가 앉아서 부모님이 돌아오기를 기다리는 장면이다. '올랏이'나 '제비생이처록' 곧 '멀거니', '제비새처럼'에서 이제나저제나 하며 기다리는 모습이 선하다. '제비새처럼'은 기다리는 어린아이 모습이 마치 어미 제비가 물어다주는 먹을 것을 받아먹으려고 노란 부리를 벌려 짹짹거리는 연추(燕雛)와 방불하다.

예문 ②는 '젖이 그리워 하마하마 하다가도 어머니 젖을 턱 하고 물리면 울음이 어디 있어.' 하는 뜻으로, 젖을 물리니까 그만 울음을 그치더라는 것이다.

예문 ③은 대개 큰일 집에서 일어나는 일로, '더 얻어먹어 보려고 하마하마 하기에 반기 하나 더 주었습니다.' 하는 뜻으로, 하마하마 하는 게 너무나 애처롭게 보여서 반기 하나를 더 건네주었다는 것이다.

한편 이 '홀긋홀긋'은 '가볍게 자꾸 할겨 보는 모양'의 뜻도 있는데, 이때는 표준어 '할깃할깃'에 해당하다. 다음 예문이 그 경우다.

④ 우리 손지 공븨ᄒ렌 ᄒ민 홀긋홀긋어멍 눈치보멍 둘아날 궁리만 흔다.
　(우리 손자 공부하라고 하면 할깃할깃 어머니 눈치 보며 달아날 궁리만 해.)

'이제나저제나 하고 무척이나 기다리는 모양'을 나타내는 '홀긋홀긋'의 말맛, 아래 시조 한 수로 대신한다.

雪月이 滿窓한데 바람아 불지 마라
曳履聲 아닌 줄 판연히 알건마는
그립고 아쉬운 적이면 행여 긘가 하노라

제5장

감탄사 · 관용 표현

感歎詞　慣用表現

품사의 하나. 말하는 이의 본능적인 놀람이나 느낌, 부름, 응답 따위를 나타내는 말의 부류이다. ≒간투사. 감동사. 느낌씨. 늑씨.

아마떵어리 ———— 508

어크거 ———————— 510

가심에 볼락 들다 512

날이 늙다 ————— 514

눈살이 펄룽 ———— 516

브뜨니 공 ————— 518

선떡 먹은간 ——— 520

솔입 걷다 ————— 522

싹싹 덥다 ————— 524

야코 팩 —————— 526

작산 어른 ————— 528

지체 못ᄒᆞ다 ——— 530

아마떵어리

이 '아마떵어리'는 달리 '어마떵어리, 아마떠리, 어마떠
리'라 하는데, '일이 잘못되었거나 너무 놀라운 일을 보았을 때 내는 소리'다. 그
러니까 간절한 기대가 무너지거나 너무 놀라거나 할 때 쓰이는 감탄사인 셈이다.

① 아마떵어리, 이 노릇을 어떵ᄒ코?

　(어머나, 이 노릇을 어찌할까?)

② 어마떵어리, 땅 벌러켯구나게.

　(어머나, 땅 꺼졌구나.)

③ 아마떠리, 큰일 나난 큰떡 헹 먹게.

　(어머나, 큰일 났으니까 큰 떡 해서 먹자.)

예문 ①은 감당하기 어려운 일을 당했을 때 하는 말로, '어머나! 이 노릇을 어찌
할까?' 하는 정도의 뜻이다. 이런 말을 하게 될 때는 대개 자기 능력으로는 어찌할
수 없는 상황이다. 입시나 입사 시험에 떨어진 경우 따위가 그 한 예일 것이다.

예문 ②는 어린아이가 넘어졌을 때 하는 말로, '어머나, 땅이 꺼졌구나.' 하는 뜻
이다. 어린아이 입장에서 보면 땅 꺼진 일이 더 큰 일이니 울음을 터뜨릴 수 없는

일이다. 그러니까 넘어진 어린아이를 울지 못하게 하는 어른들의 계산된 말장난이다. 여기서 '벌러지다'는 표준어 '깨어지다'에 해당하나 '땅 깨어질' 수는 없는 일이기에 '땅 꺼지다'라 대역하였다. '담질허당 항 벌러졋구나.(돌멩이질하다 항아리 깨어졌구나.)'의 '벌러지다'는 표준어 '깨어지다'에 해당한다.

예문 ③도 '어머나, 큰일이 났으니까 큰 떡 해서 먹자.'는 뜻으로, 큰일이 벌어졌을 때 하는 위로의 말이다. 별것 아닌 작은 일이면 작은 떡을 만들어 먹는 건 아니지만 큰일이 났으니 커다란 떡을 만들어 먹으면 될 게 아니냐는 것이다.

오늘도 일이 잘못되거나 너무 놀라는 일이 우리들 주위에서는 일어나지 말아 '아마떵어리'라는 말이 필요 없기를 간절하게 바라본다.

어크거

      이 '어크거'는 '사정이 매우 딱하거나 어이가 없을 때, 또는 뜻밖에도 일이 잘되었을 때 내는 소리'이다. 달리 '어춤'이라 하는데 표준어 '그것참'에 해당하는 감탄사이다. 감탄사는 대개 말하는 사람의 본능적인 놀람, 느낌, 부름, 응답, 욕설 따위를 나타내는 말이다. '가까이 있는 사람을 부를 때'는 상대방의 나이에 따라 '여보게, 여보시게, 여보시오, 여보십시오' 등이 쓰이는데 이들이 바로 감탄사이다. 또 감탄사는 말하는 사람의 감정을 나타내는 말이기 때문에 구어(입말)에서만 나타난다는 특징도 지닌다. 《표준국어사전》의 표제어로 800여 단어(지역어 어휘 포함)가 들어 있으니 일상생활에서도 많이 사용되고 있음을 확인할 수 있다.

  ① 어크거, 춤 뚝흔 일이로고.

    (그것참, 참 딱한 일이로군.)

  ② 어크거, 흔번만 더 봐시믄 써질 문젠디게.

    (그것참, 한 번만 더 봤으면 쓸 수 있는 문제인데.)

  ③ 어춤, 춤말 잘뒌 일이여.

    (그것참, 참말 잘 된 일이야.)

④ 어크거, 그만썩 혼 일에 부에내믄 일홀 사름 셔게.

　(그것참, 그만큼 한 일에 부아내면 일할 사람 있겠어.)

⑤ 어춤, 다른 사름이민 모르주마는 제주 목소가 가져오라 혼 거니까 가져가사 ᄒᆞ여.

　(그것참, 다른 사람이면 모르지마는 제주 목사가 가져오너라 한 것이니까 가져가야 해.)

　예문 ①은 딱한 일을 당한 것을 보고서 하는 말로, '그것참, 참 딱한 일이로군.' 하는 뜻이고, **예문** ②는 시험을 잘 치르지 못한 아쉬움을 나타낸 것으로, '그거참, 한 번만 더 봤으면 쓸 수 있는 문제인데.' 하는 말이다. **예문** ③은 '그것참, 참말 잘 된 일이야.' 하는 뜻으로, 기대하지도 않았던 일이 잘 되었다는 것이다.

　한편 **예문** ④는 어떤 일을 치르고 난 뒤 일을 잘못했다는 핀잔을 들었을 때 그 말을 들은 당사자가 곧잘 하기도 하고, 곁에서 듣기도 하는 말이다. '그것참, 그만큼 한 일로 부아 내면 일할 사람이 있겠어.' 하는 뜻으로, 불편한 심사를 드러내는 말이다. '일하는 사람이 욕 듣는다.'고는 하지만 사실 욕이나 핀잔을 들으면 맥이 풀린다. '앞으로는 일하지 말자.' 하다가 또 일을 하게 되는 걸 보면 참으로 사람은 이상한 동물이라는 생각을 하게 된다.

　예문 ⑤는 '어춤'이 쓰인 경우로, 설화에서 인용한 것이다. 다른 사람들이 말[馬]을 가져오너라 하는 말은 아니 듣고 가져가지 않았는데, 이번에는 윗사람이 하는 명령이니 어길 수 없다는 것이다. '그것참, 다른 사람이면 모르지마는 제주 목사가 가져오너라 한 것이니까 가져가야 해.' 하는 뜻으로, 딱한 일이지만 제주목사가 가져오라는 것이니 가져가지 않을 수 없다는 것이다.

　'어크거'는 감탄사로 달리 '어춤'이라 하는데, '사정이 매우 딱하거나 어이가 없을 때, 또는 뜻밖에도 일이 잘되었을 때 내는 소리'를 말한다. 입장이 딱하거나, 일이 어이없이 되거나 잘되었을 때 하는 말이니 실제 그런 경우가 있다면 한번 써 볼 일이다.

가심에 볼락 들다

이 '가심에 볼락 들다'는 '심리적으로 충격을 받아서 가슴이 거칠고 세차게 자꾸 뛰다.'는 뜻을 지닌 관용 표현이다. 곧 '가슴에 볼락이라는 물고기가 든 것처럼 가슴이 '볼락볼락(벌떡벌떡-심장이 조금 거칠고 크게 자꾸 뛰는 모양)' 뛰다.'는 것이다. 심장 뛰는 모양을 볼락이라는 물고기 이름에 비유한 것이다.

① 말 맙서. 눈살이 펄롱 ᄒ곡, 가심에 볼락 들언 아무 말도 못헤수다.

   (말 마세요. 눈살이 펀쩍 하고, 가슴에 볼락 들어서 아무 말도 못했습니다.)

② 문 올안 나오라사 그때사 가심에 볼락 들언 숨만 볼락볼락 ᄒ여.

   (문 열고 나와서야 그때야 가슴에 볼락 들어서 숨만 벌떡벌떡 해.)

③ 가슴에 볼락 들언 가슴이 탕탕ᄒ여라.

   (가슴에 볼락 들어서 가슴이 쿵쿵하더라.)

예문 ①은 위험한 물체가 바로 눈앞을 지나쳤을 때 하는 말로, '말 마세요. 눈살이 펀쩍 하고 가슴에 볼락이 들어서 아무 말도 못했지요.' 하는 뜻이다. 여기서 '눈살이 펄롱'은, 예를 들면 시위 현장에서 돌멩이나 최루탄이 쌩 하면서 눈앞을 지나칠 때, 흠칫해서 고개가 뒤로 젖혀지는 아주 위험한 찰나 따위를 말한다. "하마터면 얼굴에 맞을 뻔했어." 하는 말을 하게 되는 상황이다. 그러니 가슴이 쿵쿵거려서 한동안 아무 말도 못하더라는 것이다.

예문 ②는 눈길에 차가 미끄러져 한참을 있다가 아무런 상처가 없음을 확인하고 자동차 문을 열고 나와 안도의 숨을 쉰 다음의 상황 따위에서 하는 말이다. 물론 가슴을 쓸어내리지만 심장이 쿵쿵거리는 건 당연한 일. 만일 다치기라도 했으면 하는 생각에까지 이르면 커다란 볼락 여러 마리가 가슴에 든 듯 쿵쾅쿵쾅하며 얼굴이 달아오른다. 보험회사에 전화한 건 그로부터 몇 분이 지난 뒤의 일이다. 예문 ③은 마음이 충격을 받아 가슴이 쿵쿵 뛴다는 말이다.

'가심에 볼락 들다'는 '심리적 충격을 받아 가슴이 쿵쿵거리다.'는 것을 말하는 것으로, 심리적 충격이 문제를 일으킨 것이다. 이 심리적 충격은 예상하지도 않은 데서 어느 날 갑자기 생기는 것이니 마음의 준비를 항상 단단하게 먹고 있어야 한다. 그렇게 하려면 다양한 경험과 많은 지혜가 필요하다.

날이 늙다

　　　　　　　　이 '날이 늙다'는 '비가 올 듯 올 듯하면서도 비가 내리지 않다가 이제는 곧 비가 올 것 같은 날씨가 되다.'는 뜻을 지닌다. 이때 '늙다'는 '한창 때가 지나 쇠하게 되다.'는 의미를 내포하고 있다. 곧 '날이 한창 때가 지나서 쇠하여 비가 올 때가 다 되었다.'는 뜻이다.

　①경 뭉케당 날 늙으난 비 오는걸.

　　　(그렇게 뭉개다 날 늙으니까 비 오는 것을.)

　②어떵 날이 늙언 비 옴직허우다.

　　　(어쩐지 날이 늙어서 비가 올 것 같습니다.)

　③사는게 다 혼가집주, 날도 늙으민 비가 오는거 아니우까?

　　　(사는 것이 다 한가지지요, 날도 늙으면 비가 오는 것 아닙니까?)

　　예문 ①은 '비 올 듯하다가도 비는 내리지 않고, 또 내리지 않고 하면서 날씨가 살아났다가 마침내 날씨가 늙으니 비가 내린다.'는 뜻으로, 참으로 기다리던 비가 어렵사리도 내린다는 안타까운 속내가 들어 있는 말이다. 예문 ②도 날씨가 쇠하여 비가 올 것 같다는 뜻이며, 예문 ③은 날씨를 가지고 우리가 사는 모습을 빗대고 있다. 달도 차면 기우는 것처럼, 날씨도 늙다 보면 비가 내리게 마련이라는 것이다.

'날이 늙다'의 반대말은 '날 살루다'이다. 이 '날 살루다'는 '날이 살아나다.'는 뜻으로, '비가 올 듯 올 듯하다가도 비는 내리지 않고 날씨가 좋아지다.'는 뜻으로 쓰인다.

④ 어떵 바당알이 훤헌 게 날 살람직ᄒ다.
　　(어찌 바다 아래쪽이 훤한 것이 날이 좋을 것 같다.)

인생살이는 날씨와 같이 궂은날이 있는가 하면 좋은 날도 있고, 좋은 것 같다가도 궂게 된다. 그 반대로 날씨가 궂다가도 좋은 날이 있게 마련이다. '날이 늙으면 비가 내린다.'는 걸 명심했으면 한다.

눈살이 펄룽

이 '눈살이 펄룽'은 얼굴이나 눈 주위가 갑작스럽고 짧은 순간의 충격을 받음으로써 '눈이 번쩍 뜨이고', 제정신을 차리게 되는 것을 말한다. 표준어로 대역하면 '눈살이 번쩍'이 될 것이다. 여기서 '눈살'은 표준어 '눈살'로, '두 눈썹 사이에 잡히는 주름' 또는 '눈 가장자리의 힘살'이라는 뜻을 지닌다. '펄룽'은 표준어 '번쩍'에 해당한다.

① 안트레 들어가단 문지방에 탁ㅎ게 걸리난 눈살이 펄룽.

　(안으로 들어가다가 문머리에 탁하게 걸리니까 눈살이 번쩍.)

② 앞의 사름이 심엇단 낭가질 내부난 얼굴 확 후리는 거 아니. 게난 눈살이 펄룽ㅎ여.

　(앞의 사람이 잡았던 나뭇가지를 내버리니 얼굴 확 후리는 것 아니겠어. 그러니까 눈살이 번쩍해.)

③ 눈살이 펄룽ㅎ게 ㅎ꼼이시난 거멍ㅎ게 멍이 들언.

　(눈살이 번쩍하더니 조금 있으니까 거멓게 멍이 들었어.)

예문 ①은 키가 큰 사람이 처음 방문하는 '집 안으로 들어가다가 문머리에 탁 하게 걸리니까 눈살이 번쩍' 하더라는 것이다. 상상하건대 '탁 하고 걸린 부위'는 이

마나 그 위일 것이니 당연 '눈살이 펄룽' 하게 되는 것이다. 아마 별도 몇 개쯤은 보였을 것이다. 그러면 '눈살이 펄룽' 한 다음에는 제정신으로 돌아와 고개를 숙이고 조심조심하며 안으로 들어가게 된다.

예문 ②는 여러 사람이 산길을 걸을 때 가끔 벌어지는 광경이다. '앞의 사람이 잡았던 나뭇가지를 내버리는 바람에 얼굴 확 후리는 것 아니겠어. 그러니 눈살이 번쩍해.' 하는 말이다. 길 안쪽으로 늘어진 나뭇가지를 잡고 지나갔는데, 그만 앞사람은 뒤에 사람이 오는 줄도 모르고 잡았던 나뭇가지를 무심코 내버리니 뒤에 오던 사람 얼굴을 가격하게 되고, 그 결과 '눈살이 번쩍' 하더라는 것이다. 크게 다치지야 않겠지만 제정신을 차린 것만은 틀림없다.

한편 예문 ③은 '눈살이 번쩍하더니 조금 있으니까 거멓게 멍이 들었어.' 하는 말이다. 충격의 강도에 따라 멍의 빛깔이 다르긴 하겠지만 행동이 신중하지 않았다는 징표라 좀 부끄럽기도 하고, 오해를 사기도 한다.

이 '눈살이 펄룽'은 갑자기 한순간에 일어나는 상황이기 때문에 매사에 침착하게 대처하는 게 최선의 방책이다. 물론 '눈살이 펄룽' 하는 상황이 벌어지면 제정신을 차리게 되어 순기능으로 작용하기도 하니, 세상사 참으로 이상하다.

ㅂ뜨니 꽁

이 'ㅂ뜨니 꽁'은 '밭으니 꽁' 또는 '절약한 꽁'이란 뜻이다. 여기서 'ㅂ뜨다'는 표준어 '밭다'에 해당하는 어휘로, '느슨하지 않다, 길이가 매우 짧다, 숨이 가쁘고 급하다, 지나치게 아껴 인색하다.'는 뜻을 지닌다. 'ㅂ뜨니 꽁'에서는 맨 마지막 '지나치게 아껴서 인색하다.'는 의미로 쓰인 경우이다.

① 우리 시골 살렴이사 ㅂ뜨니 꽁으로 사는거.

　　(우리 시골 살림이야 밭으니 꽁으로 사는 것.)

② 그 사름, ㅂ뜨니 꽁으로 부제 일롸젠 ᄒ주.

　　(그 사람, 밭으니 꽁으로 부자 이루었다고 하지.)

③ 줌잔 다음에 줄 ㅂ따 무꺼사 ᄒ여.

　　(잠잔 다음에 줄 밭아 묶어야 해.)

④ 줄 ㅂ딴 못 무끄키여, 줄 좀 눅이라.

　　(줄 밭아서 못 묶겠어, 줄 좀 늦춰라.)

⑤ 돌음반 걸음반 ᄒ멍 돌아오란 숨 ㅂ딴 못 살키여.

　　(달리기 반 걷기 반 하며 달려와서 숨 밭아 못 살겠어.)

예문 ①은 '우리 시골 살림이야 밭으니 공으로 사는 것'이니 '아끼고 절약하면서 살아왔다.'는 말이며, 예문 ②는 '그 사람, 밭으니 공으로 부자 일으켰다.' 곧 부자가 되었다는 것으로, '절약하고 아껴서 부자가 되었다.'는 뜻이다. 다 같이 '지나치게 아껴 인색하다.'의 의미로 쓰인 경우다.

한편 예문 ③은 '초가 지붕의 집줄은 처음부터 탄탄하게 묶을 수 없으니 잠잔 다음에 줄을 밭아 묶어야 한다.'는 것으로, '느슨하지 않다.'는 뜻으로 쓰인 경우이고, 예문 ④는 '집줄이 밭아서 못 묶겠다.'는 것으로, '길이가 매우 짧다.' 의미로 쓰인 경우다. 예문 ⑤는 '달리기 반, 걷기 반 하며 달려와서 숨이 밭다.'는 것으로, '숨이 가쁘고 급하다.'는 의미로 쓰인 경우다.

위 '브뜨다'는 다 같이 형용사 용법으로 쓰였지만 동사로 쓰이기도 한다. '맛이 싱거운 국이나 찌개 따위를 졸여 간을 맞추다.' 또는 '액체가 바싹 졸아서 말라붙다.'는 뜻의 '브뜨다'가 동사로 쓰인 경우다.

⑥ 자린 물 브뜨게 헨 지쪄사카듯 ᄒ연 뼤차 씹어져.

   (자리돔은 물 밭게 해서 지져야 타듯 해서 뼈채 씹을 수 있어.)

⑦ 물 브딴 국이 칼칼 씨다.

   (물 밭아서 국이 쓰디쓰다.)

예문 ⑥과 예문 ⑦의 '브뜨다'는 동사로 쓰인 경우로, 예문 ⑥은 '자리돔은 밭게 지져야 탄 듯해서 뼈채 씹을 수 있다.'는 말이고, 예문 ⑦은 '국물이 밭아서 국이 쓰디쓰다.'는 것이다.

절약은 생활의 미덕이다. 이 절약이 몸에 배어야만 곧 '브뜨니 공'이 있어 경제적으로 부유할 뿐만 아니라 마음의 여유도 생긴다. '브뜨니 공', 요즘 새겨볼 만한 말이다.

선떡 먹은 간

이 '선떡 먹은 간'은 '흡족하지 않거나 못마땅해 하는 태도' 또는 '쓴웃음이 절로 나오는 허탈함'을 이르는 말이다. 잘 익지 않은 선떡을 먹어서 속이 거북하니 차라리 먹지 않음만 못하다. 그러니 마음에 들 리 없고, 마음에 들지 않아 흡족하지 않으니 못마땅하고, 끝내는 쓴웃음이 절로 나오게 마련이다. 이 '선떡 먹은 간'은 표준어의 '선떡 받듯이'나 '선떡 먹고 체하였나.(웃기는 왜 웃어.)' 하는 관용 표현과 관련이 깊다. 곧 '선떡 받듯이'는 흡족하지 아니하거나 못마땅해 하는 태도를 비유적으로 나타내는 말이며, '선떡 먹고 체하였나.(웃기는 왜 웃어.)'는 별로 우습지도 않은 일에 실없이 잘 웃는 사람을 핀잔하는 뜻을 나타내고 있기 때문이다.

① 그 말 들으난어떵 선떡 먹은간.

(그 말 들으니까 어찌 선떡 먹은 듯.)

② 미릇 내컫지도 아녓당 연기헷젠 ᄒᆞ는 말 들으믄 거 선떡 먹은간 ᄒᆞᆯ 거주.

(미리 연락도 않았다가 연기했다고 하는 말 들으면 거 선떡 먹은 듯할 테지.)

예문 ①은 '그 말 들으니까 어쩐지 선떡 먹은 듯.' 하다는 말이다. 여기서 '그 말'

이란 좋지 않은 소식일 테니, 요즘 같으면 아무개 아들이나 딸이 대학에 붙지 못했다는 소식일 것이다.

예문 ②는 '미리 연락도 않았다가 연기했다고 하는 말 들으면 거 선떡 먹은 듯할 테지.' 하는 말이다. 이 예문의 좀더 빠른 이해를 위하여 다음과 같은 상황을 설정해 보자. 두 사람이 며칠, 몇 시에, 어디에서 만날 약속을 한다. 한 사람은 약속한 날짜를 고대하며 손꼽아 기다린다. 약속한 날짜, 시간에 맞게 약속 장소에 나가 기다린다. 약속 시간이 넘어도 오기 않기에 전화했더니 돌아온 대답은 약속 날짜가 바뀌었다는 것이다. 서로 만날 언약을 철석같이 지킨 사람은 어이없어서 쓴웃음이 나올 정도로 허탈하게 마련. 여기서 '미릇 내컬지도 아녓당'은 '미리 내걷지도 않았다가' 하는 뜻이다. '내걷다'는 원래 '일이 되어 가는 형편에 따라 미리 걷다.' 하는 뜻으로, 이 예문에서는 '약속 날짜가 연기되었다고 연락을 취하다.' 정도의 뜻이 될 것이다. 그러니까 '아무 연락도 없다가 어찌 된 일이냐고 물어보니 그제야 연기되었다고 하는 말을 들으면 선떡 먹은 듯할 테지.' 하는 말이다. 정말 어처구니가 없는 상황이다.

살다 보면 선떡을 먹지 않을 수는 없는 일이지만 다른 사람에게 선떡 먹은 듯한 감정을 갖게 해서는 안 될 것이다. 그런 노력이 있을 때 우리가 사는 세상은 건강하고 더 아름다울 것이다.

솔입 걷다

이 '솔입 걷다'는 '땔감으로 쓰려고 소나무밭에서 솔가리를 걷다.'는 뜻이다. '솔입'과 '걷다'는 연어(連語) 관계를 이루어 쓰이는데, '솔입'은 표준어 '솔잎'이고 '걷다'는 표준어와 같은 형태로 쓰인다.

① 소낭밧듸 강 솔입 걷어당 불솜곡 헤나서.

　　(소나무밭에 가서 솔가리 거두어다가 불을 때고 했어.)

② 글겡이로 솔입 걷는 건 문제가 아닌듸 보달치기가 어려와.

　　(갈퀴로 솔가리 걷는 것은 문제가 아닌데 짐 꾸리기가 어려워.)

예문 ①은 솔가리를 거두어다 불을 땠던 추억을 이야기할 때 들을 수 있는 말로, '소나무밭에 가서 솔가리 거두어다가 불을 때고 했어.' 하는 뜻이다. '불솜다'는 표준어 '불을 때다'에 해당하는 어휘로, 달리 '불숨다'라 한다. 여기서 주의할 것은 '솔입'을 문맥에 따라서 '솔잎' 또는 '솔가리'로 구분해야 한다는 것이다. 곧 '솔입'이 '소나무 잎'이라면 표준어 '솔잎'으로, '말라서 떨어져 쌓인 솔잎'이라면 표준어 '솔가리'로 대역해야 하기 때문이다. 이 예문에서는 땔감으로 쓰이는 '솔입'이기 때문에 '솔가리'로 대역해야 한다. 물론 '늘소낭(생소나무)'에 붙은 '솔입'은 불만 붙으면 송진도 함께 타는 것이라 화력이 좋다고 하니 '솔잎'이라 바꾸어 해석할 수도 있다. 그러나 이런 일은 들판에서나 가능한 일이지 집 안에서까지 '늘소낭'을 땔감으로 쓰지는 않았기에 '솔잎'으로 대역하는 것은 어색하다. 땔감으로 '솔입(솔가리)'은 '무디고(마디고)', '네(연기)'가 나지 않아 좋았다.

예문 ②는 구체적으로 솔가리를 걷는 행위와 한데 모은 솔가리를 묶는 일이 어려움을 이야기할 때 하는 말로, '갈퀴로 솔가리 걷는 것은 문제가 아닌데 짐 꾸리기가 어려워.' 하는 뜻이다. 여기서 '글겡이'는 '솔가리'를 끌어다 한데 모으는 기구로, 표준어 '갈퀴'에 해당한다. 이 '글겡이'는 '긁[爬]-+-엥이'로 이루어진 어휘로, 표준어 '갈퀴'와는 상이하다. '소나 말의 털을 손질하는 도구'를 '글겡이(글겅이)'라 하는데, 이 또한 '긁다'에서 유래한 어휘로 표준어와 유사함을 알 수 있다. 갈큇발은 대나무에서 쇠줄로, 이제는 플라스틱으로 바뀌었다.

또 '보달치다'는 '솔가리 뭉치 따위를 몇 개의 기다란 매끼로 단단하게 동여 묶어 등짐으로 하나 되게 꾸리다.'라는 뜻을 지니니, '보달'은 '솔가리 뭉치 따위를 몇 개의 기다란 매끼로 단단하게 동여 묶어, 등짐으로 하나 되게 꾸려놓은 묶음'을 말한다. 이때 매끼는 주로 칡넝쿨이 이용된다. 솔가리 길이가 짧고, 매끼는 칡넝쿨이기 때문에 '보달칠' 때는 어느 정도 숙련된 기술이 필요하다. '서툰바치(생둥이)'는 '보달치는 데' 익숙한 어른과 함께 다녀야 함은 물론이다.

'솔입 걷다'는 '땔감으로 쓰려고 소나무밭에서 솔가리를 걷다.'는 뜻이다. 오름을 오르면서 수북하게 쌓인 솔가리를 밟는 것도 기분 좋은 일이지만, '솔입'을 걷었던 아련한 추억과 함께 밟는다면 더욱 폭신한 발걸음이 될 것이다.

싹싹 덥다

　　　　　　　이 '싹싹 덥다'는 '날씨가 푹푹 찌는 듯이 아주 덥다.'는 말이다. 여기서 문제는 '싹싹'이라는 어휘에 있다. '싹싹'은 '날씨가 찌는 듯이 무더운 모양'을 나타내는 어휘니 표준어 '푹푹'에 해당한다. 그러니 '싹싹 덥다'는 '푹푹 찌다'로 대역하면 좋을 것이다.

　'싹싹' 이외에도 '무큰·물싹·우싹·울락' 등이 '무큰 덥다, 물싹 덥다, 우싹 덥다, 울락 덥다'처럼 '덥다'와 함께 쓰여 날씨가 무더운 모양을 나타내기도 한다. 물론 '무큰무큰, 물싹물싹, 우싹우싹, 울락울락'과 같이 반복하여 쓰기도 한다.

① 오널은 싹싹 더완 바당물에나 들어갓당 나와사키여.

　　(오늘은 푹푹 쩌서 바닷물에나 들어갔다 나와야겠다.)

② 다른틴 비 오는 셍이여, 무큰 더완.

　　(다른 데는 비가 오는 모양이다, '무큰' 더워서.)

③ 물싹 더완 비 오람직ᄒ다.

　　('물싹' 더워서 비 올 것 같다.)

④ 비 오당 벳 과랑과랑 나난 우싹 덥다게.

　　(비 오다가 별 쨍쨍 나니 따끔 덥다.)

예문 ①은 '오늘은 푹푹 쪄서 바닷물에나 들어갔다 나와야겠다.'는 뜻으로, 날씨가 몹시 무더워 해수욕이라도 다녀와야겠다는 말이다. 찌는 더위를 피할 요량으로 바닷물에 풍덩 들어가는 모습만 연상하여도 이내 시원해지는 느낌이다.

예문 ②는 '다른 데는 비가 오는 모양이다, '무큰' 더워서.' 하는 뜻으로, 다른 지역은 비 내리고 있으니 이곳은 무덥다는 것이다. "동춘더레 비 오는 셍이여, 무큰 더완.(동쪽 마을에 비 오는 모양이다, '무큰' 더워서.)" 또는 "보난 산더레 비 왐쩌, 무큰 더완.(보니까 산에 비 오고 있다, '무큰' 더워서.)"처럼 여름철에는 다른 곳이 비 내리면 비가 내리지 않는 곳은 물쿠기 마련이다. 예문 ②는 바로 이런 의미로 쓰인 경우다. 예문 ③은 ''물싹' 더워서 비 올 것 같다.'는 뜻으로, 갑자기 무더워지는 것을 보니 비 올 것 같다는 말이다. '물싹 더우면' 틀림없이 비 온다는 경험에서 우러나온 말이다. 이런 때는 우산이 준비되지 않았으니 쏟아지는 비라도 한 줄기 맞고 나면 시원하다.

예문 ④는 '비 오다가 볕 쨍쨍 나니 뜨끔 덥다.'는 뜻으로, 비 내리다 볕이 쨍쨍 내리쬐니 따끔거릴 정도로 무덥다는 말이다. 여기서 '우싹'을 표준어 '따끔'이라 대역했는데, '따끔'이란 어휘에는 '갑자기 불에 닿은 것처럼 몹시 따가움을 느끼는 모양' 또는 '찔리거나 얻어맞은 것처럼 자꾸 아픔을 느끼는 모양'이라는 뜻이 있으니, 여기서는 앞의 뜻으로 쓰인 셈이다. 그러니까 비 긋고 나서 밖에 나가니 땡볕이라 날씨가 몸이 따끔거릴 정도로 무덥다는 것이다. 살갗이 약한 사람은 화상을 입은 듯 물집이 생기기도 하니 이런 날씨는 조심할 일이다.

무더운 날씨를 표현하는 어휘에는 '덥다·무덥다·찌다' 이외에 '후덥다·후덥지근하다·후텁지근하다·찌삶다·물쿠다·찌물쿠다' 등이 있다. 만약 자세한 뜻을 모르는 어휘가 있다면 사전을 찾아 아주 찬찬하게 그 뜻을 음미하며 '싹싹' 더운 하루를 보내는 것도 피서의 좋은 방법이다.

야코 팩

이 '야코 팩'은 '우쭐하고 거만한 태도가 꺾임'을 나타내는 말이다. 이 '야코'는 《표준국어대사전》이나 《우리말큰사전》에는 '콧대'의 속된 말로 설명하고 있다. 그러니 '야코 팩'은 '야코' 곧 '우쭐하거나 거만한 태도가 팩하고 꺾이는 것'을 뜻한다. 곧 '야코 팍'이란 말이다.

① 심 자랑ᄒ젠 등돌 들르단 민질락 털어지난 것사 야코 팩홀 거주게.

　(힘 자랑하려고 들돌 들다가 '민질락' 떨어지니까 그것이야 야코 팍할 것이지.)

② 아이덜 싸움은 코피 나믄 거 지는 거, 코피 나믄 야코죽는 거난.

　(아이들 싸움은 코피 터지면 거 지는 거지, 코피 터지면 기죽는 것이니까.)

예문 ①은 예전 동네 어귀마다 있었던 들돌을 들다가 실수로 떨어뜨린 것을 두고 하는 말이다. '힘 자랑하려고 들돌 들다가 미끌하게 떨어지니까 그거야 야코 팍할 거지.' 하는 뜻이다. 그러니까 들돌을 아주 가뿐하게 들어서 힘 자랑하려다가 콧대가 꺾이었다는 말이다. 이 예문에서 '등돌'은 달리 '드름돌, 들돌, 듬돌'이라 하는데, 원형에 가까운 둥그스름한 모양이고 무거운 것이 특징이다. 손잡이로 쓸만한 구멍도 없는, 미끈한 돌로, 이 돌을 들려면 힘도 힘이지만 기술도 있어야 한다. 그러지 않으면 예문처럼 '민질락' 하고 떨어지기 십상이다. 이때 '민질락'이란 '몹시 미끄러워서 손이나 발이 붙지 않고 미끄러지거나 밀려 나가는 모양'을 나타내는 말로, 표준어 '미끌'에 해당한다.

예문 ②는 아이들 싸움의 승패는 어느 쪽이 먼저 코피가 터지느냐 하는 데에 달렸다는 것이다. 먼저 코피를 흘리는 쪽이 지기 때문이다. 이런 것을 두고 하는 이야기가 바로 예문 ②이다. 곧 '아이들 싸움은 코피 터지면 지는 것, 코피 터지면 기죽는 것이니까.' 하는 말이다. 코피가 터지면 코피를 흘리게 한 아이는 야코가 살아 의기양양할 것이고, 코피를 흘리는 쪽은 야코죽어서는 눈물 보이며 기운 없이 집으로 돌아간다. 두 손으로 활개 치면서 뛰어가는 승자와 눈물 닦으며 쓸쓸하게 집으로 걸어가는 패자는 극과 극이다.

'야코 팍허면' 곧 '콧대가 팍하면' 기운이 쭉 빠지는 일이다. 그러면 하루가 길다. 그러니 하루하루 생활하면서 '야코 팍' 하는 일이 없어야겠다. 야코죽이는 일도, 야코죽는 일도 없어야 감동이 철철 넘치는 하루를 보낼 수 있을 것이다.

작산 어른

이 '작산 어른'은 '어른이 어른답지 않은 행동을 할 때, 그를 나무라서 하는 말'이다. '작산 어른'은 달리 '작산 사름'이라 한다. '작산 어른, 작산 사름'의 '작산'은 '나이가 많은', '수량이나 분량이 많은'의 뜻을 지닌 관형사인데, '어른, 사람'이나 '아이' 등과 연결되어 관용 표현을 이룬다. 곧 '작산 어른, 작산 사름, 작산 아이, 작산 아의' 등으로 사용되니, '작산 아이, 작산 아의'는 '썩 자란 아이가 나이에 맞지 않는 행동을 할 때, 그를 나무라서 하는 말'이 된다.

① 작산놈이 ᄒ는짓 ᄒ고는.

    (나이 많은 놈이 하는 짓 하고는.)

② 아이고, 그 작산 풋죽도 쉬언 데껴불곡.

    (아이구, 그 많은 팥죽도 쉬어서 다 던져버리고.)

③ 작산 아의 또 이불에 오줌싼 소금 빌어 와사키여.

    (나이 많은 아이가 또 이불에 오줌 싸서 소금 빌려 와야겠어.)

④ 거 작산 어른이 ᄒ는짓이 거 뭐우꽈?

    (거 나이 많은 어른이 하는 짓이 거 뭡니까?)

⑤ 밧 풀앙엿 사먹게 골아봅서. 작산 사름이 경 골암덴 놈이 웃이쿠다.

(밭 팔아 엿 사먹자고 말해 보십시오. 나이 든 사람이 그렇게 말한다고 남이 웃겠습니다.)

예문 ①은 '나이를 처먹은 놈이 하는 짓 하고는.' 하는 핀잔의 소리로, 여기서 '작산'은 '나이가 많은'의 뜻으로 사용된 경우이며, **예문** ②는 '많은 팥죽이 쉬어서 버렸다.'는 것으로 이때의 '작산'은 '분량이 많은'의 의미를 지닌다.

예문 ③은 '나이가 든 아이가 또 이불에 오줌을 싸서 이웃집에 가서 소금을 빌려와야겠다.'는 말이다. 이런 경우 이웃집에서는 오줌 싼 것을 알아차리고 소금을 주면서 앞으로는 오줌 싸지 않기를 빌기도 한다.

예문 ④는 '어른'이 어른답지 않게 행동했을 때, 손아랫사람이 하는 말이고, **예문** ⑤도 어른이 어른답지 않은 말, 곧 "밭 팔아 엿 사 먹자."라 하면 남들이 웃을 것이라는 빈정거림이 담겨 있는 말이다. **예문** ④, ⑤ 모두 어른이 어른답지 않다는 것이다. 사실 '~답다, ~답게'는 바로 정명(正名)을 말하는 것으로, 그렇게 하기는 어려우나 실천의 문제이다.

이제 새해가 되어 한 살씩 더 먹었으니 행동거지 하나하나에도 신중을 기해야 하고, 무엇보다도 '~답게' 행동하자.

지체 못ᄒ다

　　이 '지체 못ᄒ다'는 '짐스럽거나 귀찮은 것을 능히 처리하지 못하다.'는 뜻을 지닌 말로, 표준어로 대역하면 '주체 못하다'가 된다. 이 '지체 못ᄒ다'의 '지체'는 표준어 '주체(짐스럽거나 귀찮은 것을 능히 처리함)'에 해당한다. 물론 '못ᄒ다'는 '일정한 수준에 못 미치거나 할 능력이 없다.'는 뜻을 지닌 말이다. 이 '지체'는 대체적으로 '못ᄒ다' 또는 '엇다[無]'와 함께 쓰이는 것이 특징이다.

① 놈삐 지체 못ᄒ연 다 갈아어퍼 불엄덴 헴수다.

　(무 주체 못해서 다 갈아엎어 버린다고 합니다.)

② 이신 연필, 거 사곡 또 사곡 ᄒ연 다 지체 못ᄒ연 헴시녜.

　(있는 연필, 그것 사고 또 사고 해서는 다 주체 못해 하고 있어.)

③ 돈 준덴 ᄒ연 너나엇이 가난 이젠 지체ᄒ지 못ᄒ염덴 굴암수다.

　(돈 준다고 해서 너나없이 가니까 이제는 주체하지 못한다고 합니다.)

　　예문 ①은 '무 주체 못해서 다 갈아엎어 버린다고 합니다.'는 뜻으로, 무가 너무 많이 생산되어서 값을 제대로 받을 수 없다는 말과 같다. 여기서 '놈삐'는 원래 땅

속에 박혀 있는 무의 뿌리만을 뜻하는 어휘다. 그러나 지금은 무청과 뿌리를 함께 이르는 '무수'와 같은 의미로 쓰이고 있다. 그러니까 '무수'는 뿌리와 무청을, '늠삐'는 뿌리만을 뜻하는 말이었는데 이제는 동의어로 쓰이고 있는 셈이다. '지체 못ᄒᆞ연 갈아어퍼 버린다.'는 구절에서 농부의 깊은 주름을 본다.

예문 ②는 '있는 연필, 사고 또 사고 해서 다 주체 못해서 하고 있어.'라는 뜻이다. 필통 하나 연필로 가득 차 있어서 연필을 주체하지 못한다는 말이다. 어린아이의 연필 수집벽을 알 수 있는 문장으로, 연필을 사고 또 샀던 어린 때 기억이 새롭다.

예문 ③은 '돈 준다고 해서 너나없이 가니까 이제는 주체하지 못한다고 합니다.'는 뜻으로 예문 ①의 결과를 초래하게 하는 원인이 된다. 돈을 많이 준다고 하니 너나없이 모두 파종했으니 자연 많이 생산될 수밖에 없고, 많이 생산되니 값이 떨어지게 마련. 끝내는 똥값이 되어 캐거나 수확하지도 않은 채 밭째 갈아엎는 '가심 벌러지는(가슴 깨지는)' 일이 벌어지는 것이다.

'지체'는 '짐스럽거나 귀찮은 것을 능히 처리하는 것'으로, 좋은 뜻을 지니고 있으나, 대개 '못ᄒᆞ다'나 '엇다'라는 부정의 어휘와 함께 연결되어 쓰이다 보니 좋지 않은 말이 되었다. 우리 주위의 모든 것들이 그야말로 '지체홀 수(주체할 수)' 있는 것이 되었으면 좋겠다.

—

참고문헌
찾아보기

참고문헌

《가례언해》
《경국대전》
《계림유사》
《계축일기》
《구급간이방》
《내훈》
《논어언해》
《동문유해》
《두시언해》
《만언사》
《문종실록》
《물명고》
《물보》
《번역노걸대》
《번역박통사》
《법화경언해》
《소학언해》
《속삼강행실도》
《송강가사》
《신증유합》
《역어유해》
《영가집언해》
《용비어천가》
《월인석보》
《월인천강지곡》
《인어대방》
《천자문》

《청구영언》
《한청문감》
《훈몽자회》
《흥부전》

강영봉(2015), 《제주어·제주 사람·제주문화 이야기》, 도서출판 각.

고려대학교 민족문화연구원(2009), 《한국어대사전》, 고려대학교민족문화연구원.

고창석(1995), 《탐라국사료집》, 신아문화사

국립국어원(1999), 《표준국어대사전》, 신동아.

국사편찬위원회(2004), 《중국정사 조선전 역주》(1), 신서원.

남광우(1997), 《고어사전》, 교학사.

문세영(1938), 《조선어사전》, 박문서관(영인본).

박용후(1960/1988), 《제주방언연구》, 동원사/고려대학교민족문화연구소.

북한사회과학원언어학연구소(1992), 《조선말대사전》, 사회과학출판사.

석주명(1947), 《제주도방언집》, 서울신문사출판국.

송상조(2007), 《제주말큰사전》, 한국문화사.

유창돈(1964), 《이조어사전》, 연세대출판부.

이준영 등(1895), 《국한회어》(한국어학자료총서 제1집).

이희승(1961/1981), 《국어대사전》, 민중서림.

제주특별자치도(2009), 《개정증보 제주어사전》.

한글학회(1947-1957), 《큰사전》, 을유문화사.

한글학회(1992), 《우리말큰사전》, 어문각.

현평효(1962), 《제주도방언연구》(제1집 자료편), 정연사.

현평효·강영봉(2011), 《제주어 조사·어미 사전》, 제주대학교 국어문화원.

현평효·강영봉(2014), 《표준어로 찾아보는 제주어사전》, 도서출판 각.

Ridel(1880), 《한불자전》(국학자료원 영인).

James S. Gale, B. A. (1887), 《한영자전》(국학자료원 영인).

찾아보기

ㄱ

가름 243

가리산지리산 127

가막창신 427

가불다 145

가슴에 볼락 들다 512

가오다 10

각마 318

간답다 246

간드랑ㅎ다 257

갈 277

갈갈 240

갈르다 29

갈물 277

갈아어프다 12

갈아엎다 12

갈옷 277, 496

감즈 269

감옷 497

감자 269

감저 269

감저눌 152

감제 269

갑 287

강알 227, 350

개곳 429

개눕다 65

개역 129, 191, 247, 288, 365

거끄다 14

거념 16

거념허다 16

거느리다 338

거느리왕상 338

거려먹다 18

거리다 19

거슴 340

거심 340, 341

거찌다 241

건덥다 246

건드럽다 246

걸러지다 473

걸름 60

걸름눌 60

검은지름 199

검질 321, 385

겁비 474

게 459

게우다 44

겡 19

고네쿨 375

고리다 20

고물사공 315

고벳이 456

고사리마 14

고사리장마 14

고수레하다 183

고아리마 14

고와리체 15
고적 373
고적ᄒ다 373
고팡 37, 120
고팡문 121
곤쑬 342
곤떡 342
곤밥 342
곤죽 185, 342
곤풀 342
곱지다 478
곳다 203
공고롯허다 248
공고릇허다 248
곳 315
곳고사리 219
과랑과랑 437
괄다 437
광견 414
광이 367
구레기 413
구마리 344
구마리꽝 344
구머리 344
굴무기 447
굵다 332
굽보다 65
궁구릇허다 248
궁굴리다 69

궁글리다 69
궁글팡 179
궂인날 433
권넘 16
궐ᄒ다 22, 23, 113
귀마구리 24
귀마리 344
귀마리꽝 344, 345
귀막다 24
귀막쉬 24
귀막젱이 24
귀머거리 24
귀머리 344
귀먹다 24
귓고냥 211
귓고망 211
귓구녁 211
그늘 26
그늘치다 26
그늘케 27, 247
그랑그랑 33
그믓 67
그적 346
그척 346
글겡이 249, 523
글르다 52
글미 368
금세 355
기웃ᄒ다 187

기적 346
기척 346
까먹다 30
깝 59
깡먹다 30
꺼끄다 14
껌벅이다 32
꼬리 461
꼴렝이 461
꼴리 461
꽁당꽁당 143
꽁뎅이 461
꽝 221, 381
꿩코 89
끄막거리다 32
끄막이다 32
끄멍 34, 105
끄멍나다 34
끅줄 249
끔막거리다 32
끔막이다 32
끔벅거리다 32
끔벅이다 32
끗어내다 465
끼와입다 228
ᄀ끼다 289, 303
ᄀ렛덕석 377
ᄀ렛독석 377
ᄀ렛방석 377

ㄱ시락 101
ㄱ웃ㄱ웃 75, 93, 385
ㄱ 327
ㄱ다 316
굴리 95
굴에기 194
굴오기 194
굴우기 194
굽바르 472
급 28
급가르다 29
급갈르다 29
급엇다 29
급엇이 29
급웃다 29
급웃이 29
급치지다 28, 485
급칮다 28, 485
굿사다 138

ㄴ

나 348
나드니다 38
나딩기다 39
나가눕다 36
나눅다 36
나눕다 36
나뎅기다 38
나무레다 159

나쁨하다 282
나사다 40
나산걸음 41
나시 438
나이 348, 349
나차다 349
나ㅎ 349
날 살루다 515
날이 늙다 514
낭강알 350
낭그늘 350
낭그레다 159
낭그리다 159
내돈다 156
내큰다 209
내걷다 521
내널다 42
내무리다 159
내미리다 159
내밀심 213, 458
내밀심 엇이 458
내정돌입 299
내창 352, 353
내창물 352
내창터지다 46, 352
내치다 44, 46, 47, 385
내컨다 209
내터지다 46, 352
냉기리다 159

넘어가는비 325
네 523
노다스리다 48
노다싀리다 48
노리코 89
노실 101
노애다 48, 49
노프다 250
눈ㅈ굽다 377
눈ㅈ곱다 377
눈ㅈ굽다 377
눈부찌다 50
눈부치다 50
눈비양 354
눈살 516
눈살이 펄룽 512, 516
눈설메 315
눈저굽다 377
눈저급다 377
눈제겹다 377
눈푸ㄲ다 52
눌굽 273
뉘 29
느렁테 356
느렁텡이 356
는착 54
는착ㅎ다 54
는테다 443
늘루다 56

늘리다 56
늘상 27
늘어놓다 126
늙다 514
능두다 21, 110
능락거리다 58
늬울늬울 147
느려지다 213
느릇ᄒ다 277
늘것 181
늘뒌장 21
늘소낭 522
늠삐 13, 273, 332, 530, 531
늡뜨다 41, 58, 459

ㄷ

다글다글 145
다금바리 473
다녀가다 11
다둘리다 89
다리다 60
다불리다 89
다울리다 89
다지다 60
닥살 187
닮다 451
담발다 103
답도리 63
답도리ᄒ다 62

대문 465
대바지 143
대배기 143
대상 135
대왓 426
대한 466
더퍼놓고 460
더프다 460
덕대 358
덕데 382
덜레다 64
덜에다 64
덤방ᄒ다 252
덤벙ᄒ다 252
덥 360
덥덜 361
덥덜사니 361
데끼다 479
뎅겨오다 10
도감 331
도갓몰리 362
도께 63, 97
도꼬리 15
도둑눈 402
도사려앉다 255, 345, 363
도성 428
도슬기 441
도왜다 65
독 362, 363

독ᄆ릅 362
독ᄆ릅 362
독ᄆ리 362
독ᄆ립 362
독몰리 151, 362
독머리 362
독무럽 362
독무리 362
돌아사다 386
돗통 60
동고량 441
동고리 15
동고리다 66, 67
동그리다 66
동산질 99, 274
두갓 321, 387
두러메다 367
두룽싸움 139, 162
두리다 279
둘러메다 367
둥게둥게 462
둥굴리다 69
둥그리다 68, 271
둥글리다 68, 273
둥둥ᄒ다 462
둥으리다 68, 273
뒈사려앉다 255, 345
뒈싸복닥 464
뒈쓰다 464

드는물 429
드랑드랑ᄒ다 51
드러치다 72
드름돌 526
드리혀다 106
들돌 526
들러가다 70, 111
들러던지다 225, 495
들러데끼다 225, 495
들러먹다 295
들러쏘다 225, 495
들어가다 70
들어데끼다 225, 495
들어쏘다 225, 495
들이삐기 73
들이삐다 72
들이싸다 74, 303
들이쓰다 74, 303
들이씨다 74, 106, 303
들이치다 72
들추구리다 210
듬돌 526
둥돌 526
둥물 364
딜이쓰다 303
딜이쓰다 74
따울리다 89
떠먹다 18
떡사먹다 76, 425

떨어지다 118
똥고리 15
뚜러메다 367
뚤어메다 367
뜨기다 78
뜨다 180, 181
뜬쉐 313
띄기다 78
띠기다 78
두근ᄒ다 254, 255
둑가심 359
둔풍체 309
둘다 180, 181
둘오다 281
둘우다 281
둛다 281
둠쑥 256, 257
둠쑥ᄒ다 256, 257
둣다 258
둥기다 305
뜨르다 281
뜰르다 281
뜸내다 342
뜻뜻ᄒ다 258

◼ㅁ

마광 502
마기 466, 467
마니털다 79

마리 230
마씸 305, 479
마직ᄒ다 260
마직이 261
말걷다 316
말다 193
말장시 149, 238, 351
말참예 41
망사리 249
맞사다 80
맷주시 279
머쿠슬낭 250
머쿠실낭 351
멀리다 417
멀미ᄒ다 146
멀미나다 146
멀쿠랑허다 296
멍석 377
멍석떡 134
메 19
메다부찌다 495
멘넷드래 469
멩막멩막 479
멩심ᄒ다 82
멩질테물 297
모개 223
모냥 284
모냥웃다 284
모다들다 84, 85

모다앚다 421
모도잡다 86
모둠치기 361
모듬벌초 83
모멀죽 343
모살 109
모양웃다 284
모여앚다 421
모잡다 86
모지직ᄒ다 262
목 88
목쓸다 311
목씰다 264, 311, 431
목앉다 88
목앚다 88
몰리다 491
몹쓸 264, 431
몹쓸다 264, 401, 431
몹씬몹씬 265
몹씰다 264, 311, 401, 431
무 13, 333
무걸 408
무글 408
무끼다 266
무랑ᄒ다 268
무럽 362
무르줴다 90
무수 13, 333, 531
무정ᄒ다 270, 271

무지룩ᄒ다 291
무지막지 293
무춤 478
무큰 524
무큰ᄒ다 92
무큰무큰 93, 524
묵다 267
문데기다 94
문테다 94
문드리다 96
문전본풀이 81
문테다 94
묻다 98
물술 359, 382, 383
물구덕 143
물들다 472
물맞다 100
물발다 102, 103
물부끄다 104
물숨 499
물싹 524
물싹물싹 524
물쎄다 106
물왓 426
물웨 21, 348
물코 366
물통 365
물통밧 426
물항 21

미꾸젱이 407
미끄럽다 274
미삥젱이 407
미삭ᄒ다 272
미삭미삭 272
미삭이 272
미선 230
미심 407
미우젱이 407
미주알 127, 408
민드럽다 274
민지럽다 274
민질락 527
민질락허다 108
민치럽다 274
밉상브르다 459
밉상블르다 459
밉성글르다 459
밉성버르다 459
밋두다 21, 110
ᄆᆞ끄다 112
ᄆᆞ르레기 189
ᄆᆞ으레기 189
ᄆᆞ치다 112
ᄆᆞᆯ그레기 189
ᄆᆞᆯ르레기 189
ᄆᆞᆯ흐라기 189
ᄆᆞᆯ흐레기 189
못다 113

ㅂ

바각바각 73
바끄다 114
바농사다 116
바농짓다 116
바당지숙 119
바투리 368, 369
바트다 114
반 119
반ᄂ누다 118
반ᅙ다 119
반놓다 119
반테우다 118
반페우다 118
발 287
발가옷 287
발기다 120
발다 102, 103, 279
발루다 122
발리우다 122
발발발 279
발우다 122
발차다 124, 233, 389
밤새낭 468
밥당석 441
밥방울 95
밥장석 441
밥차롱 441
밥차반이 441

밧 324
밧자리 37, 404, 405
밧치레 370
밧칠성 37, 435
방답 372
방상 372
방성 372
방쉬 38
방장대 171
밭다 115
버글레기 190
버끌레기 190
버끌레기트다 190
버닥지다 276
버런ᅙ다 278
버른ᅙ다 278
버물다 393
버물리다 503
버버 470
버버작작 470
버염 434
버작지다 276
버짝ᅙ다 277
벅세 471
번지롱ᅙ다 280
번찌롱ᅙ다 280
벌겨놓다 126, 465
벌고셍 449
벌기다 373

벌러지다 509
벌르다 275
벌이다 126
벌초 475
범벅 483
범벅싸움 139, 162
범벅지다 28
벙글레기 190
벙글레기트다 190
베다 65, 159
베락치기 374
베롱ᅙ다 167
베미 434
베설 155
베염 434
베염헤치 435
베체우다 301, 313
벤벤ᅙ다 64
벤조롱ᅙ다 280
벤주롱ᅙ다 280
벤지롱ᅙ다 280, 281
벤쪼롱ᅙ다 280
벤쭈롱ᅙ다 280
벤찌롱ᅙ다 280
벨라먹다 237
벰 434
벳 436
벳남석 27, 153, 259, 376
보께다 65

보끄다 128

보달치다 249, 523

보람 133

보람나다 132

보리밥 101

보릿낭 99

보말 31

복닥 464

복삭 130

복삭ᄒ다 130

복쉬뒈와앉다 255, 345

복쉬퉤와앉다 255, 345

복토 464

복통 378

본에나다 132

볼락볼락 512

볼침 380

볼침엇다 380

볼침웃다 380

봉가먹다 135

봉그릇허다 248

부각ᄒ다 91

부군 434

부글레기 190

부글레기ᄐ다 190

부끄다 134

부납허다 282

부더지다 213

부영ᄒ다 389

부치다 53

북술 382, 383

분잡 360

불숨다 522

불숨다 522

불닮다 313

불더위 384

불벳더위 364, 384

불부채 231

불치 231

븨다 136

비다 136

비사다 138

비양 354, 355

비우 493

비창 499

빈 134

빈떡 134

빈말 448

빈말ᄒ다 448

빈빈 374, 472

빗살 43

빗살ᄒ다 43

빙 134

빙떡 134, 135

뻣뻣ᄒ다 277

뽄 284

뽄웃다 284

ᄇᆞ뜨니 공 518

ᄇᆞ뜨다 518, 519

ᄇᆞ름의지 73, 259, 308, 376

ᄇᆞ름코지 73, 259

ᄈᆞᆮ다 220

ᄈᆞᆮ듯ᄒ다 287

ᄈᆞᆮ짝ᄒ다 286, 287

ᄈᆞᆷ 105

ㅅ

사날 41

사다 116

사려앉다 255, 345

산담 93, 249, 335

산도록ᄒ다 288

산도롱ᄒ다 288

산뒤말축 213

산득산득 474

산듸말축 213

산듸삼촌 375

산발 386

산발라 31, 386, 387

산발레 386

산자국에 386, 387

산전볼라기 213

산전볼락 213

살다 290

살을맛 388

살을메 388

살을일 388, 390

상 417

상낭 399

상둥말축 213

상방 365

상삐 392

상질 223

새심 407

새철 394

새품 407

샛절 394

생곡 255

생이가심 359

서툰바치 109, 311, 523

선떡 55

선떡 먹은 간 520

선선ᄒ다 292, 293

선풍체 309

선하옴 396

선하우염 396, 397

선하움 396

선하위염 396

설다 196

성 399

성식내다 283, 313

성안 411

세ᄒ다 140

셀다 142

셈 294

셈엇다 294

셈웃다 294

셈창아리웃다 294, 295

셈토맥이웃다 294

셍 131, 283, 345

소게 469

소드락ᄒ다 290, 296

소들리다 152

소분 475

소상 135

소한 466

속다 436

속속톱 340

속엣말 471

속펜말 471

손곱다 298, 299

손궂다 298, 299

손치다 144

솔입 522, 523

솔입 걷다 522

송악산 429

송펜꽝 363

수드락허다 296

수딱 476

수딱ᄒ다 476

수마 318

수술그르 257

수시미악 478

수시미악ᄒ다 478

수질 146

수질ᄒ다 146

수침 116

수하 350

숨ᄇ롭다 300

숨츠다 302

숨바랍다 300

숨바쁘다 302

숨차다 302

숫붕테 211

숭년 399

숭보다 399

숭시 398

숭털다 207

쉐걸음 329

스리다 307

슬이다 307

슬히다 307

시기다 148

시ᄭ다 150

시들리다 152

시릿마개 35

시알ᄒ다 154

시위 47

시위ᄒ다 46, 352

시위하다 46

시치다 341

시치렁ᄒ다 304

시키다 148

식게 400

식게테물 400

신구간 395, 432

신돌 266

신물 297

신용내돋다 156

실럽다 306, 307

실르다 150

실리다 306

실이다 306

실히다 306

심 399

심다 109, 501

심드렁펀펀 480

심드렁히 480

심방말축 213

심빡 158

심빡ᄒ다 158, 344

심심ᄒ다 481

싱겡이 115

싸는물 429

싹싹 524

싹싹 덥다 524

쌉다 162, 163, 387

쌍동이 194

쌍둥이 194

쌍따비 12

쎄다 106

쏭쏭 261

쒜비눔 325

쒜비늠 385

쒜소리 184

쒜울르다 175

쓸다 164

쓸돌 266

씬돌 266

씰다 164, 165

씰돌 266

씽앵이 201

씽엥이 287

ᄉ망 161, 482

ᄉ망일다 160, 311

슬지다 332, 333

쓰개질ᄒ다 85

ㅇ

아도록ᄒ다 308

아마떠리 495, 508

아마떵어리 494, 508

아옵수 421

아이모른눈 164, 402, 487

아이몰른눈 98

안자리 404, 405

안칠성 37, 435

알 질르다 406

알단 57

애기업개 415

야단하다 172

야코 526

야코 팩 526

얄루다 241

얄룹다 241

양반청앚다 345

양반치다 345

어춤 510, 511

어깨끈 489

어름쓸다 166

어름씰다 166

어릅쓸다 166

어릅씰다 166

어마떠리 508

어마떵어리 495, 508

어욱 406

어욱뺑이 407

어욱새 407

어워기 406

어웍 406

어지려뎅기다 83

어크거 510, 511

억새 407

얼러뎅기다 83

엇어지다 65

엉탁 168

엉탁ᄒ다 168

에걸 408

에기데기 408, 409

에염돌기 423

여뀌 375

여산쳉이 410

여우비 289

연달아 482

영등 412

영등둘 412

영등굿 412

영등할망 412, 413

영등할머니 412

영빈 134

예산쳉이 410

예청 485

오가다 11

오굿 137

오도낫ᄒ다 63

오라가다 11

오망부리 268

오장가난 205, 414

올랏이 504

와달 172, 416

와달부리다 172, 416

와랑치랑 371

와싹파싹 494

와쌍파쌍 494, 495

왈강잘강 441

왈패 278

왓 426

왕상 338

왕왕 484

왕왕작작 484

요빈닥 457

용ᄒ다 310

우던 418, 419, 431

우려먹다 170

우룩맞추다 487

우린감 171

우시게 319

우싹 524, 525

우싹우싹 524

우치 365

우터ᄒ다 431

울딱 312

울딱울딱 312

울딱허다 312, 313

울락 524

울락울락 524

울러두드리다 172, 417

울러메다 367

울르다 172, 174, 175, 367, 417

울리다 176

웃기떡 219

웃음벨탁 365

웃음자차기 365

웃음차제기 365

웃하늘 128, 177

웍시 407

웨다 367

웨상제 87

웨울르다 175

웨치다 367

윤지다 167

으시락으시락 319

윽물다 194

이공 129

이땅 486

이랑마랑 195

이물사공 315

이불상 319, 447

이시 161

익숙ᄒ다 314

익숙다 314

일미 368

일진 117

입 수정 57

입건지 265, 420

입부치럽다 316

입살 422, 423

입쳉이 447

을다 31

ㅈ

자락 371

자리다 318

자리돔 519

자파리 76, 424

자파리ᄒ다 425

작산 528, 529

작산 어른 528

작살 187

작스레기 187

작시레기 187

작작 470, 484

작제 427

잘락 488

잘잘 327

잘잘ᄒ다 326, 327

잡도리하다 62

잡식ᄒ다 182

잡아드니다 200

잡아둥기다 200

잡하다 424

장귀뻬 344

장통밧 426

재압 225

재엽 225

저들다 178, 179

적갈 177

적고지 177

적시 438

적차롱 440

전기 134

전기떡 134

전배독선 451

전지 135

절 428

절미 368

절산갈산 127, 281

절소리 428, 429

절자다 28

절지치다 428

절치다 428

정기 134

정기떡 134

정명 529

정지비치락 165

제반 183

제반걷기 182

제반걷다 182, 183

제압 225

제엽 225

제주바당 147

제지다 447

제통ᄒ다 184

제환지 375

조라움 320

조랍다 320

조름 461

조왕 81

조팝 95

족은구들 71

졸바른 223

좁작ᄒ다 139

종내기 369

종네기 419, 430

좋은날 432, 433

주겨입다 228, 229

주먹곡시 85

주먹곡지 85

주먹국시 85

주우릇ᄒ다 186

주웃걸다 186

주워먹다 135

주젱이 407

주지 407

주체 530

줍다 151, 188

중치 맥히다 478

중트다 190

쥬기다 229

쥭이다 229

지꺼ᄒ다 192

지꺼지다 192

지나가는비 325

지드리다 300

지레 430

지륵탁 109

지름떡 219

지슬 269

지실 269

지웃거리다 186

지웃걸다 187

지접다 177, 258

지직 309

지체 530

지체 못ᄒ다 530

547

지치다 215
직시 438
진거 82, 434
진진ᄒ다 322
질에염 139
질카르다 243
집성촌 372
집줄 201
쫄리다 204, 205, 491
찍 438
찍세 438
찍시 438
찔레 15
ᄌ그물다 115, 195
ᄌ그뭇ᄒ게 195
ᄌ그뭇지 195
ᄌ근ᄌ근 477
ᄌ늘다 324
ᄌ들다 178
ᄌ작벳 436
ᄌ둥 323
쫄리다 252, 253
쫄이다 253
ᄌ다 198
ᄌ부쩌다 50
ᄌ부치다 50
ᄌ서내다 196
ᄌ아지다 198
ᄌ다 91

ᄌ아둥기다 200
좃고다 203
좃구다 203
좃다 202, 203, 436
쫄리다 253

ㅊ

차롱 440
차롱착 440, 441
차사본풀이 49
착 440
찰찰ᄒ다 326
창곰 95
책상다리하다 255
천상 490
천성 490
체우치다 206, 207
체족 209
체족ᄒ다 208
체죽 209
체죽ᄒ다 208
쳇덕석 377
촐람생이 212
촐리 461
촐왓 426
총지 461
최촉 209
추구리다 210
추기다 210

축엇이 358, 368
출싹거리다 212
치 315
치닥치닥 92
치대기다 214
치레 370
치메깍 217
치잡이 87, 315
치지다 28
칠성 434, 435
칠성부군 434
칠칠ᄒ다 326, 327
침바치 271
칭 181
ᄎ낭 497

ㅋ

칼칼 35
커싱커싱 492
커질락커질락 492
케다 341
케우리다 183
코트다 483
코탁데기 472
코쓸다 216
코씰다 216
코질락코질락 492
코풀다 216
콩국 259

크다 218
크싱크싱 492
큰물 47
큰사름 133

ㅌ

태작ᄒ다 63
털리다 109
테물 296, 400
텍 442
통두건 151
트다 190
트멍 34, 105
트멍나다 34
튿다 220
튿어먹다 220, 221
툭 442

ㅍ

파싹 494
파장 222
파장치다 222
파허다 101
판나다 225
팔심 481
팡신나다 224
팡신내우다 224
패마농 343
퍼데기 276

퍼자다 226
퍼짝 279
펄 427
펄룽 516
페적 444
포 228
포개다 228
포놓다 228
포먹다 228
포부트다 288
포입다 228
폭 77, 250
폭ᄒ다 309
폭낭 250, 351
푸끄다 53, 230
푸는체 424
푸더지다 213, 232
푹ᄒ다 309
필필 327, 496, 497

ㅎ

하도 498
하르다 234
하르방 193
하마하마 504
하우염 321, 397
하질 223
한걸ᄒ다 328, 329
한글ᄒ다 328

할강할강 303
할라먹다 237
할락궁이 129
할르다 234
할망 193
할타먹다 236, 237
할트다 234, 236
ᄒᆞᆲ다 235
함불레기 190
함불레기트다 190
허끈ᄒ다 185
허데다 238, 239
허데이다 238
허텍이다 299
허벅 143, 275
허우덩싹 500
허피 331
허피다 330
헌데 446
헐다 446
헐렁ᄒ다 334
헐리다 446, 447
헙데다 238
헛말 448
헛말ᄒ다 448
헛입 448
헛입놀리다 448, 449
헤츤 266
헤쪄다 241

혜심상ᄒ다 481
혜심심ᄒ다 481
혜원 266
혜천 266
혜카지다 240
호리 427
호리보다 313, 427
호미 137
호호 283
혼차 155
홀긋홀긋 504
홀목 501
홰걸음 125
홰심 407
후림대 141, 450, 451
후장치다 242
훌림 450, 451
훌터 249
훑다 332, 333
훼걸음 329
휘장 242
휘차다 243, 252
흐랑ᄒ다 153, 269
흑근 333
흔 502
흔이나게 165, 502
흘락지다 334
흘락허다 334
흘불ᄒ다 97

흘탁ᄒ다 334
흠싹ᄒ다 261
흥성 141
흥성바치 140, 141
희어뜩ᄒ소리 452, 453
희여뜩ᄒ소리 451
히쭉벌쭉 500
힘드렁ᄒ다 481
흔줌 469
흘긋흘긋 504, 505
혀다 75, 106

강영봉

제주시 삼양2동 출신으로, 제주제일고등학교와 제주대학교 국어국문학과, 제주대학교 교육대학원을 졸업하고 경기대학교 대학원에서 박사학위를 받았다.

몽골에 관심이 많아 1998년 9월부터 1년 동안 몽골국립대학교 연구교수를 지냈다. 제주대학교 탐라문화연구소장과 문화체육관광부 국어심의회 국어순화분과 위원 등을 지냈다. 제주대학교 국어국문학과 교수와 제주대학교 국어문화원장을 지냈다. 현재 사단법인 제주어연구소장 겸 이사장이며, 제주대학교 국어국문학과 명예교수로 있다.

〈제주도방언의 동물이름 연구〉 등 다수의 논문과 저서로 《제주의 언어 1·2》(1994·1997), 《(개정증보) 제주어 사전》(공편, 1995·2009), 《몽골·몽골사람》(공저, 2006), 《제주어》(2007), 《제주 한경 지역의 언어와 생활》(2007), 《기억 속의 제주 포구》(공저, 2009), 《문학 속의 제주 방언》(공저, 2010), 《제주 표선 지역의 언어와 생활》(2011), 《제주어 조사·어미 사전》(공편, 2011), 《표준어로 찾아보는 제주어사전》(공편, 2014), 《제주어·제주 사람·제주문화 이야기》(2015), 《제주 구좌 지역의 언어와 생활》(2016), 《제주 서귀 색달 지역의 언어와 생활》(2016), 《제주 가파도 지역의 언어와 생활》(2016), 《제주어 기초어휘 활용 사전》(공저, 2021) 등이 있다.

말하는 제주어

2017년 10월 9일 초판 1쇄 발행
2022년 7월 7일 초판 2쇄 발행

지은이 강영봉
펴낸이 김영훈
편집   김지희
디자인 나무늘보
펴낸곳 도서출판 한그루
        출판등록 제651-2008-000003호
        63220 제주특별자치도 제주시 복지로 1길 21
        전화 064 723 7580 전송 064 753 7580
        전자우편 onetreebook@daum.net 누리방 onetreebook.com

ISBN 978-89-94474-48-9 (03710)

값 25,000원